実行の4つの規律

行動を変容し、継続性を徹底する

クリス・マチェズニー
ショーン・コヴィー／ジム・ヒューリング 著
竹村富士徳

キングベアー出版

A Division of Simon & Schuster, Inc.
1230 Avenue of the Americas
New York, NY 10020

本書は『戦略を、実行できる組織、実行できない組織。』（キングベアー出版　二〇一三年発刊）を改題し、増補改訂しました。

推薦の言葉

4DXは目標と戦略を実行するためのプロセスである。これは産業時代のトップダウンの支配型マネジメントのテクニックではない。知識労働者時代にふさわしい解放型のマネジメントであり、私がこれまでに見てきたどんなアプローチとも違う。それは人の心と頭を共通の目標に向けるのだ。まさに奥の深い一冊である。

——スティーブン・R・コヴィー（世界的ベストセラー『完訳 7つの習慣 人格主義の回復』、『第3の案』の著者）

マリオットは、「会社が従業員を大切にすれば、従業員はお客様を大切にする」という信念を土台として創業しました。当社は4DXの原則を実践することによって、もっとも重要な目標「宿泊客の体験」にフォーカスするためのパワフルなツールを従業員に与えることができたのです。業績を大きく伸ばしたいすべての企業に本書を薦めます。

——デイビッド・グリセン（マリオット・インターナショナル 南北アメリカ担当プレジデント）

ジョージア州は、本書『実行の4つの規律』に示される原則を実践し、前例のない大成功を収めました。大勢のリーダーを認定し、すべての部署に規律を導入した結果、サービスの質的向上、コスト削減で前代未聞の成果を上げることができたのです。ワールドクラスを目指す政府機関は、これらの原則を取り入れるべきです。

——ソニー・パーデュー（二〇〇三〜二〇一一年ジョージア州知事）

4DXは、目標設定とその測定を実践的に導いてくれるので、当社のすべてのチームで生かすことができている。多くのチームがこの直感的なアプローチによって意欲を高め、実行力とアカウンタビリティを定着させている。

——デイブ・ディロン（クローガー 会長兼CEO）

4DXは成長と成功の鍵だと思います。当社は長年、社員が力を注ぐフォーカスを決められずに苦労してきました。優先事項シート、業績指標基準、そのほかさまざまな方法を試してきたのです。しかし4DXの「竜巻」と「WIG」の考え方ほどぴったりくるものはありませんでした。この本を読めば、仕事も私生活もこれまでとはまったく違うものに見えてくるはずです。

——ダニー・ウェグマン（フォーチュン誌「二〇〇五年度 働きがいのある企業ベスト一〇〇」一位 ウェグマンズ・フード・マーケッツ CEO）

戦略が問題なのではない。問題は実行力である。本書は、最重要目標を達成するために知る必要のあることのすべてを教えてくれる。シンプルでありながら効果的なモデルは、わかりやすく、実践しやすい。何より結果を出せる。私は、職場だけでなく私生活でも家族と一緒に4DXを使っている。効果は抜群だ。

――リチャード・ストッキング（スウィフト・トランスポーテーション プレジデント兼CEO）

いかに優れた戦略でも、実行に移せなければ意味はない。そのような残念な例をたくさん見てきた。本書の著者たちは、現実に即した実践的なガイドをつくってくれた。これに従えば、障害を取り除きながら成功に至る道を進んでいける。この本を読みながら、「一〇年前に4DXがあったなら」と何度思ったことか。

――テリー・D・スコット（二〇〇二年四月～二〇〇六年七月 海軍最先任上級兵曹長）

会社のもっとも重要な目標を達成するために全社員が行える活動を見つけることほど難しいものはない。4DXは、現実の結果を出すシンプルで常識的なプロセスになる。

――ロブ・マーキー（ベイン&カンパニー パートナー、『ネット・プロモーター経営〈顧客ロイヤルティ指標 NPS〉で「利益ある成長」を実現する』共著者）

4DXは、当社にとってきわめて有益な手法・プロセスとなっています。最重要目標をすべてのチームに行き渡らせ、一丸となって取り組むことができ、その結果、社員の意欲が引き出され、顧客サービスが向上し、プロジェクトを効果的に実行できるようになりました。社員への投資は継続的に行っていますが、４ＤＸプロセスは当社の目標の達成に不可欠なものとなっています。

――アンドリュー・フローリー（エピシロン 社長）

４ＤＸはシンプルである。そして本物だ。戦略を立て、成功したいなら、４ＤＸプロセスを使えば間違いない。先行指標に力を注ぐことが成功につながる。リズムよく継続的にアカウンタビリティを果たすプロセスが卓越した組織を育てる。

――ウォルター・レビー（ＮＣＨコーポレーション 共同プレジデント兼共同ＣＥＯ）

「最重要目標」「先行指標」「行動を促すスコアボード」「アカウンタビリティのリズム」は、すべてのリーダーと組織が必要とする声に満ちています。そして、状況に対応するガイドラインも明確に示されています。これらの規律を身につけたリーダーは、ビジョンを戦略にし、それを完璧に実行する能力を得られるのです。本書は、あらゆる組織のすべてのリーダーへの素晴らしい贈り物となるでしょう。

――フランシス・ヘッセルバイン（フランシス・ヘッセルバイン・リーダーシップ・インスティテュート プレジデント、ピーター・Ｆ・ドラッカー財団創設者）

素晴らしい！　本書が教える規律のとれたテコの作用は、すべての組織において完璧な実行の基準を上げるだろう。

——ダグラス・R・コナン（キャンベル・スープ・カンパニー元CEO、ベストセラー『リーダーの本当の仕事とは何か』著者）

私は長年、この本に書かれている原則とプロセスを実践してきた。組織の戦略目標を達成する最高のフレームワークだと断言できる。

——ロジャー・モーガン（リテール・プロダクツ・グループ プレジデント兼CEO）

本書は、卓越した組織になるための実践的なガイドである。組織のすべてのチームを成功に導くシンプルで実行可能なアプローチだ。強烈なフォーカスをつくりだし、最高の結果に結びつくプロセスである。実業界では「主体性」という言葉が過剰に使われ、言葉どおりにいかずに終わることが多いが、４ＤＸプロセスはまさに従業員の主体的な勢いを生み出し、結果を持続させる。

——マット・オールドロイド（パーツマスター プレジデント兼CEO）

誰しも無限の可能性をもってこの世に生を受ける。誰もが驚くべきことを成し遂げられる。自分にとって重要なことを完璧に達成できたときほど、気持ちが高揚する瞬間はない。本書は、人が何かを成し遂げるために鍵となる原則とプロセスをとらえている。

――ムハマド・ユヌス（二〇〇六年ノーベル平和賞受賞者）

私は、私立大学、公立大学を含め高等教育機関で三〇年間働いてきました。その間に管理職としての責任も増え、大学のリーダーがぶつかる最大の壁は実行であることを、身をもって学びました。教育機関の重要な戦略目標を一貫して達成するのは本当に難しいことです。本書も、まずは理論から入っているのでしょうが、教育機関にとっての本書の最大の価値は、実行のプロセスの基本に重点を置いていることです。戦略目標を達成しなければならない大学にとって必読の一冊です。

――アンジェロ・アーメンティ・Jr.（ペンシルバニア州カリフォルニア大学 学長）

軍のリーダーは、組織のミッションの達成は人次第であること、人が中心でなければならないことを知っている。4DXの価値は、具体的かつ的確に、そして目に見えるように、組織のすべての人間をミッションの達成へと導くことにある。一人ひとりが明確な役割を持ち、その役割の実行を測定され、達成すればたたえられる。海軍に戦闘機を納入することでも、公教育制度を改革することでも、最重要目標を絞り込み、それにフォーカスできるかどうかが、失敗と成功の分かれ道なのだ。

――ジョン・W・スキャナン（米海軍退役軍人、クリーブランド市学区最高財務責任者）

4DXは、リーダーシップのブレークスルーだ。戦略を実行に移すことを可能にするのである。徹底的なリサーチに基づく本書は、「知識から実行への移行」をわかりやすく説明している。何より重要なのは、従業員が自分の仕事に意欲を持って取り組めるようになることだ。従業員は皆、自分の努力と結果が会社の戦略の実行にどう貢献しているかが理解でき、実感できる。一人ひとりの仕事に意味がある。それはチームのためになる。誰もが、自分の成し遂げたことに誇りをもてるようになるのだ。

——トム・ハルフォード（ホワールプール マーケティング担当ゼネラルマネージャー）

私はこれまで偉業の達成を目標に掲げるさまざまな組織で仕事をしてきましたが、本書を大いに推薦します。もっとも重要な夢を達成しようとしているチームは、その方法を具体的に学べるでしょう。偉業の実現を決意しているリーダーにとっては必読の書です。

——アン・ローデス（ピープル・インク社長、ジェットブルー元エグゼクティブ・バイス・プレジデント、サウスイースト・エアラインズ元CEO）

本書は、実行可能な戦略とそれを実際に実行することとの関係をわかりやすく説明しているだけでなく、成功の確率を上げるための具体的な方法も教えている。この本に示されているアプローチをたどれば、フォーカスを絞り、仕事から目標まで明確な視程を確保し、タイムリーで的確なフィードバックを与えるシンプルなダッシュボードをつくることができる。具体的な実例、詳細なアドバイスや提案も非常にためになる。

――ジョエル・ピーターソン（ジェットブルー・エアラインズ 会長）、ロバート・L・ジョス（スタンフォード・スクール・オブ・ビジネス 経営学客員教授、ピーターソン・パートナーズ 創設パートナー）

4DXは、政府機関の最前線の職員が最重要目標に取り組み、実行するためのパワフルな手段です。私は公共セクターのリーダーとして、リソースが縮小する一方で福祉サービスのニーズが増していた時期、これらの原則に何度も立ち返りました。

――B・J・ウォーカー（ジョージア州福祉局 元局長）

初めて4DXを知ったのは、最前線のマネージャーたちが最初の半年間の結果を報告するミーティングに出席したときです。会議室に集まったマネージャーたちは皆勝者でした。私の組織にもこれらの規律とプロセスを導入したところ、組織の規模縮小を進めていた時期にありながら、社員の士気とチームワークが向上し、高い事業目標を達成できたのです。

――アレックス・M・アザー（リリーUSA 社長）

4DXは原則に基づくシステムです。日々の業務を実行する複雑さを解きほぐしてシンプルにし、会社の価値を着実に上げています。実行という暗号を解読してくれたフランクリン・コヴィー社に感謝します。

――フアン・ボニファシ（グァテマラ、グルポ・エンテロ CEO）

リーダーのもっとも重要な仕事は、実行に目を光らせることだろう。本書は、最重要目標へのフォーカスを維持したいリーダーに最適なガイダンスになる。組織全体にアカウンタビリティのリズムを生み出すための実践的なガイドだ。このプロセスは、ヨーロッパだけでなく世界のどの地域でも通用する。長期にわたって高い成果を上げることができる。ぜひ読んでほしい。

――サナ・リュードベリ（リンデ・グループ傘下AGAガスAB 北欧地域ヘルスケア事業部統括責任者）

ビジネスのコンセプトや展開方法の妥当性・有効性を判断するには、それを現実の状況に応用し、結果を確かめることが一番の方法だ。ブラデックスでは、組織の戦略目標を達成する手段として4DXの原則を導入した。これらの原則が組織に定着すれば目標を確実に達成できることは、当社の体験からも断言できる。4DXを導入するプロセスでの苦労は必ず報われる。プロセスの規律が鍵を握っていると思う。

――ミゲル・モレノ（ラテンアメリカ外国貿易銀行ブラデックス エグゼクティブ・バイス・プレジデント兼最高業務責任者）

4DXに取り組んでおよそ七ヵ月後、コストの節約率は五・九％から二六・一％に、純利益も三・七％から四三・三％に増加しました。しかしそれよりも重要なのは、従業員の意欲が高まり、信頼関係が強固になったことです。

――ペル・ビルケモス（ユーロマスター・デンマーク リージョナルマネージャー）

4DXを導入して良かったと思います。目標の達成に本当にインパクトがあり、当社の従業員七一六八人の努力を会社の目標の下に結集させる最高のツールになりました。全員が自分の役割を理解し、会社の業績に貢献できていることを実感できるのです。従業員同士でベストプラクティスの情報交換が増え、組織としてのまとまりとチームワークが強固になったことは予想外の効果でした。激しくも健全な地域間の競争は、当社に大きなメリットをもたらしています。

――リカルド・E・フェルナンデス（グァテマラ、BI社COO）

すべてのリーダーが本書を読むべきです。飛躍的な結果を一貫して出すことができるでしょう。4DXプロセスは、現代のグローバル市場とスピードアップするビジネス環境で確かな競争優位性になります。

――ジョルジョ・M・ザフェッリ（セゴス・イタリアSpa アソシエイテッド・シニア・マネジメント・コンサルタント）

当社は4DXプロセスを導入しましたが、組織文化に大きな効果がありました。今では全社員が事業の優先課題を理解し、それらを実現する正しい道筋を知っています。社内の個々のチームに期待することを的確に判断できますし、4DXという共通言語を通して、個々人の貢献を適切に認めることができるので、全員がやりがいを感じています。4DXは、最重要目標の達成状況をしっかりとフォローアップできるプロセスです。それに加えて、ミーティングの進め方も効果的になり、フォーカスを絞り、優先課題を見きわめることができるようになりました。戦略の実行を導き、達成へと至る道筋を明確にする効果的な手段として、４ＤＸを強く推奨します。

――ルイス・フェルナンド・バラダレス・ギエン（グァテマラ、ティーゴ CEO）

４ＤＸは理論を超えた実践的なプロセスであり、戦略の実行に関する有益なガイドである。４ＤＸのおかげで当社も、目標達成に本当に必要な活動にフォーカスできるようになった。本書は、当社の幹部全員にとって戦略実行の落とし穴を避ける貴重なツールであり、世界中で展開する事業に応用できる。

――Dr．ピエトロ・ロリ（スイス、ゲオルグ・フィッシャー・パイピング・システムズ 社長）

当社では、４ＤＸを通して全社員が素晴らしい学習体験をしています。役員、管理職も含めて全員が一丸となり、会社の最重要目標を立て、すべてのビジネスユニットでアカウンタビリティのリズムが生み出されています。一人ひとりが自分に期待されていることを理解できるのです。しかしそれ以上に、結果を出すためにすべき活動に毎週取り組めることが重要です。また４ＤＸによって、会社の基本的価値観に基づきながら、成果主義による実行の組織文化に重点に置き、リーダー育成計画を確立することもできました。個人的には、４ＤＸを知って私生活の目標の立て方も変わったと思います。今では、さまざまな活動で４ＤＸのコンセプトを推奨し、実践しています。

――ホセ・ミゲル・トレビアルテ（グァテマラ、グルポ・プログレソ 社長）

会社の経営を担って二〇年、中核業務の遂行を社員と幹部の優先事項としてきました。４ＤＸのおかげで、全員にわかるように最重要目標を中心に据え、業務を体系的に進められるようになりました。メキシコ国内の二一二店舗すべての従業員が三つの最重要目標を共有しています。この努力が一人ひとりに満足感を与え、チームワークを高め、働きがいのある職場環境を生み出しています。

――グアダルーペ・モラレス（メキシコ、ウォルマート・スーパーセンターズ オペレーション担当バイス・プレジデント）

めまぐるしく変化し、情報の多様化が進むビジネス環境にあって、４ＤＸは当社の変革の重要な一歩になった。従業員と緊密に協力して優先課題を明確にし、具体的な目標と活動を定めることによって、組織の効率を大きく向上させることができた。

――ヘンス・エリク・ペデルセン（デンマーク、DONGエナジー 電力生産担当シニア・バイス・プレジデント）

適切に実行されない戦略は、それが書いてある紙の値打ちすらない。本書は、ビジネススクールでは学べないこと、すべての組織の成功に不可欠なことを教えてくれる。

――ジャン・ガブリエル・ペレ（スイス、モーヴェンピック・ホテルズ&リゾーツ 社長兼CEO）

目次

コラム

４ＤＸ導入事例

序文

クレイトン・クリステンセン
ハーバード・ビジネス・スクール教授

アンディ・グローヴは、インテル社の創業に尽力し、会長兼CEOとして何年も同社を率いた人物であり、私は彼から、きわめて貴重なことをいろいろと教えられた。その一つを紹介しよう。

グローヴと直属の部下数人はセレロン・マイクロプロセッサの発売計画を練っていた。私はコンサルタントとして出席していた。当時、創造的破壊理論がインテル社を脅かしていた。AMD社とサイリックス社の二社が低価格帯のマイクロプロセッサ市場に猛攻撃をしかけ、エントリーレベルのコンピューターを製造する会社に格安のチップを販売していたのである。マーケットシェアを大幅に伸ばし、高価格帯市場にも進出する動きを見せていた。

会議の休憩時間、グローヴは私に質問してきた。「どうすればいいだろうか?」

私はすぐに、独立採算のビジネスユニットを別に立ち上げてはどうかと返答した。間接費の構造を変え、そのビジネスユニットにセールス・フォースを持たせればよい、と。

グローヴは、独特のしわがれ声で言った。「君は世間知らずの学者さんだ。私は『**どうすれば**』いいかと聞いたんだ。君の答えは『**何を**』すべきか、だろう。**何をすべきかならわかっている。私が知りたいのは、それをどうやってするかだ**」

穴があったら入りたかった。グローヴの言うとおりだ。私はまるで世間知らずの学者だった。「何を」と「どのように」の違いさえ知らないことをさらけ出してしまったのだから。

私はボストンに飛んで帰り、学者としての研究の焦点を変え、「どのように」の理論を開拓すべきではないかと思案した。しかし、「どのように」の理論をどのように構築すればよいのか見当がつかず、そのアイデアは断念せざるをえなかった。

私はずっと、ビジネスの「何」、いわゆる戦略の研究を続けてきた。そしてこの分野は昔から非常に活況だ。しかし戦略の研究者、コンサルタント、作家のほとんどが我々に見せてくれるのは、いわば戦略的課題の静止画像、テクノロジーや企業、市場のスナップショットである。これらのスナップショットには、ある時点での成功企業とそうでない企業の特徴と行動、あるいはその時に活躍しているエグゼクティブの姿が写っている。はっきりと言うにしろ、それとなく匂わすにしろ、戦略論の専門家たちが言いたいことは同じである。業績を上げたいならば、一番の企業や一番のエグゼクティブがやっていることを真似ればよい。

私と同僚の研究者は、カメラマンとなって戦略のスナップショットを撮るのではなく、戦略の「映画」を撮ってきたといえるだろう。むろん、映画館で鑑賞するような一般的な映画、監督と脚本家が構想するフィクションではない。我々がハーバードで制作しているのは、「理論」という一風変わった映画である。物事を引き起こす「原因」とその「理由」を描写する映画だ。これらの理論が映画のプロットをなす。ハラハラドキドキの劇場用映画とは対照的に、我々の映画のプロットはすべてに予測がつく。俳優陣――さまざまな人物、企業、業界――を入れ替えることもできる。映画の中でこれらの俳優が行う演技を選び、自分で演じることもできる。我々の映画のプロットは因果関係の理論に基づいているから、誰が演じても結果は一〇〇％予測できる。

つまらない、と思うだろうか。娯楽を求めている人にとっては、面白くも何ともないだろう。しかし組織のマネージャーは、戦略、自分の仕事の「何」の部分が正しいのか間違っているのかを知らなくてはならない。彼らは可能な限りの確証が欲しいものである。理論が映画のプロットなのだから、必要ならば巻き戻し、過去の部分を繰り返し観れば、どんな原因がどんな事態を、なぜ引き起こしたのか、ある程度までは理解できる。この種の映画のもう一つの特徴は、将来起こることも観られることである。自分が置かれた状況に応じて計画を入れ替え、その結果どうなるか、映画の中で確かめることができる。

自画自賛するわけではないが、戦略、イノベーション、成長をテーマにした我々の研究は、大勢のマネージャーの力になっただろうと自負している。これらの映画、すなわち戦略の理論を読み、理解することによって成功し、過去に例のないほど長く成功を維持する助けにはなったはずだ。

残るは、「どのように」である。めまぐるしく変化する時代の中で、企業をどのように経営するのか。この「どのように」は、本書が登場するまで、ほとんど研究の対象にはなってこなかった。

「どのように」に関する有効な研究が長いこと生まれなかった理由は、その研究規模にある。「何が」の研究、すなわち一般的な戦略理論であれば、一つの企業を深く調べればよい。私がやっていることもおおむねそうであり、ほとんどは机上の作業で事足りる。ところが、戦略的変革の「どのように」の部分は、あらゆる企業で絶え間なく生まれている。「どのように」の理論を構築するには、一つの企業で「どのように」の現象を一回調べれば済む話ではない。「どのように」のスナップショットを撮ることはできないのだ。それどころか、その現象を多くの企業で深くすみずみまで何度も調べる必要がある。私や同僚の研究者が、戦略的変革の「どのように」の部分に取り組むことを断念したのは、この膨大な作業に恐れをなしたからである。とても我々にはできない。フランクリン・コヴィー社のような企業の広い視野、深い洞察、大きなスケールが要る。

だから私は本書の登場にとても興奮している。これは、たった一度だけ成功した企業のエピソードを羅列した本ではない。効果的な実行を「どのように」成し遂げるのか、その因果関係の堅固な理論を紹介している。著者らは、実行のスナップショットではなく映画を提供してくれている。何度でも巻き戻して鑑賞できる映画だ。リーダーであるあなたは、自分の会社に、そして俳優陣である従業員をその映画に当てはめてみることができる。自分の将来を見通すことができる。この本は、著者らが長い年月をかけ、多くの小売店、ホテル、事業部門に「どのように」の新しい方法を展開し、深く調べて結実した一冊である。

私のようにあなたも、この本を楽しんでほしい。

はじめに：「7つの習慣」×「実行規律」＝「成果」

本当の実行とは？

企業は組織の現状を打破するための戦略を立て、あるいは組織の将来に向けた重要な戦略目標を立てる。ビジネス・リーダーは戦略目標達成に向けてチームを率いる。

チームメンバーは、指示を受け、毎日一生懸命に戦略目標達成に向けて実行しようとするものの、なかなか成果が見えてこない。リーダーとして戦略を指示し、日々鼓舞しているにもかかわらず、なぜかほとんど成果が現れない。

多くのビジネス・リーダーはこんな悩みを抱えていないだろうか。

戦略目標は企業にとってもっとも優先すべき重要な課題のはずだ。多くのビジネス・リーダーは、この戦略目標を第Ⅱ領域活動（緊急ではないが重要な活動）として意識し、場合によっては、緊急かつ重要な第Ⅰ領域の活動として取り組んでいることだろう。それなのになぜ結果が伴わないのか？

その原因として次のような理由が見えてこないだろうか……。

・目標を立てる人と実行する人が違い、目標に対する意識や責任感のレベルに個人差が大きい。
・上司が立てた目標だから達成意欲が湧かない、重要性が理解できていない、納得できていない。
・目標が高すぎて諦めてしまう。達成できなくて当たり前の風潮がある。
・上司やリーダーの指導不足、目標に対する評価基準が不明確。
・目標と関係ない業務、目先の成果に追われて、目標を見失う。
・時間や人手が足りないし、ほかのメンバーやチームからの協力も得られない。
・目標が漠然としていたり、役割分担や、計画が曖昧だったりして、何をしたらよいのかわからないし、誰かがやってくれるだろうという期待が生まれる。
・途中で状況や目標が変わる。その変化に対応できない。
・実行する人のスキル不足。

特に、戦略づくりに参加していないメンバーからすれば、戦略目標といってもしょせん与えられたものであり、本当のコミットメントは生まれにくく、毎日の行動に結びつきにくいことが大きな理由かもしれない。

また、目標達成のための行動計画をつくり、そのタスクを第Ⅱ領域活動として取り組んだとしても、毎日の業務に追われ、行動計画は絵に描いた餅となってしまいがちなことも事実だろう。

それは、どれだけリーダーが号令をかけたところで、第Ⅰ領域の活動は待ったなしだからにほかならない。クレーム対応や締め切りのあるタスク、上司の割り込み仕事、突然のトラブルやクライアントからの呼び出しなど、我々の職場では、戦略実行を妨げるタスクが満載なのだ。

それから、ルーティンワークとなっている日常業務も大きな障害となる。ルーティンワークは待ってはくれないので、必ず実行しなければならない。この仕事をさぼろうものなら、あらゆる関係部門から矢のような催促がくる。

第Ⅰ領域（あるいは第Ⅲ領域）は緊急対応を求めてくるタスクが渦巻く嵐であり、その中で重要な戦略を実行しようとしても、なかなかできないのが実際だろう。

日常業務以外の重要な戦略を実行するには、嵐のようなタスクにのみ込まれない本当の実行力が必要となる。

しかし、知識やスキルだけを習得しても、実行力が習慣となり組織の文化にまで定着しない限り、確実に実行することは難しい。継続した成功を得るためには、メンバーが戦略を理解するだけではなく、リーダーを含めたチーム全員のコミットメントとアカウンタビリティが必要となる。

忙しい日々の業務をこなしながら行動を変えるための強い意志を引き出さない限り、本当の実行力を身につけることはできない。本当の実行力を身につけるには、本書で紹介する「４ＤＸ（実行の４つの規律）」を組織のシステムとして取り入れ、チームメンバーの行動変容を促し、実行文化として定着させない限り困難だ。

実行ギャップ

コヴィー博士は、『第8の習慣　効果から偉大へ』（キングベアー出版）の中で、次のように述べている。

「戦略と目標を見つけ出すことと、それを実行に移すこととはまったく別の事柄である。

これを『実行ギャップ』という」

組織においても、経営トップで決定された戦略が、チームとして、現場のスタッフとしての行動に落とし込まれ、戦略が実行され成果が出るまでに、数々のギャップが存在する。あなたの組織ではどうだろうか。

どこに、実行ギャップが存在しているだろうか。

フランクリン・コヴィー社の調査（一〇大産業の一〇の職能分野で働く約二三〇〇〇名に対する調査）によれば、次のようなギャップが明らかになった。

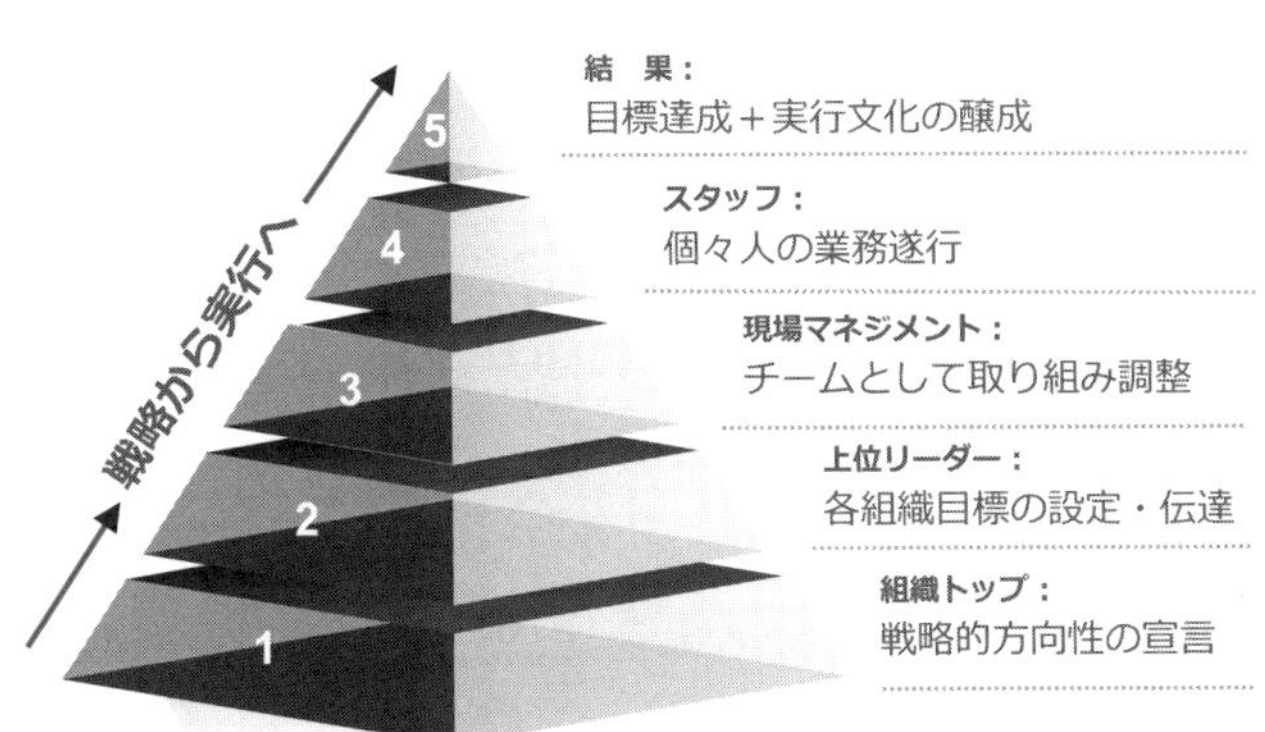

・五二％の回答者が、会社の最終目標が何かわかっていない。会社のもっとも重要な二ないし三個の目標に強力に集中しているという回答は二八％しかなかった。
・回答者の四二％しか、仕事の目標を具体的に測定できる結果で測られていない。三五％の回答者しかもっとも大切な目標に対して自分が何をしたらよいのかわかっていない。
・五四％の回答者しか組織の最終目標達成のために自分が何を期待されているのか正確にわかっていない。
・仕事上の目標が日々の業務や評価基準に落とし込まれている会社は三二％だけだった。目標達成に情熱を持っている回答者は一九％しかいなかった。
・上司が毎月の目標達成状況を見直している回答者は一二％しかいなかった。

サッカーに例えれば、一一人のうち二人しか自分が何をしたらよいのかわかっていないという驚くべき結果だ。これでは試合に勝つことは絶望的だろう。ビジネスにおいても同様だ。しかも、日常業務に追われている中であれば、なおさら戦略を実行することはできない。では、なぜ実行ギャップがあるのかその理由を考えてみよう。

なぜギャップがあるのか？

竜巻の日々

戦略目標がどれだけ重要だとわかっていても、常に日常業務に加えて予期せぬ緊急事項が襲ってくるので、なかなか戦略を実行することができないのが実際だろう。

日常業務や緊急事項に追われていると、せっかく戦略を策定したにもかかわらず、いつの間にか頭から消えてしまう。その最大の原因は日々こなしている日常業務や緊急事項だ。この日常業務や緊急事項のことを、クリス・マチェズニーは「竜巻」と呼んでいる。まるで、職場に吹き荒れる嵐のような仕事のことだ。これらの日常業務や緊急事項が竜巻となって襲いかかり、その対応に追われてしまうというわけだ。

戦略を実行するための焦点から目が離れてしまうのは、この竜巻が大きな原因となる。竜巻は第I領域に属する急を要する仕事がほとんどで、あなたにも、あなたのチームのメンバーにも、四六時中のしかかってくる。

また、多くの組織が掲げる「売上目標」や「利益目標」も竜巻にほかならない。どのような組織のビジネス・パーソンであれ、「売上」や「利益」は常に考えていることであり、毎日、その目標達成に向けた業務をこなしているはずだ。そうした活動は、日常業務の延長にすぎない。

こうした状況では、新たな画期的戦略を実行しようしても、今日の売上を上げるための活動に終始することになってしまう。そして、このままいくと、本来取り組まなければならないような最重要目標や最重要戦略を実行する意欲も薄れてしまう。

常に緊急事項が勝利する

取り組むべき戦略がもっとも重要な目標だとわかっていても、緊急事項が常に勝利する。日常業務を遂行するだけでも、とてつもないエネルギーが必要となる。どれほど素晴らしく、画期的で新たな戦略が生まれ、組織に必要だと認識していても、「実行」の段階になると竜巻に巻き込まれてしまうのだ。

竜巻と戦略的最重要目標はどちらも組織の存続に必要だが、まったく別物であり、時間、資源、労力、注意を奪い合う敵対関係にある。どれだけ新たな戦略を決め、高らかに宣言しても、ほとんど実行されないで一日が終わってしまう。

それは、誰もが普段から忙しく働いていており、新たな戦略ができても、ルーティンワークや日常業務から解放されるわけではないからだ。

では竜巻の日常業務をこなしながら戦略を実行するにはどうしたらいいのだろうか。

根幹を鍛えなければ竜巻に巻き込まれる

竜巻の中で戦略を実行するには、組織のコアを鍛えなければならない。その関係を樹木で考えるとわかりやすい。

根は企業を支える一人ひとりのビジネス・パーソンの人格的な部分だ。基本となるビジネスへの取り組み姿勢、組織の効果性を高めるための原則とパラダイムを育てることによって、しっかりとした根となる。この根は組織にとっては必須事項であり、この根がしっかりと育たない限り、大きな幹となり、豊かな実をつけることはない。

そして幹が組織となる。「7つの習慣」を導入している企業であれば、効果性の高い人格形成に注力しているはずだ。

「7つの習慣」を一人ひとりが身につけることによって、幹として育っていく。そして順調に育った幹に、スキルやテクニック、知識といったたくさんの葉っぱをつけていく。そして誰もがたくさんの葉っぱを頼もしげに眺め、豊かに実った果実の収穫を期待するはずだ。

ところが現実はどうだろう。

地上では、常に竜巻が吹き荒れている。順調に育ったように見えた幹も、何かが足りないために、せっかくつけたスキル、テクニック、知識といった葉っぱや小枝がいとも簡単に吹き飛ばされてしまい、実をつける前に、木が裸になってしまうのだ。

何が足りないのだろうか。

根がしっかりしていても、行動変容を促し継続性を徹底させる規律がなければ、幹につけた小枝や葉っぱは嵐に抗することができず吹き飛ばされてしまい、実をつけることがなくなってしまう。

つまり、日常業務という嵐に抗して戦略を実行するには、ビジネス・パーソンだけの問題ではなく、組織の規律というコアをどう鍛えるのかということが問題なのだ。

組織のコアをつくる

結論から言えば、効果性の高い組織のコアをつくるには、「実行のための４つの規律」＝「実行規律」をビルトインする必要があるということだ。

組織のコアは、フィジカル、マインド、スキルから成り、それらを統合する規律がなければ幹を支えることはできない。

それはアスリートが体幹（フィジカル）を鍛えることに似ている。どんなにスキルがあり強いマインドを持っていても、体幹がしっかりしていなければ、結果を出すことはできないからだ。それと同様に組織もフィジカルがしっかりしていないと、優れたスキルやマインドを持っているビジネス・パーソンがいても、戦略を実行することは難しい。

つまり、人格形成という効果性の原則（「7つの習慣」など）に加えて、戦略を確実に実行するシステム・プロセスや文化が組織にビルトインされていなければフィジカルは揺らぎ、もっとも重要な課題である戦略目標は竜巻に巻き込まれてしまい、実行することはできなくなる。

「4つの規律」と「7つの習慣」の関係

「7つの習慣」は「4つの規律」の土台であると同時に、「7つの習慣」を貫く原則は「4つの規律」をも貫いている。したがって、「4つの規律」を組織の実行文化として定着させるには、「7つの習慣」との関係を理解しておくことが必要となる。

「7つの習慣」の実行プロセスと「4つの規律」

「4つの規律」は組織に結果をもたらすプロセスであり、「7つの習慣」は組織の効果性を高める原則群だ。その関係を表したのが次のページの表となる。

「4つの規律」は実行文化を定着させることで、同じ竜巻の中にいながら、最重要目標に向けて、もっともインパクトがある活動を行えるようにする。「7つの習慣」は、どのような状況においても、「影響の輪」にフォーカスし、組織・チーム・個人レベルでリーダーシップを発揮できるようにする。

つまり、「7つの習慣」と「4つの規律」は、継続した成果を出すため実行ギャップを乗り越える車の両輪ということだ。いかに優れた戦略があっても、両輪が回わらなければギャップを乗り越えることができず、結果に結びつかないのだ。

たとえば、「第2の規律」で先行指標を設定する場合、「第3の習慣」の時間管理のマトリックスにある「第Ⅱ領域活動」を設定することにほかならない。このように「4つの規律」と「7つの習慣」は不即不離の関係にあり、両方があって初めて継続的な成果を上げることができるのだ。

4つの規律 （組織の結果を導く〝プロセス〟）	
あるべき姿	実行文化が定着している組織は、同じ竜巻の中にいながら、最重要目標に向けて、もっともインパクトがある活動を行い続けている
第1の規律	組織・チームにとって最重要の戦略目標を明確にする
第2の規律	目標に対してもっともインパクトのある活動を指標化（先行指標）する
第3の規律	最重要目標と先行指標を常に目の前におき、勝てるゲームをマネジメントする
第4の規律	毎週、チームにおいて個々人のコミットメントを明確にする

戦略

実行ギャップ

実行

7つの習慣 （組織の効果性を高める〝原則群〟）	
あるべき姿	どのような状況においても、「影響の輪」にフォーカスし、組織・チーム・個人レベルで〝リーダーシップ〟を発揮している
第2の習慣	組織・チーム戦略的な「第1の創造」
第3の習慣	究極的な「第Ⅱ領域」活動
第1の習慣	集団的な「主体性の発揮」のシステム化
第4－6の習慣	最重要目標達成に向けた「公的成功」の実践

知識労働者の時代で結果を出す

産業時代から知識労働者の時代へ

組織に実行のための「4つの規律」が求められる背景には、産業時代から知識労働者の時代に変わったことがある。産業時代に通用したやり方では、現代の知識労働者の時代に成果を出し続けることはできない。

知識労働者の時代では、産業時代とは異なる、実行プロセス、規律が求められている。元IBM会長兼CEOのルイス・V・ガースナーは次のように語る。

「世界の優れた企業はすべて、市場でも製造工場でも、物流や棚卸資産回転率という点でも、ほとんど何であれ日々競争相手を実行という点で上回っている。しのぎを削る絶え間ない競争とは無縁な独占的地位を味わっているような優れた企業などめったにない」

効果的な実行を可能にするのが「実行の4つの規律」（最重要目標にフォーカスする、先行指標に基づいて行動する、行動を促すスコアボードをつける、アカウンタビリティのリズムを生み出す）であり、これは知識労働者の時代で結果を出すためのパラダイムシフトにほかならない。

ラフティングとレガッタの規律

規律と聞くと学校や軍隊を思い浮かべるかもしれないが、それは知識労働者の時代には当てはまらない。知識労働者の時代に求められる規律について、ラフティングとレガッタをイメージすると、その違いがわかるだろう。

先行き不透明な現代で働くビジネス・パーソンは、見通しがきかない激流を下っているラフター（ラフティングする人）だ。それに比べて、高度成長期に活躍したビジネス・パーソンは、なだらかな水面でコックスのかけ声の下全員が一丸となって漕ぐレガッタの一員だ。

コックスという一人のリーダーのかけ声＝規律の下で漕ぐレガッタの方が効率的でスピードは出るが、激流の中ではラフター一人ひとりが全体最適な規律（転覆しないように各自が最適に動く）に従って漕ぐラフティングの方が転覆せず速く移動できる。一見すると、レガッタこそ規律に従ったチームであり、ラフティングは一人ひとりがバラバラに動く規律のないチームのように見える。

しかし、ラフティングにはレガッタとは違う規律があるからこそ、バランスを崩さずに急流を下ることができるのだ。もし、ラフターが自分勝手にバラバラに漕いでいたらバランスを崩して、すぐに転覆してしまうだろう。

レガッタはかつての右肩上がりの時代の護送船団と呼ばれたリーダーの一声で動く組織であり、ラフティングは現在の先行き不透明な時代を切り開く組織だ。ラフティングではリーダーの一声はスタートのきっかけでしかなく、急流に入ったらメンバー一人ひとりが全体最適化された規律に従って実行する。

産業時代にはレガッタの規律に従って実行すればよかったのだが、知識労働者の時代にはラフティングに適した規律に従って実行しなければならないということだ。リーダーはメンバーにビジネスやプロジェクトの目標を示すが、めまぐるしく変化する現代では、目標を示すだけでは不十分であり、日常業務という嵐の中で戦略を実行できる規律を身につけなければならないのだ。

変化の激しい現代においては、社員は指示に従えばよいという思考停止は通用しない。臨機応変の対応が求められる現在、マニュアルどおりの対応や指示待ち状態から抜けだし、自ら確実に実行できる規律を身につけなければ、日常業務という嵐にのみ込まれてしまう。

組織として実行するための規律をビルトインしなければ、どんなに優れたチームメンバーがいても、戦略を実行することは困難だ。

ERとF1チームの規律

知識労働者の時代に求められる規律のイメージは、命を預かるERチームとF1チームの規律を考えると理解しやすいだろう。ロンドンにあるグレート・オーモンド・ストリート病院の医師達が、F1チームの規律を身につけたケースを紹介しよう。

グレート・オーモンド・ストリート病院は、重要な手術を中心に最先端の各種子ども向け医療を担う病院として、一世紀半にわたり高い評価を受けてきた。ところが数年前、心臓手術を受けた乳幼児七名が相次いで死亡するという事故が発生する。

担当した手術チームは大きなショックを受けた。どこかに何らかの問題があったことは間違いなかった。原因を追及すると、一連の手術手順における最大の危険が、手術室や集中治療室の中よりも、その間の移動中にあることが判明した。

ある日戦争のような一日が終わり、手術を終えた医師達はテレビで放映されていたF1レースを目にする。それを見た医師たちは突然、画面に釘付けになった。それは、ピットで展開されている光景だった。

フェラーリ・チームを担当するスタッフの一団がまるで一人の人間であるかのように作業に取りかかったのだ。大勢のスタッフが現れ、一糸乱れぬ連携でタイヤ交換やら燃料補給、さらには大量の情報交換をしていた。わずか六・八秒後には、ドライバーは再び走り始めた。

医師たちは前に乗り出し、食い入るように画面を見つめた。ピット・クルーは身につけた規律に従って、迅速かつ効率的に寸分違わぬ正確さで作業していた。その作業は、医師達が行っているプロセスとかなり似通った部分があった。医師たちは前に乗り出し、食い入るように画面を見つめた。ピット・クルーの規律に驚嘆したのだ。

医師たちは、自分たちの作業を撮影したビデオをフェラーリのピット・クルーに見てもらった。スタッフは彼らの無規律ぶりに驚いた。責任者が見当たらず、おしゃべりが多く、お互いに邪魔をし合っている感じで、システムとして明確でなかったからだ。ある整備士は、そのときの模様を「スタッフの立ち位置、待機中の動きなどを見ました。その結果、想定外の状況が起きたら、これではスムーズに流れないのは当然だと思いました」と話す。

ERチームは命を救う訓練を受けているので、患者が手術室からICUに戻って来たときの状況は全員にとって新たな任務となる。だから、全員がベッドの周りに駆けつけるのだが、お互いに邪魔になっていた。皆があれこれ言いながら、手を出そうとしており、規律はまったくなかった。F1のピット・クルーの動きとは逆だった。彼らは自分の役割がわかっており規律に従って、各人がそれを果たしていたからだ。

F1のピット・クルーのアドバイスを受けて、手術チームは迅速に学習し、誰が何をどういう順番でやるか、綿密に定めるシステムをすぐに導入した。その結果、どの動作も生産的で、一つひとつに意識を集中し、全員が手術に貢献できるものになった。現在、グレート・オーモンド・ストリート病院の心臓外科チームは、世界でもっとも信頼に値するチームの一つに数えられている。

実行する組織文化をつくる

ラフターやERチームが嵐の中で最重要事項を実行できたのは、メンバー一人ひとりの能力の高さだけでなく、組織としての規律が実行文化として定着していたからだ。戦略を実行するには、組織としていかに実行文化をつくり定着させるかが問題となる。

パラダイムを変え、思考・行動を変化させ、行動を習慣化し、集団で規律を習慣化しない限り、嵐の中でも最重要課題である戦略を実行する組織文化をつくることはできないということだ。

それは下図のように表すことができる。

「4つの規律」と「7つの習慣」で組織の実行文化をつくる

前述したように、組織の根幹を鍛えなければ、嵐の中で最重要事項である戦略を実行し、継続して成果を上げることは難しい。それをわかりやすく表すと、次のようになる。

継続した成果 ＝ 人格形成 × 戦略実行

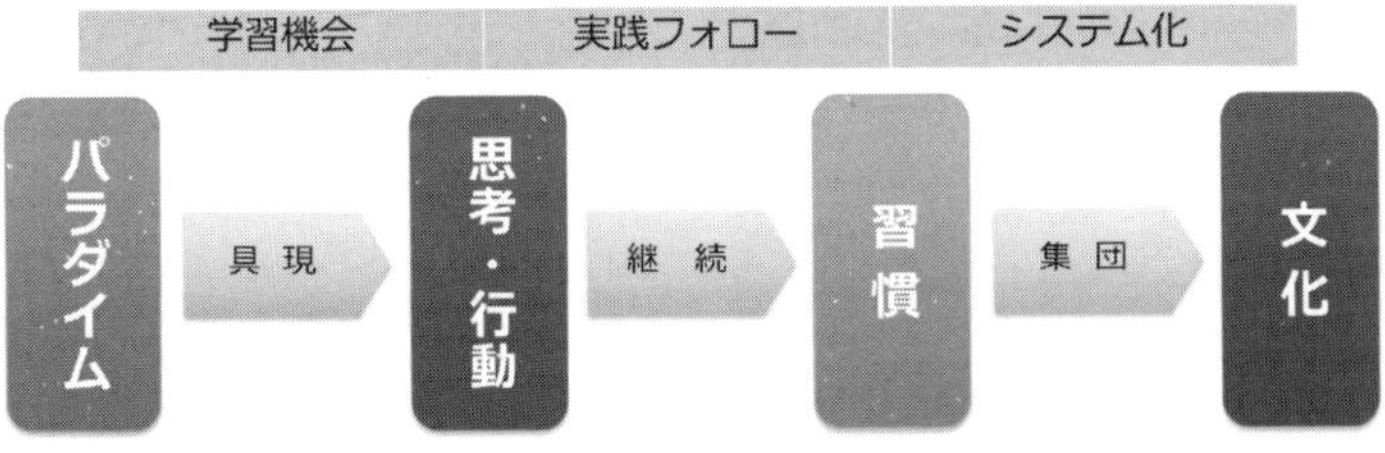

学習機会 ／ 実践フォロー ／ システム化

パラダイム → 具現 → 思考・行動 → 継続 → 習慣 → 集団 → 文化

つまり、継続した成果を出すのは戦略が問題なのではなく、人格と実行こそが問題ということだ。したがって、一番大切なことは、人格を形成する「7つの習慣」と、戦略実行の仕組み「4つの規律」を組織に適用して、組織の実行文化をつくるということなのだ。

組織に実行文化が定着するとどんな効果があるのか。各国のフランクリン・コヴィー社において、「4DX 実行のための4つの規律」の導入によって組織の実行文化として定着させ、卓越した成果（経済的成果、CS・ES向上、業務改善）を上げている企業の事例を紹介しよう。

経済的成果

組織	結果
「デンマーク最大のエネルギー供給会社	金利税引前利益で二〇〇〜四〇〇万クローネの改善（実施六ヵ月後の、ある期間内での電気料金の市場価格による）。
国際的な溶錬施設	生産量八五％増加。目標を四〇〇〇トン上回り八〇〇万ドルの売上向上。
国際的な化学品製造会社	生産量四二％増加および金利税引前利益一一％増加。
二二ヵ国で展開する五一二床規模の病院	営業利益率一七三％増加。
合成材料製造会社	二年で製造コスト五〇万ドル削減および顧客クレーム九〇％削減。

CS（顧客満足度）・ES（従業員満足度）向上

組織	結果
世界最大規模のスーパーマーケット・チェーン	南東部地域で六ヵ月間に顧客のエンゲージメントスコアを五一%から七四%に改善。
中西部の州立病院施設	患者満足度ランキングを下位二〇%から上位四〇%へ向上。
四〇〇〇軒以上のホテルチェーン	マンハッタンのラグジュアリーホテルにおいて、八ヵ月で史上最高の従業員満足を達成。
全米最大のホテル（ネバダ州ラスベガスを除く）	六ヵ月で顧客満足度が二一ポイント（五〇%）上昇。
非営利の医療ネットワーク	四ヵ月で入院患者の満足度ランキングを下位二五%から上位二四%に改善。

業務改善

組織	結果
州捜査局	指紋処理の日数を一二日から二日短縮。
三〇〇〇床規模の医療施設	六ヵ月以下の期間で、全エリア間の患者搬送時間を四〇%短縮。
大都市部の病院	手術関連の事故五二%減少。

大手製薬会社	四半期の価格設定スケジュールを一五日から八日に短縮。年間の売上一〇〇〇万ドル増加。
世界最大規模のカーペット製造会社	シックスシグマ・プロジェクトの完了期間五〇％短縮。

「7つの習慣」と「4つの規律」は、継続した成果を出すための車の両輪であり、いかに優れた戦略があっても、両輪が回わらなければ効果は出ない。「4つの規律」は実行のパラダイムシフトであり、チームメンバーが自分の仕事に意欲を持って取り組めるようになる原則に基づくシステムとなる。「4つの規律」を習慣化して、最重要の戦略目標を達成して成果を上げられることを願ってやまない。

フランクリン・コヴィー・ジャパン　取締役副社長
筑波大学客員教授
竹村富士徳

二〇一六年八月吉日

プロローグ：戦略と実行

結果を出すためにリーダーが影響を与えられるものは、基本的には二つである。戦略（あるいは計画）、そしてその戦略を実行する組織の能力だ。

ここで、次の質問を考えてみてほしい。

この二つのうち、リーダーが苦労するのはどちらだろうか？　戦略を策定することだろうか、それとも戦略を実行するほうだろうか？

この質問を世界各地のリーダーに出すたび、同じ答えが返ってくる。「実行！」

次の質問だ。あなたがＭＢＡ（経営学修士）を持っているなら、あるいはビジネススクールに通っていた経験があるなら、実行と戦略のどちらを重点的に学んだだろうか？

この質問をリーダーたちに出すと、またもや答えは全員一致の「戦略！」だ。ほとんど何も教えられていないことで頭を悩ますのは、当然と言えば当然のことである。

世界中のあらゆる業界、教育機関、政府機関の何千人ものリーダー、チームと接してきてわかったことがある。何をするかが決まったら、その後の最大の問題は、最大限のレベルでそれを現場で実行させるにはどうすればいいのか、ということである。

実行することがそれほど難しいのはなぜだろう? 戦略が明確で、リーダーであるあなたがその戦略を推し進めるなら、チームはそれを達成するために自然と身を入れるものではないのか? 答えは「ノー」である。おそらくあなた自身、この経験を一度ならずしているはずだ。

あなたがこれから読むこの本には、我々が学んだことのすべてを基にして抽出した洞察、現場ですぐにも応用でき、結果に結びつく洞察がまとめられている。何千人ものリーダー、そして最前線で働く何十万人もの人々が実践し、驚くほどの結果をもたらす規律を発見してほしい。

実行できない本当の理由

B・J・ウォーカーは、キャリア人生最大の問題にぶつかっていた。米国ジョージア州福祉局長官に就任した二〇〇四年、彼女の目に映ったのは、配下の職員二〇〇〇人のまるで士気のない姿だった。州が保護する子どもたちの死亡事件や事故が多発し、メディアの厳しい批判にさらされ、五年間で六人の局長が更迭されていた。職員はもうずいぶん長い間、ミスをするのではないかとビクビクしながら仕事をしていた。当然ながら生産性は下がり、未処理の業務は全米最多という不名誉をかこっていた。B・J・ウォーカーは、チームに焦点と方向性を示さなければならなかった。一刻の猶予も許されなかった。

それからわずか一年半後、B・J・ウォーカーと彼女のチームは、児童虐待の再発件数を六〇％も減少させた。

ベテスダ・マリオット・ホテルは、業績指標を改善しようとしていた。マリオット・インターナショナル本社のお膝元（ひざもと）にあるだけに、大々的な取り組みとなる。総支配人ブライアン・ヒルガー、彼のチーム、そしてホテルのオーナーたちは一致協力し、二〇〇〇万ドルを投じるホテル改造計画を進めた。客室の改装、広々として豪華なロビー、新しいレストラン……どれも顧客満足度を上げるためには不可欠なものだった。ホテルは見事に生まれ変わる。ところが、顧客満足度は思うように伸びていかない……。方程式のもう半分は、従業員の接客である。新しい行動を定着させる戦略が必要だったのだ。

一年後、ブライアンのチームは、ホテルの創業以来最高の顧客満足度を獲得するという快挙を成し遂げた。彼はこう話している。「以前は顧客満足度が更新される金曜日は出社するのが憂鬱でした。それが今では金曜日の朝が待ち遠しいくらいです」

ジョージア州、マリオットのエピソードは、異なっているようでいて、実はそうではない。二人のリーダーが抱えていた課題は基本的に同じである。したがって解決策も同じだった。

彼らに共通していた課題とは何だろう？　チームや組織の多くのメンバー、場合によっては全員の行動を根本的に変えるために必要な戦略の実行である。

そして、彼らに共通していた解決策は何か？　**実行の４つの規律**（４ＤＸ）を定着させることである。

リーダーはみな、たとえ意識していなくとも、この問題に頭を悩ませている。あなたが人の上に立つリーダーなら、すぐにも部下に何かをさせたいことだろう。あなたが率いているのが少人数の作業チームであれ、工場であれ、大企業であれ、あるいは家族であれ、人の行動が変わらなければ、たいした結果は望めない。しかも成功するためには、決めたことをメンバーが守るだけでは足りない。彼らのコミットメントが必要である。リーダーなら誰でも知っているはずだ。部下から本当のコミットメントを、日々の業務をこなしながらもあせることのない強い意志を引き出すのが、いかに難しいことかを。

我々は、4つの規律を一五〇〇以上の組織に導入したうえで、この本の執筆に取りかかった。B・J・ウォーカー、ブライアン・ヒルガーが直面していたような現実の課題に4つの規律を実際に試してみて、磨きをかけたかったからである。

人の行動を変え、その変化を定着させるための戦略を実行するとき、リーダーは、それまでに経験したことのない大きな問題にぶつかる。実行の4つの規律というセオリーを試してみてほしい。その問題を必ず解決するプロセスであることは、実証済みである。

本当の問題

戦略、目標、あるいは改善活動でもよい。リーダーがチームや組織を大きく前進させるためにとるイニシアチブは、大きく二つに分けられる。ひとつは、承認してサインすればすむ戦略。もうひとつは、行動の変化を求める戦略である。

　サイン型戦略では、やるべきことを命じるか許可するだけでよい。早い話、あなたに金と権限があれば実現できる戦略だ。大型の設備投資、給与体系の改善、役割と責任の調整、増員、新しい広告キャンペーン。こうした戦略は、プランニングやコンセンサスの形成、度胸、頭脳、資金が要るかもしれないが、いずれ実現する。

　行動変容型戦略は、サイン型戦略とはまるで違う。命じるだけではだめである。この戦略を実現するには、人々に行動を変えてもらわなくてはならないからだ。他人の行動を変えようとした経験があるなら、それがどれほど難しいか身をもって知っているだろう。そもそも自分の行動を変えるのですら、相当な努力が要るではないか。

　仮にあなたの店に客が入ってきたら、三〇秒以内に「いらっしゃいませ」と声をかけることをすべての店員に実行させたいとしよう。あるいは、すべての営業員に顧客管理システムを使わせたい、あるいはまた、製品開発チームとマーケティング

サイン型戦略	行動変容型戦略
設備投資	顧客体験の向上
増員	品質改善
手順の変更	対応の迅速化
戦略的買収	業務の一貫性
広告展開	接客販売
製品構成の変更	製品構成の変更

従業員の行動を変える戦略の活動例は、「サイン型」戦略で実行できるものとはまるで対照的である。

チームを連携させたいとしよう。あなたもB・J・ウォーカーと同じで、何十年もかけて固まった日常業務の進め方を変えなければならないのだ。困難以外の何ものでもない。

しかし多くのサイン型戦略は、署名されて承認されたのち、大幅な行動変容を求める戦略に発展することも多い。

我々のパートナーのジム・スチュアートは、この問題を次のように言い表している。「違った結果を得たいなら、過去にやっていないことをしなければならない」それは新しい販売方法かもしれない。患者の満足度を上げる活動かもしれない。プロジェクト・マネジメントの向上、あるいは新しい製造工程の遵守（じゅんしゅ）かもしれない。そのために従業員の行動を変える必要があるのなら、行動変容型戦略を実行することになる。簡単にはいかないと覚悟したほうがよい。

「これだけでも何とかならないものか」とつぶやきながら職場へ向かった経験はないだろうか。部下の行動を変えられないことが、あなたが望む結果の前に立ちふさがる「何ともならないもの」だったとしたら、そのときの気持ちを思い出してほしい。そんな思いをしているのは、あなただけではない。世界的な経営コンサルティング会社ベイン&カンパニーは、組織変革に関する調査の報告書に次のような結果をまとめている。「戦略の約六五%は従業員の行動の大転換を必要とするが、多くの経営者は事前にそのことを考慮していないか、計画に組み込んでいない」(1)

これは重大な問題だ。にもかかわらず、ほとんどのリーダーにその認識がない。「社員の行動を変える戦略をうまくできるようになりたい」と話すリーダーにお目にかかったことがあるだろうか？

「問題はトムとポールとスーだ！」というようなセリフのほうがよっぽど耳にする。

リーダーは部下が問題だと思っている。やってほしいことをやろうとしない部下に問題があると思い込んでいる。しかしそれは違う。**問題は人ではない。**

品質管理運動の生みの親、W・エドワーズ・デミングは、大多数の人間がいつも決まった行動をとっているなら、問題は人ではなくシステムにある、と言っている[2]。リーダーはシステムに責任を持っている。誰か一人が諸悪の根源という場合もあるだろうが、今、あなたが部下だけを責めているなら、考え直してみるべきだ。

数年前にこのテーマを調査し始めたとき、我々が知りたかったのは、実行力の低さの根本原因だった。そこで国際的な規模での勤労者調査を委託し、数百の企業と政府機関を調べた。開始早々、至るところで問題が見つかった。

実行力破綻の第一容疑者は、目標の曖昧さである。実行すべき目標をわかっていない人が多いのだ。実際、初期調査では従業員の七人に一人が組織の最重要目標を一つも挙げられなかった。そもそも、組織のリーダーが掲げている目標の上位三つの一つだけでも間違いなく言えたのは一五%足らずである。残る八五%は、「たしかこうだった」と推測で答えていたが、リーダーの言葉とは大きくかけ離れていた。組織図の頂点から下がっていくほど、曖昧になる。しかしそれは、我々が発見した問題の手始めにすぎない。

目標に対するコミットメントの欠如も問題だった。目標を知っていた従業員ですら、達成しよういう意欲は見られなかった。チームの目標に一生懸命取り組んでいると答えたのは五一％、残る半数はやっているふりだけである。

アカウンタビリティ（報告責任）にも問題があった。組織の目標の進捗（しんちょく）を定期的に報告する責任を持たされていないと答えたのは、回答者の約八一％にも上る。そのうえ目標は具体的な活動に落とし込まれておらず、目標達成のために何をしたらよいかわからないと答えたのは、実に八七％である。これでは組織の実行力を期待するほうが無理である。

以上のデータは、実行力がこれほど落ちている理由を明確に説明しているが、はっきりとした数字には表れない理由として、信頼の欠如、給与体系の不備、不適切な能力開発プロセスや意思決定プロセスなども挙げられる。

以上の結果を見て、我々は本能的に思った。「これらの問題を全部解決すればいい。そうすれば戦略を実行できる」と。しかしこれでは、太平洋の水を沸かせばよいとアドバイスするのと大差ない。

もっと掘り下げていくと、実行力崩壊の底の底にある根本原因が見えてきた。目標の曖昧（あいまい）さ、コミットメント、協力、アカウンタビリティの欠如など、先ほど挙げた問題のすべてが実行力の低下に拍車にかけているのは間違いない。しかし、我々はもっと深い問題を見過ごしていた。「魚は水の中にいることに最後に気づく」という諺（ことわざ）を聞いたことがあると思う。我々の「気づき」も同じだった。水を探していた魚が、まわりは全部水だったと最後に気づくのと同じで、我々が探していた根本原因もまた、すぐ目の前にあった。その原因で埋め尽くされていたために、見えなかったのである。

竜巻

実行を邪魔する本当の敵は、日常業務である。これを「竜巻」と名づけよう。日々の業務を回らせ続けるには、とてつもないエネルギーが要る。そのせいで新しいことを実行できないとは、皮肉なものである。竜巻が吹くから、チームを前進させるための焦点から目が離れてしまうのだ。

多くのリーダーは、竜巻と戦略目標をほとんど区別していない。どちらも組織の存続に必要だからである。しかし、竜巻と戦略目標はまったく別物である。それだけではない。時間、資源、労力、注意を奪い合う敵対関係にある。この戦いでどちらが勝つか、言うまでもないだろう。

竜巻は急を要する仕事である。あなたにも、あなたのチームのメンバーにも、四六時中のしかかっている。前進するために設定した目標は重要だが、緊急の仕事と重要な仕事が衝突すれば、毎回必ず緊急のほうに軍配が上がる。この構図に一旦気づくと、新しいことを実行しようとしているチームの至るところで繰り広げられる緊急と重要の戦いが見えるだろう。

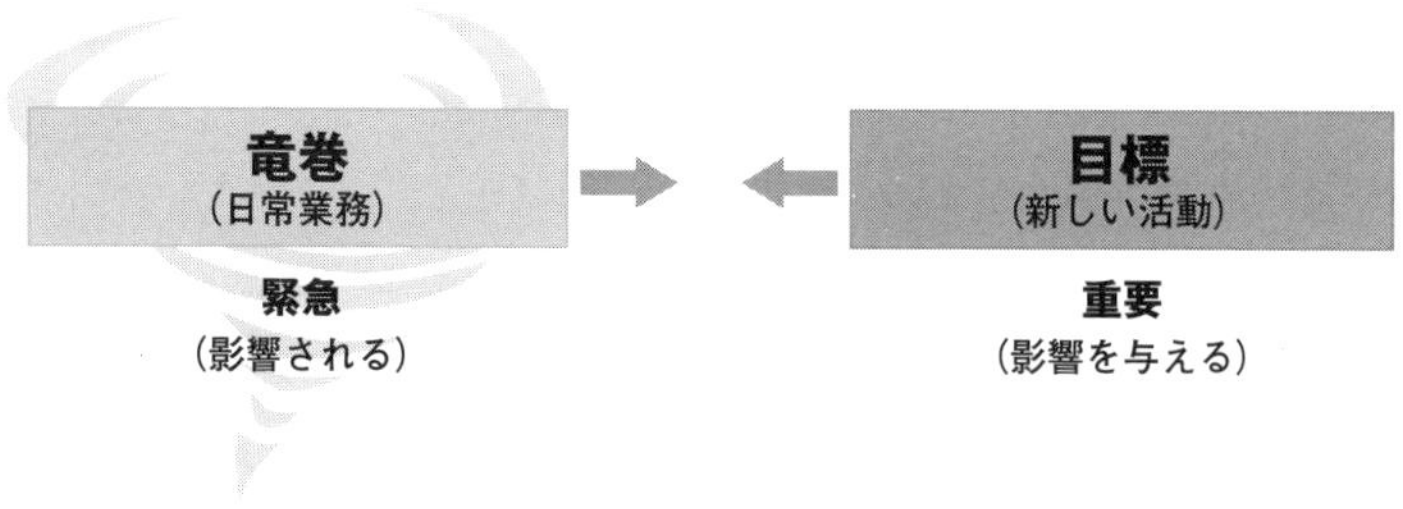

それまでにない新しい活動を必要とする重要な目標は、日常業務といちいち衝突する。日常業務は、時間と労力を食う緊急の仕事が詰まった「竜巻」である。

振り返ってみてほしい。幸先よく始まった重要な戦略がいつの間にか消えていた、という経験はないだろうか。どんな終わり方をしたか覚えているだろうか。轟音とともにクラッシュしたのか、大爆発を起こしたのだろうか？　あるいは竜巻に巻き込まれ、ゆっくりと窒息したのだろうか？　この質問を何千人ものリーダーにしてみたが、たいてい同じ答えが返ってくる。

「緩慢な窒息！」

引き出しの一番下に押しこまれ、すっかり色あせたTシャツを見つけて溜息をつくようなものだ。「ああそうだ、あれはどうなったんだっけ？」死んでしまったのだ。あなたはたぶん、葬式すら出していない。

竜巻にもめげずに実行するには、目標とは別の方角に連れていこうとする竜巻の強い力にあらがうだけでは足りない。「ここのやり方はこうなのだ」という慣性の力も乗り越えなくてはならない。なにも竜巻を悪者扱いしているわけではない。それどころか竜巻は組織を生かすものであり、無視するわけにはいかない。緊急の仕事をないがしろにしたら、あなたは今日にも死んでしまうだろう。しかし重要な目標を無視したら、あなたの明日はない。言い換えれば、チームが竜巻の中だけで仕事をしていたら、前進できない。吹き荒れる風の中で直立姿勢をとるだけでもエネルギーを使ってしまう。問題は、緊急の仕事という竜巻の中でもっとも重要な目標をどう実行するか、である。

どんなリーダーもそれぞれに竜巻を経験している。ある大手ホームセンターの経営幹部は、こんなふうに表現している。「べつにドラゴンが突然襲ってきて優先事項を蹴散らしていくわけじゃありません。私たちを悩ませるのは、ハエなんです。毎日ハエが目の前を飛んでいる。そうこうして半年前を振り返ると、やろうとしていたことが何一つできていないことに気づくんですよ」

部下の誰かに新しい目標や戦略を説明していると、竜巻が吹いてくる、そんな経験があるはずだ。そのときの状況を思い出せるだろうか。あなたの頭の中は目標にぴったり照準を当て、わかりやすい言葉で丁寧に説明している。ところが部下はじわじわと後ずさりする。うなずいてあなたを安心させながらも、竜巻という異名を持つ現実の仕事に一刻も早く戻りたくてうずうずしている。

その部下は、あなたが話した目標の達成に身を入れられるだろうか？　もちろん、露ほども期待できない。だからといって、あなたの目標を無視し、あなたの権威をおとしめようとしているわけではない。彼はただ、竜巻の中で生き残るのに必死なのである。

我々のパートナーの一人が、実例として次のようなエピソードを教えてくれた。

「出身高校の地域評議会の委員長をやったことがある。評議会は試験の成績を上げるという重要な目標を立てた。教師の関心を新しい目標に向けることが私の役割だったから、主だった教師と面会するコミットメントをとり、評議会が立てた目標を説明しに行ったんだよ」

「ところが出だしからつまずいた。まず、こちらの話を聞いているようには見えない。そのうち理由がわかった。先生の小さな机は書類で山積みなんだ。その日に集めた生徒の作文だけで机がいっぱいになる。全部に目を通し、点数をつけなくちゃいけない。保護者会にも出なければいけないし、翌日の授業の準備もある。私がまくし立てるのを、なんだか絶望的な顔で聞いていたな。いや、耳に入っていなかっただろうね。あの先生の頭の中はもはや少しの余裕もなかったんだ。責めることはできないよ」

ここまで話したことをまとめておこう。第一に、有意義な結果を出したいなら、結局は行動変容型戦略を実行しなければならない。サイン型戦略の活動では、目標から遠く離れるだけである。第二に、行動変容型戦略に取り組むときは、竜巻と戦わなくてはならない。竜巻はきわめて手ごわい敵である。多くの企業が敗れ去っている。

実行の４つの規律は、竜巻を制御するためのものではない。もっとも重要な戦略を**竜巻が吹き荒れる中**で実行するためのルールである。

実行の４つの規律

『まっとうな経済学』（遠藤真美訳、ランダムハウス講談社）の著者ティム・ハーフォードは、こう言っている。

「複雑なシステムで成功しているものがあるのなら教えてほしい。私は試行錯誤を繰り返して進化してきたシステムなら知っているが」[3] 彼のこの言葉は、実行の４つの規律に完全に当てはまる。リサーチから得たアイデアを基にしているが、まさに試行錯誤を繰り返して進化したからだ。

ハリス・インタラクティブ社と共同で行った初期調査では、一七の業界から世界中で約一万三千人にアンケートをとり、五〇〇の企業で内部評価を実施した。その後何年もかけて、およそ三万人のリーダーとチームメンバーを調査し、基盤を広げた。原則を導き出す基盤としては有意義な調査であり、初期段階でひとまず結論を出すことができた。しかし実際の洞察はリサーチから得たのではない。一五〇〇の企業で4つの規律を試し、あなたのようにそこで働く人々を観察し、話を聴くことによって得たのである。この作業のおかげで、どんな業界でも、どの国でも通用する原則と方法を開発することができた。

ここで、良いニュースと悪いニュースがある。良いニュースからいこう。それはルールがあることだ。竜巻に立ち向かって実行するためのルールである。では悪いニュースは何か？　それもやはり、ルールがあることだ。破ったら即座に悪影響の出るルールなのである。

4つの規律は、一見すると簡単に思えるかもしれない。しかし、簡単ではあるが、決して単純なものではない。目標に向かう道筋を根本的に変える力を持っている。あなたがプロジェクト・コーディネーターでも、少人数のセールス・チームのリーダーでも、あるいは「フォーチュン五〇〇」に入る企業のトップでも、これらの規律を取り入れたら、二度と同じ道を歩むことはない。チームと組織を前進させる方法の一大ブレークスルーであると断言できる。

まず、4つの規律をざっと見ていこう。

第1の規律：最重要目標にフォーカスする

やることを増やすほど成果が上がらないのは、ものの道理である。誰もが経験している避けられない明白な原則である。しかしほとんどのリーダーは、どこかでこの原則を忘れてしまっている。なぜだろう？　頭が切れ野心的なリーダーは、もう十分知っていることでも、手を出したくなるからだ。最高には到底及ばないが、そこそこ良いアイデアがあったとする。あなたはそのアイデアをきっぱり無視できるだろうか？　困ったことに、良いアイデアというのはいつでもたくさんある。あなたとチームが実行できるキャパシティにはとても収まりきらない。したがって最初の課題は、最重要目標を絞り込むことである。

フォーカスは自然の原理だ。一本一本の太陽光線に火を起こすエネルギーはない。しかし虫眼鏡で一点に集めれば、ものの数秒で紙を燃やしてしまう。同じことが人間にも当てはまる。チームのエネルギーをもっとも重要な目標にフォーカスさせれば、達成できないわけがない。

「第1の規律：最重要目標にフォーカスする」では、あなたはこれまでのセオリーに立ち向かわなければならない。チームが**より多く**のことを達成するために、リーダーは**より少ない**ことにフォーカスするのである。何もかもを一度に大幅に改善しようとしても、どだい無理なのである。第1の規律を導入するときは、本当に重要な目標を一つ（多くて二つ）を選ぶ。これを最重要目標（Wildly Important Goal：ＷＩＧ）と名づけて、何よりも重要な目標であることをチームにはっきりと示す。その目標を達成できなかったら、ほかのどんな目標を達成したところで、高が知れている。ほとんど何の効果もないといってもよいだろう。

あなたが今、五個、一〇個、あるいは二〇個もの重要な目標を実行しようとしているなら、チームがフォーカスできないのは目に見えている。焦点がないと竜巻が威力を増し、あなたの努力は露と消えてしまい、成功はまず不可能だ。組織のトップレベルで目標が多すぎるのはなおさら問題で、組織階層を下がるにつれて目標は数十になり、ひいては数百にもなって、複雑な網の目ができてしまう。

しかしチームの焦点を一つか二つに絞れば、本当の最優先事項と竜巻の見分けがつきやすくなる。ルーズに定められ正確に伝わりにくい目標の大群を、明確で達成可能ないくつかの目標に絞り込めば、そこに行動をフォーカスできるようになる。第1の規律は、フォーカスの規律である。フォーカスなくして、望む結果は得られない。しかしこれは、第一歩にすぎない。

第2の規律：先行指標に基づいて行動する

これはレバレッジの規律である。すべての行動が等しい力を持つわけではないという簡潔明瞭な原則に基づいている。目標達成に直結する活動もあれば、いくら頑張っても効果のない活動もある。目標に到達したいなら、インパクトの強い活動を特定し、それを実行する必要がある。

どのような戦略を推進するのであれ、その進捗（しんちょく）と成功は、二種類の指標で測られる。遅行指標と先行指標である。

遅行指標とは、最重要目標を追跡する測定基準であり、普段あなたがもっとも時間をかけて祈りを捧げている指標だ。売上高、利益、マーケットシェア、顧客満足度はすべて遅行指標である。これらの指標のデータを手にしたときには、そのデータをたたき出した活動はすでに過去のものとなっている。だから、あなたは祈ることしかできない。遅行指標が出てきたら、もはや手の施しようはない。それは過去の出来事なのだ。

先行指標は、遅行指標とはまるで異なる。目標を達成するためにチームが実行しなければならないもっともインパクトの強い活動の指標だからだ。先行指標は基本的に、遅行指標を成功に導く新たな活動を測定する。たとえば、ベーカリーの来店客全員に試供品を提供するというようなごく単純な活動も、ジェットエンジン設計の規格を守るといった複雑な活動も、先行指標になる。

適切な先行指標には、二つの基本的な特徴がある。目標達成を**予測できる**こと、そしてチームのメンバーが**影響を及ぼせる**ことである。これらの特徴を理解するために、減量を例にしてみよう。この場合の遅行指標は減らしたい体重である。先行指標は、一日の具体的なカロリー摂取量、一週間の運動時間である。これらの指標に従って行動すれば、体重計が来週どうなるか（遅行指標）予測がつく。そして、カロリー摂取量も運動量もあなた自身がコントロールでき、影響を及ぼせる。

先行指標に基づいた行動が戦略実行の秘訣（ひけつ）であることは、実はあまり知られていない。ほとんどのリーダーは遅行指標を追いかけるあまり、先行指標を重視するこの規律に拒否反応を起こす。経験豊かなリーダーでさえそうである。

誤解しないでほしい。遅行指標は、あなたが最後に達成しなければならないもっとも重要な指標である。だが先行指標は、その名のとおり、遅行指標に先駆けるものであり、遅行指標へと導いてくれるものだ。先行指標が決まれば、それらは目標を達成するためのテコの作用点になる。

第3の規律：行動を促すスコアボードをつける

スコアをつけるとプレーは変わる。嘘だと思うなら、バスケットボールで遊んでいる一〇代の子たちを見てみるといい。スコアをつけ始めると、ゲームはがぜん熱を帯びてくる。しかしここで、冒頭の一文「スコアをつけるとプレーは変わる」に「自分で」を加え、「自分でスコアをつけるとプレーは変わる」にすると、さらにはっきりするだろう。そう、スコアをつけるのは自分自身でなければならない。

第3の規律は、意欲的に取り組むための規律である。気持ちの入っている人は最高のパフォーマンスをするものだ。そしてスコアを知り、勝っているのか負けているかがわかれば、自然と気持ちは入る。当たり前の話だ。カーテン越しにボウリングをするとしよう。最初は面白がってやるかもしれないが、勢いよく倒れるピンが見えなければ、いくらボウリングの好きな人でもすぐに飽きる。

第1の規律で焦点を定め（ＷＩＧと遅行指標）、第2の規律で、目標に至る軌道に乗るための重要な先行指標を決める。これで試合に勝つ要素は揃った。次のステップは、選手の積極的な行動を促す簡潔なスコアボードに試合の推移を記録することである。

選手専用につくられ、そしてたいていは選手自身が考案したスコアボードなら、チームの意欲を最大限に引き出せる。リーダーはコーチ用の複雑なスコアボードを好むものだが、選手専用のスコアボードはそれではだめだ。シンプルでなければならない。試合に勝っているのか負けているのか一目でわかるスコアボードであることが必須条件だ。スコアボードが複雑だと、その試合はほかのさまざまな活動の竜巻に邪魔され、途中棄権となりかねない。試合に勝っているのかどうかわからなければ、選手は途方に暮れてしまうだろう。

第４の規律：アカウンタビリティのリズムを生み出す

第４の規律で戦略実行を現実のものにする。第１から第３の規律までは、試合に勝つ態勢を整えるプロセスであり、第４の規律を適用してようやく、試合開始となる。第４の規律は、アカウンタビリティ（報告責任）の原則に基づいている。お互いに報告する責任を負い、その責任を一貫して果たさなければ、目標は竜巻に吹き飛ばされてしまう。

アカウンタビリティのリズムとは、最重要目標に取り組むチームが定期的に、かつ頻繁にミーティングを持つことを意味する。ミーティングは少なくとも週一回、長くても二〇〜三〇分程度が理想的だ。メンバーは、竜巻の中でどのような結果を出しているかを短い時間で報告し合う。

アカウンタビリティのリズムがこれほど重要なのはなぜだろう？

我々の同僚の一人の経験を例に挙げよう。彼の一〇代の娘は家族の自家用車を使いたかった。そこで彼は、毎週土曜日の午前中に洗車すれば使ってもよいというコミットメントを交わした。車がきれいになっているか、毎週土曜日に二人で確かめることにした。

二人は、コミットメントどおり土曜日に洗車の結果を確かめた。そうして問題なく数週間が過ぎたあと、彼は二週間出張した。出張から戻ると、車はすっかり汚れていた。なぜ洗車しなかったのかと尋ねると、「まだやるわけ？」という答えが返ってきた。

アカウンタビリティのシステムが崩壊するまで、たった二週間しかかからなかったわけである。一対一の関係でさえこうなのだから、チームや組織全体だったらどうなるか、想像に難くない。だからリズムが重要なのだ。チームのメンバーはお互いに、リズムよく定期的に報告し合えなくてはならない。毎週、「スコアボードに最大のインパクトを与えるために、竜巻の外で来週できる一つか二つの重要なことは何か」という簡潔明瞭な質問に一人ひとり答える。前週のコミットメントを果たしたかどうか、スコアボード上で先行指標と遅行指標はどう動いたか、来週は何をするのかを、メンバー一人ひとりが数分以内にまとめて報告する。

第4の規律の秘訣（ひけつ）は、定期的なリズムを維持すること、そしてそれぞれのメンバーが自らコミットメントをすることである。チームのメンバーはすべきことを指示されるものと思っている。指示してほしいとさえ思っている。指示待ちが普通なのだ。しかし、すべきことを自分で決めてコミットメントすれば、責任感は増す。上から命じられるより、自分で考えて決めたことのほうが身を入れて取り組むものである。自分が何をするのか、上司だけでなくチームのメンバー全員の前で述べるのだから、それは個人の信用に関わる問題になる。決められた業務をこなす枠を超え、チームに対してコミットメントをすることなのである。

チームは毎週新たな目標を定めるのだから、年間戦略計画では予測のつかない課題や機会に対して、タイムリーな実行計画を立てられる。ビジネスの変化のスピードに合わせて計画を修正できるのだ。その結果、チームを取り巻く竜巻の向きの変化にも邪魔されずに、最重要目標に最大限のエネルギーを注げる。

そのうち、努力の直接的な結果である遅行指標で目標の全体的な進捗が見えてくると、自分たちが勝っていることがわかる。勝利ほどチームの士気と意欲を高めるものはない。

ここで顕著な例を挙げよう。お客さま定着率九七％の遅行指標をＷＩＧに定めた世界有数の高級ホテルの例である。このホテルは「ここに一度滞在したら次も来たくなる！」をモットーに掲げた。そして見事に目標を達成したのである。

このホテルは、一人ひとりのお客さまにパーソナル・サービスを提供するという先行指標を立て、目標を達成することにした。では、どのように行動を変えたのだろうか？

全スタッフが、この目標の達成に役割を担った。たとえば清掃係は、宿泊客一人ひとりの好みをコンピューターに詳しく記録し、その顧客がホテルをまた利用したときも同じサービスを提供できるようにした。あるお客さまは外出するとき、吸いさしの葉巻は後で吸うから灰皿に残しておいてほしいと清掃係に告げていた。部屋に戻ると、灰皿には同じブランドの新しい葉巻が置いてあった。この宿泊客はもちろん喜んだが、何ヵ月も後、同じチェーンの別のホテルに宿泊したとき、そのブランドの葉巻が置いてあるのを見て心底驚いたそうだ。「葉巻があるかどうか見るためだけでも、また利用したくなる。完全にやられましたよ」と彼は話している。

考えてみれば、清掃係たちの日々の竜巻に新しい仕事がほんのいくつか加わっただけである。お客さまの好みをメモし、コンピューターに入力する。特定のお客さまの好みを検索し、そのとおりにする。しかし次のことをわかっていなければ、実行できなかったはずである。

- 顧客定着率が最優先事項である。
- 新たに行う活動は、その目標の達成に不可欠である。
- 活動の結果を、詳しく追跡する。
- 実際に行ったことを、毎日報告する。

言い換えれば

- 清掃係は目標を知っていた（第1の規律）。
- 清掃係は目標を達成する方法を知っていた（第2の規律）。
- 清掃係は常にスコアを知っていた（第3の規律）。
- 清掃係は結果を定期的に、頻繁に報告しなければならなかった（第4の規律）。

これらが「実行の4つの規律」を実践する組織の特徴である。

人は誰でも勝ちたいものである。意味のある貢献をしたいものである。ところが、このような規律、すなわち重要な目標を実行するために必要な一貫性のある意識的な態勢を整えていない組織が多すぎる。実行しないことによる財政的損失は大きいが、それは影響のひとつでしかない。最善を尽くし、チームの勝利に貢献したいと思っている人たちにかけているコストも無駄になる。目標を知り、その目標に到達する決意を固めた人たちのチームの一員となることほど、モチベーションを刺激するものはない。

4つの規律が機能するのは、手法ではなく原則に基づいているからである。手法は状況によって異なるし、主観的なものであり、常に変化する。原則は時代を超えた自明の理である。あらゆる物事に当てはまる。重力のような自然の法則である。それを理解していようがいまいが、受け入れていようがいまいが関係ない。法則は、すべてに作用するのである。

スティーブン・R・コヴィー博士の『完訳 7つの習慣 人格主義の回復!』(キングベアー出版)は、世界的なベストセラーとなったビジネス書である。この本の中でコヴィー博士は、人間の行動と効果性を支配する重要な原則を挙げている。責任、ビジョン、誠実さ、Win-Win、相互理解、協力、自己再生などである。

人間の行動を支配する原則があるのと同じように、チームがどのように目標を達成するのか、すなわちチームの実行力を支配する原則もある。実行の原則は、フォーカス、レバレッジ、エンゲージメント、アカウンタビリティであると、我々は確信している。実行力を左右する原則はほかにもあるだろうか？　答えはイエスだが、これら四つの原則とその順番には特別な何かがある。これらの原則は我々が考案したわけではないし、これらの原則を理解するのは難しくも何ともなかった。リーダーにとって何が問題なのかといえば、原則を実践する方法を見つけることである。竜巻が吹き荒れる中で見つけなければならないのだ。

本書の構成

本書は三部構成になっており、規律とそれをチームに当てはめる方法を段階的に理解できる。

「第1部：実行の4つの規律」では、4つの規律を全体的に理解する。簡単そうに見えて思うように実践できない理由、これらがリーダーにとっての最大の課題を解決する鍵となることの理由も説明する。

「第2部：4DXのインストール：チーム編」は、フィールドガイドのような構成になっている。あなたのチームに4つの規律を導入するプロセスを詳しく説明する。

「第3部：4DXのインストール：組織編」では、過去一〇年間に我々が携わった数百の組織の実例から導き出したルールを取り上げる。4DXをうまく活用して戦略を推進し、組織内で画期的な結果を出したトップ企業のリーダーの助言を得られる。幅広い業界での我々の直接的な体験から、戦略を実行するときに生じる多くの疑問にも答える。

最後に、よくある質問の章、個人や家族の目標の達成に4つの規律がどう役立つかを簡単にまとめた章を設けた。

本書は、あなたがこれまでに読んだビジネス書とはいささか趣を異にしている。ほとんどのビジネス書には役立つアイデアや理論が満載されている。しかしそれらの実践方法は深く掘り下げていない。本書では理論の実践に重点を置き、具体例、ヒント、注意事項、すべきことを挙げながら、4つの規律を定着させるためにできることを詳しくアドバイスしたい。我々が知っていることは全部伝えるつもりだ。第1部では実行の4つの規律を、第2部と第3部では、その実践方法を事細かく説明する。このアプローチがあなたの中に新しい風を吹き込むことを願っている。

始める前に……

4つの規律を深く学んでいく前に、次の三つを肝に銘じてほしい。

4DX——言うは易し、行うは難し

第一に、これらの規律は一見すると易しそうだが、実践するには持続的な努力が要る。あるクライアントはこう話していた。「言うは易し、行うは難し」簡単そうな見掛けにだまされないでほしい。4つの規律の訴求力は、一つには理解しやすさにある。しかし実際に導入し定着させるには、長期にわたる相当な努力が必要だ。持続的に取り組まなくてはならない。今あなたが追求している目標が別に達成しなくてもかまわなければ、そこまでする必要はない。しかしそれによるマイナスの結果は、

目標を達成できないことだけではない。次の目標、またその次の目標を達成するための筋肉と能力を組織につけられなくなるのだ。

4DXは直感に反する

第二に、4つの規律のすべてがパラダイムシフトである。あなたの直感と相いれないことも考えられる。直感的には目標は多いほうがよいと思うかもしれないが、実際は目標をたくさん抱えるほど、どれも満足には達成できない。ある目標を達成したいなら、目標そのものにフォーカスするのではなく、その目標を達成に導く先行指標にフォーカスする。個々の規律を導入すると、少なくとも最初のうちは、意味のあるようには思えないこと、自分の直感に反するようなことをやっていると感じるだろう。しかしここで声を大にして言いたい。**4つの規律は、長年にわたって密度濃く真剣に行われた試験と仮説の検証から導き出された結果**である。あなたがこれから学ぶことはすべて、徹底的に調べられ、実証されたものばかりだ。4つの規律を少しでも体験すれば、最初は厄介だと思っていたことも、やがて自然に、効果的にできるようになる。

4DXはオペレーティング・システムである

第三に、4つの規律は一つのまとまったセットであって、好きなものだけを選べるアラカルトではない。個々の規律に価値があるとはいえ、四つがその順番でまとまったときに真の力を発揮する。一つの規律が、次の規律に進むための段をつくる。一つでも外したら、効果はがた落ちだ。コンピューターのオペレーティング・システムのようなものだと思ってほしい。一度インストールすれば、ほとんどどんな戦略も動かせる。しかし戦略を動かすシステム全体が必要だ。これから読み進めるにつれ、その理由がはっきりする。

第1部 実行の4つの規律

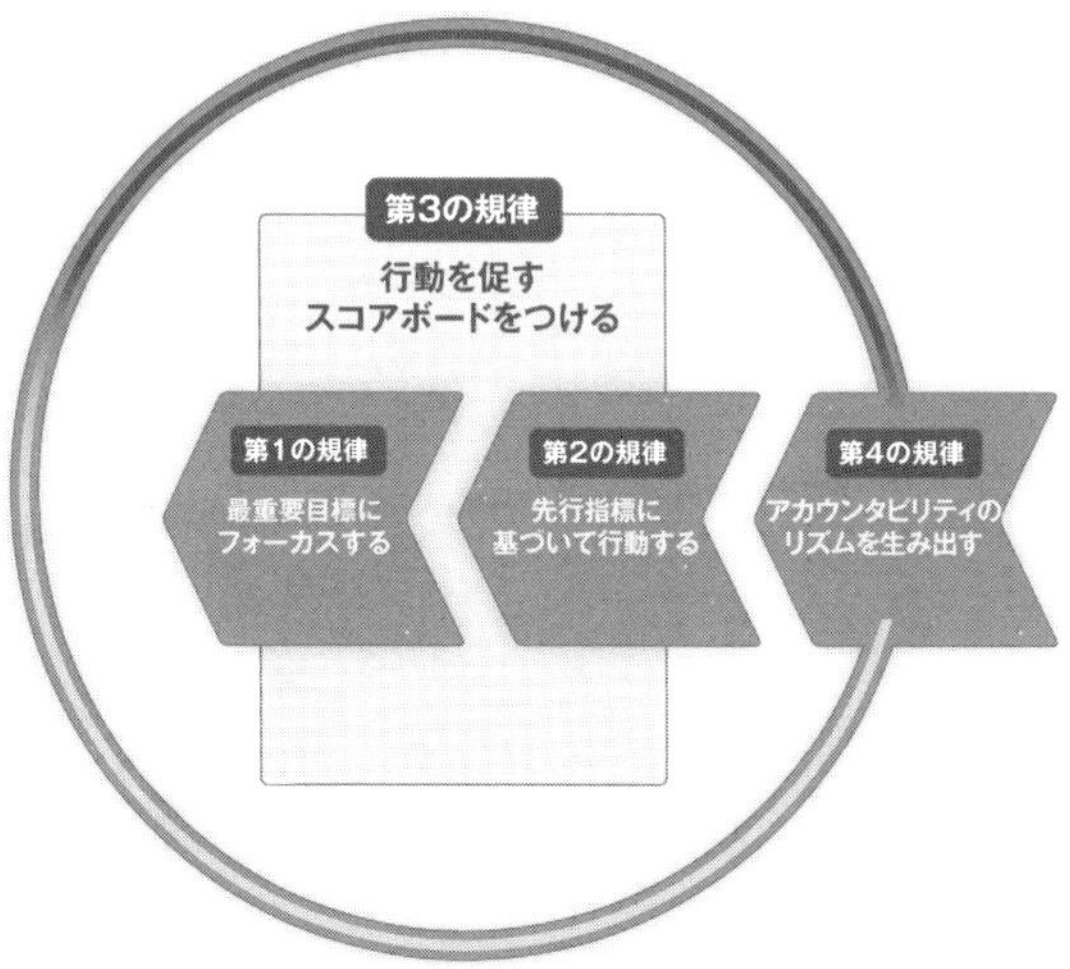

第3の規律
行動を促す
スコアボードをつける

第1の規律
最重要目標に
フォーカスする

第2の規律
先行指標に
基づいて行動する

第4の規律
アカウンタビリティの
リズムを生み出す

4DXの目的は、最大限の結果を生み出すことである。矢印が右から左に向かっているのは、優れたチームは右から左へ向かって実行力を発揮するからである。すなわち先行指標に対する活動をお互いに報告する責任を果たし、最重要目標の達成に向かって前進していく。第３の規律のスコアボードが中心にあるのは、チームの全員が目標の成功基準を常に見ていなければならないからである。

第４の規律から出る円がほかの三つの規律を取り囲んでいるのは、アカウンタビリティのリズムがすべてを一つにまとめるからである。これはスコアボードに示される成功基準の進捗を定期的に報告し合う習慣を象徴している。

第1の規律：最重要目標にフォーカスする

第1の規律は、たくさんの目標を掲げてそれらに漫然と取り組むのではなく、大きな変化をもたらす一つないし二つの目標に努力を集約することである。

実行の第一歩はフォーカスである。

これがなければ、ほかの三つの規律は何の役にも立たない。

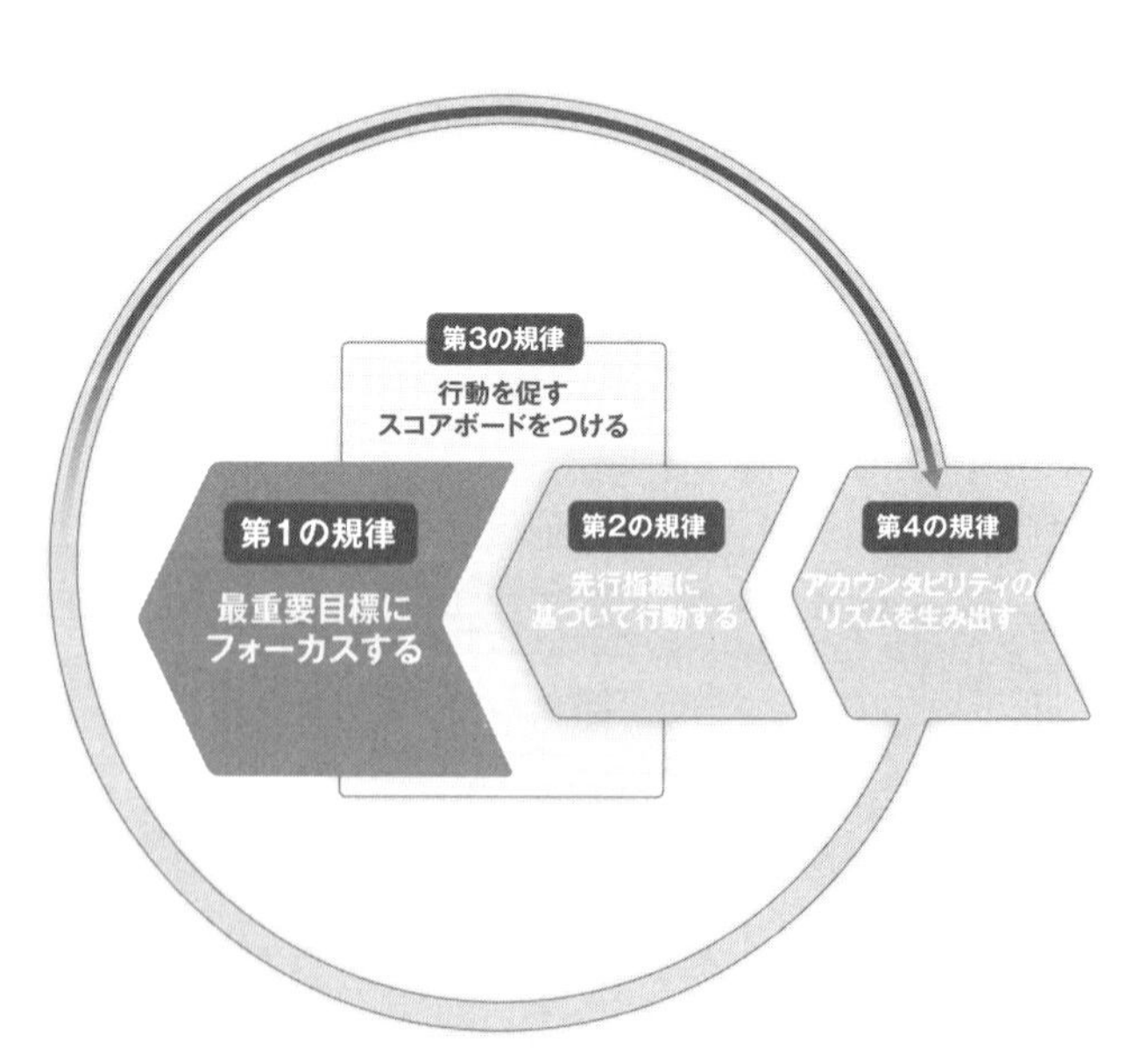

ほとんどのリーダーが焦点を絞ることに四苦八苦するのはなぜだろう？　焦点など不要だと思っているからではない。我々は毎週、世界各地のリーダーシップ、チームの相談に乗っている。そのほとんどが組織の実行力不足を嘆いているのだが、彼らリーダーは全員、しっかりとした焦点が必要だと認めている。しかし焦点を絞りたい反面、競合し合う優先課題を相も変わらずどっさり抱え、チームを四方八方に引っ張っている。ここでわかってほしいのは、焦点を決められずにいるリーダーは、あなた一人ではないことだ。世界中のリーダーに伝染病のごとく蔓延（まんえん）している問題なのである。

もう一つ理解してほしいことがある。ここで「焦点を絞る」というのは、竜巻の大きさや複雑さを狭める意味ではない。最重要目標（ＷＩＧ）に注意を傾けていれば、おのずと竜巻の大きさも複雑さも狭まっていくものだが、それでも竜巻に含まれる緊急の活動は企業を日々生き永らえさせるために必要なのだから、おろそかにするわけにはいかない。最重要目標にフォーカスするというのは、竜巻が日々要求する仕事のほかに達成す

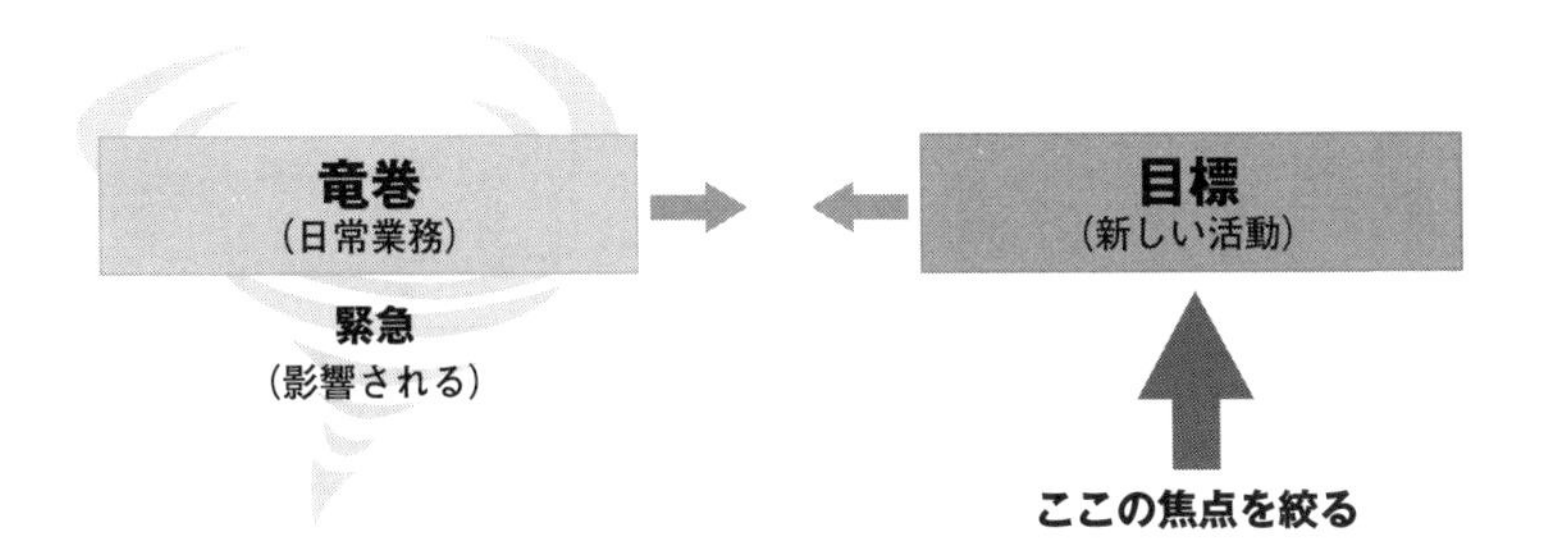

第１の規律は、日常業務の竜巻の中にあっても達成できる最重要目標の数を絞り、焦点を定めることを意味する。

る目標の数を絞ることを意味する。

一言で言えば、第1の規律は、より少ない目標により多くのエネルギーを注ぐことだ。目標は多ければよいというものではない。生産要素をどんどん投入していくと、投入一単位当たりの収穫がだんだん減っていく収穫逓減（しゅうかくていげん）の法則は、目標の数にもいえる。重力の法則のように自明の理なのである。

竜巻の要求のほかに目標が二つ、多くても三つまでなら、チームはそれらにフォーカスし、まず間違いなく全部達成できるだろう。しかし目標が四つ以上一〇個以下だと、我々の経験からして、せいぜい一つか二つしか達成できない。後退してしまうのだ。日常業務の竜巻に一一個以上、はては二〇個の目標が加わったら、焦点は消えてなくなる。チームのメンバーは、あまりに多くの目標にわけがわからなくなり、耳を傾けるのをやめてしまう。実行など到底望めない。

なぜだろう？

人間は遺伝子的に一度に一つのことしか完璧にできない。これが第1の規律で働いている基本原則である。あなたはおそら

目標数 （竜巻に加わる）	2-3	4-10	11-20
完璧に達成できる 目標数	2-3	1-2	0

目標が二つか三つまでなら完璧に達成できる可能性は高い。しかしそれを超えてしまうと、もはやジャグリングのようなもので、達成できる見込みはまずない。

く、自分はいくつもの仕事を同時に進められる、一度にたくさんのことができる、と思っていることだろう。しかし、最重要目標には最大限の努力を注がなくてはならないのだ。

アップル社のスティーブ・ジョブスは、やろうと思えば、もっと多くの製品を市場に出せただろう。しかしジョブスはいくつかの「最重要」製品に焦点を絞った。彼のフォーカスは伝説となった。彼が出した結果もまたしかり。人間の脳が一定の時間に集中できるのは一つの対象だけだということは、科学が証明している。どんなに頑張っても、車を運転しながら携帯電話をかけ、同時にハンバーガーを食べることはできない。最重要の企業目標をいくつも一度に操ることも、無理な話なのだ。

マサチューセッツ工科大学の神経科学者アール・ミラーはこう言っている。「二つの作業に集中しようとすると、脳の処理容量を超えてしまう……電子メールを書く、電話で話すなど同じような作業を一度にやろうとするときは、脳の同じ部分を奪い合うことになる。詰め込みすぎれば、脳もスローダウンする」(5) 電子メールや電話のような単純な作業でさえこうなのだから、組織を変革する目標が多くなれば、いとも簡単に焦点は失われ、集中するなど望むべくもない。

脳の玄関口である前頭野は、押し寄せる日常業務の洪水を処理できない。小さじ数杯分の情報しか処理できないようにできているのだから、情報の波に対応できないのは当然のことなのだ。

現代は一度に複数の作業をこなすマルチタスク文化である。スタンフォード大学のクリフォード・ナス教授は、これについて次のように述べている。「ざっと目を通して表面的に理解することやマルチタスクに使われる神経回路が拡大し、強くなっている反面、長く集中して文章を深く読んだり、物事を熟慮したりする神経回路は浸食され、弱くなっている」

その影響は？「常に複数の作業を同時に行っていると、重要な仕事を逃すことにもなりかねない。このような人たちは、的外れな仕事についつい引き寄せられてしまう」（重要な仕事とはつまりＷＩＧである）

米国神経障害・脳卒中研究所のジョーダン・グラフマンは、「マルチタスクの能力を高めると、深く創造的に考える能力が損なわれる……多くの作業を抱えるほど熟慮できなくなる。問題の答えを考え出す能力が低下するのである」と指摘している[6]。

脳に過剰な負担をかけなくとも、多くの作業をこなすことはできる。脳のキャパシティをうまく利用し、ほかのさまざまな優先課題を意識しつつ、一度に一つの最重要目標にしっかり集中すればいい。この原則をわかりやすく説明するのにもってこいの例がある。空港の管制塔だ。

今現在、空港に近づいている飛行機、離陸しようとしている飛行機、あるいは滑走路に向かって地上走行している飛行機は、数百機どころではない。そのすべてがとても重要だ。あなたがたまたまどれかに乗っているとしたら、その飛行機だけに注意を払ってほしいところだろう。しかし一人の航空管制官にしてみれば、今この瞬間に一番重要なのは一機だけである。今まさに着陸しようとする飛行機だ。

管制官は、レーダーがとらえているほかのすべての飛行機を意識している。すべてを常に追跡している。しかし今この瞬間は、管制官の能力のすべては一機だけに集中している。その飛行機を無事に着陸させなければ、それ以外に何を達成しても無意味になる。管制官は、一度に一機ずつ着陸させるのである。

ＷＩＧも同じだ。ＷＩＧは、日々循環的に発生する大切な業務のほかに、確実に達成しなければならない目標である。成功するためには、レーダーに映る最重要目標とそれ以外の重要な目標とを区別する難しい選択をいとわずに行わなければならない。そうして集中力を高め、ＷＩＧに取り組んではじめて、コミットメントどおりの最高の結果を出せる。

最重要以外の目標はすべて投げ出してしまえと言っているわけではない。レーダーには、最重要ではないが重要な目標も映っている。しかし今この瞬間は、それらに最大限の努力を注ぐ必要はない（とはいえ努力を傾ける価値がまったくない目標もあるだろう。そもそも離陸すべきではなかった目標もあるかもしれない！）

多くの目標を一度に推し進めようとすると、そのどれもが平凡な結果に終わるものである。焦点の原則を無視することはできる。しかしそれ相応の結果がついてくる。この原則をうまく利用することだ。一度に一つの最重要目標を達成する。それを繰り返していく。

従来の考え方	4DX の原則
すべての目標が最優先事項である。5個、10個あるいは15個の重要な目標に同時進行で取り組み、達成する。もっと必死に、もっと長く働ければ、それは可能だ。	目標の多くは重要だが、最重要目標（WIG）は2個か3個である。それらは何としても達成しなければならない目標だ。一度に1個か2個のWIGだけに最大限の努力を傾ける。

リーダーの悩み

ここで、大きな疑問が生じる。目標を絞り込むよりも増やすほうへとどうしても傾いてしまうのはなぜなのか？　絞り込む必要性は十分にわかっていながら、いざとなると絞り込めない。なぜなのか？

リーダーであるあなたはこう答えるかもしれない。改善しなければならないことはたくさんあるし、追求したいビジネスチャンスも毎日次々と生まれるからだ、と。それに加えて、ほかの人たち（そして彼らの計画）があなたの目標を増やす可能性もある。ほかの人というのが組織の上層部の人間だったらなおさらである。

しかし、これらの外的な力よりも頻繁にほとんどの問題の発端となっている原因がある。何を隠そう、それは「あなた」である。

あなただって悪意から問題を起こしているわけではないし、むしろ善意で頑張っているのだろう。しかし本当の意味で、自分の最大の敵は自分なのである。

あなたがチームに負担をかけすぎる理由の一つは、リーダーであるあなた自身が野心的でクリエイティブであることだ。まさしく組織の中で出世していくタイプである。問題なのは、クリエイティブで野心的な人間は、常にもっと多くやろうとすることだ。もっと少なくしよう、などとは考えもしない。あなたもそうなら、実行の第1の規律を破ってしまうのはまず間違いない。

チームに過剰な目標を持たせてしまう一つの理由は、危険の分散である。あれもこれも手を出せば、どれか一つはうまくいくだろうと期待するのだ。さらに言えば、たとえ失敗しても、チームの努力が足りなかったと批判されないようにするためだ。多いほど良くないことは知っていても、多いほうが頑張っているように見えるし、上司の受けもよいだろうと思ってしまう。目標の数が減れば、個々の結果に対する責任が重くなる。それが嫌なのだ。自分の成功を努力の質ではなく量に頼るのである。

しかしながら、目標を絞り込むときにリーダーが直面する最大の問題は、実はもっとずっと単純だ。良いアイデアを無視できないのである。4DXでは、良いアイデアどころか最高のアイデアさえ採用しない場合もある。少なくとも当面は無視しなければならないことがある。良いアイデアを無視するなど、リーダーの直感に反する最たるものだろう。しかし、何もかも受け入れていては、焦点はぼやけ、消失してしまう。

しかも困ったことに、良いアイデアというのは一度に全部陳列されるわけではない。ほどよく小出しにされるから、つい手に取ってしまう。一つずつ出てくるのである。その一つだけを見せられれば、拒否できないのも仕方ないのかもしれない。かくしてあなたは、自分から罠（わな）にはまってしまう。

この難題に直面するすべてのリーダーは、次の言葉をオフィスの目立つ場所に掲げておこう。

一度に一つか二つのWIGにフォーカスすることがいかに大事か、肝に銘じてほしい。直感に反することだが、絶対にそうしなければならない。

アップル社がさまざまなメディアで米国における過去一〇年間の最優秀企業に選ばれたとき(7)、当時の最高執行責任者（COO）ティム・クック（現CEO）は、会社の株主にこう話した。

「私の知る限り、当社はもっとも焦点を絞った企業です。毎日、良いアイデアを不採用にしています。製品の数を絞り、それに全精力を注ぐために、ずば抜けたアイデアさえ採用しないこともあります。アップルの製品のすべては、皆さんの前の小さなテーブルに並べられるでしょう。それでも当社の昨年の売上高は四〇〇億米ドルにも上るのです」(8)

良いアイデアを頑としてはねつけるアップル社の姿勢が、競合他社をことごとく蹴散らしたのである。我々は以前、アップル社の iPhone と競合する製品のメーカーと仕事をしたことがある。iPhone と競える新しいインタフェースの開発責任者(なんと過酷な任務!)と会ったとき、彼はまるで意気消沈していた。「フェアじゃないですよ」と頭を振りながら言う。「国内外の事業でうちは四〇種類以上の電話をつくっている。あちらは一つだけなんですから」

これ以上に的を射た指摘はないだろう。

コヴィー博士はこう言っている。「自分にとって一番重要なこと、もっとも大切にするべきことを決めたら、それ以外のこ

**良いアイデアの数は
実行力のキャパシティを
常に超えている**

とには勇気を持って、明るくにこやかに、弁解がましくなく『ノー』と言えなければならない。ためらわずに『ノー』と言うためには、それよりも強い『イエス』、もっと大事なことが、あなたの内面で燃えていなくてはならない。多くの場合、『最良』の敵は『良い』である」

チームの焦点を絞るために、良いアイデアに「ノー」と言うことの大切さがわかれば、フォーカスを妨げる二つの罠の一つ、良いアイデアの魅力は避けられる。しかし二つめの罠、竜巻は手ごわい。竜巻の中にあるものをＷＩＧに投じなければならないのだ。竜巻に立ち向かいながら、最重要目標に全精力を傾けなければならない。

竜巻の中には今、組織を運営するための測定基準のすべてが入っている。次ページの図の時計がそれらを表している。この竜巻を維持し、あるいは徐々に改善していくには、チームの時間と労力の八〇％をかければ十分である。会社を存続させることはむろん重要だが、これらの時計の全部を一度に改善することに全精力を傾けていたら、焦点を失う。

これらの時計のすべてに均等な力を加えるのは、全部の指を同時に使い、全部の指に同じ力をかけながら、いくつもの穴を同時にふさごうとするようなものだ。どの時計にも人の行動を変えるのに十分な力をかけられず、中途半端に終わってしまう。この中の多くの時計は、人の行動を変えなければ動かすことはできない。一つのＷＩＧにフォーカスするのは、例えるなら一本の指で穴を一つずつふさいでいく。一つの穴をふさぐことに、あなたの力のすべてを注ぐのである。

サイン型戦略で目標を達成できないなら、チームが行動を変えなければ成功はない。そして、あなたがどれほど懇願しても、チームのメンバーは一度に多くの行動を変えることはできないのだ。竜巻の中のすべての基準を大幅に上げようとしたら、あなたの時間のすべてがとられるうえに、望む結果はほとんど得られないはめになる。

良いアイデアを片っ端から受け入れる罠（わな）、竜巻の中のすべてを目標にしてしまうという罠（わな）、この二つの罠（わな）を避ける以外に、フォーカスを定めるためにあなたにできることはない。一つか二つの最重要目標に焦点を絞り、チームの時間と労力をそれらに一貫して注ぎ込む。言い換えれば、明確な焦点、生産性の高いチームが欲しければ、力を集中させる最重要の何かが必要なのである。

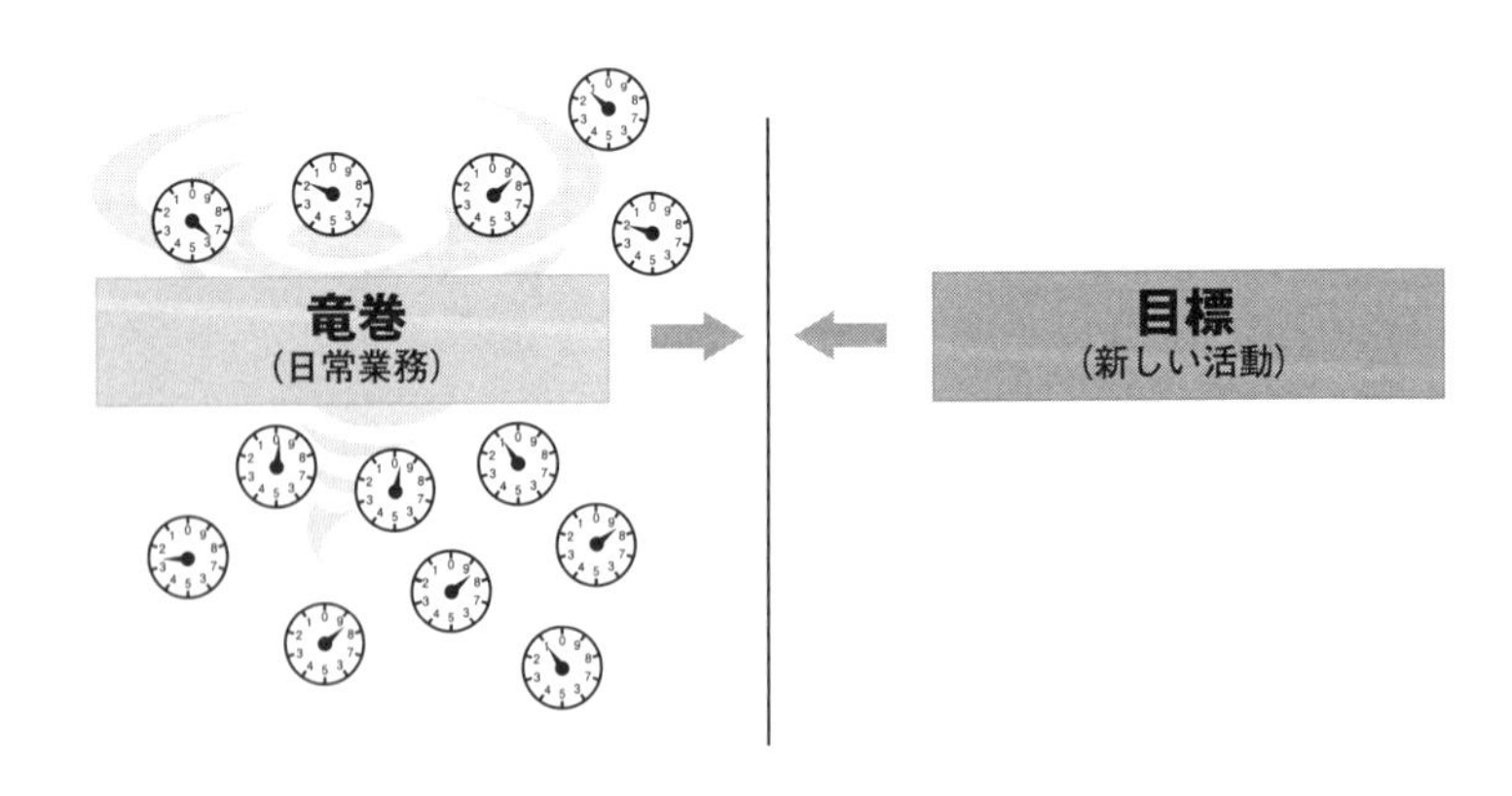

組織の竜巻の中では、無数のデータが追跡されている。財務データ、顧客満足度、製品のライフサイクル……新しい最重要目標はこの嵐に紛れ、見失われる。

最重要目標を見きわめる

最重要目標（ＷＩＧ）は、すべてを一変させることのできる目標である。ＷＩＧは戦略的な大転換点であるから、相当なエネルギーを注ぐ決意が要る。エネルギーの二〇％をＷＩＧのためだけに使い、竜巻の中では使わないことにする。しかし、多くの目標の中からＷＩＧを見きわめるにはどうしたらよいのだろう？

すぐにＷＩＧとわかる目標もあるが、どれがそうなのか紛らわしく、迷うこともある。何がもっとも重要なのかと自問してＷＩＧを選ぼうとすると、堂々巡りになることも多い。

なぜだろう？　あなたの竜巻の中にある多くの緊急の優先事項は必ず、もっとも重要な目標と競合しているからである。だから、緊急の優先事項のどれかを選ぶことが最善だと思えてしまうのだ。

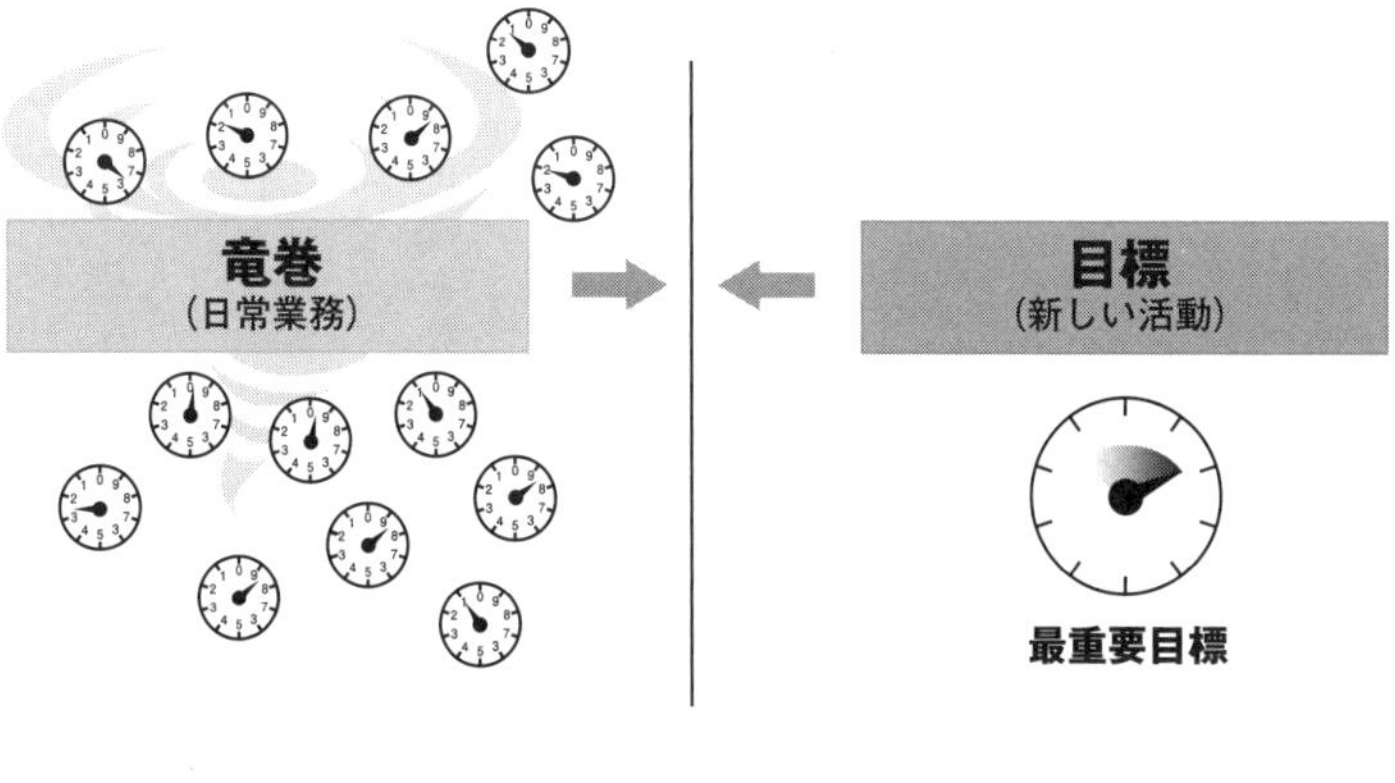

第1の規律では、竜巻の中でメンバーの動きを見失わずに、「最重要目標」の成功指標に全員の力を集約させる必要がある。

たとえば、ある製造工場の経営陣がこんな会話をしているとしよう。「品質が何よりも重要だ。品質をＷＩＧにしよう！」とある幹部が言う。「忘れないでくれよ。生産量を確保できなければ儲けはないんだ」と別の幹部が異議を唱える。「悪いが、どちらにも賛成できない。安全を最重要目標にすべきだ。幸いこれまで事故で大けがをした従業員はいないが、万一そんなことが起きれば大変だ」と三人目の幹部が言う。

話は一向にまとまらず、焦点を絞るはずの話し合いが、逆に焦点を見失う結果となる。

この会話の問題点は、リーダーの三人が三人とも、間違った問いかけをしていることだ。最重要目標を決めるときの問いかけは、「何がもっとも重要か？」ではない。最初に問うべきは、**「ほかのすべての業務が現在の水準を維持するとして、変化することで最大のインパクトを与えられる一つの分野は何か？」**である。この問いで考え方が変わり、状況を一変させる焦点を見きわめられる。

一つか二つの最重要目標を決めてしまったら、チームがそれ以外のことをないがしろにするのではないかと心配したくなるかもしれない。しかしチームの労力の八〇％は竜巻を維持することに使えるのだから、そんな心配は無用だ。ほかの仕事が後退するのではないかと不安になるのをやめたら、ＷＩＧに向かって前進していける。第1の規律の言葉どおり、最重要目標にフォーカスできるのである。

最重要目標は、竜巻の中にあるか、竜巻の外にあるか、どちらかである。

竜巻の中にある最重要目標は、たとえば竜巻にひどく痛めつけられ、修復しなければならないものかもしれない。あるいは、あなたの会社の「価値提案」を構成する要素の一つでありながら、まだ成果を上げていないものになることもあるだろう。プロジェクトの完了に時間がかかりすぎる、コストの管理ができていない、顧客サービスが行き届いていない、これらもみな竜巻の中にある。しかしチームがすでに十分な成果を上げている分野でも、その強みにさらにテコ入れすることで大きなインパクトになるならば、それもＷＩＧになる。たとえば病院の場合、患者の満足度を八五％から九五％に上げれば、病院の収入は格段に増える。

竜巻の外で選ぶ目標は、基本的に組織が向かう方向性を戦略的に変えるようなものになる。競合他社の脅威に対応するための戦略や、大きなビジネスチャンスをつかむための新しい製品やサービスの投入は、状況を一変させるＷＩＧになる。このタイプのＷＩＧは、それまでに経験のないことであり、必要とされる行動の変化は、竜巻の中にある最重要目標の場合よりも大きい。

ＷＩＧが竜巻の中にあるか外にあるかにかかわらず、リーダーの仕事はその目標を達成することだけではない。新しいレベルのパフォーマンスをチームに定着させることもリーダーの重要な仕事だ。竜巻の中にあったＷＩＧが達成されれば、そのＷＩＧは基本的には竜巻の中に戻る。竜巻の外にあったＷＩＧは、達成されたら竜巻の中の一つになってチームに定着する。こうして、竜巻が変化する。

しかしそれは決して、慢性的な問題が解決されてチームの行動が改善される程度の話ではない。竜巻を動かす力が格段に上がるのである。チームの基盤が盤石になり、次のＷＩＧを追求できるようになる。

ＷＩＧを選ぶことが、単に最高の結果を出したい事業分野を選ぶ以上の意味を持つこともある。Ｗ

ＩＧを達成することが組織のあり方そのものを変えるのだ。それはリーダーの使命の中核をなすＷＩＧである。

我々は以前、大手リサイクルショップに４ＤＸを導入したことがある。この会社の新しい社長も、先ほど挙げたような問いの答えを見いだそうとしていた。前任の社長はすでに会社の財務体質を強化し、経営基盤を整え、マーケティングと広告を一新し、店舗をしゃれた雰囲気に変え、会計手順を改善していた。ＷＩＧのディスカッションに入ると、新社長の部下の一人が、今のやり方を続けるべきだと発言した。障害者をもっと雇用したほうがいいと提案する部下もいた。成長こそがＷＩＧだと主張する人もいた。選択肢は膨らむ一方だった。

チームに共通する基盤を見つけるために、新しいリーダーは会社のミッションに立ち戻ろうと提案した。この会社のミッションは「障害者や社会的弱者の自立を促進する」ことである。財務体質も経営状態も良好な企業で、これ以上どのようなことをすれば、ミッションに直結する最大限の結果が得られるのだろうか？

しかしミッションを深く考えているうちに、ＷＩＧが少しずつ見えてきた。彼らがそれまで考えてもみなかったものだった。「障害者の生活を維持できるような仕事を、当社以外の企業で見つける手助けをする」ことである。地域の障害者全員をここで雇うことは無理でも、何千人もの障害者に小売の仕事のトレーニングを提供する余裕ならある。障害者がより良い仕事を見つける手助けをすれば、彼らの自立を促進できる。こうして、「持続可能な仕事に就く障害者を増やす」ことが新しいミッションになった。

このＷＩＧで組織は一変した。ミッションを実現するための業績を維持しながら、これまでに何千人もの障害者、社会的弱者が自立し、自尊心を持つ手助けをしたのである。

組織の焦点を絞る

フォーカスについてここまで話してきたことは、リーダーとそのチームを前提としていた。チームの焦点を定めることだけでも大きなチャレンジなのだから、組織の大部分、まして組織全体となれば、並大抵のことではない。これについては後で詳しく取り上げるが、第２の規律に進む前に、第１の規律を組織に適用するときのルールを大まかに理解しておいてほしい。

ルール一：一度に四つ以上の目標にフォーカスできるチームは存在しない

このルールはエンジンの回転速度を調整するガバナーのように機能する。実行の４つの規律に深く入っていくと、組織全体に何十ものＷＩＧ、ことによると何百ものＷＩＧが見つかる可能性がある。しかし、一人のリーダー、一つのチーム、あるいは個人に過剰な負担をかけてはならない。彼らは竜巻の絶え間ない要求を処理しているのである。このルールを頭に入れて、あと三つのルールを考える。ルール一を破ったら、組織の焦点を失うことになる。

ルール二：選択した局地戦（Battle）は、総合的な戦い（War）に勝利をもたらすものでなければならない

軍事衝突でも、飢餓やがん、貧困を撲滅する戦いでも、局地戦と総合的な戦いの間には明確な関係性がある。ある局地戦に臨む理由は、総合的な戦いに勝つこと以外にはない。組織の下位で取り組むＷＩＧの役目は、組織の上位のＷＩＧを達成する助けになること以外にはない。下位ＷＩＧが上位ＷＩＧと一致するだけでは不十分だし、助けになる程度でも足りない。組織の下位のＷＩＧは、上位のＷＩＧの成功を確実にしなければならないのだ。

一例を挙げよう。あるインターネット金融サービスの事業者は、会計年度末までに収益を一億六〇〇〇万ドルから二億ドルに増やさなければ、投資家の期待に応えられないことを知っていた。新しい営業チームは新たに八〇〇万ドルの収益を獲得するとコミットメントし、大口顧客部門は三二〇〇万ドルの収益増をコミットメントした。

もう一つの重要部門、テクノロジーチームは何をコミットメ

ントしたか？　収益増というＷＩＧの達成にどのような役割を果たしたのだろうか？　当初、テクノロジーチームは疎外感を覚えていた。自分たちはこのＷＩＧに何か貢献できるのだろうか？　テクノロジーチームは状況をよく調べ、自分たちが設定できるもっとも強力な下位ＷＩＧはサービスの中断をなくすことだと気づいた。サービスの連続提供時間は、新規顧客がプロバイダーを選ぶときの重要な基準である。最重要といってよいかもしれない。後に明らかになったように、テクノロジーチームが選んだ局地戦は、ＷＩＧ達成の鍵となるものだった。ほかの部門が局地戦に出ていく道を切り開いたのである。

上位ＷＩＧが決まったら、次に何を問うかが重要である。「この総合的な戦いに勝つためにできることは何か？」という問いは、多くのリーダーが犯す間違いだ。出てくる答えは長々とした「すべきことリスト」である。そうではなく、**「この総合的な戦い（War）に勝つために必要な最小限の局地戦（Battle）は何か？」**と問う。この質問に答えれば、上位ＷＩＧを達成するために必要な下位のＷＩＧは何か、いくつ必要なのかが決まる。総合的な戦いに勝つための局地戦を選び始めると、戦略が明確化し、同時に単純化していく。

ルール三：上位役職者は拒否権を使えるが、命令はできない

組織のトップだけで戦略を策定し、部下のリーダーやチームに手渡すような方法をとっていたら、最高度の実行力はいつまでたってもおぼつかない。戦略の実行に必要な従業員の強いコミットメント

は、従業員自身が参加しなければ生まれないのだ。上位役職者が最上位のＷＩＧを決めるのは妥当だとしても、下位ＷＩＧはそれぞれのチームに決めさせなくてはならない。チームのリーダーの知識を生かせるだけでなく、従業員が目標を自分のものとしてとらえ、積極的に関わる意識も強くなる。要するに、自分で選んだ目標が組織のもっとも重要な目標を後押しするなら、自然と身が入るのだ。上位役職者は、各チームが選んだ局地戦が総合的な戦いの勝利に結びつかないと判断したときにだけ、拒否権を発動すればよい。

第1の規律を導入すれば、組織の大きな戦略はすぐに各階層で明確に定義されるＷＩＧとなる。これはトップダウンとボトムアップを足して二で割ったようなプロセスだ。上位役職者が組織のＷＩＧを定めて明確な道筋を示し（トップダウン）、その下のリーダーとチームがそれぞれのＷＩＧを選び、組織の目標達成に積極的に参加する（ボトムアップ）。この二つを合わせることで、もっとも重要な焦点に組織全体から力が集まり、一人ひとりが責任を持って結果に向かって努力するのだ。

ルール四：すべてのＷＩＧに「いつまでにＸからＹにする」のフォーマットでフィニッシュラインを決める

各レベルのＷＩＧに測定可能な結果を含め、その結果を達成する期限を定めなくてはならない。たとえば売上高にフォーカスしたＷＩＧなら、「一二月三一日までに新製品の年間売上高の伸び率を一五％から二一％にする」となる。「いつまでにＸからＹに」のフォーマットには、現在の地点、行きたい地点、そこに到達する期限が示されるわけである。簡単なフォーマットに見えるが、多くのリーダーは戦略のコンセプトを「いつまでにXからYにする」のフィニッシュラインに置き換えるのが苦手なようだ。しかしこれができれば、リーダーもチームもこれ以上ないほどはっきりとした目標を手にできる。

ところが、このような明確さを欠いている目標がほとんどなのだ。フィニッシュラインがないから、誰も到達できない。目標に届いたのかどうか、ある時点でどこにいるのか、知りようがないのである。たとえば……

- 世界的な大手小売企業：「在庫処理を改善する」
- イギリスの出版社：「新規のクライアントを開拓し、既存のクライアントとの関係を強化する」
- アメリカの観光当局：「クイーンズランドにおける効果的な観光労働力開発に働きかける」
- ヨーロッパの投資会社：「当社のポートフォリオをライフサイクル戦略に転換させる」
- 多国籍の農業関連企業：「最高の人材を特定し、採用し、留める」

どれも測定できない目標ばかりだ。これでは、チームはいつ試合に勝ったのかわからない。在庫処理を改善する――どのくらい処理すればよいのか？「顧客との関係を強化する」どうやって測定するのか？「ポートフォリオをライフサイクル戦略に転換する」転換できたことはどうやってわかるのか？

効果的な遅行指標を設定するなら、このようになる。

- 一二月三一日までに年間在庫回転率を八から一〇にし、在庫処理を改善する。
- 顧客ロイヤリティ指標での顧客満足度スコアを二年間で四〇から七〇にする。
- 五年以内に顧客の四〇％を固定カテゴリー投資からライフサイクル・カテゴリー投資に移す。
- 会計年度末までに、ベータ版品質評価八五％の顧客関係管理ソリューションを発売する。

もっとも重要な目標であるなら、達成できたのかどうかわかることが絶対条件である。それには「いつまでにXからYにする」の形式で目標を設定する。

フィニッシュラインについては「一つのWIGを達成するのに、どのくらいの期間をみればよいのか？」といった質問をよく受けるが、それはWIGの内容による。チームであれ組織であれ、たいていは会計年度で考えるので、最初は一つのWIGに一年を設定するとよいだろう。忘れないでほしいのは、**WIGは戦略ではない**ということだ。WIGは期間限定の戦術的な目標である。二年かかるWIGもあれば、半年で終わるWIGもある。「七月一日までに予算内で新しいウェブサイトを完成させる」というようなプロジェクト型のWIGであれば、一般的にはプロジェクトそのものの期間になる。説得力のあるビジョンを描く必要性と、手の届く目標を設定する必要性とのバランスをとり、必ず期間を決める。あとは自分の判断力を働かせよう。

月を撃て

一九五八年、米国航空宇宙局（ＮＡＳＡ）は重要な目標をいくつも掲げた。「大気圏と宇宙における現象に関する人類の知識を広げる」もその一つである。昨今のビジネス界でよく耳にする「ワールドクラスの……になる」とか「……で業界をリードする」といった目標とそっくりだ。ＮＡＳＡのリーダーたちは、この目標をさまざまな角度から測定する方法は知っていた。しかし明確なフィニッシュラインがない。ソ連が出していたような結果も、彼らは出せずにいた。

そして一九六一年、ジョン・Ｆ・ケネディ大統領が「一〇年以内に人間を月に着陸させ、安全に地球に帰還させる」という声明を出し、ＮＡＳＡに衝撃が走る。突如として驚くべきチャレンジが課されたのだ。それから一〇年にわたって戦い続けることになる総合的な戦いである。ケネディの声明は、ＷＩＧとまったく同じフォーマットに置き換えられる。「Ｘ」は「地球から」、「Ｙ」は「月へ行き帰還する」、「……までに」は「一九六九年一二月三一日までに」である。

次ページの表(9)をざっと見るだけでも、従来の組織目標とＷＩＧの違いがよくわかるだろう。

一九五八年の目標を考えてみよう。

- 明確で測定可能か？
- いくつあるか？

1958年のNASAの目標	1961年のNASAの目標
1. 大気圏と宇宙の現象に関する人類の知識の拡大 2. 航空宇宙ビークルの有用性、性能、速度、安全性、効率の向上 3. 機材、装備品、消耗品、生命体を宇宙に輸送できるビークルの開発と運用 4. 航空宇宙ビークルの平和・科学目的利用から得られる潜在的メリット、そのような利用の機会と問題点に関する長期的研究 5. 航空宇宙科学技術および大気圏外での平和的活動への応用におけるリーダーとしての合衆国の役割の確立 6. 軍事的な価値または意味をもつ発見の国防関係政府機関による利用、これらの政府機関から、非軍事的航空宇宙活動の管理運営のために設立された民間機関への航空宇宙情報の提供 7. 本法律に従ってなされる活動およびその結果の平和的利用における合衆国と諸外国との協力 8. 活動、施設および設備の不要な重複を避けるために、合衆国のすべての関係機関の緊密な連携による科学・工学資源の最大限効果的な活用	「私は、この国が1960年代のうちに人間を月に着陸させ地球に無事帰還させる という目標の達成に取り組むべきであると信ずる」 —ジョン・F・ケネディ

・どれか一つでも、フィニッシュラインはあるか？

これらの目標から、ＮＡＳＡはどのような結果を出していたのだろうか？　ソ連が人類史上初の有人宇宙飛行を成し遂げていた一方で、アメリカは発射台上でロケットを爆発させていたのだ。一九五八年の目標とはまるで対照的に、一九六一年の目標は一つの明確な、測定可能なＷＩＧである。危機に瀕（ひん）していた評判を取り戻すために、ＮＡＳＡはこの総合的な戦いの鍵を握る局地戦を決めなければならなかった。

最終的に三つの局地戦が選ばれた。ナビゲーション、推進力、生命維持である。ナビゲーションはとてつもないチャレンジだった。宇宙船を秒速一八マイルで航行させ、月面の一点に着陸させるのである。月そのものも楕円軌道で地球の周りを高速で動いているのだから、想像もつかないほど正確なナビゲーションが求められる。

推進力もそれに劣らないチャレンジだった。月着陸船を運べるほど重いロケットが、地球の引力を振り切れるだけの速度に達したことはかつてなかったのである。そしてもっとも重要だったのは生命維持だ。月と地球の往復だけでなく、月面を探索する間も、宇宙飛行士の生命を維持するカプセルと着陸船が必要なのである。

ケネディ大統領の演説には、第１の規律のもう一つの要素も含まれていた。良いアイデアに「ノー」と言うことである。ほかにも多くの有意義な目標があることは認めるが、この目標を達成するために、それらをわが国は追求しない、とケネディは断言した。しかし、なぜ月なのか？　彼はこう述べている。「なぜ月なのか、と疑問に思う人もいるだろう。月をわが国の目標としたのはなぜなのか、と。……この目標は、我々の熱意と技術の結晶を組織し、それがどれほどのものか測ることに資するからだ。我々が進んで受け入れた挑戦であり、先延ばしにはしたくない挑戦だからだ。この挑戦こそが、勝ちたいと強く望むものだからだ」[10]こうしてケネディはＮＡＳＡの焦点を絞り、フィニッシュラインを定めた。そしてその達成は、人類史上もっとも重要な冒険の一つとなったのである。

人間を月に送るという挑戦が公表され、ＮＡＳＡ内部のアカウンタビリティはどうなったと思うだろうか？　むろん、一人ひとりに課された責任は一気に重くなった。彼らが使っていた宇宙船の計算能力が、今あなたのポケットに入っているスマートフォンにも遠く及ばなかったことを考えれば、当然だろう。そのうえエンジニアも科学者も、三つの局地戦に勝つための運用技術を何も持っていなかった。今振り返ってみれば、

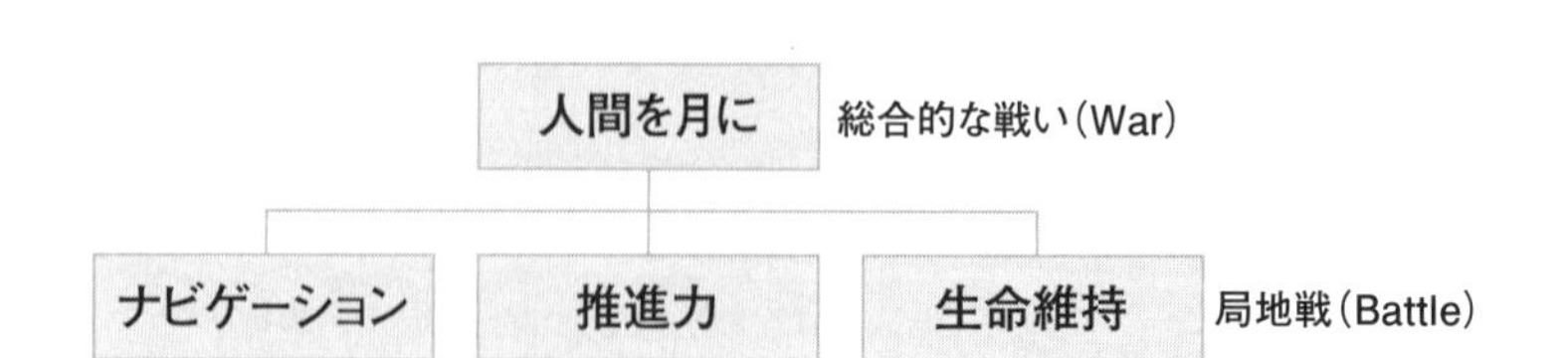

一九六九年当時、人類には月に行く資格はなかったといってもよいくらいだ。

では、次の質問である。アカウンタビリティが大きく増えたことはわかったが、士気や意欲はどうだろう？　これもまた、急上昇した。ほとんどのリーダーにとって、これは意外ではないだろうか。責任が最高度に課されれば、そのプレッシャーでチームの士気は下がると一般的には思うものだが、実際は逆だった。焦点を絞り込めば、チームのアカウンタビリティも意欲も向上するのである。

一〇個もの「できれば達成したい」目標から、一つか二つの「何としても達成しなければならない」目標に変わると、チームの士気は劇的に上がる。メンバーの頭の中に「試合開始！」のスイッチがあるかのようだ。あなたがそのスイッチを押せるなら、最高の実行力の土台はできているも同然だ。ケネディ大統領は、一〇年以内に人間を月に送り帰還させると公言し、そのスイッチを押したのである。

あなたは試合開始スイッチが押されたチームの一員であったことがあるだろうか？　そのときのことを覚えているだろうか？　素晴らしい体験だったはずだ。対処しなければならない竜巻、数えきれない日常業務を相変わらず抱えていても、チームのメンバー全員が変化を起こすことに貢献しようとする。誰もが勝利を味わいたいと思い、有意義な何かに貢献したいと望んでいる。今がどんなに忙しくとも、もっと忙しくなってもかまわないと思っている。

何年も前にこのプロジェクトに着手したとき、我々は戦略の定義や構築にまで目を向けるつもりはなかった。しかしすぐに、戦略とその実行との関係性に気づかされた。**第1の規律を実践すれば、あ**

なたが思っている以上に戦略は研ぎ澄まされる。だが、この規律の本当の効果は、戦略を実行可能なものにすることである。

　このように考えてみてほしい。あなたの頭の上に大きな吹き出しがあり、戦略を巡るさまざまな考えが書いてある。つかみたいチャンス、新しいアイデアやコンセプト、解決したい問題。あなたの吹き出しの中は多くの「何」と「どのように」であふれ、複雑で混沌としている。そして、同じ吹き出しを持つリーダーは二人といないのだ。

　だから第1の規律では、戦略をコンセプトからターゲットに置き換え、曖昧な戦略目標を一連の明確なフィニッシュラインに置き換える作業が必要なのである。前述した第1の規律の四つのルールは、この作業を効果的に行うためのフレームワークを組織に与える（詳しいプロセスと具体例は第2部と第3部を参照）。

　最後に、フォーカスの四つのルールは容赦しないことを覚えておいてほしい。あなたはどこかできっと、ルールを破りたくなるはずだ。少しぐらいならかまわないじゃないか、組織の中

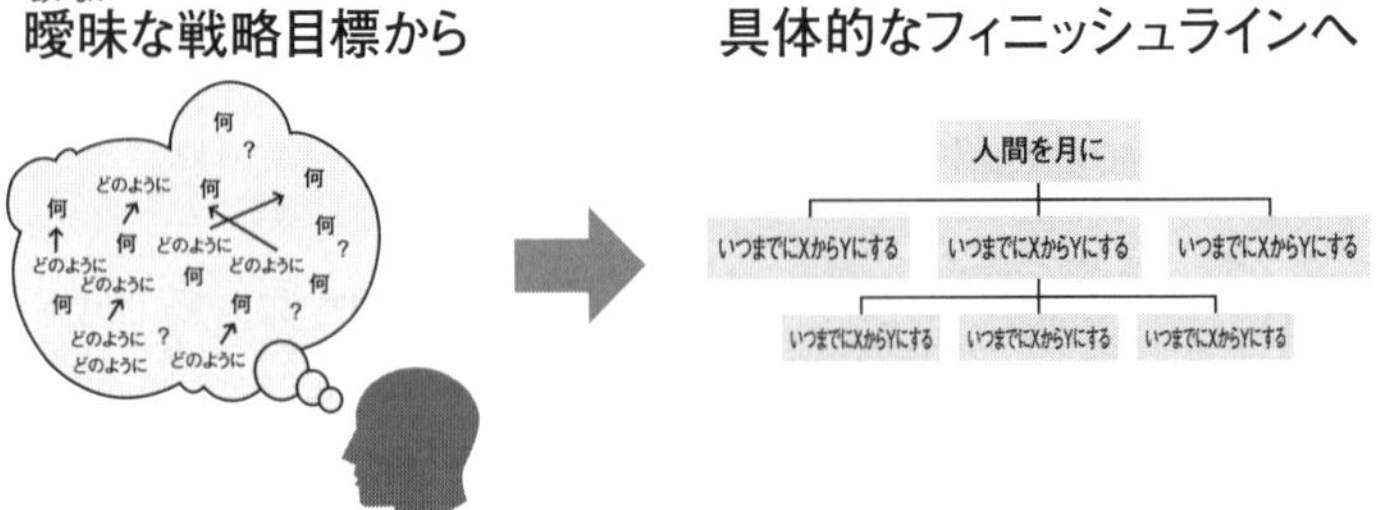

曖昧な戦略目標から

何 ? 何 どのように 何 何 何 ? どのように 何 どのように どのように どのように 何 何 ? 何 どのように ? どのように どのように

具体的なフィニッシュラインへ

人間を月に

いつまでにXからYにする　いつまでにXからYにする　いつまでにXからYにする

いつまでにXからYにする　いつまでにXからYにする　いつまでにXからYにする

多くの組織目標が曖昧で不正確であるため、従業員は「何」をしたらいいのか、「どのように」したらいいのかわからずにいる。第1の規律では、間違えようのない明確なフィニッシュラインを定めるので、どうなれば成功なのかを組織の全員が理解できる。

では誰でもそんな気になることがある。しかしフォーカスを支配するルールは、重力の法則のようなものである。あなたが何を考えていようが、どんな状況に置かれていようが、一切配慮しない。ズルをすれば、それに応じた結果が出るだけである。

そう考えると、いくつかの最重要目標にフォーカスする原則は、常識であることがわかる。単なる手順ではないのだ。イソップの寓話を一つ紹介しよう。少年がヘーゼルナッツでいっぱいの壺に手を突っ込み、つかめるだけつかんでから手を抜こうとするが、壺の首が細すぎて抜けない。しぶしぶナッツを少し落とすが、それでも抜けない。少年は泣きだし、途方に暮れる。

この少年のように、多くの良いアイデアを手放さなければ、もっとも重要な目標には取り組めない。スティーブ・ジョブスはよくこう言っていた。「何をしてきたかと同じくらい、何をしてこなかったかを誇りたい」(11) 第1の規律で求められるのは、もっとも重要な目標を定める自制心である。第2部では、組織のWIGを定めるプロセスを詳しく取り上げる。

コラム

最重要目標（WIG）と「時間管理のマトリックス」

最重要目標（WIG）にフォーカスするには、「7つの習慣」の「時間管理のマトリックス」（第3の習慣）を活用することが効果的だ。第Ⅰ領域は緊急で重要な事柄であり、有無を言わずに取り組まなければならない。第Ⅲ領域は緊急だが重要でない領域、第Ⅳ領域は緊急でもなく重要でもない領域であり、知らずにはまってしまう事柄だ。問題は重要でありながら緊急でない第Ⅱ領域の事柄であり、WIGはこの領域にある。ほうっておけば、人は緊急で重要な第Ⅰ領域に振り回されてしまい、やがて疲れ果てて「燃え尽きて」しまう。

第Ⅰ領域に振り回されていては、WIGへのフォーカスが先延ばしにされてしまう。まず、チームメンバー全員が、大きな石としてWIGにフォーカスする時間を先に確保すれば、先延ばしの危険も低くなる。しかし、第Ⅰ領域の活動を無視することはできないので、WIGにフォーカスするには、第Ⅲ領域や第Ⅳ領域から時間を持ってくる以外にない。そのためには強い意志が必要となる。

WIGこそが真っ先に取り組むべき第Ⅱ領域のタスクである。緊急ではなく重要なタスクとして第Ⅱ領域にスケジューリングすれば、限られた時間の中でWIGにフォーカスすることができ、確実に実行できるようになるはずだ。

第2の規律：先行指標に基づいて行動する

第２の規律は、先行指標を推進する活動にチームの労力の大部分を注ぐ。これが遅行指標を達成するテコになる。

第２の規律は、テコの規律だともいえる。先行指標というのは、目標の達成に直結する活動の「測定基準」である。

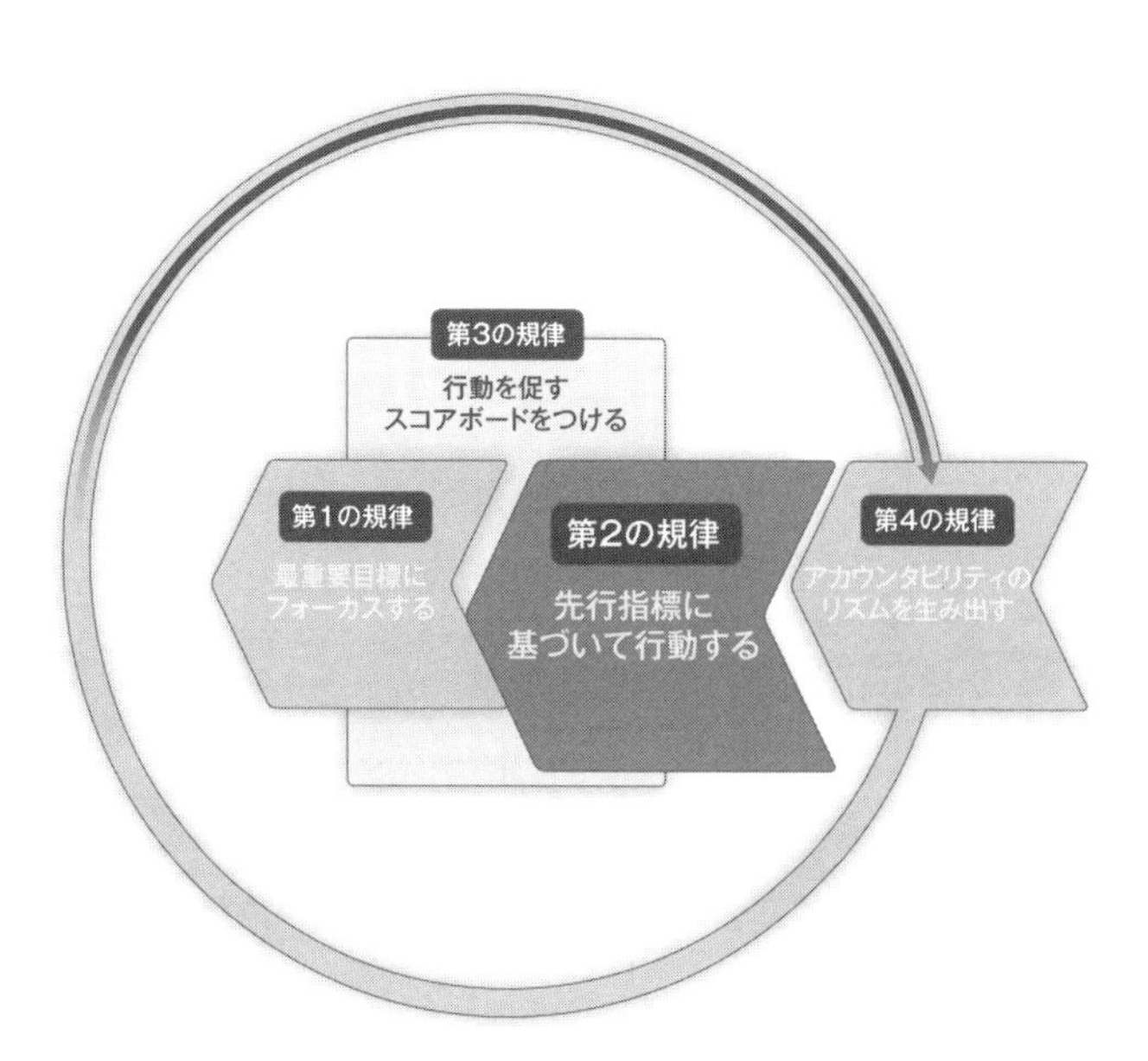

第1の規律では組織の最重要目標を決め、それをすべてのチームに行きわたる具体的で測定可能なターゲットに分割し、個々のチームが当事者意識をもって最重要目標に取り組めるようにする。次の第2の規律では、チームの目標達成を可能にする活動を定める。下の図は、チームレベルでの遅行指標と先行指標の関係を示している。

遅行指標は目標が達成できたかどうかを教え、先行指標は目標を達成できそうかどうかを教える。遅行指標に対してできることはほとんどない。しかし先行指標のほうは、自分の力でどうにでもできる。

たとえば、あなたは自分の車が路上で故障する頻度（遅行指標）を決めることはできないが、車を整備に出す頻度（先行指標）なら、あなたが自分でどうにでもできる。この先行指標をきちんと管理し、実行すれば、路上でエンストする事態を避けられる可能性が高くなるのである。

最重要目標を定めたら、その目標を数ヵ月後に達成するために必要な具体的な作業のすべてをリストアップし、詳細な計画

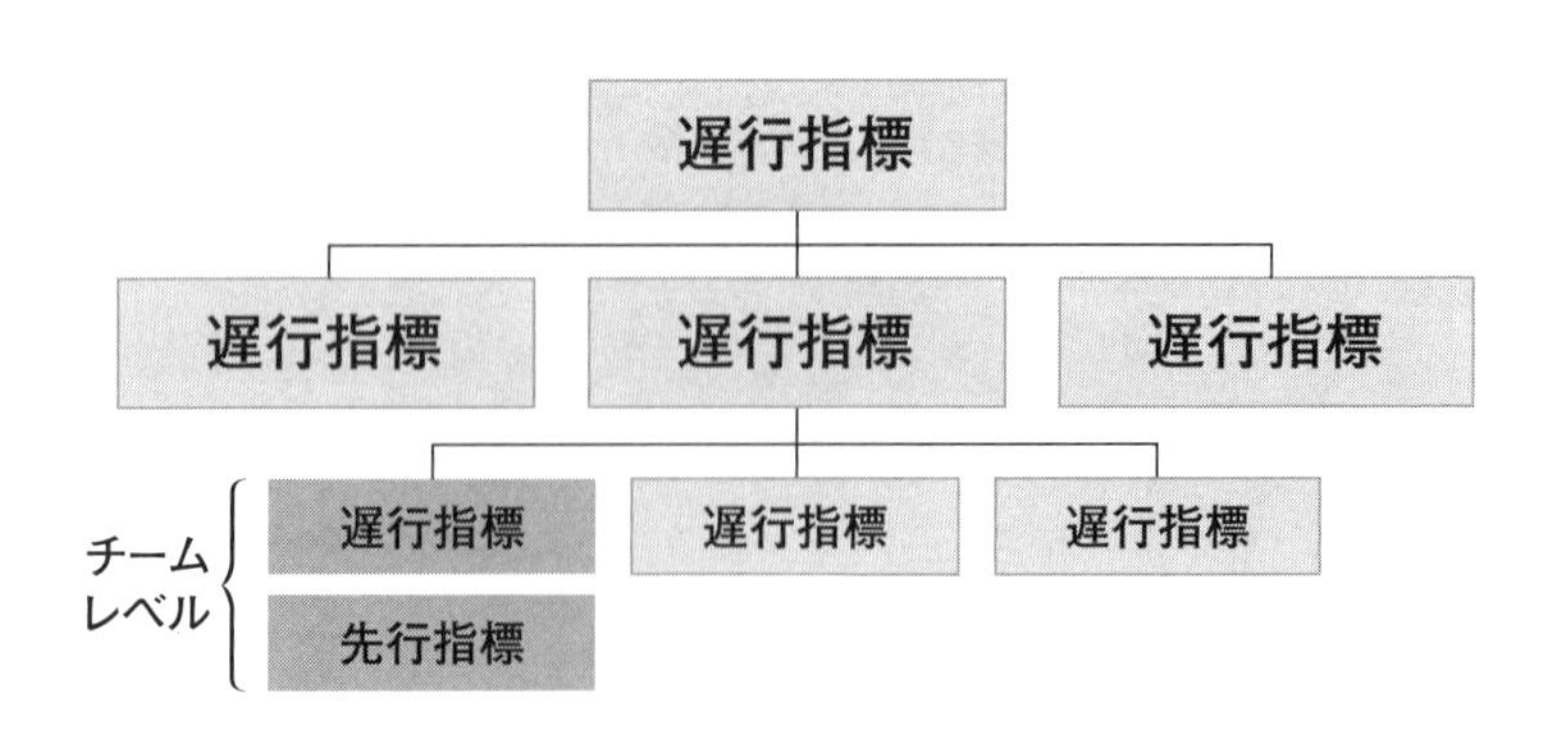

を立てるのが当然だと思うだろう。誰でも直感的にはそう思う。しかし第２の規律では、そのようなことはしない。

ほとんどの組織が作成する長期計画は厳密すぎる。日々変化するニーズやビジネス環境に対応する柔軟性に欠けている。これでは数ヵ月足らずでお蔵入りになるのも当然である。

第２の規律が求めるのは、これとは正反対のことである。

毎日または毎週測定する指標を定める。それを達成すれば最重要目標の達成に結びつく指標である。次に、チームは毎日または毎週、それらの先行指標を前進させるもっとも重要な活動を決める。このようにして、ＷＩＧにフォーカスしながら、その時々に必要なジャスト・イン・タイムの計画を立てる。

遅行指標ＶＳ先行指標

遅行指標は、あなたが達成しようとする結果の測定基準である。そのデータを手にするときには、結果はすでに出てしまっているから、遅行指標という。ＷＩＧのフォーマット「いつまでにＸからＹにする」を書けば、それは遅行指標になる。しかしあなたの世界では、遅行指標はＷＩＧ

従来の考え方	4DX の原則
四半期業績、売上高、減った体重など遅行指標を注視する。結果が出るまで待っているしかない。	先行指標を動かすことにフォーカスする。先行指標は、遅行指標を動かすテコの作用の高い活動である。

だけではない。竜巻の中は、売上高や買掛金、在庫数、入院率、資産活用率等々、さまざまな遅行指標であふれ返っている。

先行指標は違う。先行指標は結果を予測するのだ。先行指標には二つの特徴がある。まず、結果を予測できること。先行指標が変化すれば、遅行指標も変化することが予測できるわけである。もう一つの特徴は、影響を及ぼせること。チームは先行指標に直接働きかけることができるから、ほかのチームに頼らなくとも、自分たちで先行指標を達成できるのである。

第2の規律では、先行指標を設定する。先行指標が前進すれば、WIGを達成する原動力になる。これから数ヵ月、先行指標を前進させることにチームのエネルギーを注いでみてほしい。我々はこれまで何百というチームを見てきたが、これが成功の鍵を握っていることは間違いない。

先行指標を理解することが、あなたが本書から得られる最大のメリットの一つだと断言できる。

では、先行指標の二つの特徴を詳しくみていこう。仮に、「九月一日までにトウモロコシの生産量を二〇〇トンから三〇〇トンに増やす」というWIGを設定したとする。トウモロコシのトン数の「XからYに」は遅行指標である。トウモロコシの生産には雨量が重要な要因になるから、雨量

遅行指標	先行指標
目標を測定する	予測可能 目標に結びつく活動を測定する 影響可能 影響を及ぼせる

からトウモロコシの収穫高を予測できる。しかし雨量は適切な先行指標にはならない。ほどよい量の雨が降るように天気に影響を与えることはできないからだ。雨量は、先行指標の予測可能という特徴は満たしているが、影響可能という特徴は満たしていない。両方の特徴が等しく重要だから、雨量は先行指標として失格である。土壌の質や肥料の量などの指標なら、楽々合格だ。

次に、多くの人が身に覚えのある例を取り上げよう。減量だ。遅行指標は、言うまでもなく浴室の体重計に示される体重である。このＷＩＧを正確に例の公式に当てはめると、たとえば「五月三〇日までに体重を八五キロから八〇キロにする」となる。ここまでは完璧だ。しかし、この目標の達成を予測し、なおかつ、あなたが影響を及ぼせる先行指標は何だろう？　あなたはおそらく食事と運動を選ぶだろう。正解だ。

この二つの指標は、まず予測可能という特徴を満たす。摂取するカロリーを減らし、消費するカロリーを増やせば、まず間違いなく体重は減る。さらに、あなたが直接的に影響を及ぼすこともできる。食事と運動という先行指標を具体的に定め、日常の竜巻の外でこれらの指標を達成できれば、浴室の体重計に乗ったとき、遅行指標は必ず動いている。

先行指標は直感に反している

先行指標には、一つ問題がある。リーダーが一般的に注視するのは、先行指標と遅行指標のどちらだろうか？　言うまでもない。リーダーであるあなたは、これまでずっと遅行指標だけを見つめてきたことだろう。直接手を下すこともできない指標を。とはいえそれはあなただけじゃない。ほかのリーダーたちと最近もった会議を思い出してほしい。その会議では何について話し合い、分析し、計画し、はたまた頭を抱えただろうか？　遅行指標のはずだ。遅行指標を動かせないことに、皆でイライラしたことだろう。

たとえば、教師は全国統一テストで生徒の読解力を簡単に測定できる。そしていつも、教師の頭の中は遅行指標のことでいっぱいである。しかし生徒がテストでどんな結果を出すかを予測する先行指標を考えるのは、そう簡単にはいかない。学校としてできるのは、補習授業を行ったり、読書の時間を長くしたりすることだ。いずれにしても、読解力スコア（遅行指標）が自然と上がるのを期待し、ひたすら祈るよりも、読書時間や補習授業による指導時間（先行指標）のデータを追跡するほうが、結果を出せるに決まっている。

世界中で、生活のあらゆる場面で、この症候群を毎日見ることができる。セールス・リーダーは総売上高をにらみ、サービスリーダーは顧客満足度をにらみ、親は子どもの成績表をにらみ、減量したい人は体重計をにらむ。しかし遅行指標だけをにらんでいたら、まず間違いなく結果は出せない。

リーダーというリーダーがこの間違いを犯す理由は二つある。まず、遅行指標は成功の指標だからだ。あなたが達成しなくてはならない結果だからである。そして、遅行指標のデータはたいてい、先行指標のデータよりもはるかに取得しやすいし、わかりやすいからである。体重計に乗れば、何キロになったかすぐにわかるが、今日摂取したカロリーや消費したカロリーを計算するのは、それほど簡単ではない。先行指標のデータは取得しにくい場合が多く、データを追跡し続けるには、まさに規律が要るのである。

あなたは今、我々が言っていることを単純化したい気持ちにかられていないだろうか？「体重を減らしたいなら、食事を減らして運動する。つまりそういうことでしょ？　それって画期的なことなの？」みたいなことを思っているなら、第２の規律のポイントを見失っている。

食事と運動の重要性を頭で理解することと、摂取したカロリーと消費したカロリーを実際に測定することの間には、天と地ほどの開きがある。食事の量を調整し、運動しなければならないことは誰でも知っている。しかし、摂取したカロリーと消費したカロリーを毎日欠かさず測定した人が、体重を減らせるのである。

要するに、重要なのは先行指標のデータである。チームがすべきことと、実際にしていることとのギャップを埋めるためには、データが要る。先行指標がなければ、遅行指標でマネジメントするしかない。それでは望む結果は得られない。

経営学・品質管理の権威であるＷ・エドワーズ・デミングは、財務データ（遅行指標）を眺めて会社を経営するのは「バックミラーを見て車を運転するようなものだ」[12]とエグゼクティブたちに説いた。けだし名言である。

遅行指標だけを見ていると意外な結果に驚かされることがある。しかし先行指標があれば、そんなサプライズを排除することもできる。あなたのチームは顧客満足度を上げる目標に必死で取り組んでいるとしよう。チームにとって顧客満足度はもっとも重要な指標であり、あなたのボーナスもその結果で増えもすれば減りもする。今、新しい顧客満足度があなたのデスクに届いた。我々のクライアントの言葉を借りれば、それに対するあなたの反応は、「やった！」か「あーあ……」のどちらかだ。しかしどちらにしても、結果は変えられない。スコアはもはや過去のもの。我々のクライアントはこうも言っていた。「キャリアを運任せにしていいなら、遅行指標を眺めていればいい」

まったくそのとおりだ。

運任せはやめて、次のように想像してみてほしい。あなたは顧客満足度をもっとも的確に予測できる二つの先行指標を追跡している。チームはそれらの指標で標準を上回る成績を上げている。次に新しい顧客満足度データが届くとき、あなたが目にする結果は間違いなく変わっているはずだ。食事と運動の先行指標を毎日守り、体重計に乗るのと同じである。遅行指標の体重が減っていることは、体重計に乗る前からわかっている。

先行指標を決める

「一二月三一日までに、年間ボトル水生産量を一億七五〇〇万リットルから一億八五〇〇万リットルに増やす」これはある飲料メーカーの水ボトル詰め工場のＷＩＧで、この会社のサプライチェーン担当役員と共同で４ＤＸを導入し始めたときに定めた。工場は数年前から目標の生産量を達成できずにいた。リーダーたちは、生産量を増やす先行指標を設定することに尻込みしていた。

我々はまず彼らとディスカッションし、年間ボトル水生産量を増やすための適切な先行指標はどのようなものだと思うか質問した。

「月間の生産量」と彼らはすぐに答えた。

「申し訳ない、それは使えない」と我々は告げた。

皆、目を丸くしていた。「なぜだめなんです？　月間の生産目標を達成できれば、年間の生産量も達成できますよね」と工場長は言った。

「おっしゃるとおりです。月間生産量は年間生産量を予測できます」と我々は言った。「しかし、月間生産量は年間生産量と同じでチームは影響を及ぼせない。年間生産量よりも頻繁にチェックする遅行指標をもう一つ設定するようなものです。これも遅行指標なんですよ」

最初にチームに先行指標を出させると、だいたいこんな会話になる。残念ながら、水ボトリング工場のリーダーたちは依然として納得していなかった。

そこで我々は、月間生産量の先行指標はどのようなものになるかと質問した。

「毎日の生産量ですよ！」と彼らは元気よく答えた。

これが答えではないことは、全員がわかっていた。ディスカッションは熱を帯びていき、ついに生産マネージャーが全員の注意を引いた。

「わかったぞ！」彼は見るからに興奮していた。「この工場の先行指標がわかった！」彼は部屋の前に進み出て、説明し始めた。「どのシフトも全員揃っていたためしがない。それに機械のダウンタイムも多すぎる。この二つが生産量を伸ばすネックになっている」

ようやく、手がかりをつかんだ。

生産マネージャーの分析に全員が納得した。しかしまだ使える先行指標にはなっていない。各シフトで全員が揃うことと予防的メンテナンスを具体的な指標にする必要があった。しかし答えはもうすぐだ。彼らは最初の先行指標を定めた。メンバーが全員揃うシフトの割合を八〇%から九五%にする。二番目の先行指標はもっと簡単だった。予防的メンテナンス日程の遵守率を七二%から一〇〇%にする。

彼らの戦略的見通しは、各シフトのメンバーが全員揃い、機械のダウンタイムが減れば、工場の生産量は大幅に増加する、というものだった。

チームはその後数ヵ月、毎日の竜巻に加えて、これら二つの先行指標に熱心に取り組んだ。生産量は目標をはるかに上回った。

この例では、先行指標を設定するプロセスがよくわかるだけでなく、重要なポイントを理解することもできる。このプロジェクトを担当したコンサルタントは結果をたたえたが、その後で重要な質問

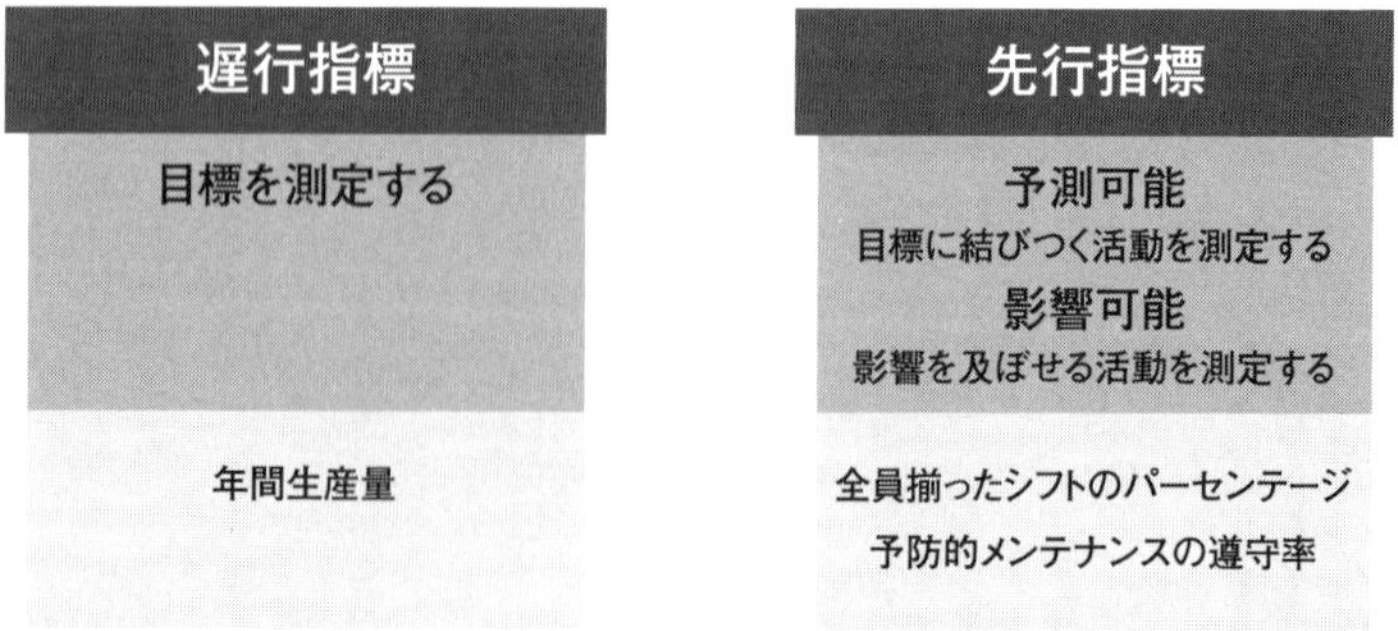

先行指標	遅行指標
予測可能 目標に結びつく活動を測定する 影響可能 影響を及ぼせる活動を測定する	目標を測定する
全員揃ったシフトのパーセンテージ 予防的メンテナンスの遵守率	年間生産量

を出した。「皆さんはなぜ、今までこの二つのことをやっていなかったのですか？」

彼が言いたかったのは、これらの先行指標はフランクリン・コヴィー社が提案したわけではなく、工場のリーダーたちが自ら考え出したということである。どのシフトも全員が揃うこと、そして予防的メンテナンスの基準を守ることの重要性は、彼らはとうの昔に知っていた。それなのに実行していなかった。なぜか？

ほとんどのチームがそうであるように、彼らの問題も、知らなかったことではなく、やらなかったことである。つまり、フォーカスの問題なのだ。改善とフォーカスを必要とする事柄は、シフトの人員や予防的メンテナンスのほかにも山ほどあったのである。それら全部を改善しようとして、竜巻に巻き込まれ、身動きがとれなくなっていた。毎日多くの緊急事項に忙殺され、すべての時計を一度に進めようとして、結局は一つも動いていなかった。先ほどの例え話のように、全部の指に同じ力を込めて多くの穴を一度にふさごうとするのと同じである。

これがこの工場のリーダーたちだけの問題でないことは明らかである。我々が数日間あなたの仕事ぶりを観察したら、おそらく二つのことを指摘するだろう。まず、あなたは時間のほとんどを竜巻との戦いに費やしている。そしてそれ以外の時間のほとんどは、遅行指標を心配している。問題は、相当な労力を使っていながら、竜巻を維持する以外のところでテコの作用をほとんど生み出していないことである。テコの作用こそ、あなたにもっとも必要なものだ。

先行指標を支える重要な原則は、誰でも知っているテコの作用である。最重要目標を達成するのは、巨大な岩を動かすようなものだと考えてみてほしい。チーム全員でどんなに力を込めて押しても、岩はちっとも動かない。しかしこれは努力で何とかなる問題ではない。努力で動かせるなら、チームはとっくに岩を動かしている。要するに、努力だけは足りないのだ。先行指標は、テコの作用で巨大な岩を動かすのである。

次に、テコの二つの特徴を考えてみよう。まず、**我々は岩を動かすことはできないが、テコは動かせる**。影響を及ぼすことができるのだ。二つめは、テコが動けば、岩も動くことだ。予測がつくのである。

では、正しいテコを選ぶにはどうしたらよいだろうか？

過去に達成したことのない目標を達成するためには、過去にやったことのないことをしなければならない。周りを見渡してみよう。その目標あるいはそれに類似する目標を達成した人がいるだろうか？　彼らの行動はどこが違っていただろうか？　予測できる障害を仔細(しさい)に分析し、乗り越える方法を考える。イマジネーションを駆使しよう。これまであなたが思っていなかったことで、状況を一変できそうな活動は何だろう？

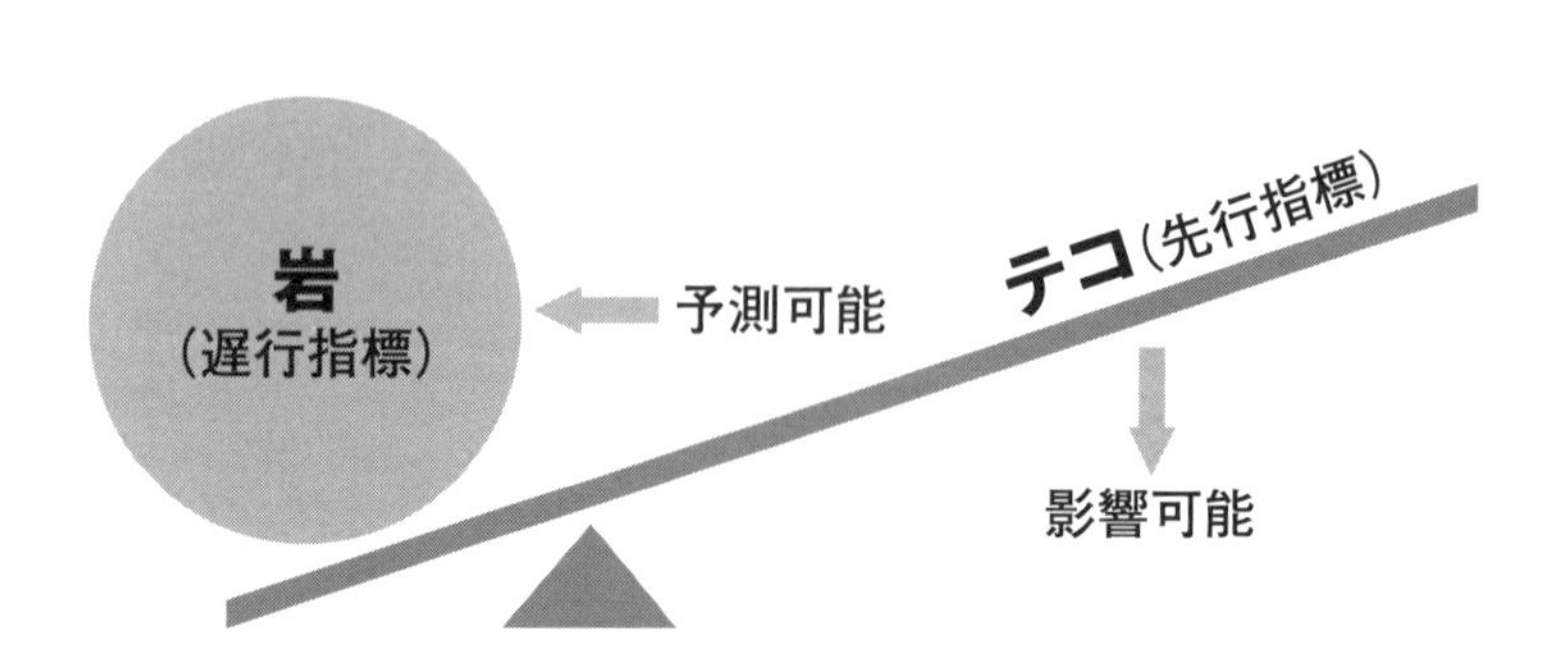

次に、**WIGの達成に最大のインパクトを与えると思う活動を選ぶ**。ここでのポイントは八〇／二〇ルールである。あなたがすることの二〇％は、残る八〇％よりもWIGにテコの作用が働く。その二〇％は何だろう？　ビジネス・コンサルタントで起業家のリチャード・コッチはこう言っている。「仕事の大半は常に無意味で、行きあたりばったりで、見当違いで、無駄が多く、顧客のニーズからかけ離れている。仕事のごく一部は常に、効率がきわめて高く、顧客から喜ばれている。それが実感できないのは、宝石がゴミの山に埋もれてしまっているからだ」[13]

WIGを実行しようとするリーダーが頭を一番悩ませるのは、多くの可能性の中から正しいテコを見つけることだろう。

アトランタ近郊、フィップス・プラザ・モールにある高級百貨店は、多くのディスカウントショップ、そしてこの地域に最近進出してきた国内の大手チェーンストア二店舗の猛攻で、売上は前年より八％も落ち込んだ。

出血を止めるには何をすべきか？

4DXを採用した百貨店の経営陣は、その年のWIGを一つに絞った。平均取引額（顧客一人の購入額）を増やし前年と同じ売上を確保することである。

一一の売り場のすべてが、店舗全体の上位WIGをサポートする下位WIGを考えた。ところが、上位WIGを達成するための先行指標がなかなか決まらない。対前年比という遅行指標を達成するプレッシャーが大きく、各売り場のマネージャーたちは、「もっと売れ！　もっと！」と全社員に発破をかけていた。それまでとは違う何をするか、具体的なアイデアもないまま、社員の労力のすべてが平均取引額（遅行指標）を上げることだけに注がれた。

我々はある晩、靴売り場のマネージャーと話をした。ほかの売り場よりもうまくやっているように見えたからだ。正しいテコを探すために、まず「販売員の皆さんのことを話してください。どんなふうに売っているのです？」と質問した。

すると彼は、売り場でトップの販売員の名前を挙げた。平均の三倍も売っているという。「彼女の売り方はほかの販売員とどう違うのです？」と我々は尋ねた。

マネージャーはすぐに、この販売員の行動を詳しく話した。彼女は顧客の世界に入り、顧客の服装を観察し、家族のことを聞くなどして会話をしながら、ニーズをつかむ。そうして、一足だけではなく六足の靴を顧客に見せ、たとえばこんなふうに薦める。「春ですから、こちらのオープントゥはいかがでしょうか？　お客様のグッチのバッグには、このサンダルがお似合いですよ。こちらの赤いのはいかがです？　こちらは？」

また、会員カードを勧誘するのにも、ただ会員カードをつくりませんかと持ちかけるだけでは、たいてい断られる。彼女の場合、代金をもらうとき、「会員カードをおつくりになれば、今日のお買い物から一〇％割引になります。ここにサインしていただくだけです」とアプローチする。

我々はひらめいた。「こういうことをしているのは販売員の何人くらいですか？　販売員の皆さんはお客さんに一日に何足見せているのでしょうか？」

「さあ、わからないなあ。システムでモニターできるでしょうか?」

「無理でしょうね。でも測定しないと意味がないんですよ」

そこで靴売り場は、実験的に次のような基準を定めた。

各販売員は必ず三つのことをする。①顧客一人につき最低四足の靴を見せる、②お礼状を書く、③購入した客全員に会員カードの作成を勧める。

「販売員たちが実行しているかどうか、どうやったらわかるんです?」とマネージャーが質問した。

「あなたにはわかりません。販売員が自分で管理するんです」

レジカウンターの後ろに、三つの欄の簡単なスプレッドシートが貼られた。顧客に三つのことをするたびに、販売員はチェックマークをつけていく。

「これじゃ正確かどうかわかりませんよ。嘘をついていたらどうするんですか?」

販売員を信じて大丈夫だと、我々はマネージャーに請け合った。それに、万一ごまかしがあったら、結局はわかるものだ。売り場ではすべての販売員の取引平均額をとっていた。先行指標が遅行指標を動かし始めれば、相関関係が見えてくる。

結果はどうだっただろうか?　セールス・チームは三つの先行指標に熱心に取り組み、三つのテコの作用が働いた。遅行指標が動き始め、売り場全体が湧きたった。先行指標と遅行指標の達成には明らかな相関関係があったのだ。これらの先行指標をすべての売り場に導入した結果、年度末には、前年と同じ売上というWIGを達成できたばかりか、前年比二%増となった。三ヵ月で実に一〇ポイントの上昇である。

この結果で、百貨店のマネージャーは先行指標の効果を理解し始めた。

三つの先行指標はどれも、彼らには目新しいものではない。提案販売はセールスの常道である。しかしマネージャーたちは、チームのメンバーが実際に提案販売をしているのかどうか知らなかった。しかし我々は、販売員が提案販売を測定できることを知っていた。先行指標はすでに業務の中に存在しているのに、誰もそれらの指標を追跡していないことを、我々は経験的に学んでいた。リーダーたちはデータの海を泳ぐだけで、実際に変化を起こすデータにはフォーカスしていなかったのだ。鍵は、正しいテコを選別し、一貫して追跡することにある。

それからもう一つ。マネージャーは、スタッフにひたすら発破をかけるのではなく、データに従ってスタッフを管理できるようになった。ジェーンが一日に一〇〇足見せているのか、あるいは三〇〇足見せているのかがわかる。各販売員が獲得した会員カードの数を追跡できる。マネージャーは教師となり、メンバーを観察し、提案販売をやって見せ、ベストプラクティスを共有する。チームの活力が高まり、結果がついてくる。

こうなればしめたもので、もう以前の状態に戻ることはない。もちろん、テコの作用がもっとも強く働く先行指標を決めるときには、集中的に考えなければならないこともある。

その興味深い例として、オークランド・アスレチックスの驚異的な躍進を取り上げよう。一九九〇年代、アスレチックスはメジャーリーグの弱小球団だった。チームはおんぼろのスタジアムでプレーし、観客はまばら、有力選手の獲得は夢のまた夢。アスレチックスの五倍もの予算を使えるニューヨーク・ヤンキースのような金持ち球団と競って選手を獲得できる見込みは、どう考えてもゼロだった。オーナーからは予算を切り詰めろとプレッシャーがかかり、ファンからは契約金の高い強い選手をとってほしいと懇願される。ゼネラル・マネージャーのサンディ・アンダーソンは板挟みになっていた。彼のＷＩＧは、チームの窮状を救い、がらがらのスタジアムを埋めることだった。しかし、どうすればいいというのか？

野球場に足を運ぶ理由は人それぞれであることをアンダーソンは知っていた。スター選手を見たい人、野球場の雰囲気を楽しみたい人、ただ単に夜に出かけたい人。それでも人は、勝ち試合を見たい。何より重要なのは勝利なのである。

そこで彼は、野球で勝つために本当に必要なものを考え始めた。それまで、この問いを真剣に考えた人はいなかっただろう。ほとんどの人は、勝つためには強い選手が不可欠だと思い込んでいる。スター選手がいれば、チームは勝てる、と。しかしアンダーソンは考えた。ほかにもあるのではないか？

彼とアシスタント・マネージャーのビリー・ビーンは、「何が勝利を生むのか？」という問いに的確に答えてくれそうな人たちを集めてまわった。むろん、二人にも答えはわかっている。得点である。しかし何が得点につながるのか？　得点を生む先行指標は何なのか？

ここで統計学者やコンピューター科学者の出番となる。彼らの緻密（ちみつ）な調査の結果、ずっと目の前にありながら、誰も気づいていなかった要因が見え始めた。ホームラン打者だけが生産的な選手ではないことを発見したのである。もっとも生産的な選手は、塁に出る選手なのだ。誰かが塁に出る。次の選手も塁に出る。そのまた次の選手も……というように続いていけば、誰もが価値を置き、そして天文学的な年俸を要求するパワーヒッターよりもはるかに確実に点をもぎとれる。昔の寓話にもあるように、カメのほうがウサギよりも早くゴールにたどり着くことがわかったのだ。

アンダーソンが球団を去ったあと、ビリー・ビーンが後任のゼネラル・マネージャーとなった。彼は、誰もがあっと驚く策に出る。選手をスカウトしないのだ。契約した数人の選手は、ほとんど無名で将来性の見込めない選手ばかりだから、わずかな契約金ですんだ。当然、アスレチックスは嘲笑の的になる。一体全体、ビーンは何を考えているんだ？

しかし、フィールドではマジックが繰り広げられた。どういうわけか、アスレチックスは勝利を重ねたのである。リーグでもっとも弱小なチームがリーグのタイトルを手にした。翌年も勝ち、連覇を成し遂げた。強くて金持ちのヤンキースとペナントを賭けて対戦する。惜しくもペナントには届かなかったが、資金面でも人材面でもはるかに恵まれたチームを次々と倒し、野球関係者を驚かせた。快進撃に引き寄せられ、ファンも球場に戻ってきた。おんぼろスタジアムでくすぶっていた弱小球団は、毎年トップ争いをするまでになったのだ。

一〇年間、オークランド・アスレチックスは選手の年俸ではメジャーリーグ三〇球団中二四位でありながら、第五位の成績をキープした。ほとんどの選手がビッグネームとは程遠く、大金を稼ぐような選手は一人もいなかった。しかし誰もが頼りがいのある働き者だった。塁に出る期待に応える選手ばかりだった。出塁は得点を予測させる要因である。そして野球は、得点が試合を決めるのだ。

アスレチックスのマネジメント・チームは、勝利を生む先行指標に働きかけることによって試合の枠組みを一変させた。徹底的なリサーチを行い、得点につながる重要な要因をつかむために膨大な統計を分析し、それまで誰も気づかなかった先行指標、それもテコの作用の高い先行指標を発見した[14]。アスレチックスの驚くべき大変身物語は、映画『マネーボール』にもなった。

我々が長年にわたって接してきた何千人ものリーダーは、先行指標を動かすことにフォーカスし、テコの作用点に労力をかけることが実行力の鍵であることを学んだ。動かしたい大きな岩があるのなら、結果を予測でき、あなた自身がコントロールできるテコが必要だ。岩が大きいほど、効果的なテコの作用が必要なのである。

先行指標データを追跡する

アリゾナ州にある住宅建設会社ヤンガー・ブラザーズ・コンストラクション社は、大きな問題を抱えていた。事故と作業員の負傷の発生率が上昇していたのである。それぞれの事故で作業員が怪我をすること自体が大問題だが、それに加え、ただでさえ工期が短いのに事故で遅れ、それに伴って保険料もかさみ、会社に対する安全性評価も下がる。安全に関わる事故を減らすことが、ヤンガー・ブラザーズ社にとってもっとも重要な焦点だったから、最重要目標（ＷＩＧ）は難なく決まった。「一二月三一日までに安全事例発生率を七％から一％に減らす」である。

ＷＩＧが決まったら次は、事故の減少を予測でき、チームが影響を及ぼせる先行指標を決めなくてはならない。

彼らが最初に考えたのは、安全訓練をもっと集中的に行うことだった。より頻繁に訓練を受けさせればよいのだから、影響可能という先行指標の条件は満たす。しかしリーダーはこのアイデアを却下した。社員はすでに、高い安全水準を達成できるだけの訓練を受けていたからだ。結局、訓練の時間を増やしても、新しい目標を達成できるとは予測しきれないと判断した。

ヤンガー・ブラザーズ社のリーダーたちは、会社を悩ませている事故の主な原因を仔細に分析し、別の先行指標を考え出した。安全基準の遵守である。ヘルメット、手袋、安全靴、保護眼鏡を着用する、足場を使う、屋根からの落下を防ぐために屋根の横桁を使う、という六つの安全基準の遵守を測定することにした。これらの基準をしっかりと守ることは事故の減少を予測させるし、自分たちで影響を与えられるテコになる、彼らはそう確信した。

安全基準遵守の先行指標にフォーカスして一年後、ヤンガー・ブラザーズ・コンストラクション社は、創業三〇年の歴史で最高の安全記録を達成した。しかしそれは容易な道のりではなかった。

何よりも難しかったのは、実はデータをとるという単純な作業だった。遅行指標である事故と負傷のデータは、会社のシステムで毎週自動的に得られる。だが安全基準遵守の先行指標は、現場で観察しなければならない。

現場監督が作業員を見てまわり、ヘルメットや安全手袋、保護眼鏡を着用しているか、足場と屋根の横桁がしっかり固定されているか確認する必要がある。しかもこのチェックは、途切れることのない竜巻の中で行わなければならない。下請業者の問題、出荷の遅れ、施主の心配事、天候による工事の遅れなど、竜巻が吹き荒れる中で安全遵守をチェックすることが果たして「最重要」なのかと、現場監督には思えるかもしれない。しかし、安全に関わる事故を減らすことが最重要目標であり、それを達成するためのテコの作用点が安全基準の遵守である以上、安全基準は何としても遵守させなくてはならなかった。

この事例で学べる教訓は、先行指標のデータのほとんどは遅行指標データよりも取得しにくいが、代償を払ってでも先行指標を追跡しなければならないということだ。先行指標の取得に苦労しているチームは、これまでもずいぶん見てきた。テコの作用が強く働く先行指標にフォーカスしようとしても、「このデータをとるのは大変だ！　忙しくてそれどころじゃない」と言う。WIGに真剣に取り組むなら、先行指標を追跡する方法を考え出さなくてはならない。データがなければ、先行指標のパフォーマンスを前進させることはできない。先行指

遅行指標	先行指標
目標を測定する または結果を測定する	予測可能 目標に結びつく活動を測定する 影響可能 影響を及ぼせる活動を測定する
月間事故発生件数	六つの安全基準の遵守

標がなければ、テコの効果はない。

ＷＩＧが本当にもっとも重要な目標なら、テコは絶対に必要だ。

飛行機のすべてのフライトのＷＩＧは、安全に着陸することである。今、飛行機は驚くほど安全に運航されている。しかし過去にはそうではなかった。一九三〇年代にはパイロットのミスで重大な飛行機事故が多発した。一九三五年、経験を積んだ米国軍のテストパイロット、ピート・ヒル少佐が、当時最大の航空機と衝突した。彼が離陸前に尾部のエレベーターがロックされているか確認するのを忘れたことが原因だった。

この事故を受けてパイロットたちが協議し、飛行前点検リストという先行指標が決められた(15)。その後、パイロットのミスによる衝突事故は激減した。飛行前点検リストはいまや、安全な到着をもっとも確実に予測できる指標である。

飛行前点検リストは、我々の言うテコ効果の高い活動の代表的な例である。点検リストは数分程度で目を通せるが、その効果は絶大だ。点検リストを一〇〇％守ることは、先行指標の好例でもある。安全な着陸を予測でき、パイロットが自ら影響を及ぼせる。

チームが第２の規律で先行指標を設定し始めると、第１の規律で焦点を絞った仕事をさらに深く理解するようになる。たった一つのＷＩＧの先行指標を推し進めていくことだけでも、竜巻の中では大変な目標になる。我々のアドバイスに反して第１の規律で多くのＷＩＧを決めてしまったリーダーは、第２の規律で先行指標を理解すると、必ず考え直してＷＩＧを絞り込むようだ。

先行指標と意欲の関係

チームが明確な先行指標を持つと、目標に対する見方が変わる。

スーパーマーケットのマネージャー、ベス・ウッドが対前年比の売上を伸ばすという大きな目標に取り組んだとき、何が起こったか見てみよう。

ベスはベーカリー売り場主任のボブに電話した。対前年比売上が伸び悩んでいるベーカリー売り場を改善する協力を得るためである。

ボブは明るい性格のマネージャーだ。たとえ腹の中では、もっと売上を伸ばすためにできることなどあるものかと思っていても、そんなことはおくびにも出さずに、普段なら「もちろんです。喜んで協力しますよ」と受け答えしただろう。ところがその日は、ボブの我慢は限界に達していたらしい。とても協力的とは言えない態度だった。

「売上を伸ばすですって？」彼は皮肉たっぷりに言った。「頑張ってくださいね、ベス」

ベスはボブの反応に唖然(あぜん)としたが、すぐに気を取り直し「ボブ、私一人じゃ無理よ。あなたは私よりもお客様と接しているし、私より従業員のこともよく知っている」と説得した。

しかしボブはすっかりヘソをまげていた。「いったい私に何をしろと言うんです？　お客さんを殴って店に引きずり込めとでも？　私はベーカリー売り場の担当なんです。あなたがパンを買いたいのなら、ご相談に乗りますよ」

ベスとボブのことをよく知らない人には、ボブはいつも態度が悪く、上司のベスを毛嫌いしている社員に見えるだろう。とんだ怠け者とさえ思うかもしれない。

しかし実際のボブはその正反対である。上司のベスをとても尊敬しているし、店の売上を伸ばすためにできることなら協力は惜しまない。ただ、二つのことが彼をかたくなにしている。どうすればいいかわからないこと。もう一つは、自分にはできると思っていないことだ。今この瞬間、ボブの頭の中ではこんな言葉が躍っているだろう。

「うちは創業三〇年の老いぼれスーパーだ。通りを下っていけばウォルマート・スーパーセンターがある。それにインター出口の反対側にあるから、ここに来る車は左折しなきゃいけない。それだってうちの看板が見えればの話だ。それでもってベスは売上を伸ばせだってさ！」さらに「どうすれば売上を伸ばせるか知っていたら、とっくにやってる。出し惜しみしているわけじゃないぞ！」

ボブの立場になってみれば、このもどかしい状況への彼の反応も理解できるだろう。ボブのような人は大勢いる。彼らには岩がちゃんと見えている。問題は、テコが見えないことなのだ。

ここで同じシナリオをリプレーしてみよう。ただし今度は、ベスは目標を推し進める先行指標を提案する。彼女はマネージャーたちを一堂に集めて、まずこう質問する。「毎日の業務を維持することのほかに、前年比の売上を伸ばすために皆さんのチームでできる一つのことは何でしょう？」彼女は、売上という遅行指標が動くことを確実に予測でき、遅行指標に影響を与えられる結果あるいは行動は何かと聞いているわけだが、焦点をぐっと絞っている。

マネージャーたちは多くの可能性をディスカッションし始めた。顧客サービスの向上、店内の整理整頓、試供品を増やす……。さまざまなアイデアを出し合ってようやく、店の売上を伸ばすためにできるもっとも効果のある活動に合意した。それは品切れの品目を減らすことだった。

この先行指標は、売上の伸びを予測できる。小売業界ではよく知られていることだ。それに加えて、大きな影響力を及ぼせる先行指標でもある。これでボブは、ベーカリー売り場の売上を伸ばすために何ができるかわかった。品切れを減らすことならば、彼のチームが実際に取り組んで、影響を及ぼせる。店頭の棚を確認する回数を増やし、売り切れた商品をチェックする。バックルームを整理し、商品をスムーズに動かせるようにすれば、店頭への補充もスピーディにできる。あるいは、再発注の頻度や発注量を変えることもできる。

要するに、ボブのチームは勝てる試合をするのだ。これでボブもやる気が出てきた。

先行指標を定めるとき、チームは戦略的な投資をしている。ある意味では「これらの先行指標を推し進めれば、最重要目標を達成できる

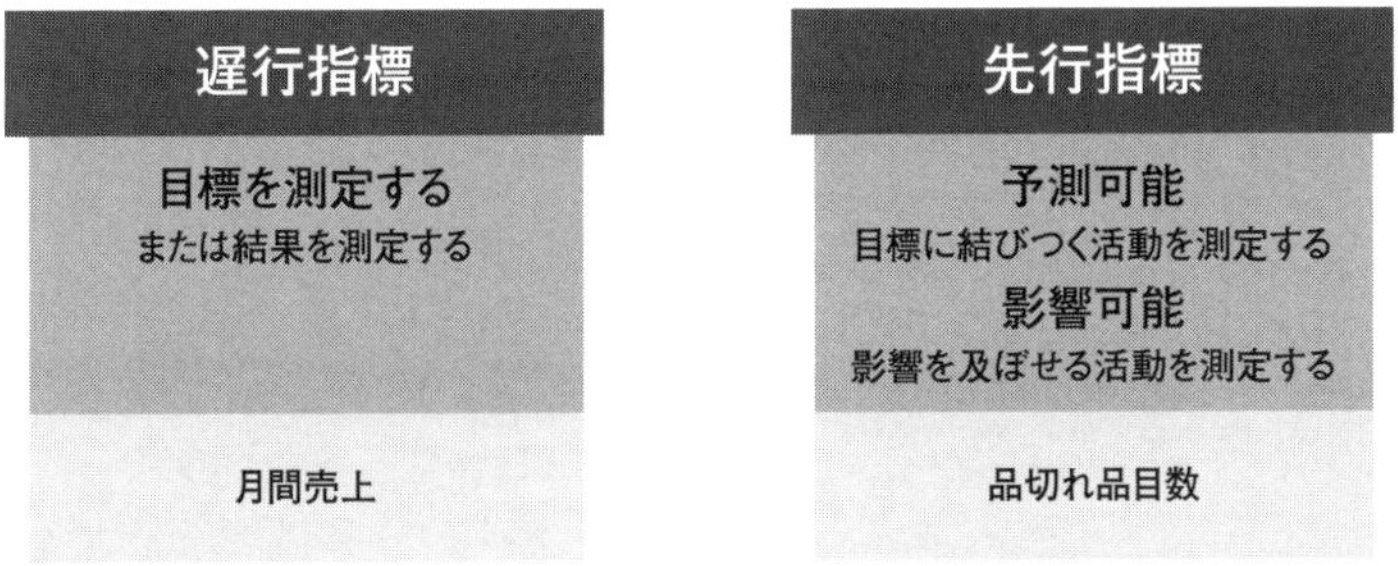

遅行指標	先行指標
目標を測定する または結果を測定する	予測可能 目標に結びつく活動を測定する 影響可能 影響を及ぼせる活動を測定する
月間売上	品切れ品目数

ことに投資する」と言っているのと同じだ。彼らは、テコが岩を動かすと信じている。信じているから、やる気も出る。

第3と第4の規律は、先行指標を動かすことにチームの労力を注ぐ規律である。しかし第2の規律の本当の効果と利点は、チームをＷＩＧの達成に結びつけられることにある。そもそも、あなたが追求する最終的な結果を実現するのは、組織の最前線にいる人たちなのだ。

正しい先行指標を設定することの本当の目的は、メンバー全員が自分を戦略的ビジネス・パートナーとみなし、ＷＩＧを達成するために改善できる活動、変えられる行動の話し合いに積極的に参加できるようにすることである。

その実例として、アメリカ南部の由緒ある新聞社サバンナ・モーニング・ニュースの広告部門のエピソードを紹介しよう。我々がコンサルティングを始めたとき、サバンナ・モーニング・ニュース紙のＷＩＧは広告収入の大幅な落ち込みを改善することだった。新商品の売り込み、毎日の折込み広告等々、一度にあらゆることにフォーカスして収入を伸ばそうとしていた。しかしイニシアチブが多すぎて焦点がぶれ、紙面という主力商品から目が離れてしまっていた。そこで第1の規律では、主力商品を見直し、広告収入を伸ばすことを最重要目標にした。

「第2の規律：先行指標に従って行動する」に着手し始めると、すべてが変わった。チームの全員が対話に積極的に参加した。広告収入を増やす方法を徹底的に議論し、三つの対策が合意された。過去に取引のない新規の広告主へのコンタクトの数を増やす、過去半年以上取引のない広告主に営業をかける、継続的に取引のある広告主に付加価値のある提案（広告の色数を増やす、表示する場所を良くする、広告のサイズを大きくするなど）をして取引額を伸ばす。

次に、この計画を簡潔な先行指標にした。毎週のＷＩＧセッションで、新規広告主へのコンタクト件数、既存広告主へのコンタクト件数、取引額アップの提案件数を各人がコミットメントした。翌週にその結果を報告した。営業員は自分の営業活動を効果的に進めただけでなく、それぞれのベストプラクティス、アプローチの改善、障害の克服方法を報告しあった。

「この仕事を二〇年やってきましたが、これまでのキャリアのほとんどは、遅行指標が上昇し、問題が解決することをひたすら祈るだけでした」と広告部長は話している。彼女は初めて、部下が具体的な方法で目標を達成するのを手助けできたと感じている。サバンナ・モーニング・ニュース紙は広告収入を盛り返し、その年の目標を超えた。それもこれも、正しい先行指標に基づいて行動したからである。同紙の親会社であるモリス・コミュニケーションズ社は、広告部門の成功を受けて、傘下にある約四〇の新聞に４ＤＸを導入した。

正しい先行指標の選び方については、第２部で詳しく取り上げる。

コラム

「第Ⅱ領域」の活動を実現するための「先行指標」

ＷＩＧを達成するには、先行指標に基づいて行動することが重要となる。しかし、通常は多くのタスクが動いているうえに、緊急のクレーム対応や上司の割り込みなどの依頼が舞い込んでくることも多い。そんなとき、先行指標に基づいて設定したタスクを実行するにはどうしたらよいだろうか？

数々の誘惑や降りかかってくる出来事から逃れるには、「ノー」と言う勇気が必要になる。コヴィー博士は「気持ちよく、笑顔で率直にノーと言う」ことを勧めている。ためらうことなく「ノー」と言う秘訣（ひけつ）は、自分の中でさらに強い「イエス」を持つことだ。強い「イエス」となるのが第Ⅱ領域の先行指標であり、それを自覚していれば気持ちよく「ノー」と言うことができるだろう。

しかし、先行指標となるタスクが「新しい企画提案」という漠然としたものでは、別の日に取り組めばよいと錯覚し、はっきり「ノー」と言うことは難しいかもしれない。それを防ぐには、「毎週三件の企画を出す」という具合に具体的にタスクを設定することだ。そうすれば、それに取り組む時間を先送りした場合、リカバリーが難しいことがはっきりわかるはずだ。

しかし、「ノー」と言えない場合も出てくるだろう。そんなときには、ほかの人にタスクの一部をデリゲーション（委任）することも必要となる。ただ、委任した人のタスクが期限どおりに終わるとは限らない。資料が揃っていない、相手が休みだったなど、遅れる理由はたくさんある。クリティカルパス内のタスクが遅れると、プロジェクト全体の進行に影響する。したがって、効果的に委任するには、委任者と委任を受ける者のタスクに対する責任を共有し、二人のコミュニケーションを取ることがポイントだ。

第３の規律：行動を促すスコアボードをつける

第３の規律は、勝っているのかどうかを全員がわかるように、常にスコアをつける規律である。

これはエンゲージメントを高める規律である。

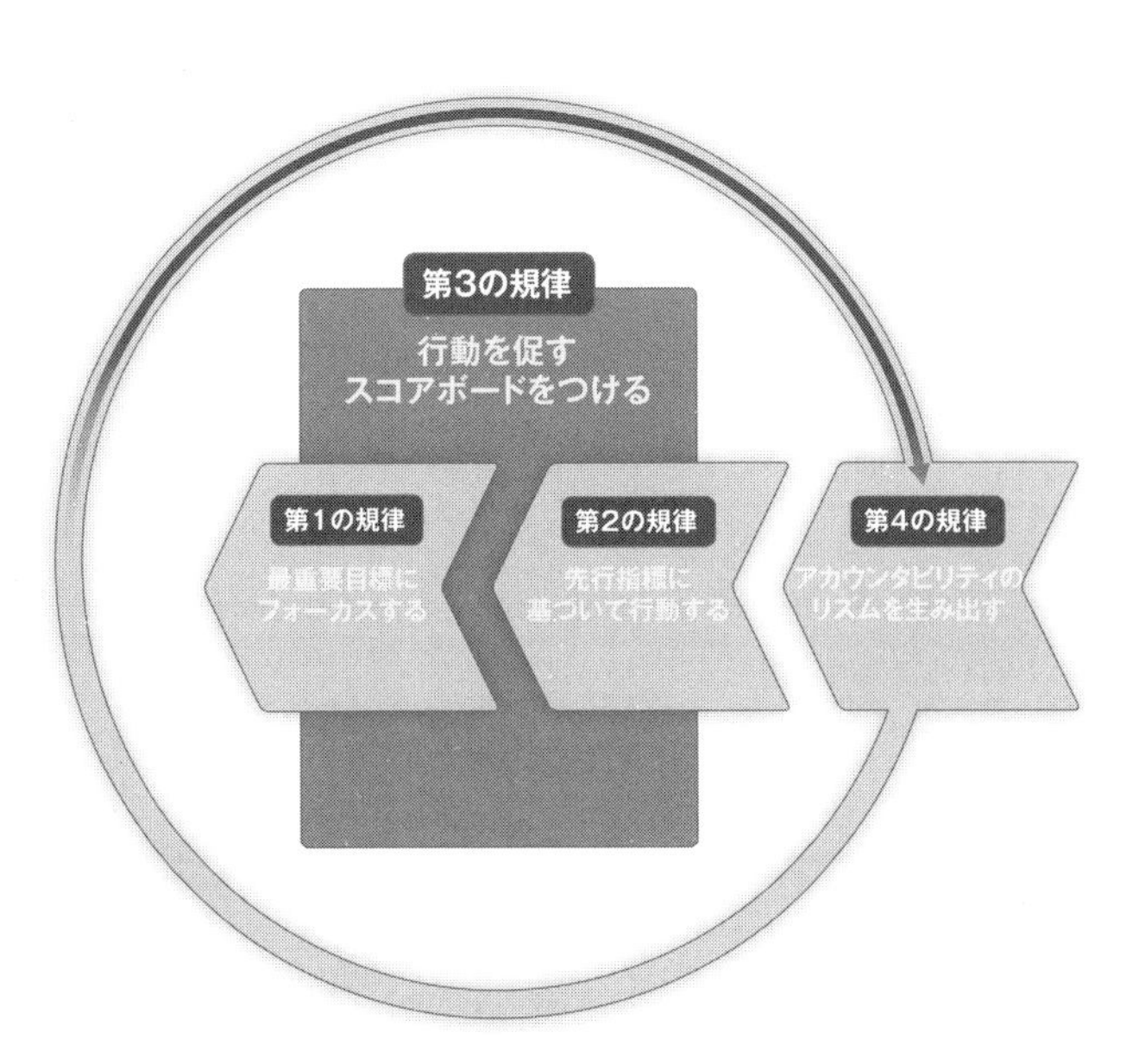

スコアをつけると、プレーが変わる。先行指標と遅行指標を頭で理解しているだけのチームと、実際にスコアを知っているチームとでは、雲泥の差がある。先行指標と遅行指標の推移をビジュアルなスコアボードに記録し定期的に更新しなければ、指標はたちまち竜巻に吹き飛ばされ、消えてなくなる。要するに、スコアがわからなければ、人はやる気をなくす。逆に勝っているのかどうか一目でわかれば、試合に身が入るのだ。

第3の規律では、チームの戦略的投資である先行指標と遅行指標をスコアボードに示す。勝ち負けが一目でわかり、行動を促すスコアボードである。

数年前、我々はノースロップ・グルマン社の沿岸警備隊用カッターの設計・製造活動に4DXを導入した。プロジェクトがスタートしたのは、ハリケーン・カトリーナで同社の施設が大きな被害を受けてから数ヵ月後のことだった。第3の規律について説明すると、経営陣は行動を促すスコアボードがいかに重要かを物語るエピソードを話してくれた。

その先週の金曜日の夜、地元高校のフットボールチームが大試合に臨んだ。予想どおりスタジアムは満員で、キックオフが近づくにつれて興奮の度は高まっていった。ところが、試合が始まってしばらく経っても、いま一つ盛り上がらない。歓声が聞こえず、それどころか、観客は皆試合を見ていないかのようだった。スタンドから聞こえてくるのは、おしゃべりのざわざわした音ばかり。いったいどうしたというのだろう?

ハリケーンが襲来したときにスコアボードが吹き飛ばされていたのである。ファンは得点を知りようがなかった。「得点がどうなっているのか、どういうダウンだったのか、誰にもわからなかった。経過時間さえわからなかったんです」

我々はこのエピソードに強い関心を持った。あなたはこれまでに、自分のチームに不満を募らせ、「わかってないのか！　試合は続いているんだ、大一番の試合なんだぞ！」と叫びたくなったことはないだろうか？　もしあるなら、スタジアムのファンが試合に無関心になった理由が、あなたのチームにも当てはまるかもしれない。行動を促すわかりやすいスコアボードがないのだ。

強いチームは、自分たちが勝っているのか負けているのか常にわかっている。知らなくてはならない。そうでなければ、試合に勝つために何をすればよいのかわからないからだ。行動を促すスコアボードは、現在の状態とあるべき状態をチームに教える。それは、問題を解決し、決定を下すために不可欠な情報である。

だから、行動を促すスコアボードがなければ、チームは強くなれない。力が分散し、集中力が続かず、いつもの状態に逆戻りしてしまう。

ここではっきり言っておきたい。データをビジュアルに見せる手法は、あなたにもとってもチームにとっても目新しいことではないだろう。実際、あなたはとうの昔にスコアボードをつくっているかもしれない。それもたくさんのスコアボードを。しかしそれらはきっと複雑なスプレッドシートで、コンピューターの中にあるはずだ。データのほとんどは遅行指標に違いない。過去の傾向、先行きの見通し、詳細な財務分析を付け加えていることだろう。もちろんデータは重要であるし、リーダーとしてのあなたの目的に役立つことは確かだ。しかしあなたのスプレッドシートは、「コーチのスコアボード」なのである。

第3の規律で確立したいのは、コーチのスコアボードとはまったく異なる「選手のスコアボード」である。あなたのチームの選手に、勝ちを取りにいく強い気持ちを持たせるためのスコアボードである。

このようなタイプのスコアボードの効果を理解するために、一〇代の子たちが公園でバスケットボールをしている様子を想像してみてほしい。あなたもその公園いる。あなたのいる場所からは彼らの姿は見えるが、声は聞きとれない。彼らがスコアをつけているかどうか、見るだけでわかるだろうか？　わかるはずだ。そう判断できる基準がいくつかある。

まず、スコアをつけていれば、激しいプレーをしているはずだ。チームワークもできているだろうし、シュートを確実に決められるタイミングを選んでいるだろう。シュートが決まったときの喜びようも違う。これらは試合に集中しているチームの行動である。このようにプレーするのは、その試合が重要であ

従来の考え方	4DX の原則
スコアボードはリーダーのためのものであり、これらのスコアボードは、膨大な量の数字で埋め尽くされた複雑なスプレッドシートで構成されている。全体像はスコアボードのどこかにあるが、すぐに見つけられる人はほとんどいない。	スコアボードはチーム全体のためのものである。実行力を高めるには、選手のスコアボードが必要だ。このスコアボードには簡単なグラフを表示し、現在地点と目指す地点がすぐにわかるようにする。勝っているか負けているか、誰でも瞬時にわかる。

るとき、言い換えれば、スコアをつけるほど重要な試合のときだけなのだ。

あなたのスコアボードに記載されているデータが、リーダーであるあなたにしかわからない複雑なデータであるなら、そのスコアボードが表しているのはリーダーの試合である。しかしあなたは、選手が試合に本気になり、最高のパフォーマンスをしてほしいだろう。それならばチームの試合であることを表す選手のスコアボードが必要だ。ジム・スチュアート（４ＤＸの生みの親の一人）は、このことを的確に言い表した。

「選手のスコアボードの根本的な目的は、選手に勝ちたい気持ちを起こさせることである」。

本章の冒頭の一文「スコアをつけるとプレーは変わる」は、非常に重要である。この一文を「彼らが彼らのスコアをつけるとプレーは変わる」にすれば、さらに明確に、さらに強くなる。自分でスコアをつければ、それまでとはまるで違った気持ちになる。チームのメンバー自身がスコアをつけると、自分たちのパフォーマンスと目標到達の関係がはっきり見えてくる。すると、プレーのレベルが変化する。

チームの全員にスコアがわかるとプレーのレベルが上がるのは、自分たちが出している結果と調整を必要とする部分が見えるからだけではない。勝ちたいという気持ちが強くなるからだ。

ここで、コーチのスコアボードと選手のスコアボードを比べてみよう。

総売上							粗利益							金利・税金・償却前利益						
2/12	Bud	Var	2/8	Var	2007	Var	2/12	Bud	Var	2/8	Var	2007	Var	2/12	Bud	Var	2/8	Var	2007	Var
0	0	0	0	0	0	0	0	0	0	143	(143)	0	0	0	0	0	143	(143)	0	0
(1)	53	(54)	182	(183)	1	(2)	(0)	35	(35)	0	(0)	1	(2)	(86)	(49)	(37)	(84)	(2)	(114)	28
0	0	0	0	0	0	0	0	0	0	0	0	0	0	(61)	(65)	4	(73)	12	(11)	(51)
1,008	1,008	(71)	1,150	(142)	1,146	(137)	699	754	(55)	812	(113)	892	(137)	384	384	1	439	(54)	530	(146)
		-6.6%		-12.3%		-12.0%	69.3%	69.9%	-7.3%	70.6%	-13.9%	77.9%	-12.0%	38.1%	35.5%	-0.2%	38.1%	-12.4%	46.3%	-27.5%
699	843	(144)	700	(1)	963	(264)	486	594	(108)	489	(12)	730	(264)	242	297	(56)	218	24	392	(151)
		-17.1%		-0.2%		-27.4%	69.5%	70.4%	-18.2%	71.1%	-2.4%	75.8%	-27.4%	34.6%	35.3%	-18.8%	31.3%	10.8%	40.7%	-38.5%
592	382	(90)	524	68	613	(21)	422	483	(60)	361	62	459	(21)	260	276	(16)	187	73	270	(10)
		-13.1%		13.0%		-3.4%	71.3%	70.8%	-12.5%	68.9%	17.1%	74.8%	-3.4%	43.9%	40.5%	-5.7%	35.8%	38.9%	44.0%	-3.5%
879	937	(58)	840	39	828	51	607	695	(88)	582	25	539	51	354	370	(16)	292	62	235	119

コーチのスコアボードは複雑だ。データは豊富だが、よく調べなければ、チームが勝っているのかどうかわからない。

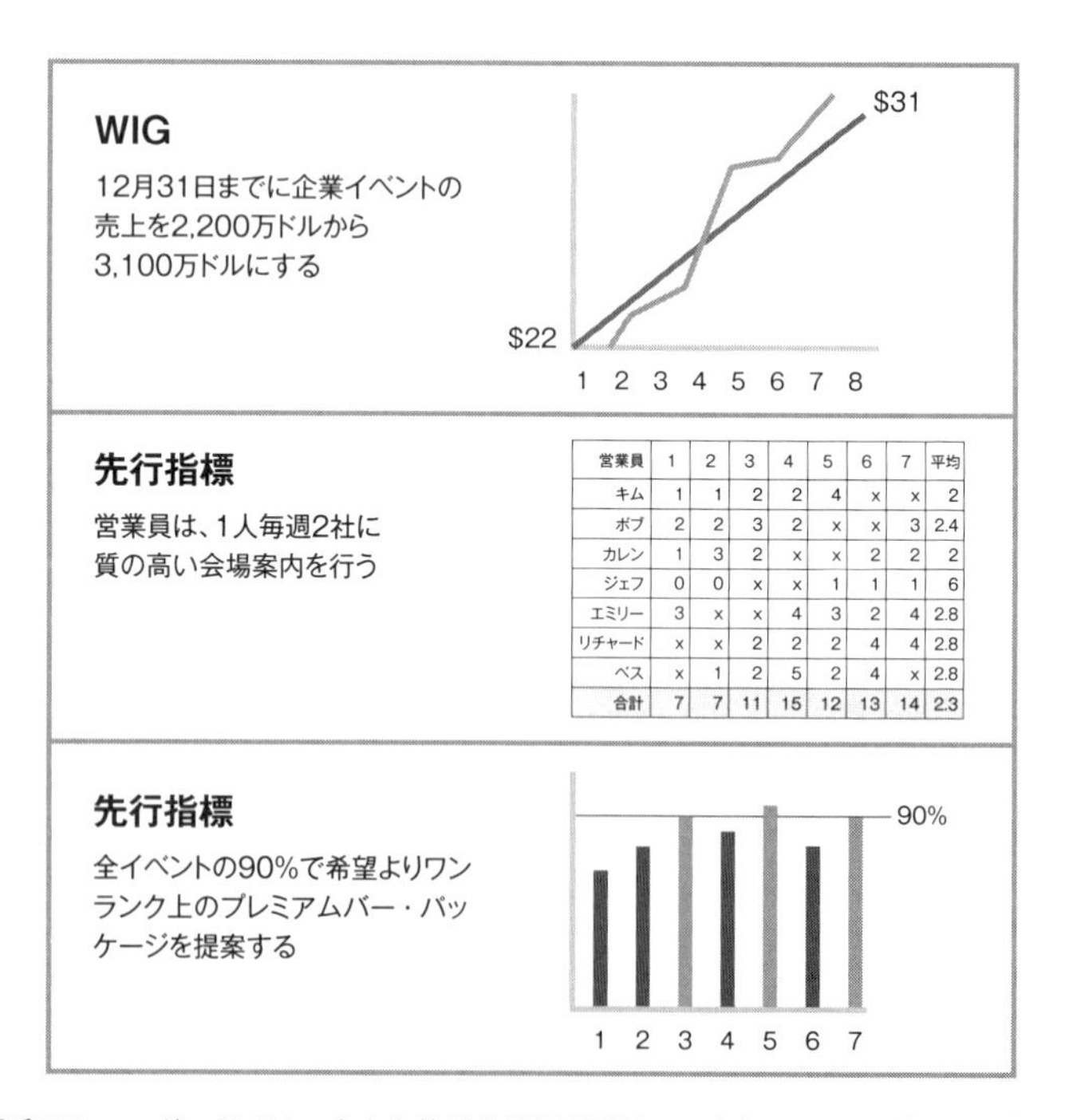

営業員	1	2	3	4	5	6	7	平均
キム	1	1	2	2	4	x	x	2
ボブ	2	2	3	2	x	x	3	2.4
カレン	1	3	2	x	x	2	2	2
ジェフ	0	0	x	x	1	1	1	6
エミリー	3	x	x	4	3	2	4	2.8
リチャード	x	x	2	2	2	4	4	2.8
ベス	x	1	2	5	2	4	x	2.8
合計	7	7	11	15	12	13	14	2.3

選手のスコアボードでは、売上を伸ばす目標が黒線で示されている。グレーの線は実績を表す。チームのメンバーは、勝っているのかどうかが常にわかる。

勝ちたい気持ちを起こさせるには、選手のスコアボードが不可欠である。

行動を促す選手のスコアボードの特徴

次の四つの問いに従って、スコアボードが選手の行動を促せるかどうかを判断する。

一．シンプルか？

選手のスコアボードはシンプルでなければならない。フットボールの試合のスコアボードを考えてみよう。基本的には六種類のデータしか表示されない。得点、経過時間、クォーター、ダウン数、距離、タイムアウトの回数。では、コーチはサイドラインで何種類のデータを追跡しているのだろうか。キャリー当たり獲得ヤード、パス成功率、サードダウン・コンバージョン、パス配分、さらにはハングタイムやパントキックのヤード数まである。データのリストは延々と続く。コーチが試合をマネジメントするにはこれらのデータが必要だが、フィールドのスコアボードには、試合をするのに必要なデータしか表示されない。

二．すぐに見られるか？

スコアボードはチームのメンバー全員に見えなければならない。フットボールの試合のスコアボードは巨大だ。フィールドのどこからでも一目でどちらのチームが勝っているかわかるように、大きな数字で表示される。チームのスコアボードがコンピューターに収まっていたり、あなたのオフィスのドアの内側に掛かっていたりしたら、メンバーの視界に入らず、したがって頭の中から抜け落ちる。チームはいつも竜巻と戦っている。それは手ごわい相手だ。スコアボードが見えなければ、ＷＩＧと先行指標は、日常業務の慌ただしさの中で、数日とは言わないまでも数週間で忘れられてしまうだろう。

スコアボードが見えていれば責任感も高まる。スコアボードが掲示されていると、メンバー一人ひとりがチームの結果を気にして、何とか達成しようとする。このような例を我々はいくつも目にしている。ミシガン州にある大きな飲料ボトリング工場では、トラックの積荷数を増やしてスコアボードを動かそうと、昼食時間を短縮していたシフトがあった。スコアボードでほかのシフトを追い抜きたかったからである。あるいは、夜間シフトは職場にやってくると真っ先にスコアボードを確認し、昼間のシフトの成績を見てから作業を開始していた。あなたのチームのメンバーが一箇所におらず、国内外のあちこちに散らばっているのなら、ＰＣやスマートフォンで全員が見られるようにするとよいだろう。

三．先行指標と遅行指標が示されているか？

先行指標と遅行指標の両方を示すことが大切だ。これでスコアボードは生きたものになる。先行指標はチームが影響を及ぼせる活動であり、遅行指標はチームが求める結果だ。両方の指標を常に見ていなければ、チームはすぐに興味をなくしてしまう。先行指標と遅行指標の両方が見えていれば、投資の状況がわかる。自分たちが今やっていること（先行指標）、その結果として得ていること（遅行指標）が見えるわけである。先行指標に対して行った努力に応じて遅行指標が動いていくのがわかれば、自分たちの活動が結果に直結していることが実感できる。そして、エンゲージメントはさらに高まる。

四．勝っているかどうか一目でわかるか？

勝っているのか負けているのか、瞬時にわからなければならない。スコアボードを見た瞬間に勝っているのかどうかわからなければ、それは試合のスコアボードではなく、ただのデータだ。そんなことは当たり前だと片づける前に、あなたが次回提出するレポート、グラフ、スコアカードあるいはスコアボードをチェックしてほしい。週間の財務データを示すスプレッドシートを見てほしい。勝っているか負けているか、**瞬時にいえる**だろうか？　ほかの人たちはどうだろう？

これを五秒ルールと名づけよう。勝っているか負けているかを五秒以内に言えないなら、そのスコアボードは不合格だ。

次ページの図は、我々のクライアントが使っているスコアボードである。アウトドア商品小売企業見本市の出展予約をとるイベント・マネジメント会社だ。ＷＩＧは、所定の日までに所定の出展者数を確保することだった。左のスコアボードにはチームの進捗（しんちょく）状況が示されているが、これでは勝っているか負けているかわからない。勝っているかどうかを知るには、現在の位置と現在いるべき位置がわからなければならない。

右のスコアボードでは、チームがいるべき位置が山羊で示されている。この会社の顧客の多くが登山家なので、目標を達成するために毎週必要な確保人数を山羊で表している。このグラフを見れば、負けていることがすぐにわかるし、チームのパフォーマンスについてほかにも重要なことを把握できる。予定からの遅れ（二週間）、目標達成は困難になりつつあること、成績が横ばいになり始めていることなどだ。さらに、試合の終盤に近づいていることもわかる。

4DXセミナーでこのようなデータを出してほしいと参加者に指示すると、「だいたいのデータは揃うと思いますが、まとめてきますので少し待ってください」というような答えが返ってくることがほとんどである。難しいことでも何でもないのだが、すぐには出てこない。誤解しないでほしいのだが、彼らは皆有能なリーダーである。彼らの問題は、データを持っていないことではない。データがありすぎて、どのデータが重要なのかわかっていないことだ。

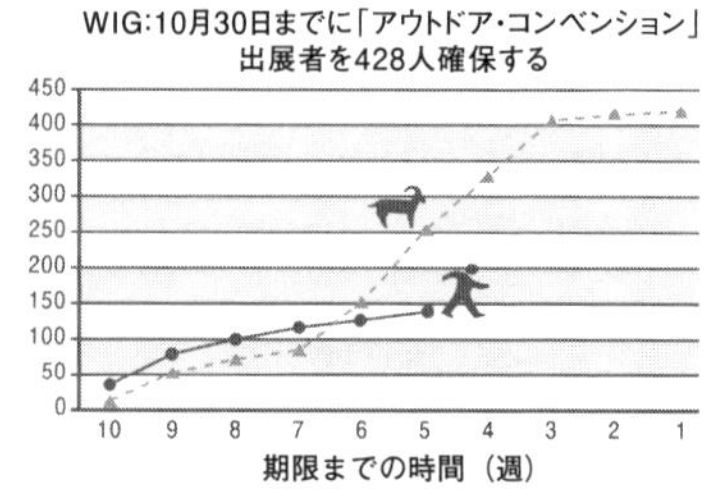

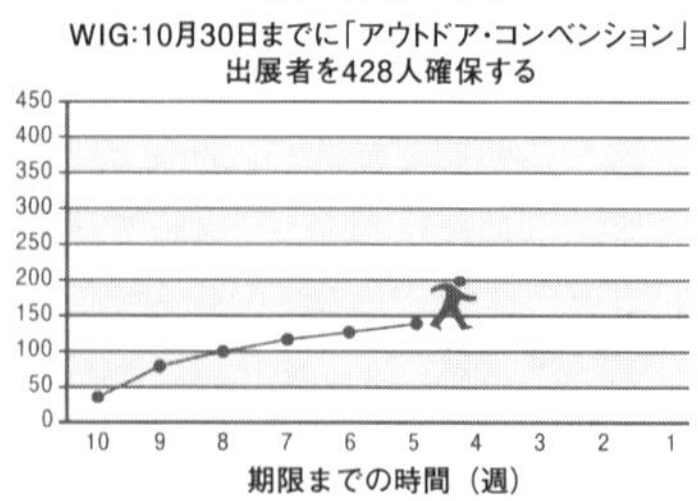

あなただけでなく、メンバー全員もチームのパフォーマンスをはっきり理解していたらどうだろう？　試合に対する身の入れ方も変わるのではないだろうか？　我々は４ＤＸを数千のチームで試してみたが、プレーが変わることは間違いないと断言できる。

第１と第２の規律と同じように、第３の規律もほとんどのリーダーにとっては直感に反するだろう。あなたも、選手専用のスコアボードをつくるなど思いもよらないのではないだろうか。あなたの直感はあくまでコーチのスコアボードをつくることだ。選手ではなくコーチのために、データ、分析、予測が満載された複雑なスコアボードである。もちろん、そういうリーダーはなにもあなただけじゃない。我々は多くの組織を調べたが、先ほど挙げた四つの基準を満たすスコアボードは稀（まれ）にしかない。

とはいっても、行動を促すのは実はスコアボードではない。チームが自分たちのスコアボードをつくり、それを活用していても、チームの意欲を掻き立てるのは、結局のところはスコアボードに表れる試合の推移である。何かのスポーツのファンが「昨夜の試合を見たかい？　素晴らしいスコアボードだったなあ！」などと言ったりはしない。スコアボードは絶対に必要だが、ファンの興味を引きつけるのは試合そのものなのだ。

日常業務という竜巻に必死に対応していても士気が上がらない理由の一つは、勝っているとは感じられないことだ。竜巻の中だけで仕事をしているチームは、日々生き残ることだけに全精力を傾けている。勝つためのプレーはしていない。負けないためのプレーをしているのである。パフォーマンスに表れる結果は、おのずと違ったものになるだろう。

だが4DXでは、あなたはチームのために試合を用意する。ただの試合ではない。勝てる試合だ。

勝てる試合にするための秘訣(ひけつ)は、日々スコアボード上で変化する先行指標と遅行指標の関係である。

基本的に、先行指標を動かせること、そしてそれらの先行指標が遅行指標を動かすことに、あなたもチームも投資している。それが結果となって表れ始めると、チームは勝っていることを初めて実感し、ほとんど興味を示していなかった人さえ意欲的になる。チームのメンバーの意欲が高まるのは、組織が勝っているからではない。ましてリーダーであるあなたが勝っているからではない。自分たちが勝っているからなのだ。このことを理解しておいてほしい。

我々は数年前、世界的な製造企業から、品質基準の劣る工場を改善し、全社的な品質レベルまで引き上げる方策の相談を受けた。それは古い工場で、時代遅れの設備で操業していた。辺鄙(へんぴ)な場所にあり、我々はカナダの林道を一日中運転してようやく到着した。

この工場は、二三年間というもの生産目標を達成したことがなかった。さらに、作業成果物の品質におびただしい問題があり、とりわけ経験の浅い労働者の多い夜間シフトに顕著だった。この工場を除く会社の品質スコアは八〇台後半だったのに対し、七〇台前半で推移していた。

ところがスコアボードを導入すると、状況は一変した。彼らはそれまで、いわば暗闇の中でプレーしていたのだが、新しいスコアボードが照明のスイッチをつけたのである。データは照明であり、最高の成長因子だ。勝つチームというのは、自分たちが負けていることを示すデータを与えられると、勝つ方法を考え出せる。照明がつけば、何を改善すればよいかわかるのである。

夜間シフトが職場に入ると、まず昼間のシフトのスコアボードを確認し、それを追い越そうと張り切った。この工場の従業員はアイスホッケーが好きである。辺鄙（へんぴ）な土地なのでほかにたいして娯楽はないが、アイスホッケーのリンクは二つある。週末になると工場の仲間同士で試合する。試合を終えて酒を酌み交わしながら、高いスコアを自慢できるシフトの一員になりたいと、誰もが思ったのである。

４ＤＸは彼らの自然な競争心を駆り立て、品質スコアは七四から業界基準を大きく上回る九四に急上昇、社内最下位から首位に躍進した。一年後には、生産目標を一度も達成したことのなかった工場が目標を四トンも上回り、純利益を少なくとも五〇〇万ドル上乗せした。

選手のスコアボードは、人の行動を変えるパワフルなツールである。森の奥深くで働く人たちの行動も変えられる。

行動を促すスコアボードを作成し、維持する方法は第２部で具体的に取り上げる。

４つの規律とチーム・エンゲージメント

我々は４ＤＸの実施とチームの意欲向上の関係性を理解したのだと言いたいところだが、実は理解したわけではない。経験から実感したのである。世界各地で４ＤＸを試し始めると、職場の士気や意欲向上に直接的に関係するＷＩＧでなくとも、ＷＩＧに取り組むことで職場の士気も意欲も顕著に向上した。４ＤＸについてここまで読んできたあなたにとっては、この結果は別に意外ではないかもしれない。しかし当時の我々には驚きだった。

フランクリン・コヴィー社は、個人とチームの効果性を高め、それによって士気や意欲も高めるためのサービスで世界的な評価を築いてきた。４ＤＸは、フランクリン・コヴィー社が提供するサービスのもう一つの目的、ビジネスの業績向上のために開発されたプロセスである。しかし４つの規律をさまざまな組織に導入してわかったのは、勝っていることに気づき始めるとチームの士気が上がることだった。チームの意欲が感じられる程度の話ではない。手で触れられそうなほど実体のある変化だ。目をつぶってでもいなければ、見逃すわけのない明らかな変化なのである。

４つの規律を組織のリーダーとチームに導入するプロセスは、だいたいは数日間の集中的なものだった。チームの中には必ず否定的な人や抵抗する人がいるものだ。しかし驚いたことに、二ヵ月後に再度訪れると、最初は距離を置いていた人たちも、ほかのメンバーと一緒にチームの成果をうれしそうに報告してくれた。

多くの人は、意欲が結果を生むと信じているだろう。我々もそう思っていた。しかしこのような変化を何年にもわたって見てきた今、結果が意欲を生むのだと確信できる。自分たちの行動が結果に直接与えるインパクトをチームが実感したとき、意欲は確実に向上する。経験から言わせてもらえば、自分が勝っていると思うときほど、士気と意欲を刺激するものはない。給与や福利厚生パッケージ、労働条件、職場の雰囲気がよいか、あるいは上司とウマが合うか、これらは皆意欲を引き出す要因と一般的には思われている。しかし多くの場合、勝利のほうが意欲を高めるパワフルな要因になる。人は金のために働く。金のために辞めることもある。ところが、十分な給料をもらいながら、仕事に満足していない人がなんと多いことだろう。

一九六八年、臨床心理学者のフレデリック・ハーズバーグは、ハーバード・ビジネス・レビュー誌に「再び問う：どうすれば従業員を動機づけられるか」という論文を発表し、その中で結果と意欲の関係性を強調している。「達成を経験する機会を与えられたとき、人は自分の仕事にもっとも満足する（したがってもっとも動機づけられる）」

それから四三年後、やはりハーバード・ビジネス・レビュー誌に「進捗（しんちょく）の法則」という論文が掲載された。執筆者のテレサ・アマビールとスティーブン・クレイマーは、チームにとって何かを達成することがいかに重要か述べている。「進捗（しんちょく）の力は、人間の性質に働く基本的な力である。しかしそれを理解し、モチベーションを高めるために進捗（しんちょく）にテコ入れする方法を知っている経営者はほとんどいない」[16]

我々は、スコアボードが従業員のモチベーションを高めるパワフルな手段になることを経験から学んだ。選手のスコアボードは、メンバーの意欲を引き出し、結果につなげるだけではない。目に見える進捗（しんちょく）の力を使って、勝利を目指すマインドセットをチームに浸透させるのである。

勝利がチームの意欲に与えるインパクトにまだ懐疑的なら、あなた自身のこれまでのキャリアの中で、自分がやっていることに気持ちが高揚していたときのこと、朝起きて会社に行くのが待ちきれなかったときのこと、仕事に夢中になっていたときのことを思い出し、「あのとき、自分は勝っているような気持ちだっただろうか？」と自問してみてほしい。あなたがほとんどの人と同じような人間なら、答えは「イエス」のはずだ。

4DXは、勝てる試合を用意し、それに臨むための規律である。第1の規律で最重要目標に焦点を絞り、明確なフィニッシュラインを定める。第2の規律で、目標を達成するためのテコとなる先行指標を定める。これがチームにとっての試合だ。チームは先行指標に投資するわけである。しかし第3の規律、行動を促すスコアボードがなければ、試合は竜巻に巻き込まれ、誰も試合のなりゆきを気にしなくなる。

チームが勝つために、テクニックや手段によって士気を上げる必要はない。いくら叱咤(しった)激励で士気を高めようとしても、従業員の動機づけにほとんど効果はない。本当に重要な目標を実行し、達成することから生まれる満足感のほうがはるかに士気を高めるのである。

第1、第2、第3の規律は、実行力を確実に引き出す。しかしこれはほんの序章だ。最初の三つの規律は試合に臨む準備である。チームが実際に試合をするのはこの後、第4の規律においてである。

コラム　スコアボードと第一の創造

先行指標と遅行指標を頭で理解しているだけのチームと、今後行うことと実行した結果を明確にしているチームとでは雲泥の差がある。先行指標と遅行指標の推移をビジュアルなスコアボードに記録し定期的に更新しなければ、モチベーションは低くなってしまう。要するに、スコアがわからなければ、人はやる気をなくす。逆に勝っているのかどうか一目でわかれば、試合に身が入るのだ。

スコアボードとはビジュアル化にほかならない。まず「こういうものをつくろう」「こんなふうにつくろう」「こんな仕上げを施そう」という具合に設計図をビジュアル化して（第一の創造）、その後、設計図に従って実行することになる（第二の創造）。スコアボードをつくる（ビジュアル化する）ことが第一の創造であり、それを実行することが第二の創造となる。

誰でも何かをつくるときには、このように設計図やレシピを用意するものだ。ビジネスにおいても同様なのだ。上司の指示にただ従うだけでは先行指標を実現することはできない。これは形あるものをつくる場合を考えればよくわかる。いろいろなニーズに対し設計図が描かれる（第一の創造）。この作業がすべて終わるまでは製造（第二の創造）にとりかかることはない。そうでなければ第二の物的創造において、想像していたものと違うものができあがってしまうからだ。スコアボードとは「これから行う仕事」の目的を明らかにし、最終イメージを明確にすることにほかならない。

先行指標の目的や完成図を確認することなく、タスクを進めてはいないだろうか。また、何の疑問も抱かずにただルーティンワークをこなすだけになっていないだろうか。先行指標をビジュアル化したスコアボード（第一の創造）を設定したうえで実行（第二の創造）することが、先行指標の実現につながる。

第４の規律：アカウンタビリティのリズムを生み出す

第４の規律は、アカウンタビリティのリズムを生み出すことである。定期的に実績を報告し、スコアを動かす計画を立てる循環的なプロセスを定着させる。

第４の規律でようやく、実行が現実のものとなる。何度も言うが、第１、第２、第３の規律は、試合を用意し、その試合に臨む準備までである。第４の規律を実践してはじめて、チームは実際に試合をする。

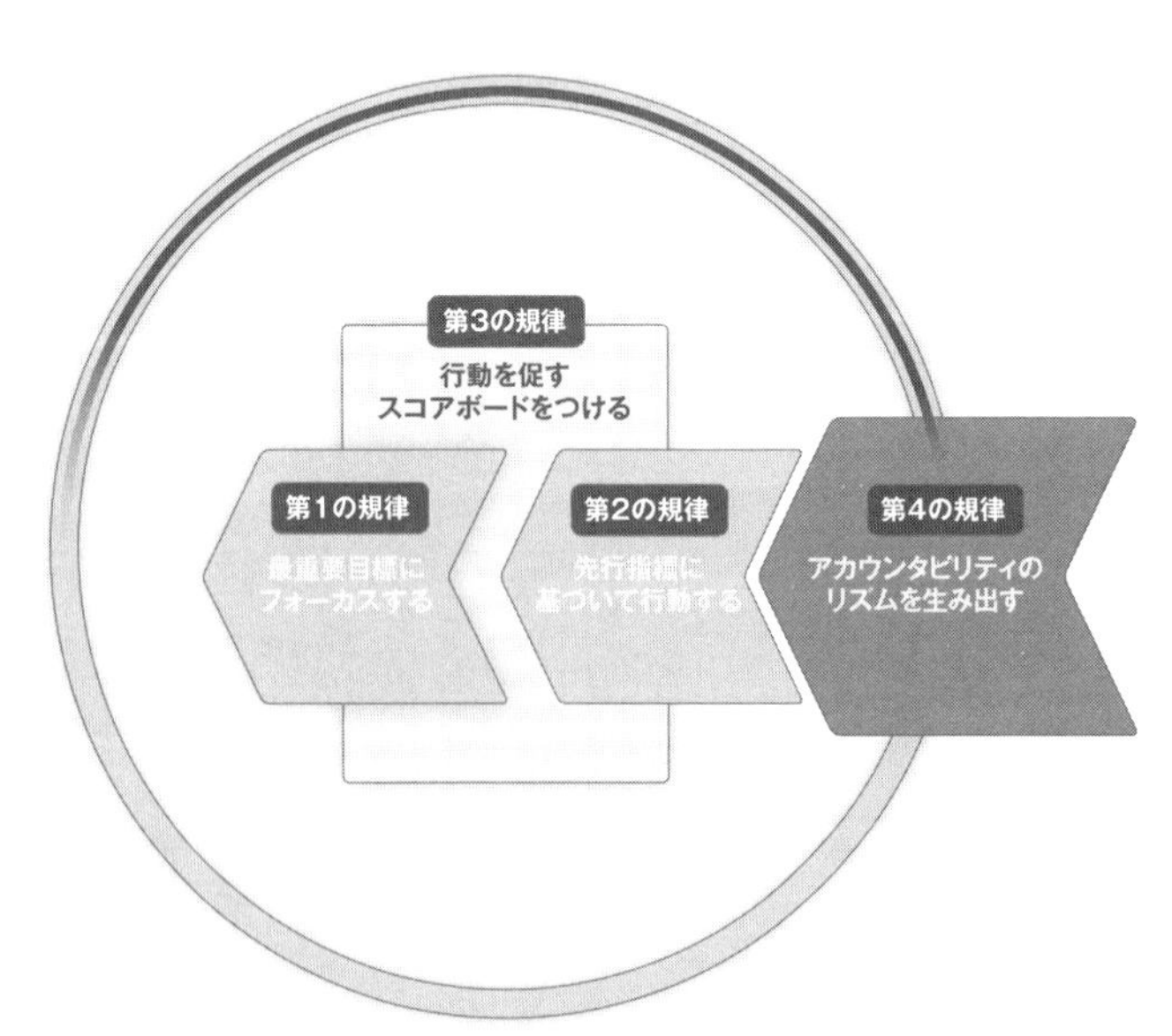

冒頭の図でほかの三つの規律を包み込んでいるのは、チームのメンバーを束ねる規律だからである。

多くのリーダーは、実行の定義を「目標を設定しそれを達成すること」ですませているが、４つの規律の原則を長年教えてきた我々の経験から言えば、この定義では不十分である。何度も言っているように、吹き荒れる竜巻の中で業務をこなしながらもっとも重要な目標を達成することが難しいのだ。目標を達成するために大勢の人間の行動を変えなければならないとなれば、ちょっとやそっとのことでは無理である。

優れたチームを見ると、アカウンタビリティ（報告責任）のレベルが高いことがわかる。報告する責任がなければ、自分が重要だと思うことをやり、メンバーがばらばらな方向へ行ってしまう。すぐさま竜巻に巻き込まれるのは目に見えている。

第1、第2、第3の規律は、フォーカス、明確さ、意欲をチームにもたらす。これらが成功の必須要素であることは間違いない。だが第4の規律を導入してはじめて、周りで何が起ころうとも、目標を確実に達成できるようになる。

従来の考え方	4DX の原則
チームに課されるアカウンタビリティは常にトップダウンである。上司と定期的に面談し、どのように仕事を進めるか、次に何にフォーカスすればよいか上司から指示される。	アカウンタビリティはチーム全体で共有する。一人ひとりがコミットメントをし、上司に説明する責任を負う。しかしそれよりも重要なのは、メンバーがお互いに報告し合い、結果をフォローアップすることである。

ほとんどの組織は、アカウンタビリティを年一回の人事考課面談ととらえているが、仕事ぶりの評価を下される面談が意欲を掻き立てる経験にはなりにくい。あるいは、目標を達成できなかった社員を呼びつけ、説明を求めることをアカウンタビリティと取り違えている企業もある。

4つの規律を実践する組織では、アカウンタビリティとは、スコアを前進させるために何をするかをメンバー一人ひとりがチームにコミットメントし、その結果を定期的にフォローアップすることを意味する。

WIGセッション

第4の規律では、チームは最低でも週に一回のWIGセッションを持つ。このミーティングは二〇分か三〇分程度にし、議題を設定してスピーディに進め、WIGを前進させるアカウンタビリティのリズムを確立する。

この規律がまさに実行の成否を分ける。

一九九六年五月、著名な作家のジョン・クラカワーは、参加料を支払った登山隊とともにエベレスト登頂に挑んだ。ブリザードや時速六二マイルの風、高山病などさまざまな障害に遭遇するうち、結束が崩れていく。何人かの頑固な者は、自分たちだけでも頂上にアタックすることにして隊から離れた。チームの規律が崩れたのだ。登山隊の全員が同じ目標に挑んでいたが、容赦ない極限環境の中で規律を失い、お互いに責任を果たす意識を放棄したことが、八人の死亡という悲劇を招いた[17]。

その五年後、別のグループがエベレストを目指した。この登山隊の目標は、盲目の登山家エリック・ヴァイエンマイヤーの登頂を助けることだった。チームは慎重にルートを計画した。それはクラカワーの登山隊も同じだったが、大きな違いが一つあった。ヴァイエンマイヤーの登山隊は一日の最後に「テント・ミーティング」を行い、全員がテントに集まり、達成できたこと、学んだことを話し合い、翌日の計画と調整に生かしたのである。チームの中で早く登れる熟練者が先陣となって「道を切り開き」、ロープを固定したら、戻ってエリックを連れて一緒に登る。エリックはこう話している。「ぼくらのチームは結束していた。お互いを思いやった。そのことが、最後までやり遂げる勇気を与えてくれた」

クーンブ氷河の氷瀑は非常に危険な地点である。氷瀑の底なしのクレバスに渡したアルミニウム製の繰り出しはしごを渡りきるのに、盲目のリーダーは一三時間かかった。しかし登頂当日は、チームが二時間で渡らなければならないことを全員が知っていた。夜のテント・ミーティング（いわばＷＩＧセッション）で学んだことを報告し合い、翌日の戦略を練る。昼間は練習を重ね、毎晩テント・ミーティングを行った。

結果はどうだったのだろう。頂上アタックの日、彼らは目の見える登山隊を追い越し、チームのメンバー全員が記録的な時間で氷瀑を渡りきったのである。

目標達成の鍵は、アカウンタビリティのリズムだった。二〇〇一年五月二五日、エリック・ヴァイエンマイヤーは盲人として初めてエベレストの頂上に立った。彼のチームは、このほかにも史上初の栄冠に輝いている。一つの登山隊から最多の人数が、一日の頂上アタック、全行程一八日でエベレスト登頂を果たしたのだ。エリックをはじめチームのほとんどのメンバーが地球の最高峰に到達し、無事に下山した[18]。

ＷＩＧセッションのフォーカスは簡潔明瞭である。先行指標を動かし、竜巻の中にあってもＷＩＧを達成するための活動をお互いに報告し合うことだ。しかし、言うは易し、行うは難し。このフォーカスを毎週達成するには、ＷＩＧセッションの二つのルールを必ず守らなければならない。

まず、ＷＩＧセッションは毎週同じ曜日の同じ時間に持つこと（場合によっては頻度を増やすが、最低でも週に一回は必ず行う）。この一貫性が重要である。曜日や時間帯がばらばらだと、チームは持続的なリズムを絶対に確立できない。たった一回飛ばしただけでも、勢いがそがれ、結果に響いてくる。要するに、ＷＩＧセッションは侵すことのできない神聖なものなのである。リーダーが不在で代理の者がセッションの進行役をしなければならなくとも、毎週必ず行う。

目標を中心議題にして毎週一定の時間のミーティングを持つという簡単な規律を守るだけで、驚くほど大きな成果が生まれる。これと同じ効果を期待できるものはほかにはない。この規律があまり実践されていないことが意外なくらいである。世界中のさまざまな業界で働く何十万人もの人たちに、「あなたは少なくとも月に一回は上司と面談し、目標に対する自分の進捗を話し合っていますか」という問いに答えてもらったが、驚いたことに、そうしていると答えたのは全体の三四％にすぎない。月一回のレビューでさえそうなのだから、毎週のミーティングなど推して知るべし。ハイパフォーマンスチームにはとてもなれそうにない。多くの組織でアカウンタビリティが欠如しているのも当然である。

ＷＩＧセッションを毎週行うことにそんなに特別な意味があるのかと、あなたは思っているかもしれない。組織のほとんどのチームにとって、一週間は組織の「ライフサイクル」を構成する完璧な一単位といってよいだろう。有意義な活動のために集中を切らさずにいられるだけの短さであると同時に、ミーティングでコミットメントしたことを果たせるだけの長さはある。多くの職場において、週は自然のリズムになっている。何事も週単位で考え、週単位で話す。一週間には始まりと終わりがある。週は人間の生活条件に不可欠な要素であり、アカウンタビリティの完璧なリズムの基礎になる。

二つめのルールは、竜巻をＷＩＧセッションに絶対に入れないことだ。どんなに急を要する事柄に思えても、ＷＩＧセッションの議題に加えてはならない。ＷＩＧセッションはあくまでもスコアボードを動かすための活動とその結果だけを話し合う場である。それ以外のことを話し合う必要があるのなら、ＷＩＧセッションの後にスタッフミーティングを持ち、ＷＩＧセッションとは明確に分けるべきである。ＷＩＧセッションへのフォーカスをここまで強くするからこそ、あなたが必要とする結果を短期間で、なおかつきわめて効果的に達成できるのだ。ＷＩＧの重要性をチームの全員に常に意識させることにもなる。ＷＩＧを達成するまでのプロセスにおいては、前週のＷＩＧセッションでのコミットメントを守らなかったら、竜巻の中で何を成功させても埋め合わせにはならない、この明確なメッセージが全員に伝わる。フランクリン・コヴィー社のクライアント企業の多くは、このルールを厳密に守っている。二〇～三〇分のＷＩＧセッションを終えてからスタッフミーティングを持ち、そこで竜巻の仕事について話し合っている。

ＷＩＧセッションの時間は二〇～三〇分を目安にしてほしい。第一回目のＷＩＧセッションは少し長引くかもしれないが、セッションを重ねていくと、スコアボードを動かすことだけに時間と意識を集中させられるようになり、セッションの効果と効率が上がっていく。ただ、チームの役割や性質によっては、もっと時間がかかる場合もある。しかし役割の違いにかかわらずどんなチームでも、最重要目標を中心に据えてスピーディに、効率的にセッションを行えるようになる、ありとあらゆる物事を取り上げてだらだらとミーティングを続けるようなことはなくなる。的を絞り、てきぱきとＷＩＧセッションを進めるためには、ＷＩＧセッションから派生した問題を解決するミーティングは別に時間をとる。たとえば、「ビル、君が出してきた問題は今週中に解決しなくてはならない。今週木曜日にミーティングを持って、解決できるかどうかよく話し合ってみよう」というようにして、その問題は木曜日に回し、通常のＷＩＧセッションを続ける。

ＷＩＧセッションの中身はその都度異なるが、議題はどのセッションでも必ず同じにする。セッションの議題は次の三つである。

一．報告：前週のコミットメントについて報告する

- 「当社に低いスコアをつけたお客様三人を訪問すると約束しました。訪問したところ……」

・「見込み客三人から現地訪問の予約をとると約束しました。四人の予約をとりました！」
・「副社長に会いましたが、承認はもらえませんでした。というのは……」

二．スコアボードを確認する：うまくいったこと、いかなかったことから学ぶ

・「遅行指標は緑色ですが、先行指標の一つが黄色に落ちているのが問題です。何があったかというと……」
・「先行指標は上昇傾向にあるのですが、遅行指標がまだ動いていません。今週はスコアを動かすために倍の労力をかけることで合意しています」
・「ＷＩＧの達成に近づいていますが、今週、お客様からいただいたアドバイスを実践しまして、先行指標をさらに伸ばしました！」

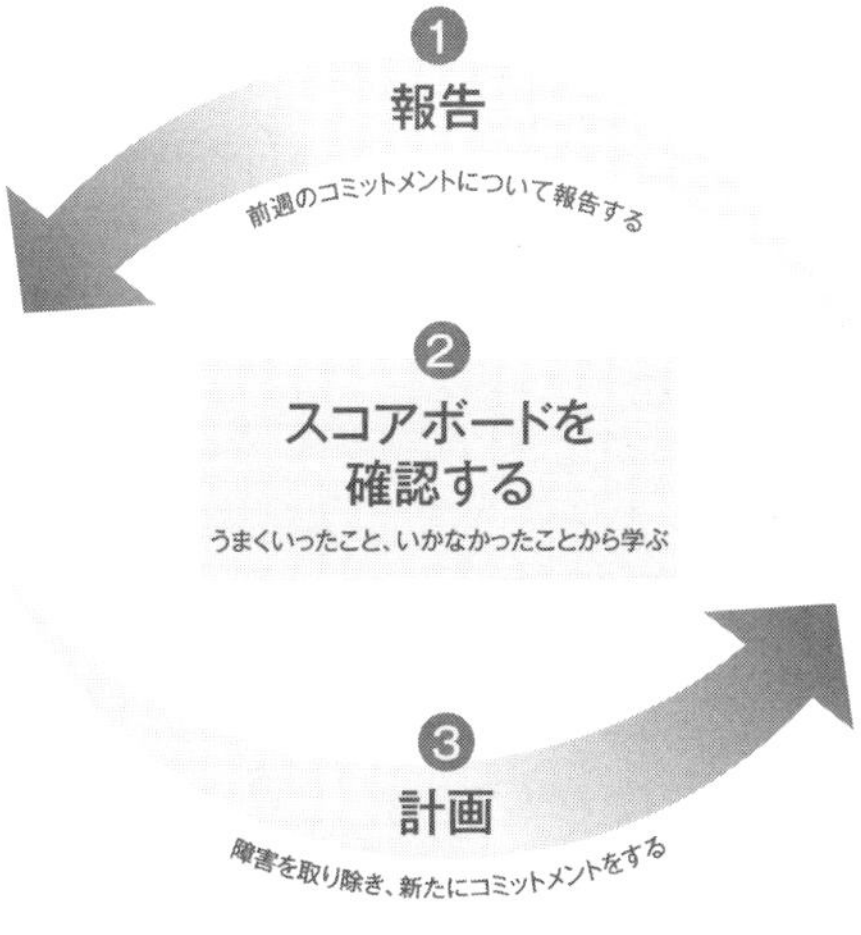

WIG セッションは、短時間で集中的に行うチームミーティングである。ミーティングの議題はこの３つだけにする。WIG セッションの目的は、コミットメントの結果を報告し、WIGのスコアボードを動かすための活動をコミットメントすることである。

三．計画：障害を取り除き、新たにコミットメントをする

・「その問題については、私が何とかできます。力になってくれそうな人を知っています……」
・「先行指標に影響している在庫の問題は、何としてでも来週までに解決します」
・「この数字についてはボブと話し合い、来週までには少なくとも三つの改善案をまとめておきます」

竜巻をはねのけて焦点を維持する

ＷＩＧセッションでは、あなたもチームのメンバーもスコアボードの指標の動きに責任を持ち、報告する。毎週、先行指標に直接的に影響を与える具体的な活動を一つか二つコミットメントし、翌週のＷＩＧセッションでその結果を報告する。

ミーティングの準備として、チームのメンバー全員が「先行指標に影響を与えるために、私が今週できる一つか二つのもっとも重要なことは何か？」という同じ質問に答えられるようにしておく。

注意してほしいのだが、メンバーが自問するのは「私が今週できるもっとも重要なことは何か？」ではない。このような大まかな質問では、メンバーのフォーカスは必ず竜巻の中の仕事に戻ってしまう。もっと具体的に「先行指標にインパクトを与えるために今週できることは何か？」と問わなくてはならない。

先行指標に与えるインパクトに毎週フォーカスすることが重要なのは、先行指標がＷＩＧを達成するためのチームのテコだからである。先行指標を動かすために、日常業務以外に実行することをＷＩ

Ｇセッションでコミットメントする。先行指標は自分たちで影響を与えられるものでなければならないと第２の規律で強調したのはそのためである。影響を与えられる先行指標であれば、チームは毎週、自分たちの活動でそれらの指標を実際に動かせるのだ。毎週のコミットメントを果たすことが先行指標を前進させ、先行指標がＷＩＧを達成へと導く。

　スーザンという看護師長を例にしてみよう。彼女の先行指標は、患者に鎮痛薬を投与する所要時間を短縮することである。スーザンはスコアボードを見て、七階の昼シフトチームと八階の集中治療チームがほかのチームに遅れをとっていることがわかった。彼女は、七階のチームの班長が疼痛管理手順を習得中であることを知っている。また、八階のチームはスタッフが足りないことも知っている。そこでスーザンは、先行指標を動かすための今週のコミットメントを、七階の疼痛管理手順を見直すことと、八階のチームの欠員を補充することにした。

　次にトムの例を考えてみよう。彼はセールス・チームの一員で、チームの先行指標は毎週二人の新規顧客に営業をかけるこ

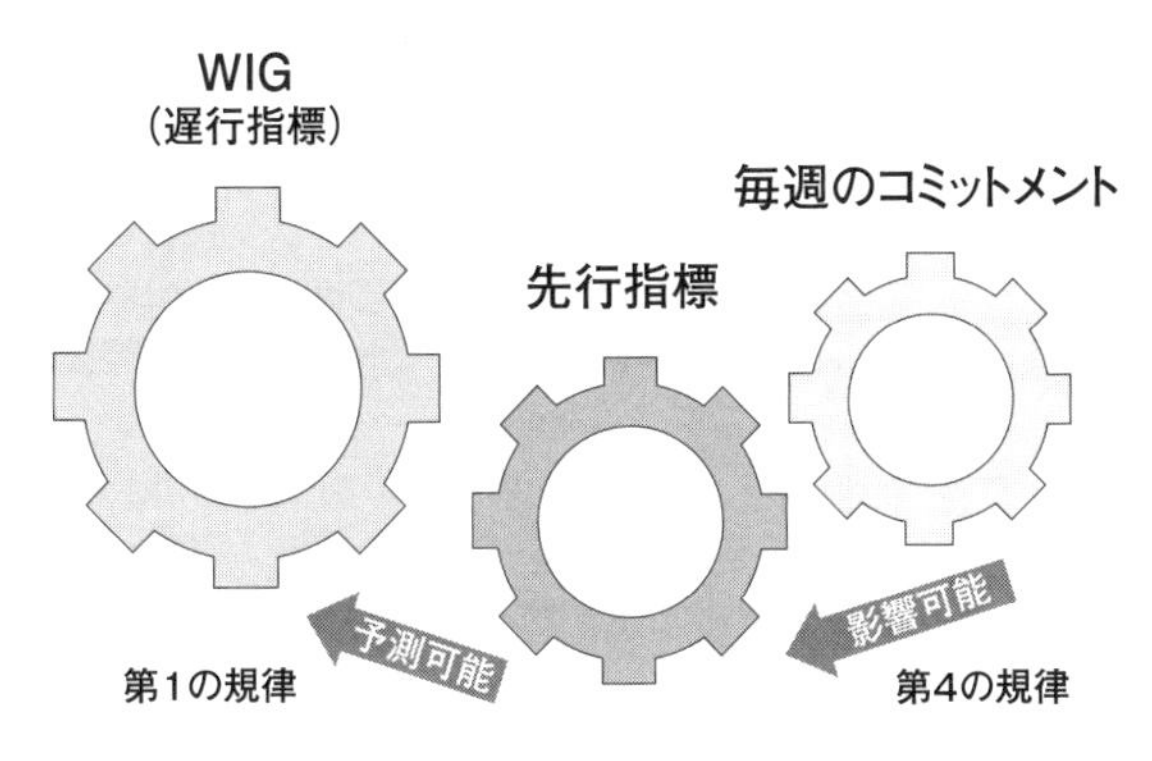

とである。トムは、自分の見込み客リストが減ってきていたので、一〇人の見込み客の名前と連絡先をリストに加え、リストの中の二人を提案段階に進めることを今週のコミットメントにした。

この二つの例では、リーダーもチームのメンバーも今週のコミットメントをしている。チームのパフォーマンスに応じてビジネスの状況は変化していくので、コミットメントの内容は毎週変わるだろうが、セッションのプロセスは変わらない。

毎週コミットメントすることの多くは緊急事項ではないし、新しい活動である必要もない。たいていはWIGのためにチームが当然しなければならない活動なのだが、日々の竜巻に吹き飛ばされてしまうのが現実なのである。アカウンタビリティの決まったリズムがなければ、やらなければならないとわかってはいても、絶対に行動には移せない。

リズムをつくる

メキシコの多くの発電所の燃料になる石炭を生産するMICARE社は、メキシコ最大規模の民間企業の一つである。MICARE社のあらゆる職場に4DXが浸透している。

月曜日の朝には、この大企業のすべての部門でWIGセッションが開かれる。ミーティングはビデオ電話で遠隔地の事業所にも映され、全社員が同じ時刻に同じミーティングに参加する。すべてのマネージャーが報告する結果を全社員がスクリーンで見ることができる。

各部門（生産、配送、人事、財務、オペレーション等々）のスコアボードが社内の随所に掲示され、定期的に更新されている。技術者、採掘作業員、メンテナンス作業員も含めて、社員は一人残らずＷＩＧを間違えずに言える。ＭＩＣＡＲＥ社の社内を見て回ると、ゼネラル・エレクトリック社の伝説のリーダー、ジャック・ウェルチの言葉を思い出す。「崇高なだけで曖昧なゴールであってはならない。目標地点がぼやけていては到達できない。方向性は明確でなければならない。たとえば従業員の一人に夜中に電話をかけ、わが社の目標は何だ？と尋ねたら、寝ぼけながらも答えられるくらいに」(19)

ＭＩＣＡＲＥ社の戦略の明確さ、社員のコミットメントの度合いは、このレベルまで達している。４つの規律というオペレーティング・システムは、ＭＩＣＡＲＥ社のＷＩＧの達成にどのような役割を果たしたのだろうか？　七年間の実績は次のとおりである。

- 損失時間災害：年間約七〇〇件から六〇件未満に減少
- 石炭処理の水消費量（重要な環境課題）：約六〇％の減少
- 採掘跡地の修復：年間六ヘクタールから二〇〇ヘクタール超に増加
- 採掘地周辺の空気中浮遊粒子：一㎥当たり三四六ユニットから八四ユニットに減少
- 作業員一人当たりの年間石炭生産量：六トンから一〇トンに増加

ＭＩＣＡＲＥ社の最高経営責任者（ＣＥＯ）の言葉を借りれば、４つの規律は劇的な業績をもたらし、同時に安全性と環境保全の面でも大幅に改善したことになる。

ＭＩＣＡＲＥ社は、この成功の大きな要因はアカウンタビリティのリズムを厳守したことにあるとみている。簡潔な構成のＷＩＧセッションを定期的に行っていることが、組織全体の焦点をもっとも重要な目標につなぎとめているのだ。

ＷＩＧセッションはてきぱきと進めなければならない。三つの議題（報告、確認、計画）について各メンバーが簡潔に述べられれば、長々と話す必要はなくなる。フランクリン・コヴィー社のあるクライアントは、よくこう言っている。「話せば話すほど、実行しなくなる」。

ＷＩＧセッションはまた、うまく機能している活動、機能していない活動について学んだことをメンバー全員で共有し、検討する場でもある。先行指標が遅行指標を動かしていないなら、チームはクリエイティブに思考し、試してみる価値のある新しいアイデアを提案する。コミットメントしたことの実行を妨げる障害にぶつかっているなら、メンバー同士でその障害を取り除く手助けをする。前線で働く従業員では乗り越えられない障害は、チームリーダーのサイン型戦略で解決する場合もある。リーダーであるあなたはそもそも、メンバー一人ひとりに「問題を取り除くために私にできることはないか？」と頻繁に尋ねなければならない。

あなたがチームのリーダーであるなら、自分のチームで行うセッションだけでなく、あなたの上司が主催するセッションにも出席することになる。つまり、あなたには週二回のＷＩＧセッションがあるということだ。

ここで、先ほど挙げたヤンガー・ブラザーズ・コンストラクション社の例に第４の規律を当てはめてみよう。この会社のＷＩＧは、一二月三一日までに安全に関わる事故を五七件から一二件に減らすことだった。先行指標は六つの安全基準の遵守であり、これができれば事故のほとんどはなくなると予測している。

自分がヤンガー・ブラザーズ社のプロジェクト・マネージャーで、大勢の部下を持つ立場だと思ってほしい。あなたは上司とのＷＩＧセッションで三つのことを行う。

一．先週のコミットメントについて報告する：「足場の新しい留め具を発注し、チームのメンバー全員の作業状態が足場の基準（六つの安全基準の一つ）を満たすようにするとコミットメントしました。これは完了しました」

二．スコアボードを確認する：「安全に関わる事故を減らす遅行指標は、現時点で月平均五件ですので、今四半期の目標数をやや上回っています。安全基準遵守の先行指標は九一％で問題ないのですが、九番、一一番、一三番の従業員が保護眼鏡を着用しないことがあり、スコアを落としています」

三．今週に行う活動をコミットメントする：「今週は、九番、一一番、一三番のスタッフの監督者と会い、安全記録を確認し、全員分の保護眼鏡を揃えることをコミットメントします」

ＷＩＧセッションでコミットメントすることは、二つの基準を満たさなければならない。一つは、具体的な成果をコミットメントすること。たとえば、九番、一一番、一三番のスタッフに「重点を置く」とか「注意する」では曖昧である。このようなコミットメントでは具体的な結果に責任を持つことにはならないから、まず間違いなく竜巻の中に紛れてしまう。二つめは、先行指標に影響を及ぼせるコミットメントでなければならない。コミットメントすることが先行指標に直結していなければ、チームをWIGの達成に近づけることはできない。

WIGセッションのことを理解し始めると、第2の規律で説明した先行指標の二つの特徴がいかに大切であるかもわかってくるだろう。チームが影響を及ぼせる先行指標であれば、毎週のコミットメントを果たすと先行指標は動いていく。それと同時に目標達成を予測できる先行指標であれば、先行指標を動かせばWIGの達成につながる。

WIGセッションは、継続的な科学実験のようなものである。チームのメンバーそれぞれが、スコアボードに影響を与えるためのアイデアをセッションに持ち寄る。新しいアイデアを実行し、仮定を試してみることをコミットメントし、次のセッションで結果を報告する。

一例を挙げよう。ミネソタ大学メディカルセンターの嚢胞性線維症センターでは、スタッフの医師たちが毎週ミーティングを持ち、乳幼児や小児など虚弱な患者の肺機能を検討する。嚢胞性線維症は患者の呼吸能力を徐々に低下させる。そのため、この疾患の世界的な治療センターにおけるWIGは、すべての患者の肺機能を一〇〇%に維持することである。八〇%で正常の範囲だが、遅行指標はあくまで一〇〇%であり、たとえ九〇%でも彼らは満足しない。

週一回のミーティングでは、その週に認められた肺機能の改善を確認し、フォローアップのコミットメントをする。たとえば、肺の健康では乳幼児の体重が先行指標になるので、医師は体重を注意深く監視し、必要に応じて栄養を補給する。蒸気テントやマッサージベストなど、肺をきれいにする手段を試し、その結果をチームに報告する。

毎週、医師たちは多くを学び、わかったことを共有するのである。

この医療機関のチームほど、WIGに責任を負い、厳密に報告しているチームはそうないだろう。これまでに嚢胞性線維症で死亡した患者はいないという結果が、アカウンタビリティのリズムの価値を証明している[20]。

WIGセッションのリーダーは、メンバーのコミットメントの中身が適切であるかどうかに責任を持つが、重要なのは、メンバー自身がコミットメントをすることである。このことは声を大にして言いたい。すべきことをリーダーが指示していたら、メンバーはほとんど何も学ばない。逆に、WIGを達成するために必要なことを常にメンバーがリーダーに話せれば、彼らだけでなくリーダーも、実行力を身につけていく。

チームのメンバーがすべきことを自分からコミットメントするのは、リーダーであるあなたの直感に反しているかもしれない。何をすべきかをあなた自身がよく見えているときは、つい指示したくなるだろうし、チームのメンバーも指示を受けるものと思っているかもしれない。しかしリーダーが最終的に求めるものは、チームのメンバー一人ひとりが、コミットメントに責任を持って取り組み、果たすことである。メンバーがインパクトの高いコミットメントを見つけるのに苦労していれば、リーダーが助け舟を出してもかまわないが、アイデアは必ずメンバー自身から出させ、リーダーが指示してはいけない。

黒とグレー

もう一つ重要なことがある。WIGセッションは、最重要目標が竜巻に巻き込まれるのを防ぐのだ。下の表は、典型的な一週間のカレンダーである。黒のボックスはWIGセッションでコミットメントしたことを表し、グレーのボックスは竜巻を表す。このようなビジュアルな表なら、WIGの実行に費やす時間と労力のバランスが一目でわかる。

我々が第4の規律の説明をすると、セッションでコミットメントしたことに一週間ずっと集中しなければならないと思ってしまうリーダーもいる。ほとんど黒で埋め尽くされる一週間を

毎週のコミットメント

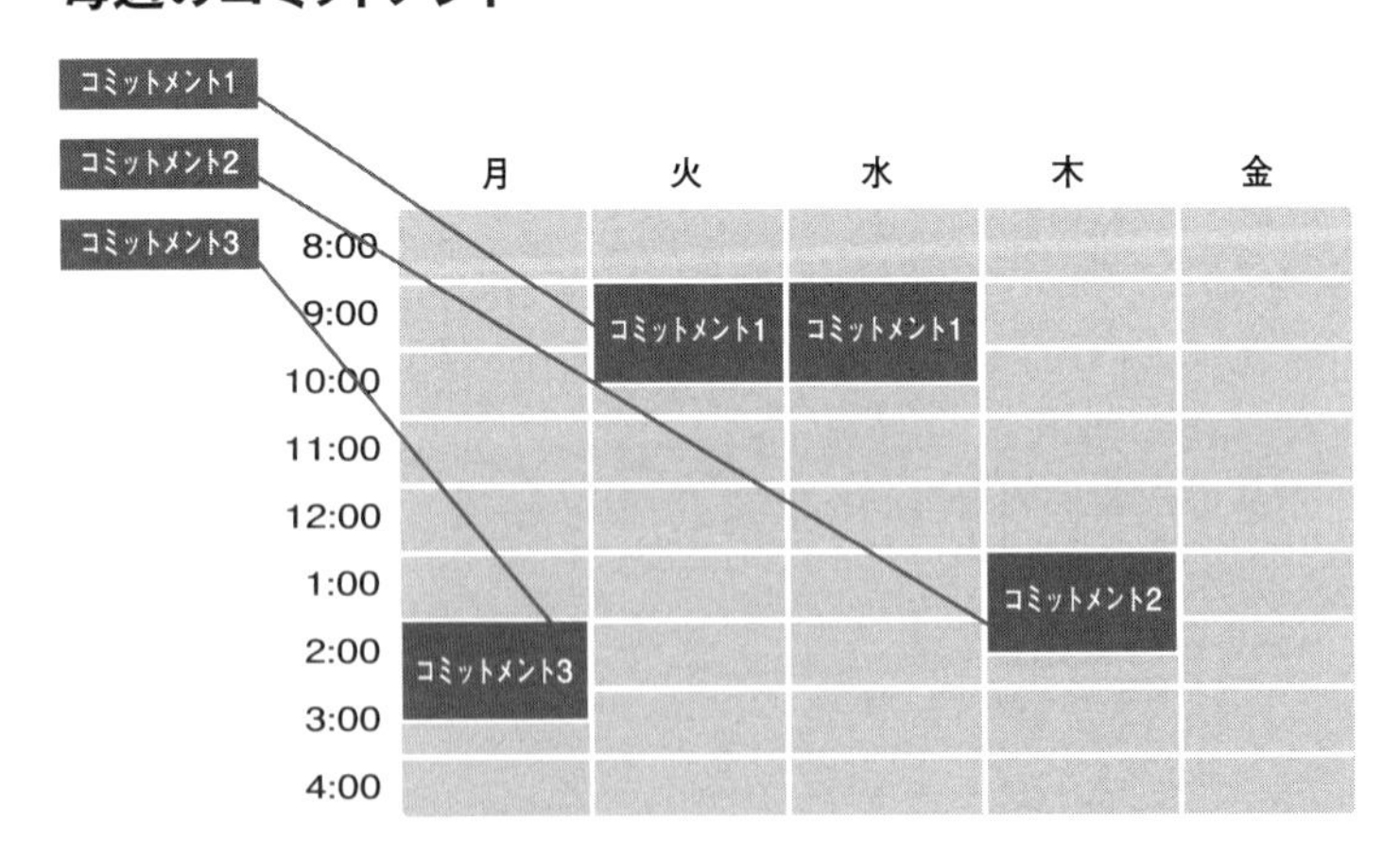

グレーのボックスは日常業務の竜巻を表す。黒のボックスは、WIGのスコアボードを動かすために、その週に行うとコミットメントした活動を表す。黒のボックスを一週間の中に計画的に組み込めば、竜巻に巻き込まれてWIGを見失うことがなくなる。

イメージしてしまうのだが、そんなことはありえない。労力の大半は日常業務の優先事項に充てられるわけだし、またそうあるべきである。第４の規律の価値は、竜巻ではなくＷＩＧに集中する黒のボックスを確保することにある。

黒のボックスのどれかを外したらどうなるだろう？　そのボックスは空いたままだろうか？

会議がキャンセルになり、スケジュールに一時間空きができたと知って、解放感を味わったことはないだろうか？　しかしその解放感もつかの間、すぐに別の会議が入り、あるいは五つの緊急の問い合わせが入り、空いた時間はたちまち埋まってしまったはずだ。竜巻が空いた時間を食べ尽くしてグレーになるまで、どれくらいの時間がかかるだろう？

４ＤＸのセッションでこの質問をすると、どのリーダーも「あっという間！」と即答する。グレーのボックスは、あなたの一週間に黒が入ってくるのを嫌がる。言い換えれば、竜巻はあなたの時間と労力を満腹になるまで食べてしまうのである。「仕事量は完成のために与えられた時間をすべて満たすまで膨張する」というパーキンソンの法則がある。膨張と時間・労力の消費のこの原則は、まさにあなたの竜巻に当てはまる。ＷＩＧを実行するためには、何があっても黒のボックスをグレーに食い込ませなければならない。

次に、あなただけでなく、チーム全体の一週間の労力を組み合わせた表をイメージしてほしい。この場合、黒はチームのメンバー全員が毎週のコミットメントを果たすために費やす労力を表す。それは結果を出すための労力の集合体だ。アカウンタビリティのリズムを毎週維持すれば、ＷＩＧに直接的な影響を与える先行指標に、この集中的な労力を向けることができるのである。

週単位の規律は、チームの士気の向上にも効果がある。グレー一色だった最近の一週間を思い出してほしい。竜巻の嵐が延々と続く一週間だ。一週間ぶっ通しで頑張っても何も達成できていない、そんな釈然としない思いを抱いたことがあるはずだ。

グレー一色の一週間が慢性化してしまったら、リーダーのあなたは自分が干からびていく感覚を覚えるだろう。なお悪いことに、その感覚はチームの意欲やパフォーマンスに反映されるのである。

ＷＩＧセッションは、グレー一色の一週間に効く解毒剤である。ＷＩＧセッションを欠かさずに行う規律が守られ、あなたとチームが毎週、黒のボックスをグレーの中に食い込ませれば、目標に向かって着実に前進できるだけでなく、竜巻に振り回されずに自分が主導権を握っている実感を得られるようになる。

ＷＩＧセッションと意欲

私の兄であるマーク・マチェズニーは、子どものころ、自動車のデザイナーになるのが夢だった。マークは夢を実現するために努力し、ついにアメリカの大手自動車メーカーの一つに採用された。マークのチームのほぼ全員が、同じ夢をかなえて入社してきたデザイナーだった。いまや彼らは毎日、何よりも夢見ていたこと、車のデザインという仕事をしている。

彼らはさぞや仕事に夢中になっているだろうと、誰でも思うに違いない。ところが、ここに意外なデータがある。マークが所属するデザイン部門は、その大手自動車メーカーの中でチームの意欲のスコアが最低レベルなのである。ずっとやりたかった仕事をしている人たちが、意欲に欠けているのだ。夢に見ていた仕事を手にしたというのに、いったいどうしたことだろう？

パトリック・レンシオーニは、著書『なぜＣＥＯの転進先が小さなレストランだったのか　マネジメントを極めた男の物語』（矢羽野薫訳、エヌティティ出版）の中で、仕事に対する意欲が失せる三つの兆候を的確に示している。

一．匿名性：自分がやっていることを組織のリーダーがわかってくれていない、気にも留めていないと感じること。
二．無関係：自分の仕事がどのように組織のためになるのか理解できない。
三．無評価：自分がしている貢献を自分で測定できない、評価できない(21)。

例の自動車デザイン部門には、レンシオーニの指摘する三つの兆候の全部が認められる。まず、デザイナーのオリジナルのデザインは、実際の自動車になるまでに大幅に変更され、誰がデザインしたのか忘れ去られてしまう（匿名性）。次に、自動車が製品となって発売されるのは、最初にデザインしてから何年も後のことなので、最終製品に自分の貢献の跡を見られない場合もある（無関係）。そして、彼らのパフォーマンスに対する評価はきわめて主観的なものである（無評価）。

レンシオーニの三つの兆候は、デザイン部門やそのほか多くの職場で起こっていることを説明しているだけではない。これはまさに竜巻の中の日々、「グレー一色の一週間」のことでもある。しかし良いニュースがある。第4の規律をきちんと実践すれば、これら三つの兆候すべてを解消できるのだ。

WIGセッションのリズムを維持しているチームでは、個々のメンバーは匿名ではない。それどころか、一人ひとりが少なくとも週に一回はスポットライトを浴びる。彼らは無関係でもない。自分がコミットメントした活動が先行指標を動かし、最重要目標の達成に貢献していることがはっきりとわかるからである。そして評価されずに放っておかれることもない。チームで共有するスコアボードが毎週、メンバーの成績を反映して更新されるからだ。

WIGセッションの最大限の効果はすぐに感じられるわけではない。チームが効果的なリズムを確立し、セッションでは竜巻のことは話さずWIGだけに集中できるようになるまで、三〜四週間はかかるだろう。そうなれば次第にミーティングの生産性が上がってくる。さらに数週間経つと、重要な何かが起こるはずだ。先行指標が遅行指標を動かし始め、チームは自分たちが勝っていることを実感できるようになる。

特異なタイプのアカウンタビリティ

「アカウンタビリティ（報告責任）」という言葉は、一般的には非常にネガティブな意味合いで使われる。上司から「一時間後に来るように。アカウンタビリティ・ミーティングをしなければならない」と言われたとしたら、あなたはまず間違いなく、よくないことだと思うはずだ。

しかしＷＩＧセッションで生まれるアカウンタビリティは、一般的なアカウンタビリティとはまったく違うものである。それは組織のアカウンタビリティではなく、個人的なアカウンタビリティである。あなた一人ではどうにもできない組織全体の業績に対するアカウンタビリティではなく、あなた自身がコミットメントしたことの結果、あなたの影響力を及ぼせる範囲の結果に対するアカウンタビリティである。その結果を上司に報告するだけでなく、チームのメンバー同士でも報告し合う。ＷＩＧセッションでは必ず、**「お互いにコミットメントしたことを果たしたか？」**という問いに一人ひとりが答えなければならないのである。

答えが「イエス」なら、チームのメンバーは同僚がコミットメントを守っていることがわかり、お互いを尊重する気持ちが生まれる。一緒に仕事をしている人たちは信頼できる仲間だとわかる。こうなればしめたもので、パフォーマンスは目に見えて向上する。

ノマコ社の例を紹介しよう。同社はポリマー発泡体射出成型の大手企業である。一言でいえば、ハイテクの断熱材からスイミングプールのオモチャまで、カラーの発泡体で実にさまざまな製品をつくっている会社だ。

ノマコ社には三つの工場がある。そのひとつであるノースカロライナ州のターボロ工場は、コスト、収益、安全、どれをとっても目標をクリアする優良工場だが、最高の工場とまでは言えなかった。結果を着実に残していたとはいえ、飛躍的な業績は達成できていなかったからである。

工場の組織構造は前時代的なもので、オープンでフレンドリーな職場環境ではあったが、社員は皆、管理、監督、意思決定を工場長に頼っていた。しなければならない仕事は工場長から指示され、きちんとできているか工場長が確かめるものだと思っていたのである。

4DXは、この工場が求めていた飛躍をもたらした。4DXを導入してから一年半で、ターボロ工場は次のような結果を出した。

- 生産ラインのコストを一〇〇万ドル以上削減
- 会計年度のコスト予算を三〇%以上節約
- 損失時間事故ゼロ、報告対象事故わずか一件
- 翌会計年度第一四半期の予算を達成

工場長は4DXをこのように評している。「シックスシグマ、リマニュファクチャリング、プロセス・イノベーションなど、組織がどんな戦略に取り組んでも、必ず成功に導くツールです。4DXは、達成したい結果を達成させてくれる」

この工場が変化する鍵は、WIGセッションにあった。

ターボロ工場では、すべてのチームが毎週WIGセッションを実施した。WIGを達成するために、針を動かしてスコアを変える方法を全社員が報告する。スコアボードを適切な状態に維持するための新しいアイデアを各自が毎週持ち寄る。WIGセッションによって、社員は最重要目標を達成するフォーカスを維持できたが、それ以上に、お互いに協力し、全員で勝利を祝うチームになったこと

が大きい。

ターボロ工場はこうして、社員一人ひとりが結果に責任を持ち、お互いに報告し合う意欲的な組織文化を確立した。

ノマコ社のジュリアン・ヤング社長は、4DXを導入したころ、WIGセッションの効果を絶賛していた。「WIGセッションは、従来の工場ミーティングでは到底及ばないエネルギーを生み出します。すべての部署の生産性が大幅に伸びましたし、アカウンタビリティがシンプルなものになったので、すべての社員が身につけることができました」

何年もの間、我々はターボロ工場で行われているようなWIGセッションを何千と見てきた。この経験で一つ明らかになったことがある。WIGセッションでは、いわば同僚に対するアカウンタビリティを果たす。これはほとんどの個人にとって、上司に対するアカウンタビリティよりも大きなモチベーション要因になる。多くの人は上司を失望させまいと努力するだろう。しかしチームメイトを失望させないためなら、人はどんなことでもするのである。

だがこのレベルに到達するためには、もう一つ理解しておかなければならないことがある。すでに述べたように、第1から第3の規律で試合を用意し、それに臨む態勢を整えるが、第4の規律を実践しなければ、試合をすることにはならない。これをもっとはっきり言う必要がある。WIGセッションをどこまで重視するかが、チームの結果を直接左右する。

一人ひとりがすべきことをコミットメントし、それをフォローアップするスタイルを確立し、一貫性を持って、焦点を失わずにセッションを進められるかどうかで、チームメンバーはそのＷＩＧに対して真剣に取り組むかどうかを判断するのだ。

プレシーズンの試合とプレーオフの試合で考えてみよう。プレシーズンの試合もプレーオフの試合も勝ちたいことには変わりはない。しかしプレーオフの試合は、負ければそれで終わりだ。最高のプレーをしようと思うのは、どちらの試合だろうか？　言うまでもないことだろう。本当に重要な試合でなかったら、チームが本気を出せないのは当然なのだ。真のアカウンタビリティがあればこそ、チームは本気を出し、最高のプレーをしようとするのである。

革新を目指す組織文化

ＷＩＧセッションの構造がきっちりと決まっていることに違和感を覚える人もいるだろう。しかし実際には、ＷＩＧセッションをこの枠組みどおりに行えば、高いクリエイティビティも期待できる。著名な脳科学者エドワード・ハロウェル博士によれば、構造と創造性が融合し、積極的な姿勢を生むのである。もっともモチベーションを引き出すのは「高度に構造化され、新しさと刺激に満ちた」状況であると、ハロウェル博士は指摘している[22]。

アカウンタビリティのリズムは、チームの創造力を解き放つことができる。

規律と実行の文化を確立しているチームを思い浮かべてみてほしい。たいていの人は、創造性や革新性に欠けたチームをイメージするだろう。しかし我々の経験から言えば、４ＤＸを定着させているチームには創造力も革新性もある。

ＷＩＧセッションは、斬新なアイデアを試すことを奨励する。全員を問題解決に参加させ、学んだことを共有する。先行指標を動かす革新的なアイデアを出し合う場であり、ＷＩＧが達成できるかという重要な結果がかかっているのだから、メンバー一人ひとりの最善の考えを引き出せる。

その実例としてタウン・パーク社を紹介しよう。タウン・パーク社は高級ホテルや医療機関向けの係員付駐車サービスの最大手で、創業以来順調な経営を続けてきた。顧客の一つゲイロード・エンターテイメント社がいち早く4ＤＸを導入し、その成功を見て、タウン・パーク社の経営陣も4ＤＸに関心を持った。

タウン・パーク社は業務のほぼすべての要素を測定していた。たとえば、「駐車係は車のドアを開け、お客様が降りるのをサポートしましたか？」「駐車係はホテルの正しい挨拶をしましたか？」「駐車係はミネラルウォーターを提供しましたか？」など、顧客にとって重要と思われる行動のすべてをアンケート項目にして測定していた。同社の実行力の高さもおのずとうかがえる。

それでもタウン・パーク社は、顧客満足度向上という最重要目標に4ＤＸを適用することとした。顧客満足度をもっと上げられるか試してみるためである。第2の規律で先行指標を設定するとき、客の車を戻す出庫時間を測定していなかったことに気づいた。これが顧客満足度をさらに高めるテコになると判断した。

顧客満足度向上をもっとも予測させる先行指標を出庫時間の短縮とした。出庫時間がサービスの重要なポイントであることは以前からわかっていたものの、それまでは測定していなかった。タウン・パーク社のように測定の重要性を認識している企業にとってさえ、出庫時間を計るのは容易ではないからだ。出庫時間のデータを集めるには、客が駐車係に車を持ってくるように言った時刻と、係員がその車を客に戻した時刻を計測する必要がある。この間の経過時間が出庫時間となるのだが、これをすべての駐車場で、すべてのチームが測定しなければならない。

客の車が頻繁に出入りする竜巻の中でこのデータを集めるのがいかに難しいか、言うまでもないだろう。できるわけがないと反対するリーダーもいた。しかし、圧倒的な顧客満足度を達成するというWIGを立てたからには、そしてその達成をもっとも予測でき、かつ影響を及ぼせる先行指標が出庫時間である以上、何としてもデータを集めなければならないと決断した。優れたリーダーシップチームの例に漏れず、タウン・パーク社の経営陣もまた、決定を下したら、それを実現する道を見いだした。

彼らは最初、出庫時間が本当に影響を及ぼせる先行指標になるのか疑問を持っていた。駐車場の場所や車までの距離など、さまざまな外的要因が働くからである。しかしこうした心配は杞憂（きゆう）だった。タウン・パーク社は出庫時間を大幅に短縮できたのである。

どのようにして達成したのだろう？　チームが本気で試合をしたから、達成する方法を見いだしたのだ。先行指標がスコアボードに掲げられると、駐車係たちは勝利するための新しい方法を模索し始めた。たとえば、到着した客にチェックアウトする前に連絡をくれるように告げる。そうすれば、客が玄関に出てきたときには車を待機させておける。したがって客が事前にチェックアウト時間を連絡した場合には、出庫時間はゼロになる。

また、客がチェックアウトする予定日も尋ねるようにした。週の後半にチェックアウトするのであれば、その客の車は駐車場の奥に置き、チェックアウトの日が近づいてきたら、駐車場の出口付近に移動しておけば、出庫時間を短縮できる。

そのほかにも多くの画期的なアイデアが奏功し、先行指標である出庫時間を短縮することができ、遅行指標である顧客満足度もすぐに上昇した。タウン・パーク社は勝利を重ねたが、チームが本気で試合をしなかったならば、これほどの実行力は発揮できなかっただろうし、そもそも数々のアイデアは生まれなかっただろう。

ところが、フロリダ州マイアミのチームは、とても乗り越えられそうにない障害にぶつかった。駐車場の真ん中に高さ一・五ｍのコンクリートの壁があり、出庫のたびに壁を迂回（うかい）しなければならなかったのだ。

壁のせいでロスしてしまう出庫時間を補うアイデアを試行錯誤して数ヵ月、ＷＩＧセッションでついにブレークスルーが起こった。アシスタント・アカウント・マネージャーのジェームス・マクニールが、駐車場の壁を取り払うことをチームにコミットメントしたのである。彼は、壁が耐荷重性ではないことを確認したホテルの技術者から、取り払う許可をもらった。コンクリート用ノコギリを借り、人手を確保し、翌週の土曜日早朝から作業を開始して夕方までに数トンのコンクリートを切り倒して運び出し、壁を完全に撤去した。

　あなたがリーダーだったら、このエピソードに心を動かされるはずだ。タウン・パーク社の幹部が、コンクリート壁を撤去するなどという通常の業務から大きく外れる仕事をチームに命じていたら、メンバーはどう反応していただろうか？　どんなに優秀なチームでも、良くて抵抗するだろうし、最悪なら反乱が起きてもおかしくない。

　しかし、先行指標は最重要の試合である。選手はどうしても負けたくない試合なのだ。壁を撤去するアイデアはチームから出てきたのであり、勝ちたい気持ちが強かったから、そのアイデアを実行に移すなというほうが無理だった。必要はまさに発明の母である。出庫時間の短縮が最重要の試合となったときから、創造力と革新力が解き放たれたのだ。

　理解しておかなければならないのは、これほどのレベルの意欲は、命令・管理型アプローチではほとんど生まれないことである。リーダーの正式な権威に頼っているうちは、チームは本気にはなれない。権威だけでは、チームに期待できるのはせいぜい規則の遵守（じゅんしゅ）だけである。

　それとは対照的に4DXは、権威の行使で結果を生むのではない。チームのメンバー一人ひとりが、自分が重要な存在となって意味のある貢献をしたい、そして勝ちたいという本心からの欲求が結果に結びつくのである。

　このような意欲的な姿勢こそが、壁を取り除くことにしたタウン・パーク社のチームのようなコミットメントを生む。そのようなコミットメントがあってはじめて、大きな結果を出せる。

第2部では、アカウンタビリティのリズムを通して、このようなコミットメントを実現する方法を詳しく取り上げる。

4DXの力

ここまで実行の４つの規律を一つずつ見てきたが、これらの規律が組織の文化と業績を変える力を持っていることを感じとってもらえたと思う。我々が４ＤＸをリーダーたちに教えると、彼らはたいてい、すでにやっていることばかりだと言う。目標、指標、スコアボード、ミーティング……誰もがよく知っていることだ。しかし４ＤＸを実際に導入すると、そのリーダーたちが、チームの中で劇的な変化があったと報告してくる。導入早々から、予測どおりの結果を出していると驚くのだ。

年間プランニングのようなよくあるプロセスと比べたら、４ＤＸの考え方が、目標に対する典型的なマインドセットと大きく違うことがわかるだろう。

年間目標設定のプロセスは、一般的にはその年のマスタープランを作成することから始まり、多くの目標に焦点が当てられる。次に、各目標を数ヵ月単位で区切り、年間計画を成功させるために完了しなければならないプロジェクト、マイルストーン、作業、サブ作業に分割する。プランニングのプロセスが進むにつれ、年間プランは複雑の度を増していくわけである。

こうして複雑化していくにもかかわらず、リーダーたちは、いわゆる「プランニング・ハイ」症候群に陥り、「うまくいかないわけがない！」と異常なほど希望に燃える。

そして仕上げに、プランを説明するためにパワーポイントのカラフルなスライドを作成し、社員を集めて正式なプレゼンテーションを行う。あなたもよく知っているプロセスのはずだ。しかし、プランのプレゼンテーションが終わってしまったら、プランが徐々に曖昧(あいまい)になっていくのを手をこまねいて見ているしかない。ビジネスのニーズが変化するのを考慮していないから、プランが日に日に現実世界から離れていくのである。

ヤンガー・ブラザーズ・コンストラクション社の例を思い出してほしい。同社のWIGは事故の件数を減らすことだった。年間プランがどんなに緻密(ちみつ)でも、戦略的に素晴らしいものであったとしても、九番、一一番、一三番の従業員に保護眼鏡の着用を守らせる必要が一年の三二週目に生じることなど予測できない。三二週目に最高の結果を出すために必要な情報がプランに記載されているわけがない。

しかし第4の規律では、チームは毎週、先行指標に従ってプランを策定する。すべきことをコミットメントし、それに基づいてジャスト・イン・タイムのプランを立てるのである。月初めには予想もしていなかったプランになることもあるのだから、年初に予想するなど無理な話だ。

先行指標にエネルギーを毎週注ぐことで、チームを目標に繰り返し結びつけるアカウンタビリティのかたちができる。

ヤンガー・ブラザーズ社が安全基準の遵守(じゅんしゅ)という先行指標を設けずにWIGに取り組んでいたとしたらどうだろう? WIGセッションで毎週のコミットメントはできるかもしれないが、曖昧(あいまい)な目標に対するコミットメントになってしまうだろう。チームのメンバーは、事故件数を減らすために今週できる具体的なことをコミットメントできるだろうか？　雲をつかむようなコミットメントしかできないだろう。太平洋の水を沸かせるように頑張ります、と言うようなものである。

なお困るのは、リーダーたちの考えの甘さである。「建築業界で何年も働いているベテランばかりだ。彼らが自分で自分の安全に注意しないなら、どうしようもないだろう？」とイライラする様子が目に見えるようだ。

戦略的に優れている目標でも、達成できないと思って投げ出してしまったら、行き着く先は一つだ。竜巻の中に戻るしかない。よく知った場所に戻ってほっとするのだ。こうなってしまうと、勝つためではなく負けない試合をすることがチームのコンセンサスとなり、もはや大きな変化は望むべくもない。しかし４ＤＸは、勝つために試合をする組織をつくるのだ。

４ＤＸをコンピューターのＯＳ（オペレーティング・システム）のようなものだと思ってほしい。インストールしたいプログラムは何でも実行できるパワフルなＯＳが必要だ。実行したいタスクにＯＳが足りなければ、どれほど素晴らしいプログラムでもコンピューターでは使えない。

同様に、目標を実行するためのＯＳがなければ、どれほど素晴らしい戦略でも、一貫して効果を上げることは期待できない。今年結果を出したからといって来年も結果を出せるとは限らないし、ましてそれを上回る結果を出せる保証などない。４ＤＸは、チームや組織にインストールする目標を正確に、何度でも実行できるようにし、将来の大きな成功の基盤をつくるのである。

4DXがこれほどパワフルに機能する大きな理由の一つは、時代を超えた原則に基づいていることだ。どんな環境でも、どんな組織でもうまく機能することは証明されている。4DXの原則は我々が発明したのではない。我々はただ、これらの原則を発見し、体系化しただけである。目標達成のために人の行動を変えることに、これらの同じ原則を使っている人はほかにもいる。

一九六一年、ニューヨークのクイーンズに住むジーン・ナイデックはダイエットに取り組んでいた。しかし減らしたのは体重ではなく忍耐力だった。見るからに太りすぎの彼女は、どうしてもダイエットを続けられず、挑戦するたびに挫折していたのである。そこで、ニューヨーク市保健局でもらったダイエット・プログラムに取り組む決心をしたとき、今度は新しい方法を取り入れることにした。体重と闘う同士たちを募り、毎週会合を持ち、お互いにチェックする会をつくったのである。ダイエットを無理なく続けられるように、週五〇〇gから一kg減らす目標を立てた。メンバーはカロリー摂取量と運動量を記録した。

約二年かけて、メンバー全員が減量目標を達成した。ジーンの減量クラブは会員を増やしていき、一九六三年、ウェイト・ウォッチャーズとして法人化された。以来、ウェイト・ウォッチャーズは国際的な減量クラブネットワークに発展し、ダイエットドリンク、砂糖の代用品、出版物なども展開するまでになった。「私の小さなクラブがれっきとした産業になったのよ」とジーン・ナイデックは話している。これほど大勢の人たちの健康的な体重の維持をサポートするプログラムは、ほかには見当たらない。

ウェイト・ウォッチャーズの成功の秘訣は、４つの規律と同じ原則にある。

- 第１の規律：明確な遅行指標にフォーカスする：一定の期間に一定の体重を減らす。いつまでにXからYにする
- 第２の規律：テコの作用が大きく、参加者が自分で管理できる先行指標、カロリー摂取量と運動によるカロリー燃焼量に基づいて行動する。これらの先行指標は、追跡しやすいようにポイントで示される。
- 第３の規律：定期的にスコアをとり、先行指標と遅行指標をモニタリングする。行動を促すスコアボードで参加者を励まし、目標達成に通じる軌道から脱落しないようにする。
- 第４の規律：同じ目標を持つ仲間同士で毎週会い、アカウンタビリティのリズムを定着させる。体験を共有し、スコアボード（体重計）をチェックし、成功をたたえ、目標とのずれを確認し、その是正策を話し合う。多くの参加者は、毎週の会合がモチベーションの維持にもっとも役立つと話している[23]。

４ＤＸを支える原則は、時代を超えた普遍的なものである。それは我々が多くの世界的な企業で試し、確認できた結論である。

コラム

アカウンタビリティとエンパワーメント

第4の規律であるアカウンタビリティは、定期的に実績を報告しスコアを動かす計画を立てる循環的なプロセスを定着させることだ。チームは最低でも週に一回のWIGセッションを持ち、WIGを前進させるアカウンタビリティのリズムを確立することでスコアの実行を確実にすることができる。

スコアを動かす電動力となるのが、メンバーのコミットメントと強いモチベーションだ。まず、どんなに小さなことでもよいので、毎日必ず何らかの「成果」が見えるようにしよう。自分の成し遂げたさまざまなことを記録し、確認する。成果を確認できなければ、達成感もなく、やる気を喚起することは難しくなるが、成果を確認できればモチベーションは高くなる。

タスクを計画し、実行したことを記録しておくことで、自分自身に大きな自信を持つことができる。毎日の成果が見えにくくても、WIGに近づいていることが少しでも自分でわかれば、モチベーションを保つことができる。WIGがあり、日々WIGに少しずつ近づいているという実感を持つことができれば、毎日情熱を持って仕事に取り組むことができる。

リーダーの役割は、細かな作業を指示することではない。メンバーがWIGに対して積極的にコミットメントして、WIGを達成するために自らリーダーシップを発揮するように導くことだ。そして、アカウンタビリティを通してメンバーの主体性を引き出しエンパワーメントすることも、リーダーの大きな役割となる。

第2部 4DXをインストールする：チーム編

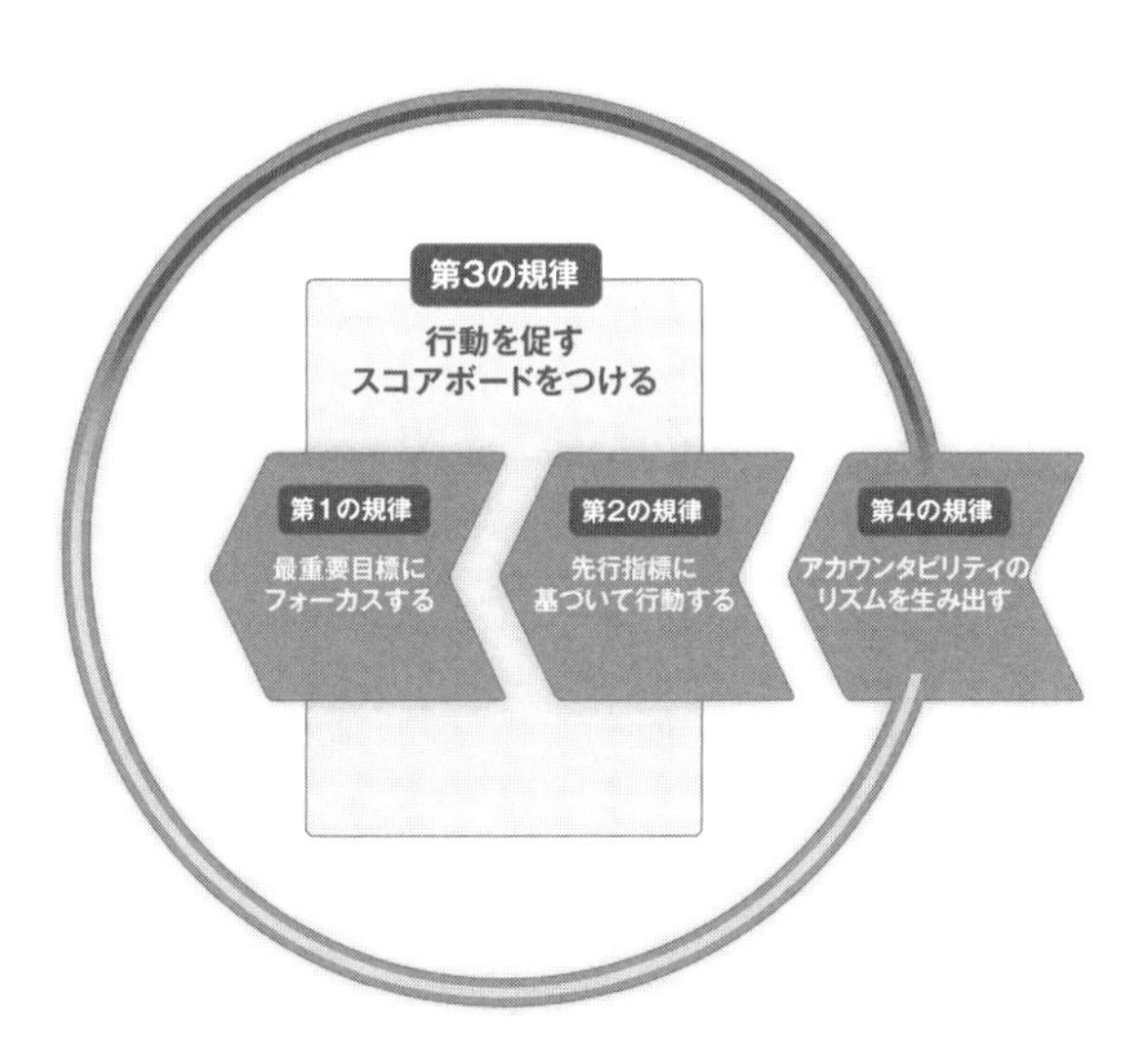

第１部で説明したように、実行の４つの規律（4DX）は、達成しなければならない目標を達成するためのオペレーティング・システムである。
この第２部では、4DX をチームにインストールすることによって期待できる成果を知り、インストールの具体的な手順を学んでいこう。意欲をかき立てるこのチャレンジには、これまでに何千ものチームが取り組んでいる。彼らの体験をあなたにも知ってほしい。
その前に、4DX はガイドラインではなく規律であることを忘れないでいただきたい。4DX をインストールするには緻密（ちみつ）な努力が要る。しかしそれによって得られるのは、高いパフォーマンスを一貫して実現するチームである。
第２部は、順を追って 4DX のインストールを説明する構成になっている。成功を確実にする情報満載のガイドブックのようなものと思ってほしい。あなたが 4DX を導入する複数のチームを統率する幹部の立場にあるなら、4DX という旅の全体像をつかむだけでもためになるだろう。自分のチームに 4DX を導入するリーダーなら、詳しいロードマップとして使える。旅の一歩を踏み出したら、その価値がわかるはずだ。

4DXに期待できることは何か

ギリシャ神話に登場するシシュポスは、巨大な岩を山頂まで上げる罰を神々から命じられる。山頂まであと少しのところで岩は転がり落ち、また押し上げる。それを永遠に繰り返すのだ。

くたくたに疲れるだけでたいした成果も上がらず、明日も同じことの繰り返しだと思いながら職場を出る。シシュポスの気分ではないだろうか? まるで巨大な岩を押し上げるだけの毎日だ。

ある大手スーパーチェーンの三三四号店の店長ジム・ディクソンは、来る日も来る日もシシュポスの気分を味わっていた。三三四号店の業績は、地区にある二五〇店舗の中で最悪だった。近隣の人々はこの店に買いに行こうとは思わず、この店で働きたいと思う人もいなかった。

毎日職場に来ると、ジムはまず、彼の言葉を借りれば、いつもの問題に「平手打ち」を食らわされる。駐車場に散らばるショッピングカートとゴミ。売り場の通路には割れた瓶。商品が補充されず、棚にぽっかりと空いた穴。この店では、ジムが指示しなければ社員は何もしない。深夜、ジムが自ら商品を補充し、通路にこぼれている牛乳を拭くなど日常茶飯事だ。これらの作業をする人手を彼が採用する以前に、採用業務をするスタッフを雇わなければならない始末だ。

ジムはシシュポスさながらだった。巨大な岩を押し上げ、あと少しで山頂というところで岩はゴロゴロと転がり落ちる。毎日、その繰り返し。効果的な手段で店を前進させたくとも、彼にはその時間がなく、気力も残っていなかった。

ジムは将来有望なリーダーと見込まれ、三三四号店を任されたのだった。しかし彼は今、自分は無能なマイクロ・マネージャーにしか思えなかった。我々が会ったとき、彼は一六日連続で出勤し、長期休暇は一年以上とっていなかった。売上は下降線をたどり、社員の離職率だけが上昇軌道に乗っていた。人事担当役員は、我々にこう打ち明けた。「このままなら、ジムが会社を辞めるか、会社がジムを辞めさせるか、二つに一つでしょう」

あれだけの仕事を抱え、しかもスーパーにとって一年で一番忙しい一二月、4DXセミナーに出ろと命じられたジムの胸の内はいかばかりだろう？

ジムと各売り場の主任が最重要目標に頭を悩ませる必要はなかった。売上が前年を割ってしまったら、店そのものが閉鎖に追い込まれかねない。売上以外に重要な目標はない。WIGは難なく決まった。しかし問題は、先行指標である。彼らがまだやっていないことで、売上に結びつく行動は何か？売上の増加にもっともインパクトを与える活動は何なのか？

ジムのチームは、店の状態が良くなれば売上は伸びると確信した。清掃が行き届いて人目を引き、棚には常に商品が豊富に並んでいれば、買い物客は増えるはずだ。そこで売り場ごとにもっとも重要な活動を二つか三つ決め、測定し、一〇段階評価で毎日スコアをつけることにした。

- 肉売り場は、きれいな陳列棚に新鮮な肉のカットを並べる。
- 野菜売り場は、朝五時までに棚に商品を十分に補充しておく。
- ベーカリー売り場は、二時間おきに焼き立てのパンを並べる。

このプロセスを終えて、チームにはプランができた。彼らはすぐに実行に移し、副店長と各売り場の主任がスコアボードを毎日更新することにした。チームの投資は、店内の状態が良くなれば、前年比の売上が達成できるというものだった。うまくいきそうだった。

スコアボードを掲げたのは朝だった。その日の夜にはもう、スコアボードは破れていた。次の日、スコアボードをもう一度掲示したが、竜巻という日々のプレッシャーが売り場主任を吸い込み、彼らはたちまち竜巻の中に連れ戻されてしまった。二週間後、五つの売り場の平均スコアは五点だった。彼ら自身がつくった指標だというのに！　ジムのイライラは募るばかりだった。最重要目標は、早くも風前のともしびとなってしまった。

なぜこんなことになったのだろう？　この物語の結末は後で話そう。

行動変容の五段階

人の行動を変えるのは並大抵のことではないから、４ＤＸをインストールするときにこのような問題にぶつかるのは、なにもジムだけではない。我々は実際、ほとんどのチームは行動変容の五段階を経験することを発見した。この章では、リーダーであるあなたがチームの変化をマネジメントできるように、これらの五段階を一つずつ説明しよう。

第一段階：明確化

市街地にある大病院の外科看護師長マリリンは、チームに４ＤＸをインストールしようとしている。彼女の行動を追っていこう。毎日何十と行われる外科手術には人命がかかっている。マリリンと彼女のチームは、ほかの組織とは比べようもない竜巻の中にいるといってよいだろう。

マリリンのチームでは最近、手術中にトラブルが発生する「術中インシデント」の件数が急激に増えていた。手術室ではとてつもない竜巻が吹き荒れるとはいえ、患者の生命を脅かす術中インシデントを何としてでも減らそうとメンバー全員が決意した。

４ＤＸの話し合いで、チームは最重要目標を「一二月三一日までに、術中インシデントがゼロの手術の比率を八九％から九八％に上げる」とし、これにフォーカスすることにした。

チームは次に、患者にとって重大なリスクとなる要因だけでなく、ほとんどのインシデントを引き起こしている原因を探り、最重要目標達成のテコとなる二つの先行指標を見つけた。術前確認を手術の三〇分前までに行う規則を一〇〇％遵守（じゅんしゅ）すること、すべての手術の後に手術用器具を二度数えるこ

> **第一段階：明確化**
>
> リーダーとチームは、新しいレベルのパフォーマンスに取り組むことを決意する。4DXに従って明確なWIG、遅行指標、先行指標を定め、行動を促すスコアボードをつくる。WIGセッションを定期的に行うことをコミットメントする。一人ひとり決意の度合いに差があっても、4DXのプロセスに深く参加すれば、全員のモチベーションが上がる。

とである。

これでマリリンのチームには、最重要目標（第1の規律）と先行指標（第2の規律）ができた。次に、チームの成績を記録するシンプルなスコアボード（第3の規律）を作成し、メンバーがお互いに進捗を報告し合い、アカウンタビリティを果たすための週一回のWIGセッション（第4の規律）を予定に組み入れた。

チームミーティングを終え、マリリンは来週からスタートする4DXに期待した。彼女としても、これほど明確な目標とプランができたのは初めてのことだった。あとは簡単ね、彼女はそう思った。言うまでもない。マリリンは4DXを甘くみていた。荒れ狂う竜巻の真っただ中にいる人の行動は、ちょっとやそっとでは変わらない。成功の第一歩は、WIGと4DXプロセスを明確につかむことだ。4DXを導入するときにリーダーがしなければならないことを思い出してほしい。

- 最重要目標にフォーカスする手本になる。
- テコの作用の高い先行指標を特定する。
- 選手のスコアボードをつくる。
- 少なくとも週一回のWIGセッションを予定に組み入れ、必ず実行する。

第二段階：始動

マリリンは週の最初の手術で4DXのプロセスを開始した。月曜の午前中には七件の手術があった。正午になるころにはもう、チームは苦戦を強いられていた。先行指標を守るには、これまでよりも二〇分早く器具を確認しなければならないが、スケジュールの変更と新しいチェックリストに全員がとまどっていた。

手術の予定がぎっしり詰まっているうえに、看護師の一人が病欠していたため、マリリンもチームも忙しさをきわめていた。

４ＤＸ初日の午前中、マリリンは竜巻の中で実行することの難しさを身をもって学んだのだった。

マリリンは、取り組みの態度がメンバー一人ひとり異なることにも気づいた。有能なメンバーは変化にうまく対応していた。簡単ではなかったが、チャレンジを楽しんでいるようだった。ところが年配の看護師二人は、確認手順を変更する必要性をまだ納得しておらず、ストレスが増えると不満を口にした。マリリンはまた、看護師になりたてのメンバーが確認手順を遅らせていることにも気づいた。

あの一週間でマリリンは、どんなに簡単なプランであっても、いざ実行するとなるとどれほど難しいか思い知らされたのである。竜巻が吹き荒れただけではない。メンバーのモチベー

第二段階：始動

チームはスタートラインに立つ。正式なキックオフミーティングをするにしても、ブリーフィングですませるにしても、チームはここからWIGに取り組み始める。だが、ロケットが地球の引力を振り切るにはとてつもないエネルギーを集約させなければならないのと同じで、始動の段階ではまだ、リーダーが全面的に関与する必要がある。

ションの度合いがまちまちなのも問題だった。

4DXの導入段階はスムーズにいくとは限らない。最初からうまくできる模範的なメンバー（モデル・メンバー）、最初はうまくできないが、やる気はあるメンバー（ポテンシャル・メンバー）もいれば、変化を嫌がるメンバー（レジスト・メンバー）もいる。導入を成功させる秘訣(ひけつ)は、次の三点だ。

- 導入段階はフォーカスとエネルギーが必要であることをリーダーは特に認識する。
- フォーカスを維持し、4DXプロセスを粘り強く実施する。プロセスを信用する。
- モデル・メンバー、ポテンシャル・メンバー、レジスト・メンバーを見きわめる（レジスト・メンバーについてはあとで詳しく取り上げる）。

第三段階：定着

マリリンはWIGへのフォーカスを必死でつなぎとめた。チームはスケジュールを調整し、スコアをつける方法を変えた。ポテンシャル・メンバーを指導し、レジスト・メンバーには変化の必要性をよく説明した。

毎週粘り強く先行指標に働きかけた結果、指標は次第に上がっていった。週一回のWIGセッションでは、まずスコアボードを確認したら、スコアの針を動かすためにできることを一人ひとりコミットメントした。

まもなく、マリリンはチームにリズムができつつあるのを感じた。インシデントの発生率も下がってきた。先行指標が機能していることに気づくと、チームはがぜん活気づいた。何ヵ月も格闘してきて初めて、自分たちが勝っていることを実感できたのである。

新しい4DXプロセスが定着するまでには、それ相応の時間がかかることを覚悟してほしい。WIGの達成にはプロセスを守ることが不可欠なのだから、プロセスを尊重し、そして諦めずに実践し続けてほしい。そうしなければ、たちまち竜巻に吹き飛ばされてしまう。

4DXを定着させる六つの秘訣(ひけつ)はこうだ。

- まずはプロセスを守ることにフォーカスする。結果はその次とする。
- 毎週のWIGセッションで活動をコミットメントし、お互いに報告し合う。
- わかりやすいスコアボードで結果を毎週追跡する。
- 必要に応じて調整する。
- ポテンシャル・メンバーに追加的なトレーニングとモニタリングを行い、育てる。
- レジスト・メンバーと率直に話し合い、必要があれば、障害を取り除く。

第三段階：定着

チームに4DXプロセスが定着し、新しい行動がWIGの達成を促進する。4DXがうまく機能し始めると、尻すぼみになるのを防ぎ、さらに効果を高めようとする意欲がチームに生まれる。メンバー全員が、竜巻の要求に対応しながらも、新しいレベルのパフォーマンスを達成すべく、お互いに責任を果たすようになる。

第四段階：最適化

次の八週間、マリリンはチームの進歩に喜んだ。術中インシデント件数も、少しずつではあるが着実に減少していた。しかし年末までにＷＩＧを達成するためには、ペースを上げなければならない。マリリンはこれ以上何をすればよいのかわからなかった。

その日のＷＩＧセッションで、看護師たちは先行指標を変更する提案をし、マリリンを驚かせた。まず、器具の確認をもっと短時間で、かつ正確に行えるように、トレーの位置を変えることにした。第二に、シフトの最初に二件の手術の確認を同時にする場合には、早めにシフトに入る。第三に、患者を手術室に搬送し始めたらすぐに、搬送チームが手術室の看護師に連絡する。そうすれば、手術前にもう一度チェックする時間ができる。

パフォーマンスを最適化するための方法をチームのメンバー自身が提案したのである。マリリンはそのことに驚き、喜んだ。これらのアイデアをマリリンが提案していたら、おそらく仕事が増えるだけだと抵抗されただろう。だがこれらはメンバーから出てきたアイデアだったから、誰もが意欲満々で前向きだった。

マリリンは重要な試合を用意し、そして今、チームは勝つためのプレーをしていた。

看護師たちは当事者意識を持って４ＤＸのプロセスに取り組んでいた。先行指標を動かす新しい方法を自分たちで考え出し、遅行指標は上がり続けた。毎週コミットメントする活動の内容は的確だったし、コミットメントはすべて実行された。ＷＩＧセッションは結果にフォーカスしてきぱきと進められた。

しかしマリリンをもっとも感動させたのは、それまでに見たことのなかったチームの強い意欲と活力だった。

一貫性を持って4DXに取り組めば、チームのメンバーは自分たちでプロセスを最適化する方法を見つけるようになる。この段階を最大限に生かす秘訣も紹介しておこう。

- 先行指標を動かす創造的なアイデアをたくさん出させる。アイデアに優劣があっても、すべてのアイデアを認める。
- コミットメントを実行した結果を認め、成功をたたえる。
- メンバーがお互いのために障害を取り除くよう促し、それができたときは成功をたたえる。
- ポテンシャル・メンバーがモデル・メンバーのように行動し始めたら、努力を認める。

第四段階：最適化

この段階でチームは4DXのマインドセットにシフトする。変化につながる結果が出るほどに目的意識が強くなり、仕事に身を入れるようになる。チームはそのうち、パフォーマンスを最適化する方法を探し始める。チームは今、「勝つためのプレー」を実感している。

第五段階：習慣化

マリリンは、病院の年次総会で熱烈な拍手を浴びながら、誇らしげに演壇に立った。インシデント件数が急増し、患者の生命に重大な影響を与えかねない危機的状態に直面したのがわずか一一ヵ月前のこととは、にわかには信じられなかった。目標を上回り、病院内でインシデント発生率最低という成績を達成したマリリンのチームは、この総会で表彰されたのである。

マリリンは、チームの変化が目標達成だけではないことを知っていた。チームはパフォーマンスを根本的に変革し、将来の成功につながる実行の習慣を身につけたのである。以前はやろうしても思うようにできなかった行動の変化は、チームにとって今では当たり前のことになった。術中インシデントを減らすための手順は、現在は竜巻の中の一つになっている。しかしそれらの手順のおかげで、マリリンは日々の竜巻を格段に管理しやすくなったのだ。

マリリンはその結果、チームが新たなレベルのフォーカスに取り組んでいけることを知った。新しいWIGを設定すると、チームは勝利の軌道に乗ってWIGを達成した。

第五段階：習慣化

4DXが習慣化すると、チームは目標達成に近づくだけでなく、パフォーマンスのレベルが上がり、定着する。4DXの最大の目的は結果を出すことではない。優れた実行文化を築くことである。

4DXはチームに習慣を根づかせる。新しい行動が日々の業務の一つとして定着したら、次の目標を設定できる。その目標も確実に実行できる。このプロセスを何度でも繰り返せるのだ。4DXを習慣化する秘訣（ひけつ）は、次の四点だ。

- WIGの達成をたたえる。
- 4DXを正式なオペレーティング・システムとして定着させるために、WIGを達成したら、すぐに新しいＷＩＧを設定し取り組む。
- 新しい業務基準、先行指標に対する高いパフォーマンスを維持する重要性を強調する。
- 中間層のメンバーを追跡し、働きかけて、メンバー全員がハイパフォーマーになれるようサポートする。

中間層を引き上げる

先ほど述べたように、変化に対するメンバーの態度は一般的に次の三つに分けられる。

モデル・メンバー：チーム内のトップパフォーマーであり、プロセスに積極的に取り組む。４ＤＸを積極的に受け入れ、自分のパフォーマンスをさらに高めるために活用する。リーダーなら、このようなメンバーのクローンを量産したいところだろう。

レジスト・メンバー（抵抗勢力）：このグループはモデルメンバーとは正反対だ。４ＤＸを導入するやすぐさま、うまくいかない理由を述べ立て、日々の竜巻の中で行うのはとても無理だと言い張り、抵抗するメンバーが必ずいるものである。あるいは、誰にも気づかれなければいいなと願いながら４ＤＸのプロセスと距離をおくメンバーもいる。しかしそんな願いもむなしく、抵抗はすぐにばれてしまう。あるクライアントがこんなことを言っていた。「４つの規律を導入すると、隠れる場所はどこにもなくなる」

ほとんどの人は、モデル・メンバーとレジスト・メンバーの中間にいる。この中間層は、チームのパフォーマンスを上げるテコの作用を最大限発揮できる可能性を秘めている。ポテンシャルが高いのだ。

ポテンシャル・メンバー：トップパフォーマーになれる能力は持っているが、まだそこまで到達していないメンバーである。目標にフォーカスしきれていないことや、能力を発揮するために必要な知識を身につけていないことが原因として考えられる。あるいは、モチベーションを持たせるために、多少のプレッシャーをかける必要があるかもしれない。

三つのグループのパフォーマンスをグラフにすると、だいたい下の図のようになる。

中間層の盛り上がりが大きい

どんなシステムでも自然な分布でこのような隆起ができる。これを正常曲線という。上位二〇％（ハイパフォーマー）と下位二〇％（ローパフォーマー）が必ずできる。中間の六〇％は、適切に動機づけがなされれば、パフォーマンスを上げられる重要なグループである。

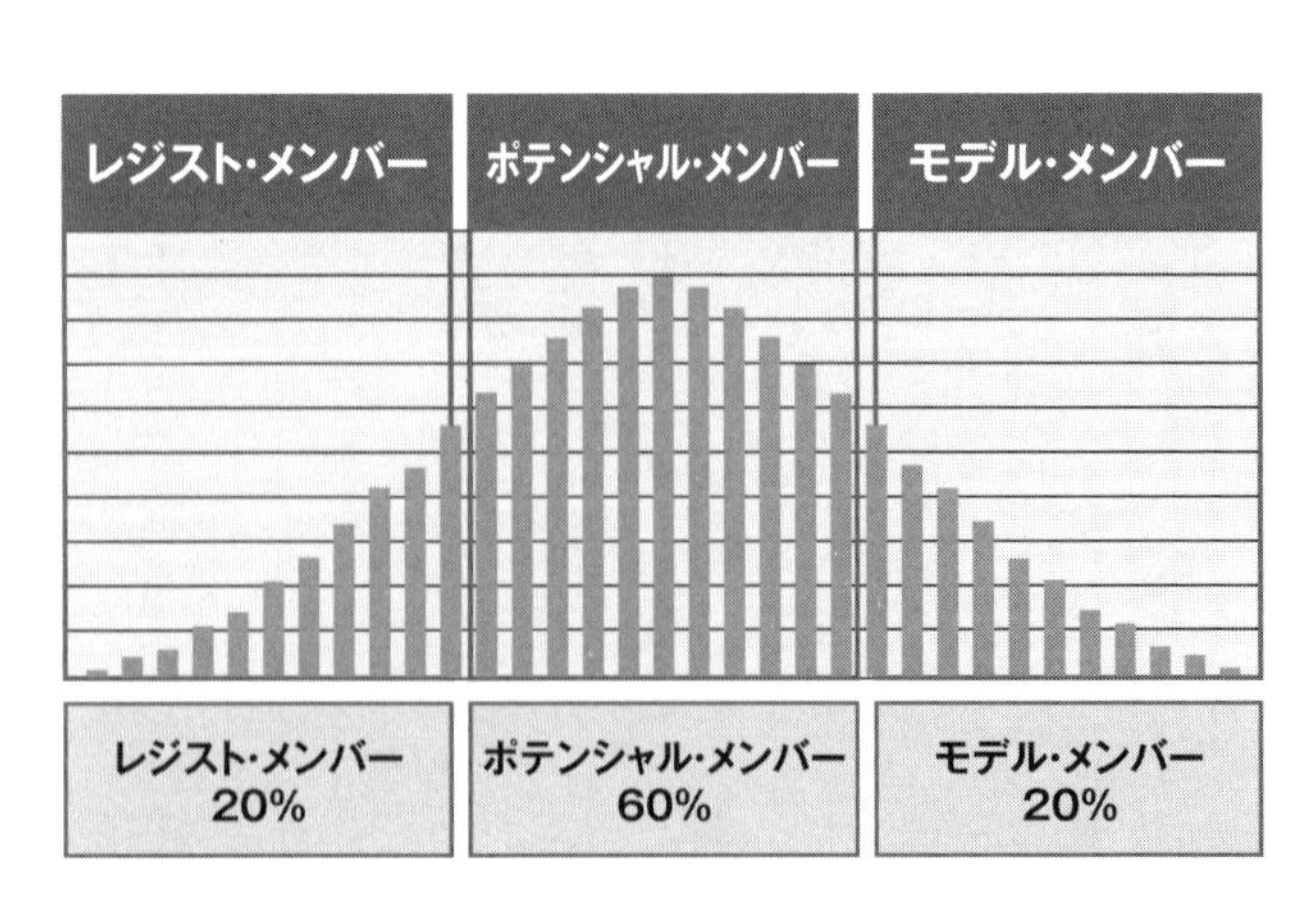

これらのポテンシャル・メンバーは、方法さえわかれば大きな貢献ができるグループだ。もちろんそれも人によりけりだが、中間層の六〇％が上位二〇％のようなパフォーマンスを見せたらどうなるだろう？　グラフがこんなふうになったら、チームのパフォーマンスは途方もなく上がるのではないだろうか？

中間層が着実にパフォーマンスレベルを上げていくと、曲線全体が上位二〇％のモデル・メンバーのほうへ移動する。言い換えれば、メンバー一人ひとりのパフォーマンスが向上するから、曲線は右へ右へと寄っていく。しかし普通のチームは、いつまでたっても正常曲線のままだ。

- 平均的な宿泊客満足度に満足しているホテルは、正常曲線のままである（結局、ほとんどの宿泊客は満足しているのだから、それでいいじゃないか？）
- 平均的な卒業率に満足している高校は、正常曲線のままである（逆に中退率も平均なのだが）
- 院内感染率が許容基準の範囲内にとどまっていることに満足している病院は、正常曲線のままである（この場合、そ

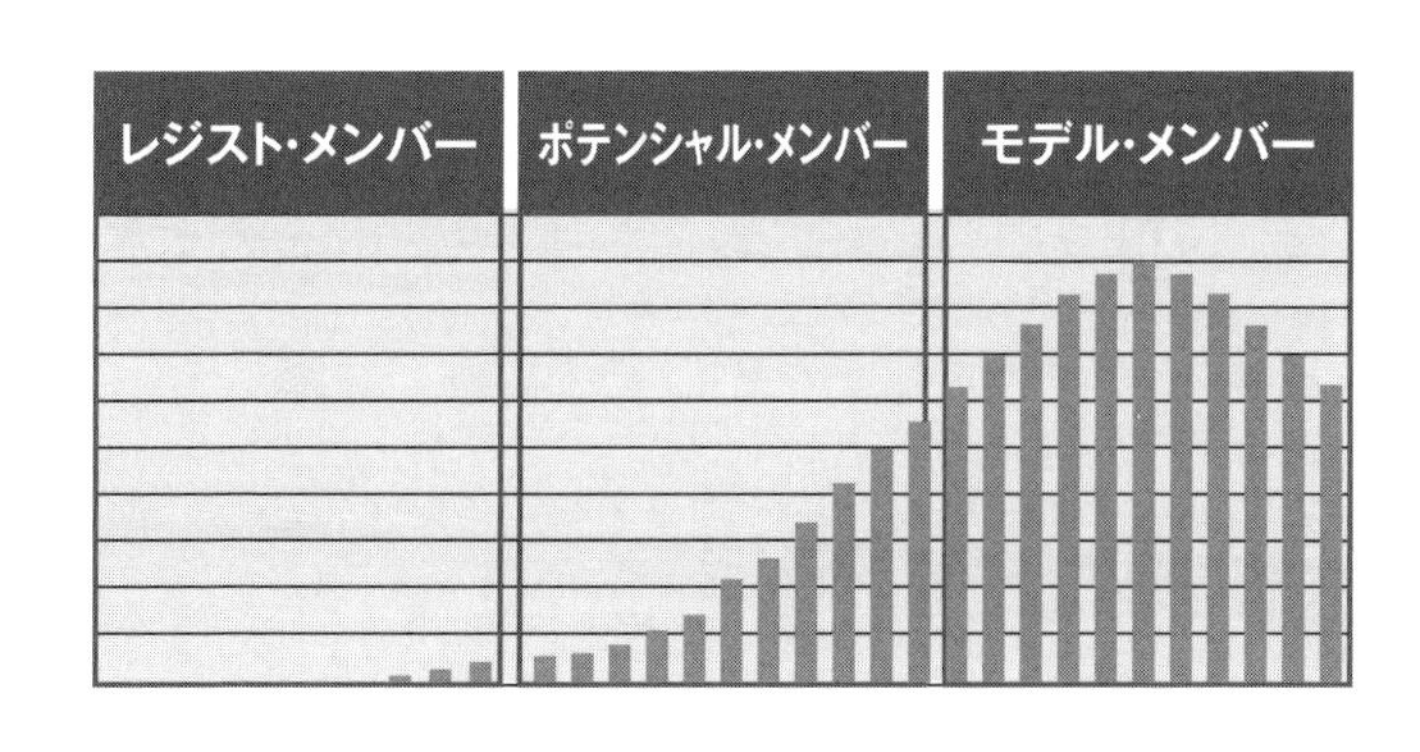

もそも許容基準を許容していいのかどうか疑問視すべきである。感染症とそれによる死亡を防ぐことが問題なのだから！）

これら三つの組織は、正常曲線の形状に満足している限り、パフォーマンスを飛躍的に伸ばすことはできない。

しかしこうした組織の中にも、ハイパフォーマンスのチーム、曲線を着々と右に動かしているチームは必ず存在する。

抜群のパフォーマンスの実例として、オランダのロッテンダム近郊にあるエラスムス・メディカル・センターを紹介しよう。世界中どこでもそうだが、ヨーロッパの病院でも致死性の院内感染の増加が懸念されている。ヨーロッパ大陸の院内死亡者は年二万五〇〇〇人、その三分の二が院内感染によるものとみられる。

エラスムス・メディカル・センターの場合、感染率は許容範囲内に収まっていたが、病院は感染の一掃を決めた。このＷＩＧを達成するために設定した一連の先行指標は、名づけて「掃討作戦」。作戦開始から五年後にはほぼすべての院内感染を排除した。その後、オランダ国内のすべての医療機関がエラスムス・メディカル・センターのシステムを取り入れた(24)。

当然のことながら、病院には大勢の病人がいるから、病原菌もたくさんある。ほとんどの病院は、感染率が許容基準を満たしていれば良しとしているようである。しかし、エラスムス・メディカル・

センターのようなハイパフォーマンス・チームにとって、許容できる感染率はゼロ以外にない。それには、中間層を大きく右に動かす必要があった。

エラスムスのチームは、わずか数ヵ月で正常曲線を大きく右側に寄った曲線に変えた。脆弱な患者が院内感染で死亡することはなくなった。ほとんどの病院は、これと同じ結果を出すノウハウを知らないだろう。しかし、ケンタッキー大学バスケットボール・チームの名監督アドルフ・ラップはこう言っている。

「山頂に登りつめた人間を見て確実にわかるのは、彼が山から落下しなかったことだ」。

中間層をパフォーマンスの頂上に押し上げることができれば、結果に与えるインパクトは計り知れない。そのためには、中間層のメンバーがより効果的な行動を身につけるように、粘り強く動機づけをすることだ。４ＤＸの目的はそこにある。

病院、スーパーチェーン、工場、ホテル、ソフトウェア開発会社、発電所、公共機関、大型小売店など、どんな組織でもほとんど同じ成果を期待できることは、我々の経験から断言できる。一貫して結果を出すうちに、ハイパフォーマンスの新しい文化ができるのだ。

そこに至るまでの道のりは平たんではない。一朝一夕にできるものではない。４ＤＸを導入し、根づかせるには、フォーカスと規律を長期にわたって維持しなければならない。

導入直後からそれなりの結果は出る。しかしチームが新しいマインドセットを身につけるには、しばらく時間がかかる。チームのメンバーが４ＤＸを習慣化してようやく、本当の効果が現れる。いわば本当の配当金が支払われ始めるのだ。

我々は本書の冒頭で、リーダーが直面する最大の課題は、人の行動を変えなければならない戦略を実行することだと指摘した。４ＤＸは、その課題を解決するシステムである。一度だけでなく何度でも解決できる。では、あなたのチームで４つの規律を応用するプロセスを以降の章で詳しくみていくことにしよう。

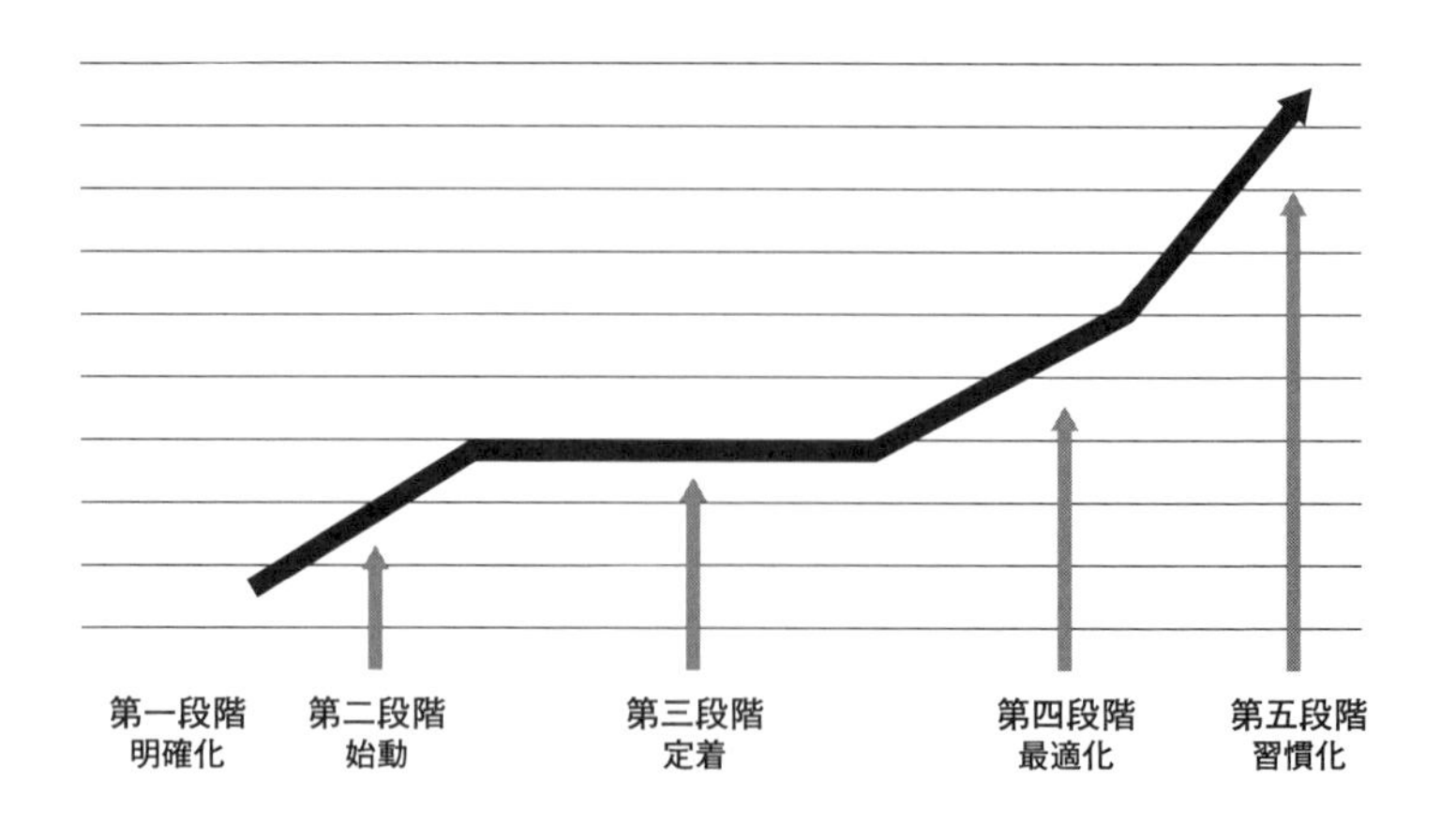

コラム

4DX導入事例（日本）

太陽油脂株式会社

一九一九年創業の太陽油脂は、東南アジア系の植物油脂（ヤシ油、パーム油、パーム核油等）をベースとして、食用加工油脂および石けん・化粧品製品を製造・販売している。食用加工油脂はおいしさやさまざまな機能を持たせた製品を、石けん・化粧品では「人と環境に優しい石けん」にこだわった液体石けんや基礎化粧品などの製品を提供している。クオリティの高い製品を提供するために活動している青木亮一常務取締役工場長と、倉内賢一製造二部製造課長にお話をうかがった。

―最初に4DXを読まれた際、結果重視よりもプロセスを重視しているという点に大変興味を持たれたとお聞きしました。

青木　4DXに取り組む前は年初に計画を決めて、上期や下期の終わりに達成状況を報告させていました。その結果、緊急性のある案件は進捗（しんちょく）しますが、中長期的に重要な案件が置き去りにされる傾向がありました。将来を考えたとき、この中長期的に重要な案件をどのようにしたら、推進できるのかが課題でした。そこで出会ったのがこの4DXで、達成プロセスの重要性に気づかされました。

倉内　私が4DX導入時に在籍していた部署では、他部署に要請して労働災害ゼロや改善提案制度の全社運営に取り組んでいましたが、ただ改善案を出すようお願いしてもなかなか出てこないのが現実でした。

今回4DXに取り組むことが決まったとき、既存の小集団チームを活用し、4DX手法を使って皆で目標に向かえば、良い結果が出るのではないかと考えました。

―たとえば改善提案制度などの目標数はあったのでしょうか？

倉内　「改善提案制度」と併せて「ヒヤリ提案制度」もやっており、それも含めて月二〇〇件以上という目標でした。当初は月一〇〇件くらいしか出てこなかったのですが、今は平均二二〇～二三〇件、多い時では三〇〇件近くあります。当初一〇〇件だったのは要領がわからない従業員が多く、目標数についてもあまり関心を持っていなかったことが原因でした。

提案が増えてきたのは、最重要目標を「労働無災害一〇〇〇日」と設定し取り組む中で、とにかく「ヒヤリ提案」を出さなければならないという従業員の意識変化が大きかったと思います（一：二九：三〇〇というハインリッヒの法則で、ヒヤリが三〇〇件になると大きな災害に繋がる）。最重要目標をフォーカスしたことにより、全社員で達成しようということが伝わったのだと思います。

――そのときはどういう先行指標を立てられたのでしょうか？

倉内　危険予知訓練を工場部門は毎月四件、本社部門は事故件数が少ないため、月二件実施とし、その記録の提出率をそれぞれ八〇％と九〇％とすることを先行指標にしました。指標を管理しながら運用した結果、工場側も本社側も、すべてクリアすることができました。

青木　全体的に安全意識は低いと想定していましたから、いかに無関心をなくしていくか、安全に対する関心を高めていくかという地道で当たり前な取り組みを行いました。それを４ＤＸに取り組む中で活動としてやっていく。ノルマで決めるというより、毎週のように勝ち負けをチェックしていく。そんなイメージで習慣化させていきました。

―災害をなくす戦略を伝えるだけではなく、もっと現場主体で習慣化してもらうということでしょうか。

青木　そうです。今までなら、上期で何件、下期で何件、年間合計何件の「ヒヤリ・ハットが出た」とまとめていたと思います。それは、逆に言うと、日々の活動ではなくて提出日直前に強制的に出させた結果なわけです。現在はそうではなく、ＷＩＧセッションで毎週、毎月、集計していく中で勝ち負けを確認しながら進めていく。集計は一週間に一回ですが、スコアボードで見える化し、絶えず皆に考えさせていくことが大切だと思います。

怪我する人は一人。その人が意識するかしないかだけの話で、九九人が意識していても一人が意識せず怪我したら、結局一件になるわけです。最近気がついたのはそこなのです。だから先行指標は随時見直す。遅行指標は一緒ですから、いかに本質に近づいた先行指標を立てられるかが問題なのです。それを探すのが一番苦労します。

―どう先行指標を導いていくかが大切でそれが戦略であり、どれだけインパクトのある活動を展開していけるのかが課題となるということですね。

青木　遅行指標が動き始めたら、非常に面白くなる。先行指標がはまれば非常に面白い取り組みになるし、はまらないと面白くない。前述の安全の取り組みでもわかりますが、先行指標は当たり前のことであり、それを当たり前にやっていくことが遅行指標を動かすことになる。いかに楽しみながら取り組めるかです。

遅行指標を動かそうと、奇をてらった先行指標をつくってみても、やってみたら動かないとなる。結局は、わかっている「やらなければならない」ことを愚直に実行することです。それに気がつくかどうかが重要で、先行指標は「魔法」ではありません。

――先行指標と遅行指標の動き方は、定期的（ウィークリー）にチェックすることがポイントでしょうか。

青木　実行計画という遅行指標を、具体的な戦術（方法）である先行指標がうまくはまって動かしているのか、絶えずチェックできる体制をつくることが必要です。

もし動く様子が見られなければ、ＷＩＧセッションの中でなぜ動かないのかを解析し、先行指標を変えるなどの取り組みも必要となってきます。先行指標を変えるに当たってはコーチやチャンピオンとの話し合いも必要となります。リーダーだけの判断ではさせないようにしています。

倉内　一方メンバーは、先行指標と遅行指標を考えて行っていると、個人一人ひとりが具体策を考えていくので、個人レベルだけでなく、チームとしても良くなっている気がします。

――スコアボードはどのように確認されているのでしょうか？

青木　スコアボードは、イントラネットでチェックしようと思えば誰でも見ることができます。

また、現在は、コーチとチャンピオンの役割を少し変えました。去年まではチャンピオンは私がやって各職場の部署長がコーチで、それぞれがほかの職場のコーチをしていました。あくまでもここでいうコーチは、4DXの手法をコーチするイメージです。

この体制ですと、チャンピオン、コーチ、小集団リーダーとの関係で、職制上の関連があまりなく、コーチ側も他職場のコーチをするので、作業実態をよく理解できていませんでした。

そのため、チャンピオンが決めた最重要目標に対して、各職場へのブレークダウンがスムーズにできませんでした。そこで現在は、各職場の部長職をチャンピオンに、課長や係長をコーチにして、進捗状況や先行指標を考える体制に変えました。

各チャンピオンはクオーターごとにコーチ、リーダーと報告会を開き、進捗および方向性を議論します。そこでリーダーやコーチが悩むかどうかが問題なのです。なかなか進捗しないとか、遅行指標が動かないと悩んでくれたらいい。悩まないのが一番困る。リーダーやコーチがそこで悩むかどうか、それが一番重要だと思います。

――目標は常に変わるわけですが、その変化に対してどのように臨まれていますか？

青木　私たちの場合は永遠のテーマのようなものをWIGとしていますから、目標自体は変える必要がないと考えていますが、環境等の変化によって、個別テーマをいかに変化させていくのかが問われます。そうしないと、マンネリになる恐れがあります。

たとえば、テーマ自体は同じだけれども、今までの五％を一〇％にするにはどうしたらいいのか。次は一五％という具合に目標値（率）を変えていくことでもよいと思います。五％のときの先行指標と一〇％にしたときの先行指標は当然違うし、もう一つ壁を壊さないと届かないという部分は出てきます。

―WIGセッションをやらなくても先述の三〇〇の提案が出るような状況になれば、さらに良い状況とも言えますか？

青木　そうですね。

でもやはり、4DXの中で、一番のポイントはWIGセッションだと思います。先行指標がしっかりと遅行指標を動かしているのか、遅行指標はこのままの取り組みで達成できるのか等、絶えず考えていかなければなりません。日々の竜巻の中で中長期課題を考える空間を確保することが大切だと思います。

第1の規律をインストールする「最重要目標にフォーカスする」

優れたチームパフォーマンスの第一歩は、一つか二つのWIGを選ぶことだ。

何よりも重要な目標を絞り込むことが、4DXの基本原則である。焦点がなければ、チームは竜巻の中で道に迷ってしまう。

多くのチームは目標をいくつも設定している。一〇個以上の目標を掲げ、それら全部を優先目標にしているチームもあるが、そんなにあったら、どれも優先目標ではないと言っているようなものだ。あるクライアントが、「多くの目標に取り組むのは、実際にはどれにも取り組んでいないことだ。個々の目標に注ぐエネルギーが少ないから、結局は何ものにもならない」と言っている。鋭い洞察である。

まずは、正しいWIGを選ばなければならない。間違ったWIGを選ぶのではないかと不安になり、あるいはWIGを達成できなかったときの結果を危惧するあまり、リーダーは焦点を絞るのを躊躇しがちである。しかし一つのWIGに焦点を絞ったとき、重要な試合が始まる。それは賭け金の高い試合、チームが本当に変革を起こせる試合だ。勝つためのプレーをしたいなら、第1の規律は不可欠である。

ステップ一：可能性を検討する

まずチームでブレーンストーミングをして、考えられるＷＩＧを片っ端から出してみる。状況からしてＷＩＧは考えるまでもなく明らかな場合もあるが、我々の経験から言えば、このプロセスを行うと、最初に想像していたＷＩＧとはまったく違うものになる場合も少なくない。

このブレーンストーミングは、組織のタイプによっても、また組織内でのチームの位置づけによっても異なる。

インプット

リーダーであるあなたには、次の三つの選択肢がある。

一．同僚のリーダーとブレーンストーミングする。組織内のリーダー全員が同じＷＩＧにフォーカスするのであれば、このブレーンストーミングは特に重要だ。お互いのチームのことをよく理解していないのに大丈夫だろうかと危惧するかもしれないが、仕事を進めるうえでチーム同士の協力が必要であるなら、ほかのチームからの意見

チームのタイプ	ブレーンストーミングの内容
多くの目標を設定している組織の中のチームなら	組織目標のうち、比較的重要な目標についてのアイデアを出し合う
組織のトップレベルですでにWIGが決められているなら	そのWIGに貢献する方法のアイデアを出し合う
チームが組織そのものなら（例：小企業、非営利団体）	組織の使命の達成、あるいは会社の成長にもっともインパクトを与えるアイデアを出し合う

はなおさら貴重である。

二．チームメンバーまたはチームの代表者何人かとブレーンストーミングする。メンバーがＷＩＧの選定に参加すれば、当事者意識は強くなる。

三．一人でブレーンストーミングする。リーダーが一人でＷＩＧを選んだとしても、チームで先行指標を決めるときに、そのＷＩＧの妥当性を確認できる。

トップダウンかボトムアップか？

ＷＩＧはリーダーが決めるべきなのか？　それともチームで決めるべきなのか？

トップダウン：チームからインプットを受けずにＷＩＧを一方的に押しつけると、チームは当事者意識を持てない。リーダーが自分の権威

４つの規律では、リーダーは戦略的方向性をトップダウンで定めて WIG を明確にし、チームのメンバーは積極的に意見を出すことによって WIG に関わり、コミットメントする。

だけでチームのアカウンタビリティを高めようとしても、ハイパフォーマンスのチームは育たず、創造性や革新性が失われ、あるいはメンバーが辞めてしまう代償を払うことにもなりかねない。

ボトムアップ：チームのメンバーだけでＷＩＧを決めると、組織全体のＷＩＧとの関係性が薄いＷＩＧになる可能性がある。明確な方向性が定まっていないと、方向が変化するたびにコンセンサスを得る必要が生じ、チームは貴重な時間と労力を無駄にすることになる。

トップダウンとボトムアップ：リーダーとチームが一緒になってＷＩＧを決めることが理想である。リーダーはもっとも重要なことを明確に示すだけでよい。リーダーはＷＩＧに最終的な責任を持つが、目標を達成し、チームのパフォーマンスを高めるには、ＷＩＧを決めるときにメンバーのインプットを強制するのではなく、メンバーが自分から積極的に意見を出すように促さなければならない。「参加なくして決意なし」このことを肝に銘じておいてほしい。

ＷＩＧを見つける質問

ＷＩＧを見つけるときには、次の三つの質問が役立つ。

一．「このチームのパフォーマンスのどの部分を改善すれば（ほかの部分は維持することを前提にして）、組織全体のＷＩＧの達成にもっとも貢献できるか？」（「チームにできるもっとも重要なことは何か？」よりも効果的な質問である）

二．「チームのどの強みにテコ入れすれば、組織全体のＷＩＧの達成に貢献できるか？」（この質問

に答えれば、チームがすでに成功していて、なおかつパフォーマンスをさらに高いレベルに引き上げられる分野が明確になる）

三．「組織全体のＷＩＧの達成にもっとも貢献するために、チームのパフォーマンスが低いどの分野を改善すればよいか？」（この質問に答えれば、改善しなければ組織全体のＷＩＧの達成に悪影響を与えるローパフォーマンスの分野が明確になる）

数個のアイデアだけでＷＩＧを決めてしまってはいけない。できる限りのアイデアを集めることが重要だ。我々の経験から言えば、ＷＩＧ候補のリストが長いほど、かつクリエイティブであるほど、最終的に決まるＷＩＧの質は高くなる。

この段階では、「どのように」ではなく「何が」を考える。フォーカスをＷＩＧそのものから、それを達成する方法にシフトしてしまうのはよくある間違いだ。「どのように」は、ＷＩＧを達成するための新しい行動である。それは第２の規律で考

客室清掃	宿泊客が今まで見たことのないほどきれいに清掃する。今でもすでにベストだが、もっと良くする！
レストラン	地元のスポーツ施設や文化施設と提携する。
係員付駐車サービス	駐車・出庫の待ち時間をなくす。
レセプション	宿泊客にシステムをすみやかに説明し、チェックインの列ができないようにする。

える。

ある五つ星ホテルチェーンは、このような組織WIGを定めた。「一二月三一日までに総利益を五四〇〇万ドルから六二〇〇万ドルにする」。傘下のホテルでは、各部門がチームのWIGを決めるために前ページのようなブレーンストーミングした。

次は、イベント・マネジメント部門のアイデアのリストを見てみよう。この部門は、売上を伸ばすと同時に経費を抑えることで総利益の増加に貢献できるので、収益増と経費削減の両方についてブレーンストーミングしている。

イベント・マネジメント・チーム

売上の増加

- 企業のイベントや年次総会の会場利用を増やす
- イベント1件当たりの飲食平均売上を伸ばす
- プレミアムバー・サービスを選ぶイベントの割合を増やす
- 結婚披露宴を増やす
- 「すべて込み」のオプションを選ぶイベントの割合を増やす

経費の削減

- イベント1件当たりの超過勤務時間を減らす
- リネン類とアメニティのコストを削減する
- 全体的な食品コストを削減する
- 給仕係のアルバイト人員を減らす（またはアルバイトをなくす）

ステップ二：インパクトによる順位づけ

チームのＷＩＧ候補リストができたら、組織全体のＷＩＧに最大限のインパクトを与えられるアイデアを選び出す。

組織のＷＩＧがどのようなものかによって、チームのＷＩＧのインパクトを評価する基準は異なる。

イベント・マネジメントチームは、会議、パーティ、特別イベントを担当する部署で、リーダーはスーザンという。ステップ一では、組織のＷＩＧである総利益に貢献できそうなチームＷＩＧをいくつか特定した。

このリストを絞り込むために、チームはそれぞれのアイデアの財務面へのインパクトを評価した。スーザンのチームの場合、もっとも利益を生みそうなアイデアはすぐに見つかったが、その中から適切なフォーカスを選ぶのに苦労した。

組織全体のＷＩＧに与えるインパクトの観点からアイデアに順位をつける作業が、実は一番難しい。この例では、ホテル全体にもっとも利益をもたらすアイデアを選び出さなければならないのだ。チームが順位づけの作業を行ったところ、企業イベ

組織全体の WIG	チームの WIG の評価基準
財務面の目標なら	見込まれる売上高、利益、投資成績、キャッシュフロー、コスト節約額
品質面の目標なら	効率性の向上、サイクル時間の短縮、生産性の向上、顧客満足度
戦略的目標なら	ミッションへの貢献度、競争優位性の強化、事業機会の獲得、脅威の軽減

ントと結婚披露宴がトップになった。イベントそのもの以外に、市外からやってくるお客さまの宿泊、レストランでの食事による売上が見込まれ、中にはスパを利用するお客さまもいるからである。

チームのパフォーマンスを上げても、組織全体のＷＩＧ達成にほとんど貢献しないチームＷＩＧを選んでしまう罠を避けなければならない。

スーザンのチームは最終的に、組織全体のＷＩＧにもっとも貢献できるチームのＷＩＧを二つ選んだ。

ある大手製薬会社は、この絞り込みプロセスで「新製品市場投入までの期間を約七年半から五年に短縮する」というＷＩＧを特定した。ヒット商品の年間平均売上が一〇億ドルを超えるこの会社に

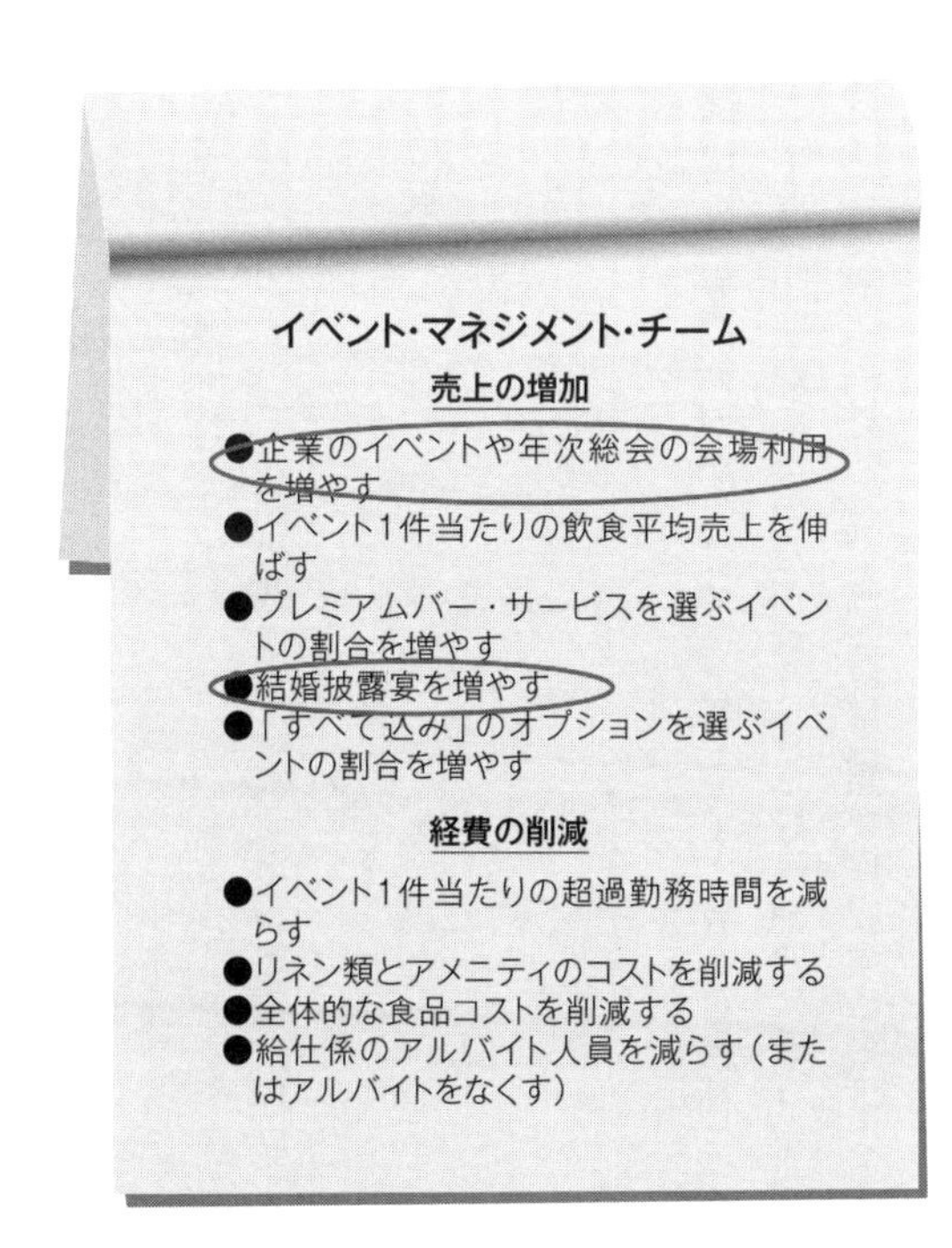

とって、「時は金なり」は文字どおりの意味を持つのである。

規制対応部門の責任者クライブは、諸外国の医薬品監督官庁から製品の承認を得るプロセスを担当している。新しい医薬品は必ず複雑な申請手続きが必要とされ、しかも手続きは国によって異なっている。

ステップ一で、クライブのチームは次のようなＷＩＧ候補を出した。

一．各国別に異なる申請書類を作成するのではなく、すべての国の基準を満たす申請書類を作成する。

二．規制当局の元役人をコンサルタントとして雇う。

三．申請書類のミスをなくす。

四．新薬の迅速承認の基準を広げるよう政府にロビー活動をする。

チームのメンバーの何人かは、自分たちの部門には専門能力が欠けているとして、ＷＩＧ候補二を強く推した。あるいは、政府機関の非効率な手続きに問題があるのだから、ＷＩＧ候補四に取り組むべきだとするメンバーもいた。また、各国ばらばらの基準に対応して個別に書類を作成するのはストレスがたまるから、ＷＩＧ候補一も重要だという意見もあった。

しかし、市場投入までの時間を短縮するという組織全体のＷＩＧに照らしてチームのＷＩＧを検討すると、それまで気づいていなかったことが明らかになった。各国の規制当局は、間違いや不明点のある申請書類は必ず差し戻し、訂正と説明を求めている。実際にはこれによって生じる遅れが、承認取得までの時間を大幅に長引かせていたのだ。

この事実を踏まえれば、チームがフォーカスすべきＷＩＧは候補三であることは明らかだった。

もう一つ例を挙げよう。北欧の大手海運会社は、年間目標を「品質と生産性の向上、コストの削減」の三つに定めた。

シュタインは、ノルウェーの会社施設での荷積みと荷下ろしの責任者である。会社の目標は曖昧だと感じたものの、チームとして三つの目標に大きく貢献したいと強く思った。

４ＤＸの話し合いでは、多くのＷＩＧ候補が出された。たとえば、

- 陸上クレーンのメンテナンス頻度を増やし、ダウンタイムを減らす。
- 全員がシックスシグマ認定を取得し、荷積み作業を効率化する。
- コンテナを船舶にスムーズに積み込めるように、鉄道線路終点のデポを再構成する。

個々のＷＩＧ候補は会社の三つの目標のどれかにはインパクトを与えられるが、三つの目標全部にインパクトを与えられるＷＩＧはなかった。

シュタインは以前、インターネットでマレーシア港に関する記事を読んだことがあった。それによるとマレーシア港は、一時間当たりのコンテナ移動数の世界記録を更新したという。マレーシアのチームは、七時間で大型船一隻の荷下ろしを終えていた。実に平均の半分である。

彼はチームにそのことを話した。するとチームの競争心に火がつき、最終的に「一時間当たりのコンテナ移動数を倍増する」というＷＩＧに決まった。このＷＩＧを達成するには、生産効率も作業品質も最大限に引き上げる必要がある。そして時間が短縮されれば、コストも必然的に節約できる。

ステップ三：トップのアイデアをテストする

インパクトの高いＷＩＧ候補をいくつか絞り込んだら、最重要目標の四つの基準に照らして評価する。

一．チームのＷＩＧは組織全体のＷＩＧに整合しているか？
二．測定可能か？
三．結果は誰のものか。自分たちのチームか、ほかのチームか？
四．試合の当事者は誰か。チームか、リーダーか？

整合性はあるか？

チームのＷＩＧと組織のＷＩＧはシームレスにつながっているだろうか？意味のあるチームのＷＩＧを選ぶためには、チーム（図の中心）と組織のＷＩＧ（特定できるのであれば）との間に明確なつながりがなくてはならない。

WIG
チームWIG
チームWIG
チームWIG

このテストを行うのは当然のように思えるかもしれない。ところが自分たちのアイデアに酔いしれ、組織のＷＩＧの達成が最優先事項であることを忘れてしまうチームが少なくない。このテストに合格しないアイデアは排除し、次にインパクトの高いアイデアをリストから選ばなければならない。

測定可能か？　あるクライアントが「スコアをつけなければ、練習だけで終わる」と言っていたが、まさにそのとおりである。測定できるスコアのない試合は、重要な試合にはならない。

ＷＩＧを実行し始める初日から、確実に測定できるようにする。システムのパフォーマンスの開発が間に合わないなど、測定の準備を整えるのに相当な労力が必要であるなら、当分の間は測定を省くのも仕方がない。システムが整ったら測定を開始するが、スコアをつけずに試合に投じた時間はロスタイムにする。

結果は誰のものか?

結果の少なくとも八〇％がチームのものになるだろうか？　このテストの目的は、ほかのチームに必要以上に依存するＷＩＧを排除することである。八〇％を大まかな目安にして、そのＷＩＧを達成するためにほかのチームにどの程度頼らなければならないかを判断する。

依存度が八〇％よりも少なければ、どのチームのアカウンタビリティも損なわれることはない。

もちろん、二つのチームが同じＷＩＧに取り組む場合には、両チームが、そして両方のリーダーが、勝つも負けるも一緒であることを認識していれば、共同責任はパフォーマンスを高める強い原動力になる。

試合の当事者は誰か——リーダーか、チームか？

そのＷＩＧはリーダーの試合なのか、それともチームの試合なのか？　この最後のテストは多少曖昧かもしれないが、ほかのテストと同じように重要である。結果を左右するのがリーダーのパフォーマンスなのか、それともチームのパフォーマンスなのかを判断する。

ＷＩＧの達成がリーダー一人のパフォーマンスに大きく左右されるのであれば、チームはすぐに試合に興味を失ってしまう。チームのＷＩＧは、あくまでもチームの行動しだいで達成できるかどうかが決まるものでなくてはならない。

これらのテストに合格できなければ、保留にしたアイデアを再評価してみる。すべてをクリアしたうえでなければ、メンバーに試合をさせてはいけない。アカウンタビリティのプレッシャーがかかる状況では、すぐに問題が表面化するだろう。

ステップ四：ＷＩＧを定義する

インパクトの高いチームＷＩＧのアイデアを選び、四つの基準に照らしてテストしたら、可能な限り明確で測定可能なＷＩＧにする。次のルールに従ってＷＩＧを定義しよう。

- 簡単な動詞を使う。
- 「いつまでにＸからＹにする」のフォーマットで遅行指標を定める。
- シンプルにする。

- 「どのように」ではなく「何を」にフォーカスする。

簡単な動詞を使う

わかりやすい動詞を使えば、意識はすぐに行動に向かう。

長くて重々しい前置きは不要である。WIGはあくまでも簡潔に表現する。

遅行指標を定める

遅行指標は、目標を達成したかどうかを教える指標である。チームにとって正確なフィニッシュラインとなる。例にあるように、「いつまでにXからYにする」のフォーマットで遅行指標を書く。

最終的なWIGはこのようになる。

- 七月三一日までにルートエラー率を一一%

良い例	悪い例
……コストを削減する ……売上を伸ばす ……顧客満足度を上げる ……工場を加える ……製品を発売する	当社の株主に提供する価値を高め、社員のキャリアを強化し、当社の基本的価値観を守るために、今年度の最重要目標を……とする

現在の結果（Xから）	目指す結果（Yに）	期限（いつまでに）
エラー率11%	エラー率4%	7月31日
年間在庫回転数8回	年間在庫回転数10回	今年度末
年間投資回収率12%	年間投資回収率30%	3年以内

から四%に減らす。

- 今年度末までに年間在庫回転数を八回から一〇回に増やす。
- 三年以内に平均投資回収率を一二%から三〇%に上げる。

シンプルに

本書の最初のほうで、就労者の八五%は組織の最重要目標を言えないという衝撃的なデータを紹介した。それには多くの理由があるが、その中でも最たるものは、ほとんどの組織目標が曖昧(あいまい)で、複雑で、仰々しいからである。

「どのように」ではなく「何を」にフォーカスする

多くのチームは明確な目標を定めているものの、目標をどのように達成するかを長々と記述

良い例	悪い例
12月31日までにカスタマー・ロイヤリティスコアを40から70にする	「お客様との関係を強固にし、豊かなものにすることに取り組む」
今年度中に投資カウンセリングサービスの利用率を25%に伸ばす	「今年度における当社の主たる目標は、効果的な調整により、投資、インフラストラクチャーおよびアクセスの成長を促進することである」
5年以内に1,000万ドル規模のバイオ製品3種類を発売する	「当社は、バイオベースのリソースに対するニーズをバイオテクノロジーで満たすことにより、業界のイノベーションを促進することを目ざしたい」

し、目標を複雑にしている。

目標を達成する方法は、第2の規律で先行指標を設定するときに考える。WIGは、チームが「何」を達成するのかにフォーカスする。

WIGは達成可能か

チームの力で達成できる限界をはるかに超えた目標を掲げ、内心では目標の七五%くらい達成できれば御の字だと思っているリーダーは少なくない。このような駆け引きをしていたら、チームの意欲を高めて結果を出すべきリーダーの能力を大きくそぐことにもなりかねない。

注意してほしいのは、我々は何も達成しやすい目標を推奨しているのではない。チームの力を最大限に引き出す目標を設定すべきであって、チームの力の限界を超えてしまってはいけない。言い換えれば、やりがいのあるWIGである同時に、勝てるWIGにしなければならないのだ。

成果物

第1の規律の成果物は、チームWIGと遅行指標である。

例のホテルでは、スーザンのチームは最終的に「企業イベントを増やす」こ

良い例	悪い例
今後2年間でお客さまリピート率を63%から75%に上げる	最高の顧客体験を提供することにより、今後2年間でお客さまリピート率を63%から75%に上げる

とをＷＩＧにした。このＷＩＧは売上を伸ばし、結果的にホテルの利益増につながるからである。

スーザンは次に、遅行指標の検討を重ねた。ここではＸとＹの差を明確にしなければならない。ＸとＹの差は、そこそこ大きくなければやりがいはない。ただし現実的であることも大切だ。スーザンは、重要な試合であると同時に、勝てる試合を用意する必要がある。

スーザンのチームの最終的なＷＩＧは、明確でやりがいのある、有意義な目標になった。

「一二月三一日までに企業イベントの売上を二一〇〇万ドルから三一〇〇万ドルに増やす」

ここまで第１の規律を詳しく見てきたあなたは、このＷＩＧのシンプルさの理由をわかっているはずだ。簡潔に表現されたＷＩＧであれば、チームはもっとも重要なことにフォーカスできる。そのフォーカスは日常業務の竜巻に吹き飛ばされることはない。

ＷＩＧは、例えるならコンパスのようなものだ。到達しなければならないもっとも重要な結果を常にはっきりと指し示すのである。

ＷＩＧがプロジェクトだったら？

大きなプロジェクトの成功が最重要目標となることもある。そのような場合でも第１の規律は使えるが、フィニッシュラインとなる遅行指標の設定には特に注意しなければならない。

ここまでの例では、利益や顧客満足度、事故件数など数値の遅行目標だった。だからプロジェクトがＷＩＧの場合でも、あなたは一〇〇％の完了というような遅行指標を設定したくなるだろう。これは明確な遅行指標に思えるかもしれないが、利益増や顧客満足度のアップに比べるとずいぶん曖昧だ。プロジェクト範囲の拡大など、さまざまな要因が関わってきたら、一〇〇％の完了を実際に測定するのは不可能になることもある。

プロジェクトの場合は、そのプロジェクトで達成したいビジネスの結果に関係する遅行指標を設定したほうがよい。ハーバード大学の伝説のマーケティング学教授セオドア・レビットの言葉を借りれば、「人は一／四インチ径のドリルを買いたいのではない。一／四インチ径の穴が欲しい」のである[25]。だから、「一二月三一日までに新しいCRMシステムを完成させ導入する」ではなく、次のような基準を加えて、より明確な遅行指標にする必要がある。

- 特定のマーケティング機能を一〇〇％満たす。
- Microsoft Outlookと完全に統合する。
- スマートフォンとタブレット型PCの機能をすべて含める。

このようなタイプの基準は、遅行指標をプロジェクト完了とするよりもフォーカスがはっきりし、正確に定義されているから、具体的なフィニッシュライン、成功の正確な測定基準になる。

実践編

WIGビルダー・ツールを使って、あなたのチームの最重要目標を考えてみよう。

WIG ビルダー・ツール

1. WIG のアイデアをブレーンストーミングする。
2. それぞれのアイデアの遅行指標をブレーンストーミングする（いつまでに X から Y にする）。
3. 組織全体の WIG にとっての重要度で順位をつける。
4. 次ページのチェックリストでアイデアをテストする。
5. 最終的な WIG を書く。

WIG のアイデア	現在の結果（X から）	目指す結果（Y に）	期限（いつまでに）	順位

最終的な WIG

チェックリスト

チームのWIGと遅行指標が適切かどうか、以下の項目をチェックして確かめる。

- [ ] トップダウンとボトムアップの両方から多くの意見・アイデアを集めたか？
- [ ] チームのWIGは明確で、チームのパフォーマンスだけでなく組織全体のWIGまたは戦略にインパクトを与えることが予測できるか？
- [ ] チームのWIGは、組織全体のWIGの達成にチームがもっとも貢献できるものか？
- [ ] チームは、ほかのチームに必要以上に頼らなくともWIGを達成できる力を持っているか？
- [ ] WIGは、リーダーや一部のメンバーだけでなくチーム全体がフォーカスすることを必要とするか？
- [ ] 遅行指標は「いつまでにXからYにする」のフォーマットで書かれているか？
- [ ] WIGをもっと簡潔にできるか？ 簡単な動詞を使い、明確な遅行指標を含めているか？

コラム

4DX導入事例（日本）

株式会社ノーリツ

二〇一一年に六〇周年を迎えたノーリツは「お湯」をキーワードに、ガス・石油温水機器、温水暖房システム、システムバス、システムキッチン、洗面化粧台、そして、厨房機器等の独創的な商品を通じて、一人ひとりのお客様にとっての「お湯による快適生活」を提案してきた。創立六〇周年を機に、「新しい幸せを、わかすこと。人と地球の笑顔に向けて、暮らしの感動を追求するノーリツグループ」をグループビジョンに設定し、未来に向けた新しいスタートを切った。４ＤＸを導入して生産性向上に取り組んでいる、管理本部 人事部人材開発グループリーダー林哲也氏にお話をうかがった。

――部門長の方が、いかに方針を実行するかという場面で4DXをうまくご活用いただいており、4DXの考え方が、御社の「自立相互支援」という考え方に非常に近いともお聞きしました。

まず、部門長に対して、方針をしっかり展開していくことが大事であることを確認しました。せっかく社長がメッセージを発信しても、それが部門方針や課の方針に反映されなければ、すべて絵に描いた餅です。これをしっかりやっていく部門長をまずつくっていきましょうということです。

我々は、部門長から所課長にしっかり指導してくださいとお伝えしているのですが、部門長研修で伝えたメッセージが所課長に一〇〇%伝わることはなかなか難しい。ですから、我々も部門長の手助けを行い、方針を会社のすみずみまでしっかり伝えていくことが必要です。そういった意味では、4DXで言う、アライメントを取っていくという考えは、部門長の手助けになります。まずそこをきちんと浸透させるために、4DXの導入を決めました。

もともとの4DX導入趣旨はそこだったのですが、実際に4DXを展開していく中で、非常に大きなポイントだったのが、弊社が展開している「自立相互支援」の考え方との関係です。

自立した人間同士が相互支援をするには、仕事に携わっている多くの人が、自分たちの意志でインタラクティブに対話をしたり、情報交換をしたり、あるいは質問してそれに答えていくという関係性が非常に大事になります。したがって、方針を実行していく中でも、WIGセッションが非常に大事だということがわかりました。

今回研修を行って、我々もＷＩＧセッションをすごく大事に扱うようになりました。参加した所課長も、以前から方針を現場にしっかり展開していくという考え方に関しては何となく分かっていたので、今回の４ＤＸで整理できたと思います。そして、ＷＩＧセッションというのはすごくいい考え方ですから、やはりどんどん使っていきたいと考えています。これから、これがもっと発展していけばいいと思っています。

――ＷＩＧセッション自体も、ミーティング活性化の場として、あるいは皆さんが意見を出すという、相乗効果を発揮するための場というかたちでお使いいただいているのでしょうか？

そうですね。まだまだ完璧にはできていないのですが、これからそのように活用したいと考えています。これからどんどん職場に出向いていく、あるいは何らかのサーベイを行って、うまくできているところを広報していくつもりです。ＷＩＧセッションは、相互支援、相互依存の強いチームをつくるという材料になると思っていますから、積極的に展開していきたいと思います。

――ビジネスが複雑になってくると、仕事が多様化、複雑化し、ＫＰＩや目標が増えてしまうことが実際にあると思うのですが、どのように調整されていますか？

実際は所課長レベルでも、ＫＰＩを活用しながらビジネスを展開していくという考え方を、全員がしっかり認識できているわけではありません。

目標を絞っていても、なぜか一ヵ月の間でプライオリティが変わってしまうことがあります。極端な話で言えば、営業で、ある特定商品の取扱店の数を増やすというＫＰＩを採用し、目標としていたにもかかわらず、いつの間にかそれが追いやられてしまって、月末近くには全体の売上数字しか見えなくなってしまうようなケースです。

確かに新しい商品の拡販は売上に寄与しますから、最終的には売上の拡大が目標になるのかもしれません。しかし、売上の目標と同じ位重要なＷＩＧ（最重要目標）の設定をすれば、ＷＩＧセッションはおのずと変わってきます。月末になっても、この商品の拡大という目標が、売上と同じようにとらえられるということです。

そういう観点から考えれば、むしろ今までＫＰＩの考え方があまりなかったことに対して、警鐘を鳴らすことはできたとは思っています。

―ノーリツ様では、「7つの習慣」も全社的に採用いただいています。つまり「7つの習慣」を使って企業文化や企業バリューを形成していきながら、そのミッションやバリューを共有する。そして、それをいかに実践の場にしていくかというところで、４ＤＸをご活用いただいているということでしょうか？

そうですね、そのとおりです。

――実際に、４ＤＸがこれから効いてくるとお考えの部分、あるいは、これからの課題について、教えていただけますか？

４ＤＸは間違いなく効果を生むと思って導入しています。いわゆる重要な目標をレーダーでとらえながら、最重要事項をしっかりおさえていくという考えを展開していくことが、最終的に中・長期の効果に繋がると思っています。ただもう一つ考えなければならないのは、システムをどう構築していくのかということです。

たとえば、我々は４ＤＸを人事考課制度のシステムとも整合しなければなりません。昨年、我々は能力考課を変えたのですが、業績評価は従来と同じものが残っており、ともすると個人の売上の数字だけが評価につながってしまいます。これを４ＤＸに基づいた指標で考課を行うように評価システムを変えていかなければなりません。

まだシステムとの整合という点は未整備な部分が残っています。４ＤＸの考え方は理解しているのですが、現実的な評価とのギャップがいまだにあるので、この整合をしっかり取っていく必要があります。システムとのアライメントを取っていくことで、４ＤＸの考え方は、さらに効果性を増していくと思っています。

昨年の人事制度の改定で、業績と能力の考課を分けました。能力がある人を登用していくということで、業績考課の昇格ポイントを外しました。４ＤＸは、個人の業績評価をするものではないということをはっきりさせなければなりません。チームの中で、どれだけパフォーマンスを上げているかを問うことだということを認識してもらう必要があります。

個人の業績評価にフォーカスしすぎると、ＷＩＧセッションの意義はわかるが、結局は個人で評価されるという矛盾が生じてしまいます。

しかしまだ個人の業績評価は残っており、この点をしっかりアライメントを取り、チーム評価にしていくのか、あるいは業績評価そのものをなくしてしまうのか、この辺は今後考えていかなくてはいけないポイントです。少なくとも、矛盾するようなシステムを温存していれば、せっかく４ＤＸを導入しても、なかなかうまく機能しません。次に打たなければならない手はこの辺りだと思っています。まさにそのビジョン、ミッションとシステムということを、本当にアライメントを取っていく、ということになります。

―４ＤＸというプロセスは、いわゆるよくあるプロセス管理と、何がどのように違うとお考えですか？

まず、従来のプロセス管理という言葉には、上からコントロールするという意味合いがあると感じています。

巷（ちまた）にあるプロセス管理は、人を評価するために存在していて、管理する側と管理される側みたいなことがあります。

しかし４ＤＸは、管理ではなくセルフ・マネジメントです。まず、どんな方向に行くかということを指し示し、その道筋は皆で共有しますが、実行は自分たちでやるんだということを伝えています。

4DXのメッセージは、チームとしてどのように良い成果を継続して出していくか、という効果性に基づいていており、しかも自分自身で実行するということです。

これはまさに「7つの習慣」でいう「インサイド・アウト」であり、「自立」だと思います。WIGセッションという場で、関連している人たちが、お互いに主体的に意見を出し合い、責任を持ってそれを実行していく。そしてそれをしっかり継続していく。この辺が4DXのもっとも大きな特長だと考えています。

第2の規律をインストールする「先行指標に基づいて行動する」

優れたチームは、WIGにもっともインパクトを与える活動、すなわち先行指標を定め、それに最善の努力を傾けるものである。この洞察はきわめて重要で、議論の余地のないほど明白であるのに、ほとんど理解されていない。だから、卓越した実行力の秘訣(ひけつ)といってもよいだろう。遅行指標は目標を達成できたかどうかを教える。それに対して先行指標は、目標を達成できそうかどうかを教える。先行指標を使うことで、WIGにもっともテコの作用を与える活動を追跡できる。

先行指標は、WIGの達成を予測でき、なおかつチームが影響を及ぼせるものでなければならない。

いくつか例を見てみよう。

これらの先行指標はどれも、WIGの達成を予測でき、チームのメンバーが影響を及ぼせる。チームが先行指標に従って行動すれば、遅行指標を動かすことができるのだ。

チーム	遅行指標	先行指標
病院品質改善チーム	今年中に院内死亡率を4%から2%に減らす	感染しやすい患者を1日に2回、肺炎予防基準に照らして評価する
海運会社発送チーム	今四半期中にトラック輸送コストを12%削減する	全輸送中、90%のトラックを満載にする
レストラン	年末までに1人平均支払額を10%増にする	全テーブルの90%に本日のカクテルを薦める

先行指標に基づいて行動するという第2の規律は卓越したパフォーマンスに不可欠だが、チームに4DXをインストールするときにもっとも苦労するのは、この規律である。

それには三つの理由がある。

一．**先行指標は直感に反する**：ほとんどのリーダーは遅行指標にフォーカスするものである。遅行指標は最終結果であるから、それにフォーカスするのは当然だ。しかし、遅行指標は過去の行動に対する結果であるから、遅行指標に従って行動することはできない。

二．**先行指標は追跡しにくい**：先行指標は、それまでにやったことない行動の指標であり、行動を追跡するのは結果を追跡するよりはるかに難しい。先行指標を追跡するシステムがないことも多い。その場合はシステムを考案しなければならない。

三．**先行指標の多くは簡単すぎるように見える**：先行指標が要求する行動は、特にチームの外部の人間からは無意味に思われる（実際はそうではない）。

たとえば、小売店が売上を伸ばす先行指標を「主要品目の品切れを週二〇品目以下に抑える」としたとしよう。品切れ率は小売業ではごく一般的な基準だ。それが何か大きな変化をもたらすとは思えないかもしれない。そもそも、どの店でもすでに測定しているはずだ。しかし、この簡単なテコをきちんと使っていなかったらとしたらどうだろう？ 買いたい品物を見つけられない客は、二度とその店に戻ってこないかもしれない。

何をすべきか知っているのと、実際にそれを実行しているのとでは話がまったく別だ。多くの先行指標はそのギャップを埋める。何の変哲もないテコが大きな岩を動かす。それと同じで、適切な先行指標はテコの動きをして遅行指標を動かすのだ。

先行指標の二つのタイプ

先行指標は実行の大きな原動力となるものだ。まず先行指標のタイプと特徴をよく理解しておいてほしい。

結果指標型の先行指標は、毎週なにがしかの結果を出すことにチームの行動を集中させる先行指標だが、達成するための方法は自分で選べるようにする。「主要品目の品切れを週二〇品目以下に抑える」は結果指標型であり、この指標を達成するためにさまざまな行動をとることができる。このタイプの先行指標では、チームのメンバーはどんな行動を選んでもよいが、その行動の結果に責任を持つ。

行動指標型の先行指標は、週を通してチームに実行させたい具体的な行動を追跡する先行指標である。行動指標型先行指標では、チームのメンバー全員が足並みを揃えて新しい行動をとり、指標どおりに行動できているかどうかを正確に評価できる。チームは、その行動による結果ではなく、指標どおりに行動をすることに責任を持つ。

どちらのタイプの先行指標も、第2の規律では同じように有効であり、結果につながる強い原動力になる。

この例は、建設会社ヤンガー・ブラザーズ・コンストラクション社に4DXを導入したときのものである。最重要目標は事故件数を減らすことだった。結果指標型先行指標は安全基準の遵守（じゅんしゅ）である。この先行指標は多数の新しい行動を促すので、多くの行動にフォーカスするのが難しいと判断すれば、行動指標型の先行指標を選ぶこともできた。たとえば、六つの安全基準の一つである「安全靴を履く」を行動指標型先行指標とし、この行動がチームの習慣になったら、新しい行動を先行指標とすることができる。

次は大手スーパーチェーンの例である。売上の促進要因の一つは売れ筋商品が常に店頭に並んでいることである。そこで、チームの全員が同じように行える行動指標型先行指標「店頭チェックを毎日二回増やす」にフォーカスすることにした。

これらの例で気づいてほしいのは、いずれのタイプの先行指標も目標達成にテコの働きをすることである。どちらが良いということはない。あなたのチームに適したタイプの先行指標を選べばよい。

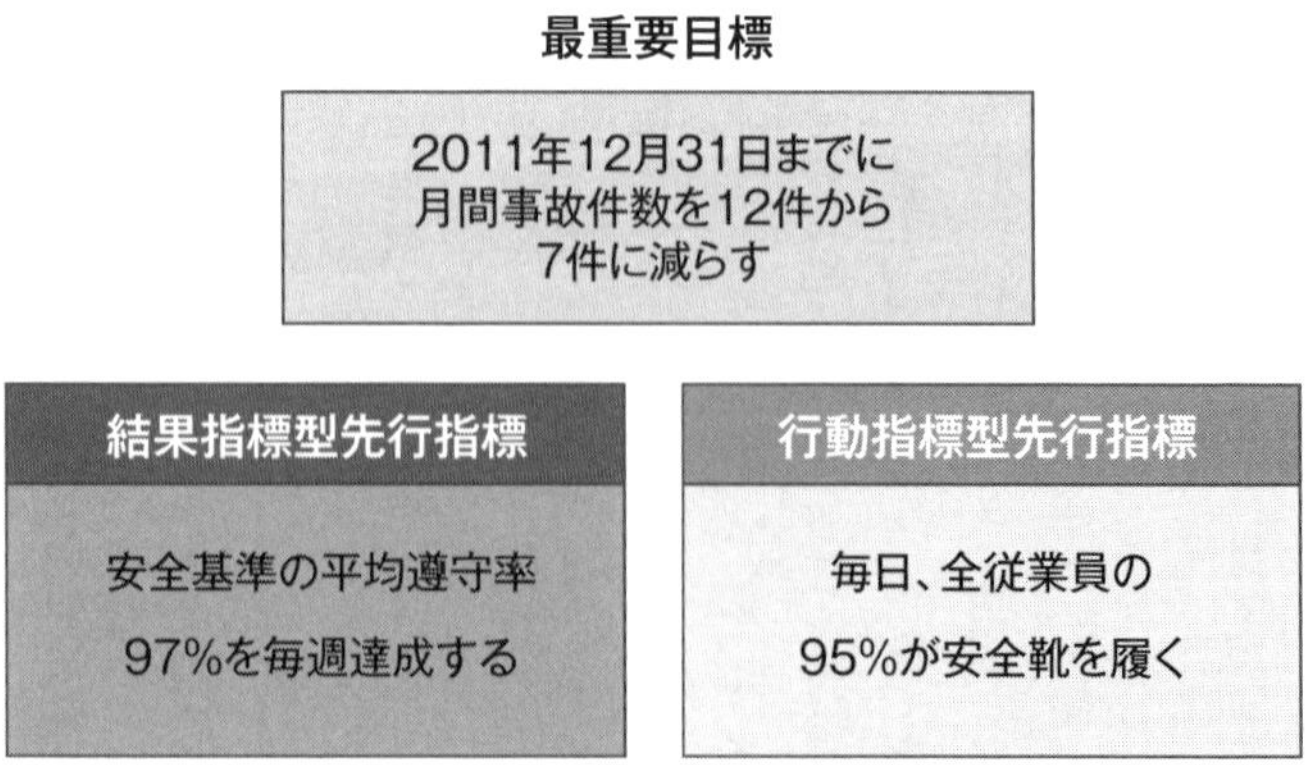

最重要目標

2011年12月31日までに
月間事故件数を12件から
7件に減らす

結果指標型先行指標	行動指標型先行指標
安全基準の平均遵守率97%を毎週達成する	毎日、全従業員の95%が安全靴を履く

では、テコの効果の高い先行指標を見つけるステップをたどってみよう。

ステップ一：多くの可能性を検討する

まず、ブレーンストーミングで先行指標のアイデアを出す。すぐに選びたい誘惑にかられても、ぐっとこらえよう。我々の経験から言って、アイデアが多く出るほど、質の高い先行指標を選べる。

これらは先行指標を選ぶときに効果的な質問である。

- 「これまでにしたことのない活動で、ＷＩＧの達成に大きく貢献できるものは何か？」
- 「チームの強みの中で、ＷＩＧに使えるテコとなるのは何か？　チームの**優位性**はどこにあるか？　チームのベストパフォーマーの行動はどこが違うのか？」
- 「ＷＩＧの達成を阻むチームの弱みは何か？　全員がより一貫性を持ってできる行動は何か？」

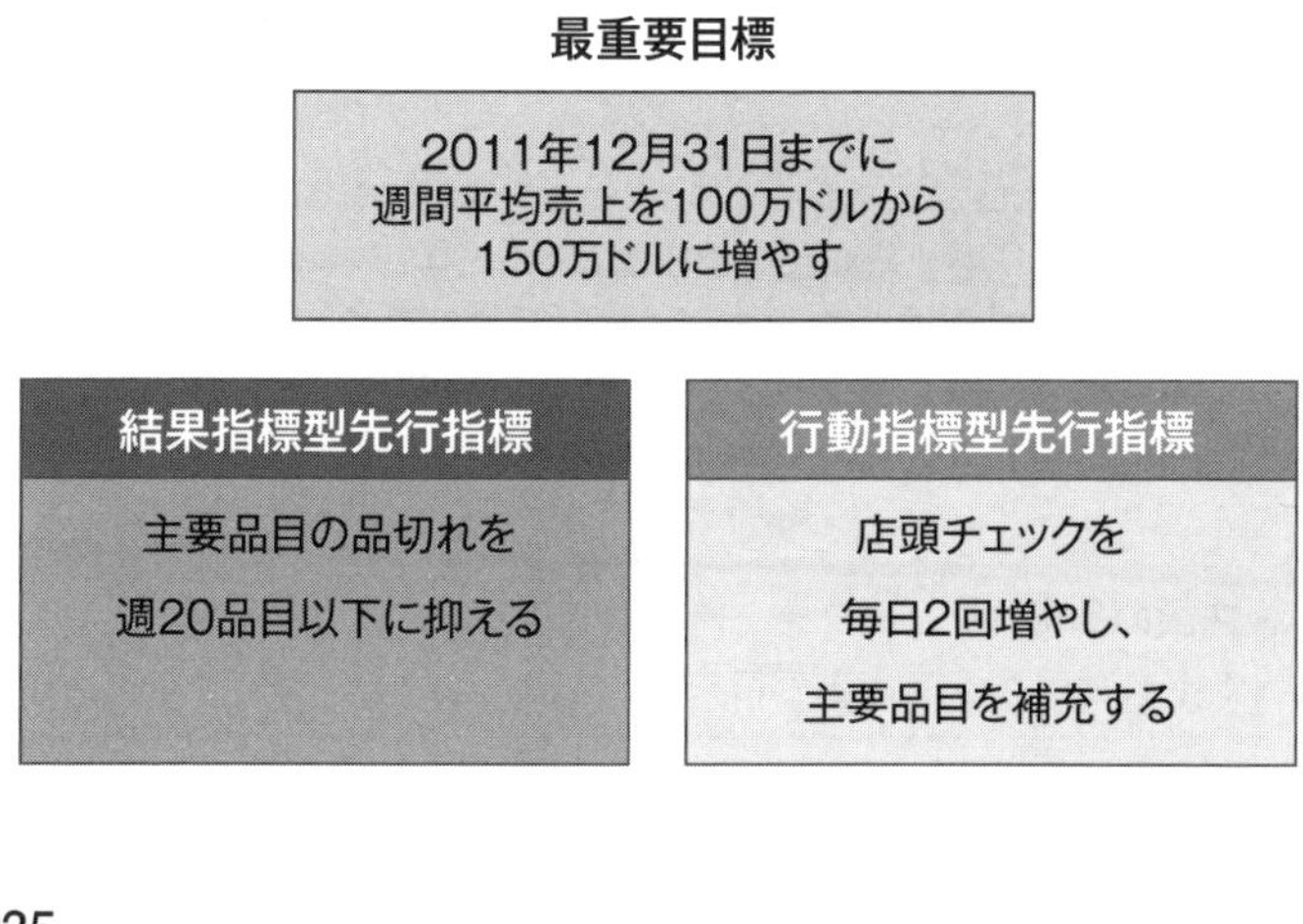

最重要目標

2011年12月31日までに 週間平均売上を100万ドルから 150万ドルに増やす

結果指標型先行指標	行動指標型先行指標
主要品目の品切れを 週20品目以下に抑える	店頭チェックを 毎日2回増やし、 主要品目を補充する

たとえば、あるスーパーマーケットのＷＩＧは「売上の対前年比五％増」である。先行指標には次のような候補がある。

ＷＩＧの達成につながるアイデアに焦点を絞ることが重要だ。一般的な「すべきこと」のアイデアに流れて、ＷＩＧにインパクトを与える行動から焦点がずれてしまうと、ＷＩＧとは関係のない「ＴＯ ＤＯリスト」ができるだけである。

３Ｍ社の一五％ルールは、生産的な先行指標の最たる例だろう。この大企業は数十年前から、卓越した新製品の流れを途絶えさせないという戦略的ＷＩＧを堅持している。この目標を推進するために、研究チームのメンバーは、自分の好きなプロジェクトに勤務時間の一五％を使うことになっている。これが一五％ルールなる先行指標だ。作家のジム・コリンズは次のよ

これまでにしたことのない活動
• 午前５時～７時の時間帯（ラッシュアワー）は、店に入ってきた客に「何をお探しですか」と声をかけ、サポートする。 • 電子メール等で商品の注文をとり、客が来店する時間までに用意しておく。
優位性の強化
• 毎月、各売り場で新商品をクリエイティブにディスプレイする。 • ベーカリー売り場が使っている顧客サービスチェックリストを全売り場で採用する。
弱みの修正
• 店頭の品切れチェックを２時間おきに行う。 • レジに並ぶ客を二人までにする。

うにコメントしている。

「こういう製品の研究開発をしろと指示されるのではない。これだけの時間を研究開発に使えと言われるだけである。かの有名な付箋（ふせん）紙ポストイットはもちろん、それほど一般には知られていないが、反射ナンバープレート・シート、手術中の心臓の機能を置き換える器械まで、収益性の高いイノベーションの流れは、このような緩い管理から生まれている。一五％ルールを制度化して以来、３Ｍ社の収益は四〇倍以上にもなっている」[26]

３Ｍ社の一五％ルールは理想的な先行指標である。チームのメンバー自身がコントロールしながら、ＷＩＧの針を大きく動かすことができる。

ステップ二：インパクトによる順位づけ

先行指標の候補が出揃ったら、次はチームのＷＩＧにもっとも大きなインパクトを与えそうなアイデアを選び出す。

例のホテルのイベント・マネジメントチームは、利益を増やすというホテルのＷＩＧに貢献するために、チームＷＩＧを「一二月三一日までに企業イベントの売上を二二〇〇万ドルから三一〇〇万ドルに増やす」にした。

４ＤＸのワークセッションで、スーザンのチームはこのＷＩＧの先行指標のアイデアをブレーンストーミングした。

チームWIGの達成にもっともインパクトを与えると思われるアイデアを次の三つまで絞り込んだ。

会場下見件数を増やす

スーザンのチームはこれまでの経験から、顧客に営業をかけてホテルを下見にきてもらえれば、イベントの契約成立の確率が格段に上がることを知っていた。

プレミアムバー・パッケージのアップセールスを増やす

スタンダード・パッケージを検討している顧客にプレミアムバー・パッケージを提案する。プレミアムバー・パッケージに含まれる商品は利幅が広いので、このオプションにアップグレードするイベ

イベント・マネジメント・チーム

WIG:12月31日までに企業イベントの売上を2,200万ドルから3,100万ドルに増やす

先行指標のアイデア

- 会場下見件数を増やす
- 取引のない地元企業とのコンタクトを開発する
- 既存の顧客企業に対して、追加のイベント開催の機会を探る
- 企業イベントの見本市に参加する
- パーティの食事メニューを改善する
- プレミアムバー・パッケージのアップセールスを増やす
- 視聴覚パッケージの売上を伸ばす
- より質の高い提案を開発する
- 会議プランナー協会に加入し、会議に出席する
- ほかのホテルに移ってしまった以前の顧客企業を取り戻す

ントが増えれば、売上だけでなく利益も増加する。

より質の高い提案を開発する

提案はセールス・プロセスの最終段階であり、見込み客がこの段階まで進めば、契約をとれる可能性が高くなる。質的基準のチェックリストを作成し、個々の提案をチェックリストに照らして確認する必要がある。

注意事項

先行指標の候補リストができると、チームのメンバーはたいてい「これを全部やらなければならない」と思いがちである。どれもやる価値のある活動であるのは確かだが、先行指標を絞らないと、一つの指標にかける労力が減ってしまう。

先行指標を絞り込むことで、テコの働きは強くなる。岩を少し動かすにも、テコを大きく動かさなくてはならないのだ。言い換えれば、チームは先行指標に大きな力をかけ、遅行指標を少しずつ動かしていく。先行指標が多すぎれば、かける力が分散してしまう。

ステップ三：上位のアイデアをテストする

テコの効果の高い先行指標を絞り込んだら、それらを次の六つの基準に照らしてテストする。

WIGの達成を予測できるか？

最初のテストは、先行指標候補にとって最大の関門である。このテストに不合格なら、どんなに良いアイデアでも排除して、ブレーンストーミングをして作成したリストから次にインパクトの強いアイデアを選ぶ。

チームが影響を及ぼせるか？

影響を及ぼすとは、チームがその先行指標を八〇％以上コントロールできることを意味する。第1の規律で行ったように、このテストでも、ほかのチームに大きく頼らなければならない指標は排除する。

スーザンのイベント・マネジメントチームの例では、コントロール不能な先行指標のアイデアを次のように修正したのかもしれない。

忘れないでほしい。理想的な先行指標とは、遅行指標を動かし、なおかつほかのチームに必要以上に頼らずに実行できる活動である。

影響を及ぼせない先行指標	影響を及ぼせる先行指標
飲食の利益を20%伸ばす	プレミアムバー・パッケージのアップセールスを増やし、パーティのオプションを改善する
元の顧客を取り戻す	別のホテルに移った顧客とコンタクトをとり、説得力のある提案で再び契約を結ぶ
コンベンションの契約を増やす	コンベンションに関する協会の月例ミーティングに積極的に参加する

継続的なプロセスか、一回限りの活動か？

理想的な先行指標は、習慣として定着し、遅行指標を継続的に向上させていく行動の変化である。何かの活動を一回すれば大幅な改善が見込まれても、その改善が一時的でしかないのなら、それは行動の変化ではなく、チームの文化はほとんど変わらない。

下のリストはスーザンのチームが使っていたかもしれない活動の例である。このテストによって、継続的プロセスと一回限りの活動の大きな違いが明らかになることがわかる。

一回限りの活動は一時的には変化を生み、場合によっては大きな変化も期待できるが、チームが改善を継続的に進めていくには、行動が習慣化しなければならない。

リーダーの試合か、チームの試合か？

チームの行動が先行指標を動かさなくてはならない。先行指標を動かせるのがリーダーだけだったら、あるいはチームのメンバー一人だけだったら、チームはすぐに試合に無関心になる。

継続的プロセス（良い例）	一回限りの活動（悪い例）
当ホテルのナビゲーション機能、セットアップのカスタマイズができることをすべての顧客に説明する	ナビゲーション・システムをアップグレードする
バンケットテーブルのセッティングチェックリストの100％遵守（じゅんしゅ）を維持する	バンケットテーブルのセッティング基準に関するトレーニングを行う
商工会議所のすべての会議に出席し、市に進出した企業とコンタクトをとる	商工会議所に入る

たとえば、品質向上イニシアチブでリーダーが頻繁にプロセスを監査し、監査結果の継続的向上を目指すとしよう。

先行指標が頻繁な監査だったら、このテストには合格しない。監査できるのはリーダーだけだからだ。だが、すべての監査結果に迅速に対応することを先行指標とするならば、それはチームの試合になる。監査のスコアを上げるための活動には、チームの全員が関わるからだ。

同じように、空き室を埋める、残業時間を減らす、スケジューリングを改善する、というような先行指標のアイデアは、ほとんどの組織ではリーダーの試合になる。先行指標は、それがチームの試合であってはじめて、チームをＷＩＧに結びつける。

測定できるか？

前にも述べたように、先行指標のデータはとりにくいから、ほとんどのチームは先行指標を追跡するシステムを備えていない。だが遅行指標を成功に導くには必ず、先行指標を確実に測定しなければならない。

ＷＩＧが本当に最重要目標であるなら、新しい行動を測定する方法を何としてでも見つけなければならない。

測定する価値はあるか？

インパクトはあるが、それ以上に測定に労力をとられるのなら、あるいは予想外の重大な悪影響があるのなら、このテストには不合格だ。

一例を挙げよう。ある大手ファストフード・チェーンでは、各フランチャイズ店を定期的に見回り、会社の基準の遵守状況を測定する検査員を雇った。どのフランチャイズ店でも検査員はスパイとみなされ、チームのメンバーは自分たちが侮辱されていると感じた。この検査部隊を雇う直接的なコストだけでなく、メンバーの不信感の増大と士気の低下という間接的なコストも加わる結果となった。スーザンのイベント・マネジメント・チームが考えた先行指標は、どれもテストに合格した。チームは、このテストをすることによって、ほぼすべての会場下見で効果的なセールス提案ができることに気づいた。そこで、会場下見の件数を増やし、セールス提案によるフォローアップにフォーカスすることを決めた。

ステップ四：先行指標の決定

先行指標を正式に決める前に、次の質問に答えてほしい。

測定するのはチームのパフォーマンスか、個人のパフォーマンスか？

どちらを選択するかで、スコアのつけ方とスコアボードのデザインが変わる。ひいては、チームのアカウンタビリティのあり方も変わる。個人のパフォーマンスの結果を追跡する場合は、個々人のアカウンタビリティは最高度に達するが、全員に同じレベルのパフォーマンスが求められるから、試合運びが難しくなる。逆にチームの結果を追跡すると、個人のパフォーマンスにばらつきが出るが、チームとして結果を達成することはできる。

先行指標を測定するは毎日か、週一回か？

チームの意欲を最大限に引き上げるには、メンバー全員に少なくとも週一回は先行指標のスコアを見せる必要がある。そうしないと関心は一気に薄れてしまう。毎日測定すれば、毎日同じパフォーマンスが全員に求められ、アカウンタビリティもおのずと高まる。週一回の測定にする場合は、一週間の全体的な結果が達成できていれば、日々のパフォーマンスにばらつきが出てもかまわない。

同じ先行指標を毎日または毎週、個人で測定する場合とチームで測定する場合は、下図のようになる。

これらの事項を考慮して、次ページの図のように先行指標の測定方法を決めるとよいだろう。

個人のスコア	チームのスコア	
社員は、1人1日20人の顧客に丁寧な挨拶をし、サポートを提供する	チームで1日100人の顧客に丁寧な挨拶をし、サポートを提供する	毎日測定
社員は、1人週100人の顧客に丁寧な挨拶をし、サポートを提供する	チームで週700人の顧客に丁寧な挨拶をし、サポートを提供する	毎週測定

定量的基準は何か？

具体的に言えば、「どのくらいの数量を行うのか？ どのくらいの頻度で行うのか？」ということだ。

ヤンガー・ブラザーズ社では、先行指標は「六つの安全基準の遵守率九七％」だった。どのようにして九七％という数値を割り出したのだろうか？ あなたならどうするだろう？

ＷＩＧの緊急度と重要度に基づいて決めればよい。岩を少しだけ動かすにもテコを大きく動かさなければならないことを思い出してほしい。安全基準の遵守率がたった六七％だったら、九七％にするのは、岩を大幅に動かすことを意味する。しかも負傷する危険、それどころか生命がかかっているのだから、岩は必ず

個人のスコア	チームのスコア	
• メンバー全員が先行指標を達成しなければならない • 個人単位で測定すると一人ひとりのアカウンタビリティが高くなる • スコアは詳細につける	• パフォーマンスの低いメンバーがいても、チームとして勝利できる • パフォーマンスの高いメンバーの結果が低いメンバーの結果を補う	**毎日測定**
• 目標を達成できない日があっても、週を通せば個人としては勝利できる • 全員のパフォーマンスが揃って初めてチームとして勝利できる • スコアは詳細につける	• 目標を達成できない日があっても、週を通せばチームとしては勝利できる • パフォーマンスの高いメンバーの結果が低いメンバーの結果を補う • チームとして勝つか負けるかになる	**毎週測定**

動かす必要がある。試合に勝つために、チームを奮起させる数値を選ばなければならない。

たとえば例のオランダの病院では、すべての入院患者を消毒する。これは院内感染を一掃する重要な先行指標である。患者全員の消毒には時間も費用もかかるが、作業自体を管理することはできる。院内感染の許容度がオランダよりも高い国々、あるいは院内感染がそれほど発生していない国々では、院内感染ゼロはＷＩＧではないから、一部の患者は消毒するかもしれないが、全員の消毒まではしない。

場合によっては、適切な数値に至るまで試行錯誤を繰り返さなければならないだろう。我々のクライアントの建築資材販売会社は、セールの前に毎週二回の電子メール攻勢をかけていたが、引き合いはほとんどなかった。ためしに週三回にしてみたところ、続々と引き合いが入ってきたそうだ。二回ではなく三回の電子メールに何かしら魔法があったのだろう。

チームがすでに行っている活動を測定するなら、パフォーマンスのレベルが現時点をはるかに上回ることが必須条件である。そうしないと、「すでにやっていることをしていながら、違う結果を期待する」といういつものパターンを繰り返すだけだ。

定性的基準は何か？

具体的に言えば、「どこまで完璧に行うのか？」ということだ。

すべての先行指標がこの質問に答えられるわけではないが、インパクトの強い先行指標は、頻度や数量だけでなく、チームのパフォーマンスの質的レベルの基準も設定するものである。

ヤンガー・ブラザーズ社では、六つの安全基準が先行指標の定性的部分である。リーンマニュファクチャリング施設のチームなら、定性的基準はバリューストリーム・マップの遵守になるだろう。

簡単な動詞を使っているか？

簡単な動詞を使うことで、意識をすぐに行動に向けることができる。

シンプルか？

先行指標は可能な限り少ない文字数で述べる。「ＷＩＧを達成し、お客様の期待を上回るために、我々は……」といった前置きは不要だ。先行指標だけを述べればいい。明確なＷＩＧができているなら、前置き部分で言いたいことのほとんどはそこに含まれている。

WIG	先行指標
四半期末までに200万ドルの売上を追加する	週500件以上の営業電話をかける
会計年度末までに入札の成功率を75%から85%に引き上げる	すべての提案書が記述基準を98%以上満たしているか確認する
2年以内に顧客ロイヤリティスコアを40から70にする	毎週のサーバー可用率99%を達成する
今年中に在庫回転数を8回から10回にする	すべての特別提供品について取引先に電子メールを3回送付する

プロセス志向の先行指標に関する注意事項

パワフルな先行指標を見つける方法がもう一つある。自分の仕事をプロセスのステップに分けてみることだ。特にＷＩＧが何かのプロセスに関係しているのであれば（たとえばセールス・プロセスに関係する売上のＷＩＧ、製造工程に関係する品質向上のＷＩＧ、あるいはプロジェクト・マネジメント・プロセスに関係するプロジェクト完了のＷＩＧなど）、この方法が効果的である。

ここに挙げる例は、基本的な一一ステップのセールス・プロセスである。

どのプロセスにも同じ課題がある。そのプロセスは結果をもたらすか？　全員は同じようにそのプロセスをたどれるか？　正しいプロセスか？

プロセスのどこかに必ず、テコの作用点がある。パフォーマンスが伸び悩んでいるステップだ。

そこを先行指標にすれば、チームはそのテコの作用点に力を集中的にかけることができる。

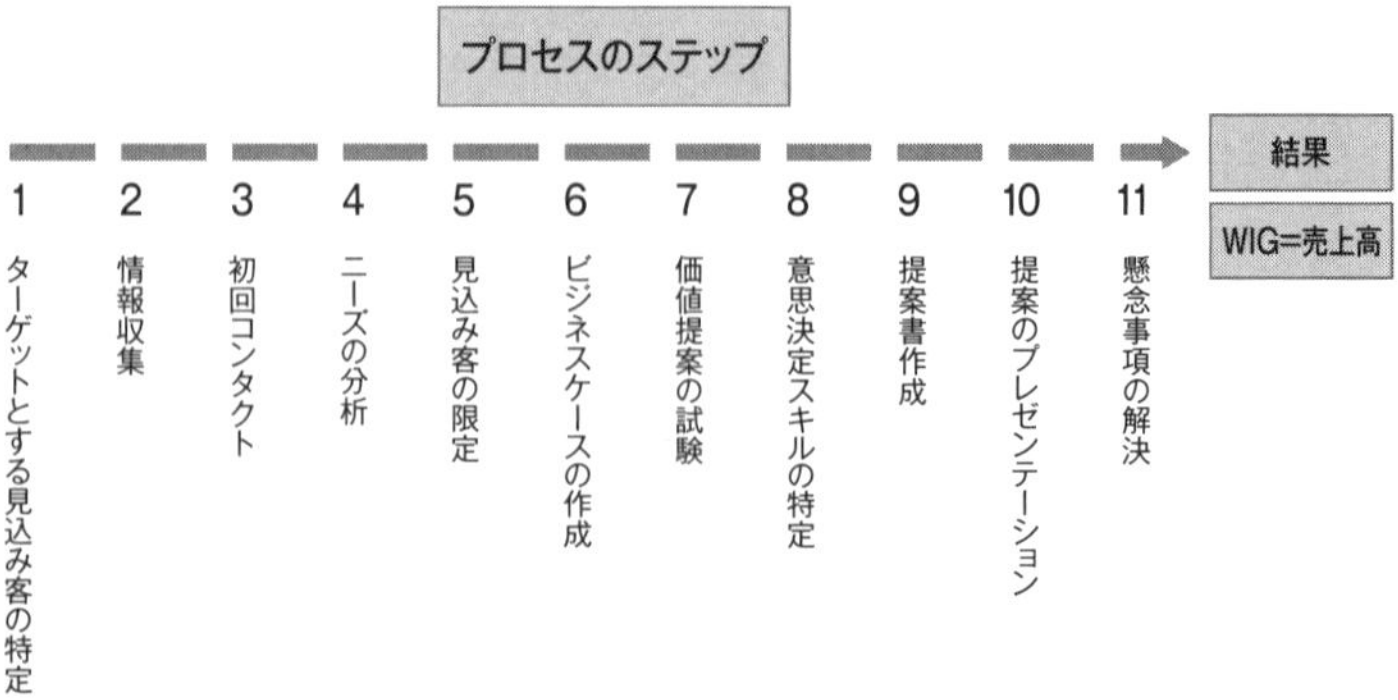

プロセスのステップ

1 ターゲットとする見込み客の特定
2 情報収集
3 初回コンタクト
4 ニーズの分析
5 見込み客の限定
6 ビジネスケースの作成
7 価値提案の試験
8 意思決定スキルの特定
9 提案書作成
10 提案のプレゼンテーション
11 懸念事項の解決

結果
WIG=売上高

下図の例では、チームは、ニーズ分析（ステップ四）とビジネスケース（ステップ六）を改善すれば結果を大きく伸ばせると判断した。この二つのテコで遅行指標を動かせることに投資するわけである。

チームは次に、先行指標を決める。チームは、「適切なニーズ分析が行われたかどうか、どうやって測定できるのか？」「ビジネスケースが適切であることは、どうやってわかるのか？」と問う。このタイプの先行指標は、プロセス全体を一度に改善するよりもはるかに効果的だ。プロセス全体になると、リーダーはステップ一から一一まで全部の変化に労力を分散させることになり、チームは古い習慣を絶対に断ち切れない。

４ＤＸに従えば、リーダーはプロセスのもっとも重要なポイントを解決してから、次に重要なポイントに移ることができる。

プロジェクトのマイルストーンは適切な先行指標か？

ＷＩＧが一つのプロジェクトなら、プロジェクトのマイルストーンも効果的な先行指標になるが、マイルストーンを注意深

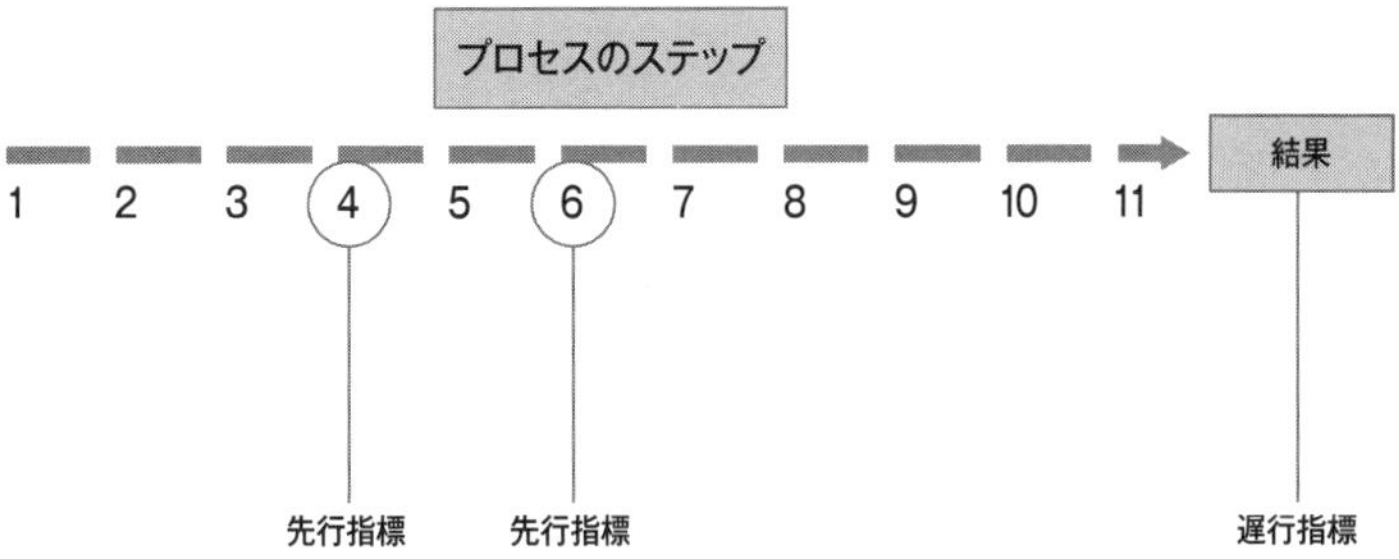

プロセスのステップ
1 2 3 4 5 6 7 8 9 10 11
結果
先行指標
先行指標
遅行指標

く評価する必要がある。マイルストーンがプロジェクトの成功を予測でき、チームが影響を及ぼせるのであれば、先行指標の候補になる。しかしそれと同時に、チームのメンバーが毎週、そのマイルストーンに対する活動のコミットメントをできるだけの期間が必要である。マイルストーンが細切れの短期間だったら、毎週何かをコミットメントする機会は減ってしまう。一般的には、完了に要する期間が六週間未満のマイルストーンだと先行指標として十分に機能しにくい。

逆に、WIGが複数のプロジェクトで構成されている場合は、正式な作業範囲の完了、機能要件の定義、プロジェクト・コミュニケーション、手順の試験など、すべてのプロジェクトを成功させるための手順が先行指標になる可能性が高い。この場合、もっとも予測可能で影響可能な要素を先行指標に選ぶべきである。

成果物

第2の規律の成果物は、WIGの遅行指標を動かす数個の先行指標である。スーザンのチームの最終的な先行指標は明確で、やりがいのあるものになった。

- 営業員は、一人につき毎週2社に質の高い会場案内を行う。
- 全イベントの九〇％でプレミアムバー・パッケージをアップセールスする。

スーザンは、第2の規律によって、次のページの図のようなチームのパフォーマンスを上げ、かつホテルに大きな結果をもたらす明確で簡潔、そして測定可能な戦略を立てることができたのだ。

第2の規律で先行指標が決まると、多くのチームは高揚感を覚えるだろう。それも無理からぬことである。フィニッシュラインが定められた明確なＷＩＧだけでなく、そのＷＩＧを達成するための体系的な先行指標まで手にしたからだ。それはおそらく、これまでに知っているどの計画よりも実行可能な計画のはずである。目標を達成するためにやるべきことはやった。あとはただ進むだけ、とチームは自信満々である。

しかし残念ながら、そうは問屋が卸さない。

これほど素晴らしい試合が用意できても、第3の規律に進まなければ、試合開始直後から竜巻に吹き飛ばされてしまう……。

実践編

先行指標ビルダー・ツールを使って、ＷＩＧの先行指標を作成してみよう。

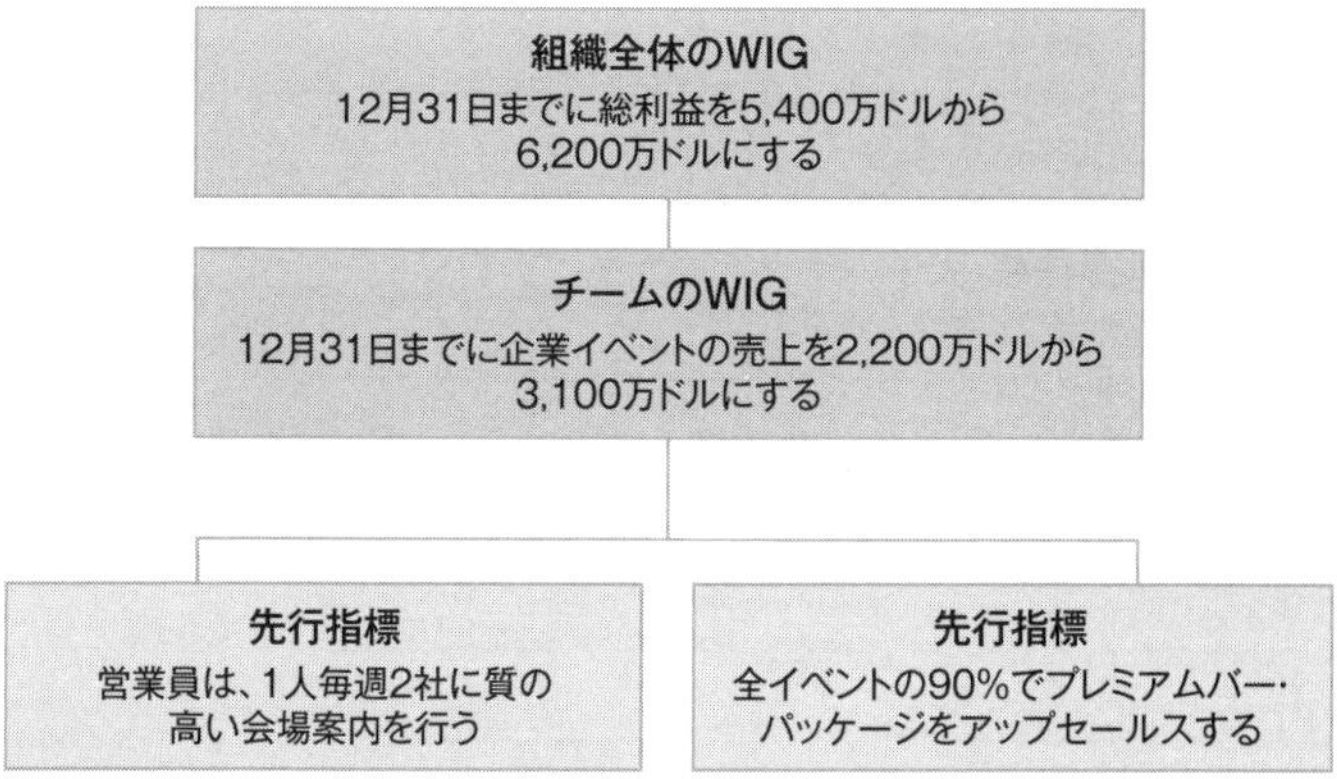

組織全体のWIG
12月31日までに総利益を5,400万ドルから6,200万ドルにする

チームのWIG
12月31日までに企業イベントの売上を2,200万ドルから3,100万ドルにする

先行指標
営業員は、1人毎週2社に質の高い会場案内を行う

先行指標
全イベントの90%でプレミアムバー・パッケージをアップセールスする

先行指標ビルダー

1. 最重要目標と遅行指標を記入する。
2. 先行指標のアイデアをブレーンストーミングする。
3. それらのアイデアを測定する方法をブレーンストーミングする。
4. WIG に対するインパクトの強さで順位をつける。
5. 次ページのチェックリストに照らしてアイデアを評価する。
6. 最終的な先行指標を書く。

最重要目標 ______________________________

遅 行 指 標 ______________________________

先行指標のアイデア	測定方法	順位

最終的な先行指標

____

____

____

____

____

チェックリスト

チームの先行指標が WIG の遅行指標を動かせるかどうか、以下の項目をチェックして確かめる。

- [ ] チームとそのほかの人々から、先行指標について多くの意見・アイデアを集めたか？
- [ ] 先行指標は目標達成を予測できるか？ チームの WIG の達成に向けてメンバーが実行できるもっともインパクトの高い活動か？
- [ ] 先行指標はチームが影響を及ぼせるか？ チームは先行指標を動かす力を持っているか？
- [ ] 確実に測定できる先行指標か？ 初日から先行指標のパフォーマンスを追跡できるか？
- [ ] 測定する価値のある先行指標か？ データを取得するコストが必要以上にかからないか？ 先行指標が予想外の悪影響をもたらすことはないか？
- [ ] 先行指標は簡単な動詞で表現されているか？
- [ ] すべての指標は数値で示せるか？ 質的基準は含まれているか？

コラム

4DX導入事例（日本）

アトラスコプコ株式会社

アトラスコプコ社は、日本で事業を開始してから一〇〇年の歴史を持ち、コンプレッサ、土木鉱山機械、産業用工具・設備の機器選定・導入からアフターサービスに至る一連のソリューションを提供している。４ＤＸを導入したサーフェスドリリング・ディビジョンは、二〇〇四年にグループに加わり、スウェーデン、インド、中国、日本、そしてオーストリアに製造施設を持ち、世界約六〇のカスタマーセンターで販売を行っている。その中で、日本における出荷品質、仕入れ部品の品質管理、そしてＩＳＯ９００１の事務局として、社内外のあらゆる品質管理についてサポートしている品質管理部の森正美部長に、「戦略をいかに実行するか」についてうかがった。

―一年間、４ＤＸのプロセスを運営されて、どのような分析や反省をされていますか？

現在、遅行指標の達成度の評価を含めて、一年がちょうど終わったところです。その中でいくつか反省点があります。その一つは、すべてをスコアボードとしてグラフ化できていたわけではなかった点です。何をいつまでに、の指標だけでは、日々の評価がなかなか難しかったりします。たとえば、何か手順書をつくるといった先行指標を作成した場合、その先行指標をやったかやらないかの評価になってしまい、本来の目的に近づいているのか、遅行指標を動かす活動ができたのかといった、本来の評価ができなくなってしまいます。

遅行指標はもちろん重要で、その遅行指標を達成するためにいくつかのアクティビティを考えるわけですが、その目標の本来の目的を明確にし、遅行指標と先行指標がどのように結びついて、どのように連動し、関連しているかを認識したうえで行わないといけません。

また、期初に一二ヵ月の遅行指標を掲げても、リーマンショックや欧州危機のような環境変化が起きた場合、目標に対する意識がまったく変わることがあります。本当はそれでも遅行指標は生きているわけで、先行指標を柔軟に変化対応させないといけません。そうしないと遅行指標がどこかにいってしまいます。このあたりが一年たって感じたことです。

―品質管理部門として、どのような遅行指標（目標）をお持ちですか？

私たちの部門は、製品の出荷に関する責任を持ち、検査を行っています。ただしこの工場ではアッセンブルを行っていますので、受け入れ部品の品質管理も行っています。受け入れ部品に関しては、基本的にジャスト・イン・タイム方式ですから、全数検品をするのではなくサプライヤーサイドで設定された検査項目をクリアしたものが納品されることが基本です。ですから、サプライヤーに対して検査項目の指導や管理も行っています。また、社内ではISO9001の活動を展開していますので、品質管理の指導も行っています。

さらに、私たちの所属部門は現在世界に五つの工場があり、さまざまな監査項目（KPI項目）があります。製品の不良率、発生率、クレーム率、出荷に関することなど、各工場間の比較のものもあれば、日本固有のものもあります。目標はグラフ化し、月次の数字、一二ヵ月累積アベレージ、最終ターゲット、この三つの数値を常に追いかけています。製品によってかなり数値は変動するので、一二ヵ月累積アベレージを注視しています。

――日本では最近ずっと「戦略」が重視され、戦略の善しあしが企業の成果を決めるといった考えが主流であったと思います。しかし、ここへきて、戦略よりもむしろ「実行」がいかにできるかがより大きな課題だというふうにも感じていますが、森様の部門ではどのようにお考えですか？

目標管理は以前から存在していますし、どんな企業でも目標はあります。目標のない企業などないといってもよいでしょう。問題は、その目標に向かって、日々のアクティビティがどうなっているのか、そしてどのように評価していくのかということです。そうしないと、目標が名目的になってしまい、目標に対して「どうしてもやり遂げる」というコミットは生まれにくくなります。

それは先程も言いましたが、目標は立てても環境は必ず変化します。環境が変わったから遅行指標が達成できなくなったと考えるのではなく、遅行指標を達成するために、どのようにその変化に対応して先行指標を変え、日々のアクティビティをタイムリーに変えていくかを日々考えていかなければなりません。どんな環境変化があっても、目標を真正面にとらえて、先行指標を変えながら目標に対して向かっていかなければなりません。

ＷＩＧセッションは短時間ですが毎週行いますから、その場を使って小さな環境変化を感じとることができます。簡単なことなのですが、それをやるかやらないかで大きな違いとなります。環境変化によって目標が達成できない場合もあるかもしれませんが、それでも目標は目標としてどうしたら最大限に近づくことができるかを考えることが必要です。先行指標を変え、どのように対処したか、そのあたりも評価に加えるようにしています。

私たちも環境変化によってアクティビティそのものが大きく変わることがあります。たとえば、倉庫費用を圧縮するという遅行指標があったとします。しかし、世界的な環境変化によって受注が急激に動き、圧縮どころか増加に転じることが確実になってしまうことがあります。その場合、私たちがすべきことは、いかに倉庫費用の増大幅を抑えていくかという活動になります。

以前とはまったく異なる活動になるわけです。

――一方で、設定した先行指標が本当に遅行指標を動かすものになっているのかどうか、先行指標を達成しても遅行指標が動かない場合はなかったでしょうか？

もちろん、そういうこともあります。だからこそ遅行指標を見据えながら、先行指標を少しずつ変化させていくことが必要です。それはＷＩＧセッションの中で出てきます。一年目よりは二年目というように、継続的に続けていくことが重要ではないでしょうか。また、そうした変化は一瞬で起こるわけではありません。少しずつ変化します。ですから、日々の小さな変化を見過ごさず、少しずつ先行指標やアクティビティを変えていくことが必要です。

――メンバーの方々はどのような変化を感じていらっしゃいますか？

最初のころはなかなか全員から意見が出ませんでした。リード役が必要でした。しかし、誰かが模範になってくれれば、アイデアや意見は出るようになってきます。ある程度の慣れや回数、考え方の定着は必要です。

それまでは、単にタスクを計画し管理するという状態でしたが、毎週、活動の目的や目標を振り返ることができるようになったことがよかったという声も出ています。また、周囲の人たちの仕事がよくわかり、仕事の透明度が上がったとの声も届いています。ＷＩＧセッションでは、定期的にフリーディスカッションの時間も設けるようにしています。定期的に集まってメンバー間でディスカッションをすることも重要だと思っています。

部門間の正確な比較をしたわけではありませんが、アクティビティの結果が数値化され、スコアボード化され、自分の行動が遅行指標を動かすことがわかったチームは、活動が活発化したと感じています。例えグラフが逆向きになったとしても、目標に真正面から取り組むことができると思います。あるとき、スコアが大きく悪くなったことがあったのですが、それは周知の上のことでした。そのときは初めて他国から部品を調達し、ある程度の数値の悪化を予想していたのです。その事実をグラフ化し明確にすることで、何をすればいいのかをきちんと考えることができます。

メンバーによっては、同じグラフを見ているのに、異なる受け止め方をします。一見わからないような小さな変化でも気づき、的確な分析ができる人とできない人がいます。そうした小さな変化に気づき、的確な判断ができるようになるには、常日頃からすべての状況を客観的に見て、感じ取る力を養わなければなりません。先行指標をきちんとグラフ化して、ＷＩＧセッションを回せるようになった昨年後半から徐々にできるようになってきました。

そういう意味では、ＷＩＧセッションというのは、毎週目標とアクティビティを振り返るいい機会ですから、その場で変化をつかみ、アクティビティを対応させていくことができます。

―今後さらに、実行力を高めていくためには何が必要でしょうか？

いくつかありますが、個人の目標、取り組み内容、そして評価がきちんと連動し、個人の取り組みそのものや日々のアクティビティが個人の目標管理、評価にも重要だということをさらに意識づけしなければなりません。先行指標のとらえ方はさらに重要です。先行指標が本当に遅行指標にあっているのかも再検討しなければならないでしょうし、先行指標が数値化され、グラフ化されることも必要です。

また、周囲との情報共有も大きなテーマです。私たちの事業部は世界に五つの工場がありますから、それぞれの国の目標をイントラネットで見ることができます。他国の状況を知ることも自分たちの目標達成に非常に役に立ちます。余談ですが、昨年秋に各国のマネージャーが集まったときに私たちの取り組みに非常に興味を持ち、資料を見せてほしいと言われました。

さらにこれが一番重要かもしれませんが、目標は一人の力で達成できるものではありません。私たち品質管理部門にしても、設計部門、製造部門、購買部門の協力なくして目標を達成することなどできません。

他部門同士でお互いの目標を知り、部内だけに留まらず、自ら働きかけて、協力を仰ぐことが必要です。他部門のミーティングに参加しなければならないこともあるでしょう。

そのためには、どのように他部門に働きかければ自分たちの目標が達成できるのかを考え、実行する必要があります。それなくして本当のゴールに到達することはできないでしょう。

第３の規律をインストールする「行動を促すスコアボードをつける」

第３の規律は、意欲を引き出す規律である。第１の規律と第２の規律で明確で効果的な試合を用意できても、気持ちが入らなければ試合で最高のプレーはできない。勝っているのか負けているのかがわかってはじめて、本気になるのだ。

意欲を引き出す鍵は、大きくて見やすく、継続的に更新できるスコアボードである。これが選手に行動を促す。スコアボードをこれほど強調するのには、それなりのわけがある。

小売店を対象にしたフランクリン・コヴィー社の最近の調査で、「当店の成功指標は目に見えるところに掲示されており、随時更新されている」という一文に、業績の高い店の七三％が「そう思う」と答えた。業績の低い店の場合は三三％足らずだった。業績の高い店は行動を促す何らかのスコアボードを使用しているようだ。その割合は業績の低い店の二倍以上になる。なぜそうなのだろう？

三つの原則を思い出してほしい。

スコアをつけるとプレーが変わる

誰もスコアをつけていない試合では、ベストは尽くせない。最高のプレーなどできない。それが人間というものだ。そして、スコアは自分でつけなければならない。リーダーがチームのスコアをつける試合と、選手がお互いにスコアをつける試合とでは、まるで違う。自分でスコアをつけるというのは、自分が結果に責任を持つことだ。

コーチのスコアボードと選手のスコアボードは違う

コーチのスコアボードは複雑で、データ満載である。選手のスコアボードはシンプルである。試合に勝っているのか負けているのかが選手にわかるデータしか表示されない。コーチのスコアボードと選手のスコアボードでは、そもそも目的が違うのだ。だから、選手のスコアボードをつくるには選手自身が関わらなければならない。リーダーが一人でつくることはできないのだ。

選手のスコアボードの目的は選手に勝ちたい気持ちを起こさせること

スコアボードがあっても選手の動きが活発にならないようなら、そのスコアボードは行動を促していない。刻一刻、毎日、毎週変化するスコアが、チームのメンバー全員に見えなければならない。スコアを失念してしまうようなことがあってはならないのだ。

この章では、行動を促すスコアボードの作成にチームをどのように関わらせたらよいかを学ぶ。また、スコアボードのタイプによって促される行動が異なることもわかるだろう。

この天秤の図に示されるように、チームに具体的な責任を持たせてスコアボードづくりに関わらせると、天秤は当事者意識のほうへ傾く。

ステップ一：タイプを選ぶ

測定する指標をはっきりと表示し、一目でわかるスコアボードになるように、チームに適したタイプを選ぶ。いくつかの選択肢がある。

折れ線グラフ

遅行指標を表示するスコアボードは、折れ線グラフが圧倒的に効果的である。「いつまでにXからYにする」が一目でわかる。このグラフでは、期限までにYに到達したいならば、現時点でいなければならない位置を山羊で表しており、勝っているかどうかがすぐにわかる。

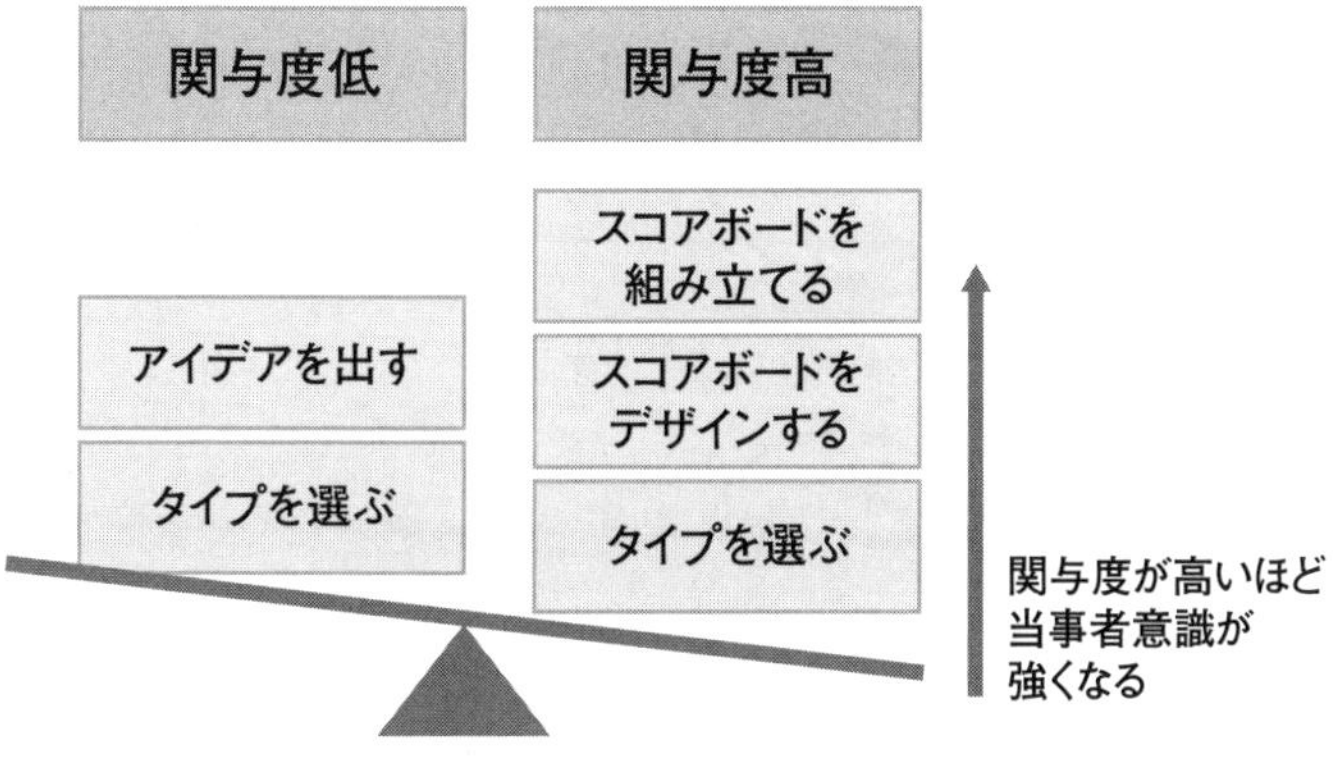

関与度低
アイデアを出す
タイプを選ぶ

関与度高
スコアボードを組み立てる
スコアボードをデザインする
タイプを選ぶ

関与度が高いほど当事者意識が強くなる

スピードメーター

自動車のスピードメーターのようなこのスコアボードは、指標の状態をわかりやすく示す。時間の指標（サイクルタイム、処理スピード、製品投入所要時間、検索時間など）に適している。サーモ

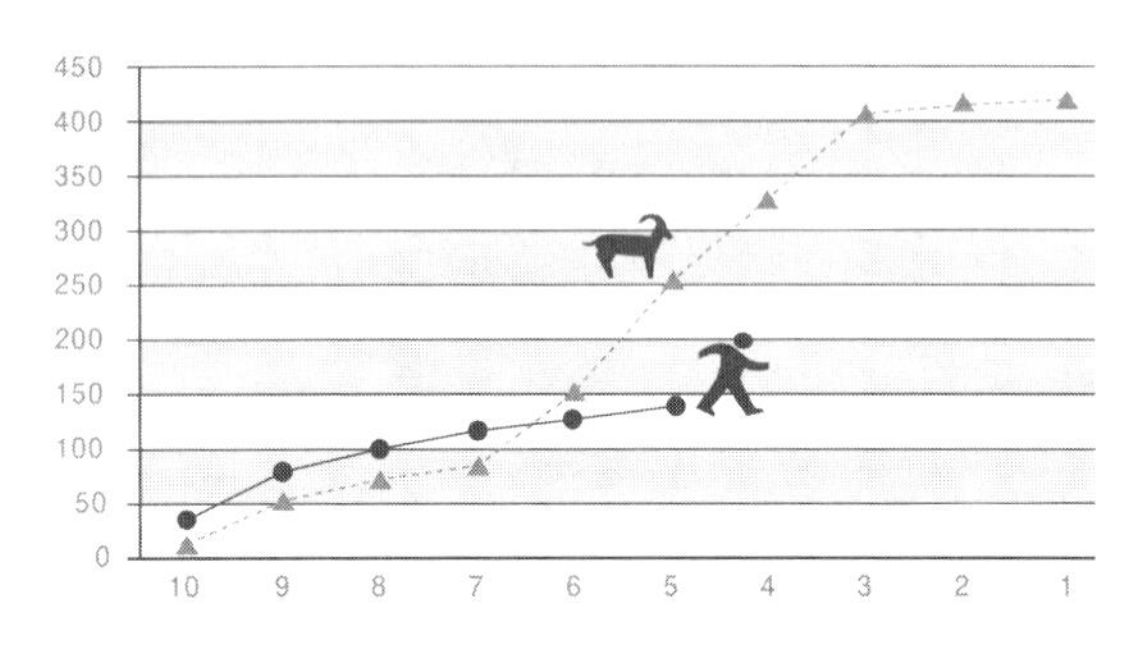

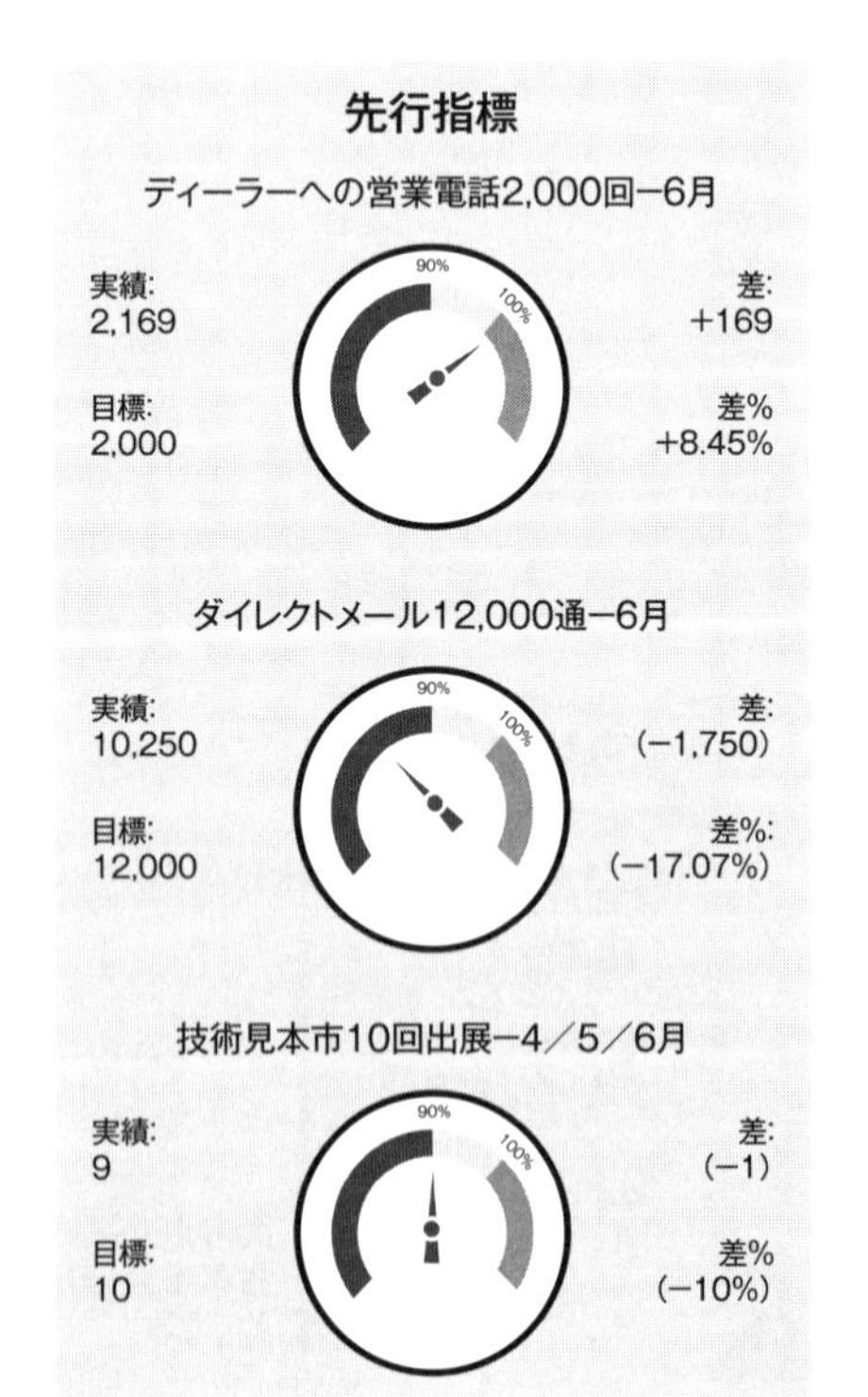

メーター、圧力計、定規、秤などの一般的な計器もデザインに使える。

棒グラフ

このスコアボードは、チームまたはチーム内のグループのパフォーマンスを比較する場合に効果的である。

信号

信号は、カラーの信号あるいはライトを使ったチャートで、プロセスが軌道に乗っているときは緑、軌道から外れそうなときは黄色、軌道から外れたときは赤で表示される。このタイプのスコアボードは、先行指標の状態が一目でわかる。

パーソナライズ

チームのメンバー一人ひとりが自分のスコアボードをつくると、より当事者意識を持てるようになる。チーム名を入れ、メンバーの写真を貼り、チームを表現するイラストなどを加える

先行指標

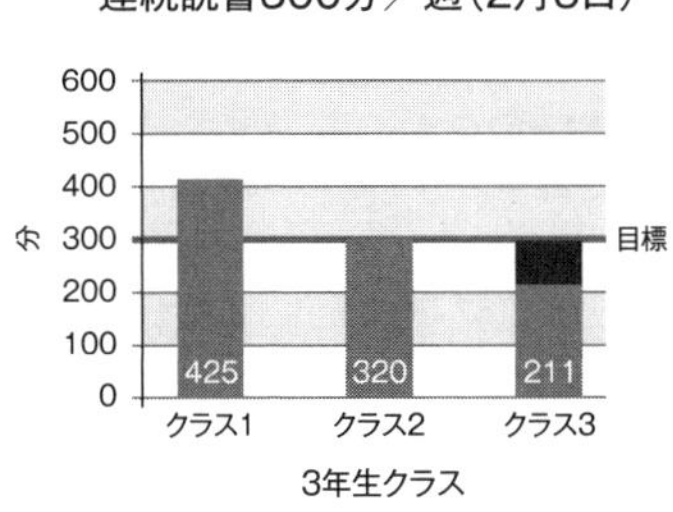

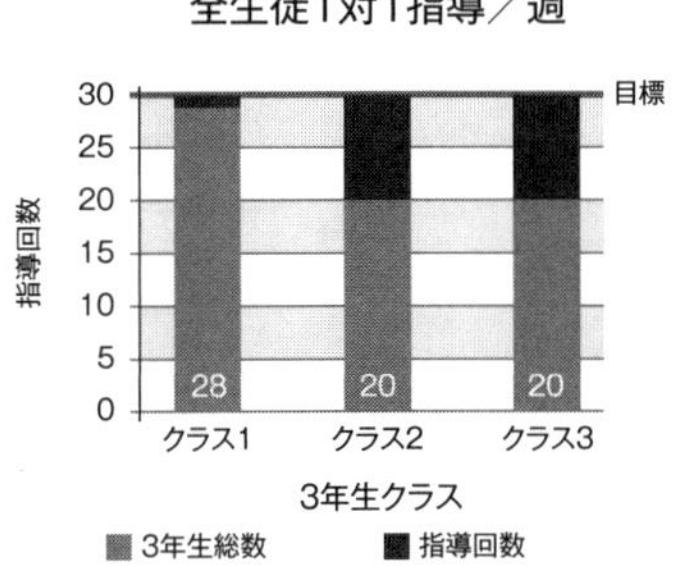

ことができる。スコアボードをこのようにしてパーソナライズすれば楽しいが、目的はそれだけではない。それが自分のスコアボードだと思えば、結果に対する責任感も強くなる。WIGを達成することはプライドの問題になるのだ。

ガチガチに真面目な人でも、いそいそとスコアボードをパーソナライズし始める例をたくさん知っている。心臓外科病棟の看護師は、自分のスコアボードに手術器具のイラストを描いていたし、エンジニアは懐中電灯型のスコアボードをデザインしていた。バイク乗りのシェフは革パンツの端切れで装飾していた。自分だけのスコアボードがあると、自然と身が入るものである。

ステップ二：スコアボードをデザインする

スコアボードのタイプを決めたら、次の質問を頭においてスコアボードをデザインする。

シンプルか？

過去の傾向や対前年比、将来予測など、さまざまな変数、裏づけデータを加えたくなる欲求を抑えて、スコアボードが複雑にならないようにする。スコアボードにレポートや状態更新、そのほかの一般的な情報を書き足して連絡掲示板のように使うのも厳禁。結果が一目でわからなければならないのに、余計な情報に目が逸れてしまう。竜巻の中でチームの意欲を維持する鍵は、スコアボードのシンプルさである。

チームの全員がすぐに見られるか？

スコアボードは、メンバー全員の目に入りやすいところに掲示する。スコアボードがよく見えれば、試合に対する意識を維持できる。チームのやる気をもっと引き出したければ、ほかの

良い例

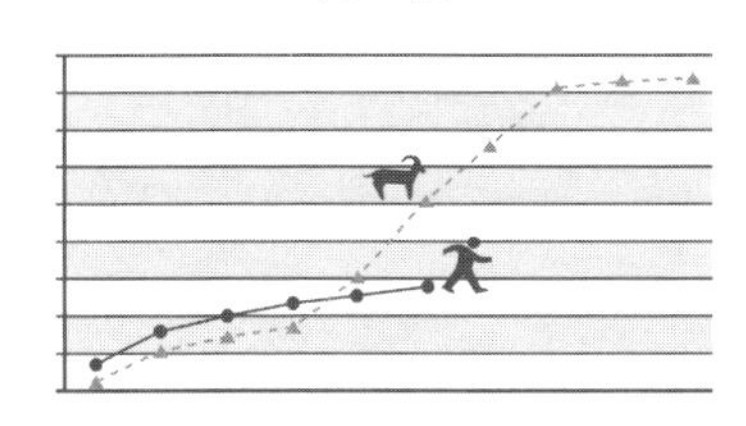

悪い例

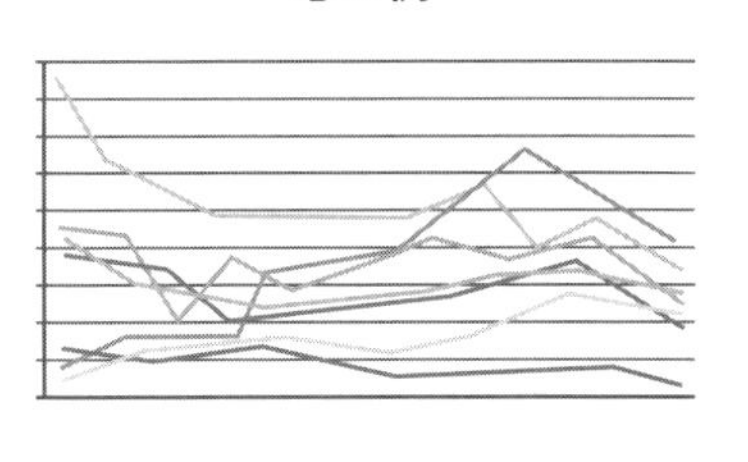

左のスコアボードなら、勝っているか負けているかが一目でわかるが、右のスコアボードには変数のデータがありすぎて、よく見ないと何もわからない。

チームにも見える場所にスコアボードを貼りだすとよいだろう。チームのメンバーが各地に分散している場合には、電子的な手段で遠隔地でも見られるようにしなければならない（電子スコアボードについては、「４ＤＸを自動化する」の章で詳しく取り上げる）。

先行指標と遅行指標の両方が含まれているか？

実績と目標の両方を示す。スコアボードでは、チームが「現在いる位置」だけでなく、「現在いるべき位置」もわからなければならない。

一ヵ月間に生産した個数しか書いていないスコアボードでは、勝っているか負けているかわからない。目標個数を表示しなければならないし、目標との差（プラスかマイナス）も表示すれば、計算の手間が省ける。

ＷＩＧの遅行指標と先行指標の両方を含める。記号の凡例など、指標を説明する情報も必要に応じて加えておく。全員がわかるはずだと思い込んではいけない。（我々の調査によれば、

悪い例

5月末日の個数	97

良い例

5月末日の目標個数	105
実際の個数	97
増（減）	(08)

メンバーの八五％は最重要目標を言えないのだ！）

このチームのＷＩＧは、毎週、所定の量のボトル水を生産することである。先行指標は、ボトリング機械のメンテナンス予定を厳守することである。機械が故障せず稼働すれば、目標を達成できる。

メンテナンス予定の不順守と生産量の落ち込みに相関関係があることに気づき、チームは先行指標を一貫して守るようになり、目標を上回る生産量を達成した。

勝っていることが一目でわかるか？

勝っているか負けているかを五秒以内に言えるスコアボードをデザインしよう。この五秒ルールは、選手のスコアボードかどうかを判断するテストだ。

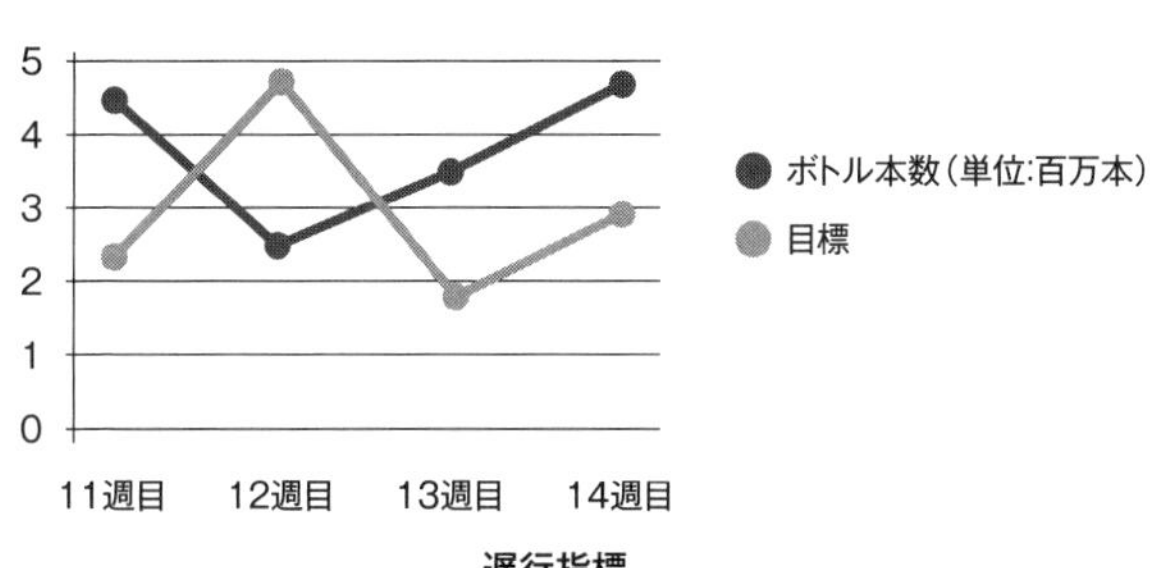

遅行指標

週	ユニット1	ユニット2	ユニット3	ユニット4	ユニット5	ユニット6	ユニット7	ユニット8	ユニット9
11		✓							✓
12	✓	✓		✓	✓		✓	✓	✓
13	✓	✓	✓	✓		✓	✓	✓	✓
14	✓	✓		✓	✓	✓	✓	✓	✓

先行指標

ステップ三：スコアボードを組み立てる

スコアボードを実際につくるのは、チームのメンバーに任せる。関与の度合いは大きいほどよい。自分たちでつくれば、当事者意識が強くなる。

もちろん、チームの人数やそのほかの事情によっては、そうもいかないかもしれない。自由になる時間がほとんどないチームなら、リーダーが中心になってスコアボードをつくる必要があるだろうが、ほとんどのチームは、自分たちのスコアボードをつくる機会を喜び、何とか時間をやりくりして参加するものである。

ここに挙げたデザインの基準が満たされていれば、スコアボードの媒体は何でもよい。電光掲示板でもよいし、ポスターやホワイトボード、黒板でもかまわない。

ステップ四：随時更新する

スコアボードは更新しやすいデザインでなければならない。少なくとも週一回は更新するのだから、更新しにくいスコアボードだと、竜巻の中にいるとつい更新をサボりたくなる。かくして最重要目標は雑音と混乱にかき消される運命となる。

リーダーは次のことを明確にしておく。

- スコアボードの管理責任者

・掲示する時期
・更新頻度

例

スーザンのイベント・マネジメントチームがデザインしたスコアボードを見てみよう。

第1の規律に従い、「一二月三一日までに企業イベントの売上を二二〇〇万ドルから三一〇〇万ドルにする」をチームのＷＩＧとした。次に第2の規律で、インパクトの強い二つの先行指標を定めた。

・営業員は、一人毎週二社に質の高い会場案内を行う。
・全イベントの九〇％でプレミアムバー・パッケージをアップセールスする。

はっきりとした試合が決まり、スーザンのチームはスコアボードをつくる準備ができた。まずスコアボード上でＷＩＧと遅行指標をわかりやすく表示するデザインを考えた。（次のページ上の図）

次に、一つめの先行指標と各メンバーのパフォーマンスを追跡する表を加えた。（同ページ下の図）

WIG

12月31日までに企業イベントの
売上を2,200万ドルから
3,100万ドルにする

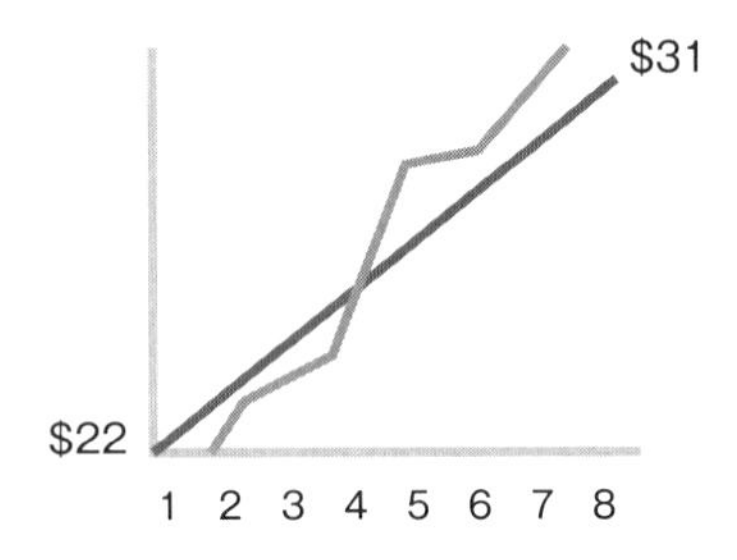

WIG

12月31日までに企業イベントの
売上を2,200万ドルから
3,100万ドルにする

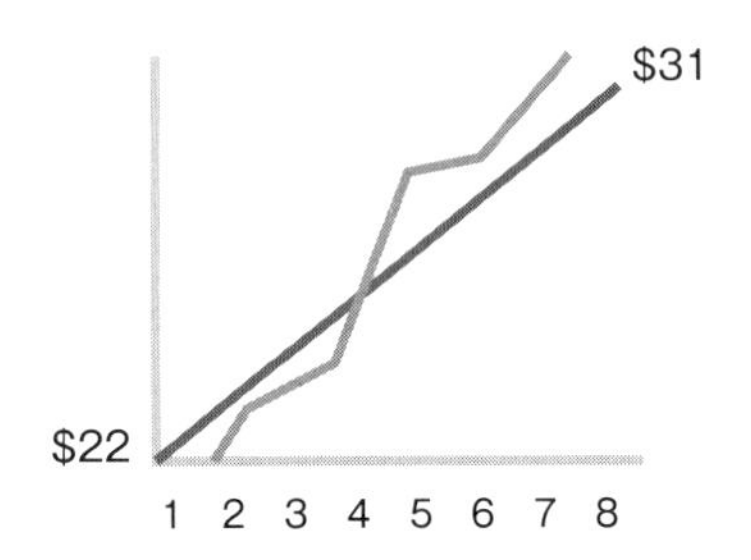

先行指標

営業員は、1人毎週2社に
質の高い会場案内を行う

営業員	1	2	3	4	5	6	7	平均
キム	1	1	2	2	4	x	x	2
ボブ	2	2	3	2	x	x	3	2.4
カレン	1	3	2	x	x	2	2	2
ジェフ	0	0	x	x	1	1	1	0.6
エミリー	3	x	x	4	3	2	4	2.8
リチャード	x	x	2	2	2	4	4	2.8
ベス	x	1	2	5	2	4	x	2.8
合計	7	7	11	15	12	13	14	2.3

最後に、二つめの先行指標のアップセールス、その実績を追跡する棒グラフを加えた。（下の図）

スーザンのスコアボードは、一番上にＷＩＧと遅行指標がわかりやすく折れ線グラフで示されており、デザイン基準は難なくクリアしている。

データを必要最低限に抑えており、**シンプル**である。三つの主要なデータだけであり、それぞれのデータは非常に明確で、数値で示されている。

WIG

12月31日までに企業イベントの
売上を2,200万ドルから
3,100万ドルにする

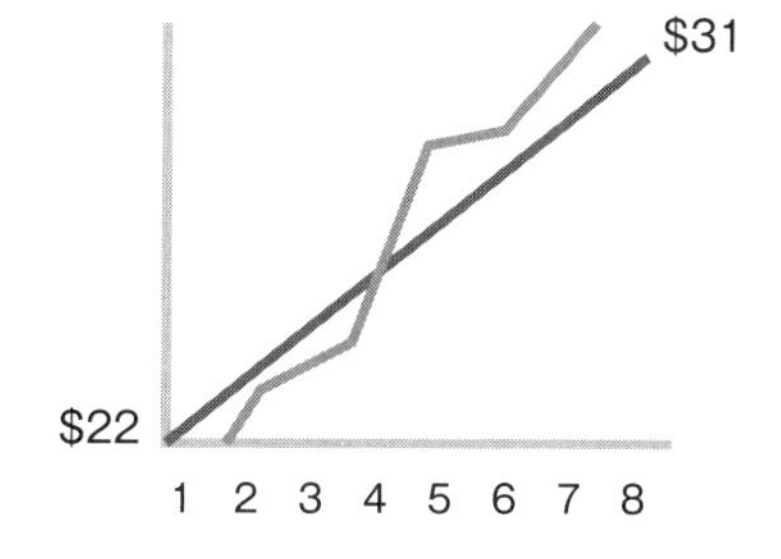

先行指標

営業員は、1人毎週2社に
質の高い会場案内を行う

営業員	1	2	3	4	5	6	7	平均
キム	1	1	2	2	4	x	x	2
ボブ	2	2	3	2	x	x	3	2.4
カレン	1	3	2	x	x	2	2	2
ジェフ	0	0	x	x	1	1	1	0.6
エミリー	3	x	x	4	3	2	4	2.8
リチャード	x	x	2	2	2	4	4	2.8
ベス	x	1	2	5	2	4	x	2.8
合計	7	7	11	15	12	13	14	2.3

先行指標

全イベントの90%でプレミアムバー・
パッケージをアップセールスする

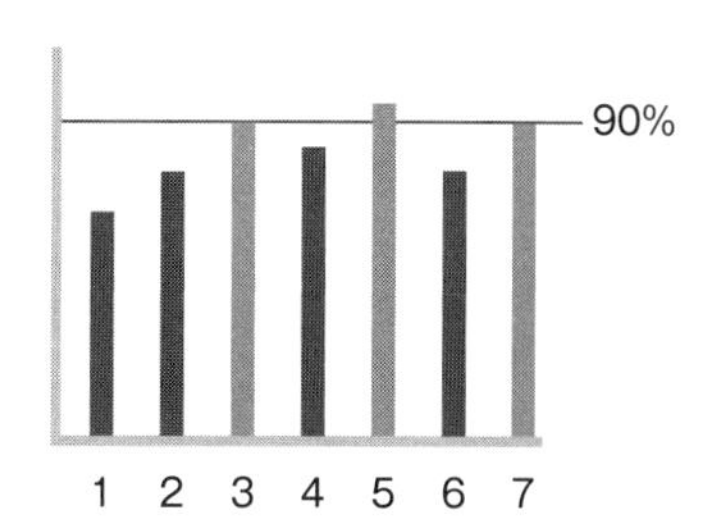

濃い色の大きなフォントを使い、ビジュアル的に**見やすい**。

試合全体が表示されているので、**完全**である。チームのＷＩＧ、遅行指標、先行指標が明確に定義され、チームの実績と目標がはっきりと示されている。チームは毎週、濃いラインで示される目標位置に対して実際の位置がわかるから、スコアボードを見れば行動が促される。

この場合の遅行指標は組織のＷＩＧに基づいた売上目標なので測定しやすいが、顧客満足度や品質の向上などのＷＩＧでは、進捗（しんちょく）を測定する方法が定まっていない場合がある。そのような場合には、チームのパフォーマンスに対するリーダーの期待と知識を基に、目標のラインを主観的に引いてかまわない。

ただし、正式な数値目標が決まっている場合でも、主観的に決める場合でも、目標ラインははっきり見えなければならない。目標ラインがなければ、勝っているかどうかを毎日確認できなくなる。

先行指標については、目標ラインは一般的に、パフォーマンスに対して一つの基準として設定する（前ページ下のグラフでは九〇％のライン）。その基準は達成し、維持しなければならない。場合によっては対角線で増加目標を示し、水平線でパフォーマンスの維持を示すとよい。

各営業員が毎週二社に対して質の高い会場案内を行う先行指標については、チームのパフォーマンスを各人が報告する必要がある。メンバーはスコアボードに自分の結果を毎週記入する。

スコアボードの信頼性を確保するために、リーダーは定期的にチームのパフォーマンスを確認し、記録されているスコアと観察したパフォーマンスのレベルが一致しているか検証する。メンバーを信頼することが鉄則だが、検証は必要である。

勝っているか負けているか一目でわかる

すべてのグラフが実績と目標を表示しているので、各先行指標に対して、さらにＷＩＧに対してもチームが勝っているのか負けているのかが瞬時にわかる。緑と赤を使えば、試合の推移がさらにわかりやすくなる。

また、この先行指標のグラフでは、メンバー全員が実行しなければチームは勝利できないことがわかる。緑色（この表では薄い色）はその週に二社以上に会場案内をしたことを示すが、全員が緑色にならないとチームとしての勝利にはならない。

成果物

第３の規律の成果物は、チームを本気にさせ

WIG

12月31日までに企業イベントの売上を2,200万ドルから3,100万ドルにする

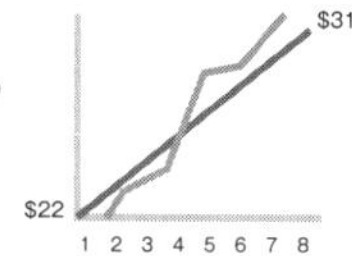

先行指標

全イベントの90%でプレミアムバー・パッケージをアップセールスする

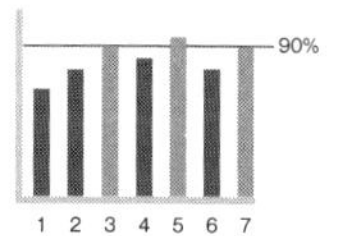

営業員	1	2	3	4	5	6	7	平均
キム	1	1	2	2	4	x	x	2
ボブ	2	2	3	2	x	x	3	2.4
カレン	1	3	2	x	x	2	2	2
ジェフ	0	0	x	x	1	1	1	0.6
エミリー	3	x	x	4	3	2	4	2.8
リチャード	x	x	2	2	2	4	4	2.8
ベス	x	1	2	5	2	4	x	2.8
合計	7	7	11	15	12	13	14	2.3

るスコアボードである。

ＷＩＧと指標を頭の中だけで知っているチームと、実際にそのスコアをつけてチームとでは、雲泥の差がある。「明確でわかりやすい測定基準がなければ、同じ目標を一〇〇人が一〇〇人とも違う解釈をする」とジム・スチュアートは言っている。一目でわかるスコアボードに指標を示し、定期的に更新にしないと、ＷＩＧは竜巻に巻き込まれ、どこかに消えてしまう。スコアを知らなければ、人は戦意を喪失する。

勝ちたいという気持ちが意欲を起こさせるのだ。勝つことに本気になったチームこそが結果を出せる。スコアボードを更新するたびに、それを実感できるだろう。

第1、第2、第3の規律まで進んだところで、あなたはチームのために明確で勝てる試合を用意した。だが試合はまだ始まっていない。第4の規律でようやく試合開始となる。メンバー全員が高いパフォーマンスをコミットメントし、お互いに報告し合う規律だ。

実践編

スコアボード・ビルダーを使って、あなたのＷＩＧでスコアボードをつくってみよう。

スコアボード・ビルダー

このテンプレートに従って、行動を促すスコアボードを作成し、チェックリストでアイデアをテストする。

チームのWIG	遅行指標
先行指標1	**グラフ**
先行指標2	**グラフ**

チェックリスト

チームのスコアボードが行動を促し、高いパフォーマンスを引き出すかどうか、以下の項目をチェックして確かめる。

- [ ] チームはスコアボードの制作に十分関わったか？
- [ ] スコアボードは、チームのWIG、先行指標、遅行指標を追跡するか？
- [ ] WIGと指標のわかりやすい一文をグラフに添えているか？
- [ ] グラフは実績と目標の両方を表示しているか（現在の位置と現在いるべき位置）？
- [ ] 勝っているか負けているかが一目でわかるか？
- [ ] スコアボードはチームのメンバー全員の目に入りやすい場所に掲示してあるか？
- [ ] スコアボードは更新しやすいか？
- [ ] スコアボードはパーソナライズされているか—チームらしさが表現されているか？

第4の規律をインストールする「アカウンタビリティのリズムを生み出す」

第4の規律は、アカウンタビリティの規律である。チームの力で勝てる明確な試合を用意しても、アカウンタビリティが一貫していなければ、チームはベストを尽くせない。チームはやる気満々で試合に臨み、滑り出しは好調かもしれない。しかしアカウンタビリティがなければ、すぐに竜巻にあおられ、緊急の対応に追われるいつものペースに逆戻りしてしまう。

作家のジョン・ケースは、Inc. 誌に発表した記事の中でこのような状態を巧みに表現している。

マネージャーは、ホワイトボードあるいは黒板、はたまたコルクボードをセットする。一〇〇〇個当たりの欠陥品数のデータ、電話の平均保留時間、そのほかありとあらゆる業績測定基準を繰り出す。工場や倉庫、オフィスの入り口のあたりには必ず、大きなグラフが掲示してある。しばらくの間は、グラフの数字も上向きだ。誰もがグラフの動きを気にして、業績を上げる方法を考えたりする。

ところが、そのうちおかしなことになる。誰もスコアボードを更新しないまま一週間が過ぎる。丸々一ヵ月放ったらかし、なんていうこともある。ようやく誰かが思い出し、皆に数字を記入させる。ところが業績はたいして上がっていない。するともう、誰も更新しなくなる。ほどなくしてスコアボードは忘却の彼方。最後はゴミ箱行きとなる。
後から考えてみれば、こんな結末になるのは驚きでも何でもない。測定されるものは実行される――最初のうちだけは。ここで疑問が湧く。「なぜずっと測定できないのだろう?」「そもそも、こういう数字を記録しているかどうか、誰が気にするというのだろう?」「それでもやらなくちゃいけないのか?」かくしてスコアボードは、「やらなければいけないのにやっていない」という嫌なことを思い出させる代物となる(27)。

第4の規律は、この悪循環を断ち切る。チームをずっと試合につなぎとめるのだ。もっと厳密に言うなら、メンバー一人ひとりを個人的に試合につなぎとめるのだ。チームのメンバーはお互いに報告し合う。それも定期的に、かつ頻繁に。だからメンバーは結果を出すことに努力し、勝つための試合をするようにする。

リーダーに第4の規律について話すと、たいてい懐疑的になる。「またミーティングが増えるなあ。毎週やるのか?」「そんなに短いミーティングで本当に成果が上がるのか?」
しかしわずか数週間で、誰もがだいたい同じことを報告してくる。たとえばフランクリン・コヴィー社のクライアントはこんなふうに言っていた。「正直、ミーティングが増えるのは勘弁してほしいと思っていましたよ。しかしこのミーティングはとてもキャンセルできませんね。何よりも大事なミーティングなのですから」

第4の規律では、WIGセッションとしてチームのメンバーが定期的に集まり、先行指標を動かすために自分ができることをコミットメントする。

WIGセッションは単に短いミーティングのように思えるだろうから、目新しさは感じないかもしれない。しかしチームに最高のプレーをさせたいなら、アカウンタビリティのリズムが必要だ。そしてこのリズムをつくり定着させるには、それ相応のスキルと精度が要る。

WIGセッションとは何か？

WIGセッションは、あなたが普段行っているようなミーティングとは違う。

目的は一つだけである。日々の竜巻を押しのけ、チームのフォーカスをWIGに向けることだ。セッションは定期的に行う。少なくとも週

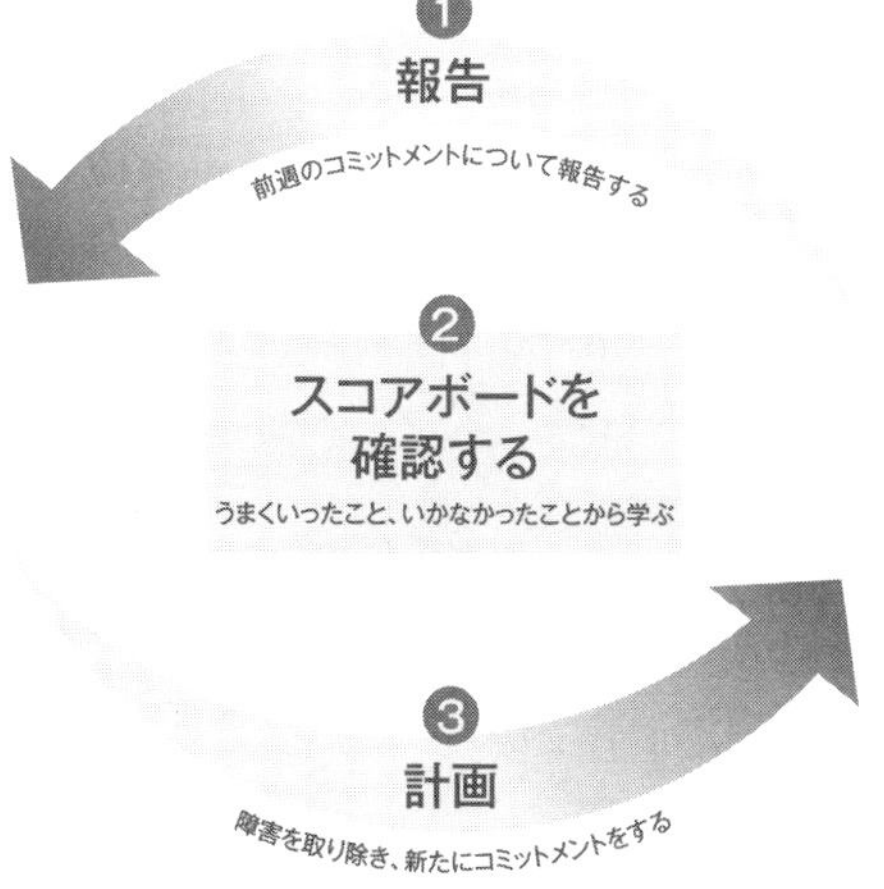

WIGセッションは、短時間で集中的に行うチームミーティングである。ミーティングの議題はこの3つだけにする。WIGセッションの目的は、コミットメントしていたことの結果を報告し、WIGのスコアボードを動かすための活動をコミットメントすることである。

一回、場合によってはそれ以上。図に示すように、議題は決まっている。

一．報告：前週のコミットメントについて報告する

各メンバーが、先行指標を動かすためにした前週のコミットメントを報告をする。

二．スコアボードを確認する：うまくいったこと、いかなかったことから学ぶ

チームは、自分たちがコミットメントした活動が先行指標を動かしているか、先行指標が遅行指標を動かしているかを評価する。うまくいったこと、うまくいかなかったことから何を学んだか、どのように修正すればよいかを話し合う。

三．計画：障害を取り除き、新たにコミットメントをする

評価に基づいて、各メンバーは、必要とされるパフォーマンスのレベルまで先行指標を上げるために今週行う活動をコミットメントする。メンバーは自分がすることをコミットメントし、その結果をチームの仲間に翌週報告するのだから、何としてでも実行する覚悟でセッションを終えられる。コミットメントした活動は自分にとって重要なものとなる。

このアカウンタビリティのリズムは、考え方は簡単だが、竜巻の中で維持していくにはフォーカスと規律が必要である。

なぜＷＩＧセッションを行うのか？

・ＷＩＧセッションは、ほかの緊急の仕事の竜巻が吹き続ける中で、ＷＩＧへのチームのフォーカスを維持する。

- ＷＩＧセッションは、先行指標をどのように進めたらよいのか、メンバーがお互いに学ぶ場となる。成功したメンバーがいれば、ほかのメンバーはそのやり方を採用できる。逆にうまくいかないことがあれば、早期に発見できる。
- ＷＩＧセッションは、メンバーがコミットメントを守るために必要なサポートを提供する。コミットメントの実行を阻む障害にぶつかったら、チームで道を切り開く方法を考える。
- ＷＩＧセッションによってチームは、変化するビジネスのニーズにスピーディに対応できる。セッションの最後に、年間プランでは予測できない問題に対処するジャスト・イン・タイムの計画を作成する。
- ＷＩＧセッションは、前進をたたえ、チームに活を入れ、気合を入れ直す。

WIG ハドル

市街地の病院の救急救命室など、全員が集まる時間をとりくにいチームは、WIG セッションではなく WIG ハドル（円陣）を行うとよいだろう。

WIG ハドルは、スコアボードを中心にしてメンバーが円陣を組んで行う。週１回、５～７分程度でかまわない。

1. スコアボードのレビュー：結果に対するアカウンタビリティを強める。
2. 先週のチームのコミットメントの報告：パフォーマンスを高める活動をチームで一つコミットメントする。
3. 今週の活動をコミットメントする。

我々がＷＩＧセッションのことを真剣に考え始めたのは、著名な経営者であるスティーブン・クーパーから話を聞いたことがきっかけだった。クーパーがシリコンバレーのＥＴＥＣ社という小さな会社を買収したとき、ＥＴＥＣ社は毎月一〇〇万ドルの赤字を出していた。クーパーは、七年以内に売上高を一〇倍にするというＷＩＧを設定した。このＷＩＧを達成するために、彼は各チームに対して、二～三個の実行可能な目標とその指標を決め、紙一枚にまとめて提出するよう指示した。

この指示でチームは明確な方向性を得たわけだが、クーパーの最終的な成功の鍵は、毎週のレビューだった。的を絞ってスピーディにレビューを行うために、三つのルールを定めた。「まず、状況報告を四分以内でする。各目標について、目標値、現状、課題、助言をまとめる。そして、報告するだけでなく問題を一緒に解決する」

クーパーのチームリーダーの一人は、毎週のセッションについてこう語っている。「問題が危機に発展することがなくなりましたね。ミーティングの手順が決まっているから、わけのわからないままに対応するのではなく、落ち着いて話し合える。どのリーダーも数分で進捗（しんちょく）状態のグラフを説明し、問題点を顕在化させる。そして全員で解決の方法を探る。このルーティンのおかげで、ボールから目を離さずにいられるんですよ。全員で少しずつ前進する。足並みを揃えて行進できる」[28]

クーパーの活動に刺激を受けて、我々もさまざまな形態のＷＩＧセッションを試行錯誤した。こうして、すっきりとして効率的なＷＩＧセッションの形態になったと自負している。今では何百もの組織が重要な優先事項にこのセッションで取り組んでいる。

ＷＩＧセッションでは何が起こるのか？

スーザンのイベント・マネジメントチームのセッションを例にして、ＷＩＧセッションの様子を見ていこう。

スーザンのチームのＷＩＧは「一二月三一日までに企業イベントの売上を二二〇〇万ドルから三一〇〇万ドルにする」である。二つの先行指標は、

- 営業員は、一人毎週二社に質の高い会場案内を行う。
- 全イベントの九〇％でプレミアムバー・パッケージをアップセールスする。

そして行動を促すスコアボードもできている。

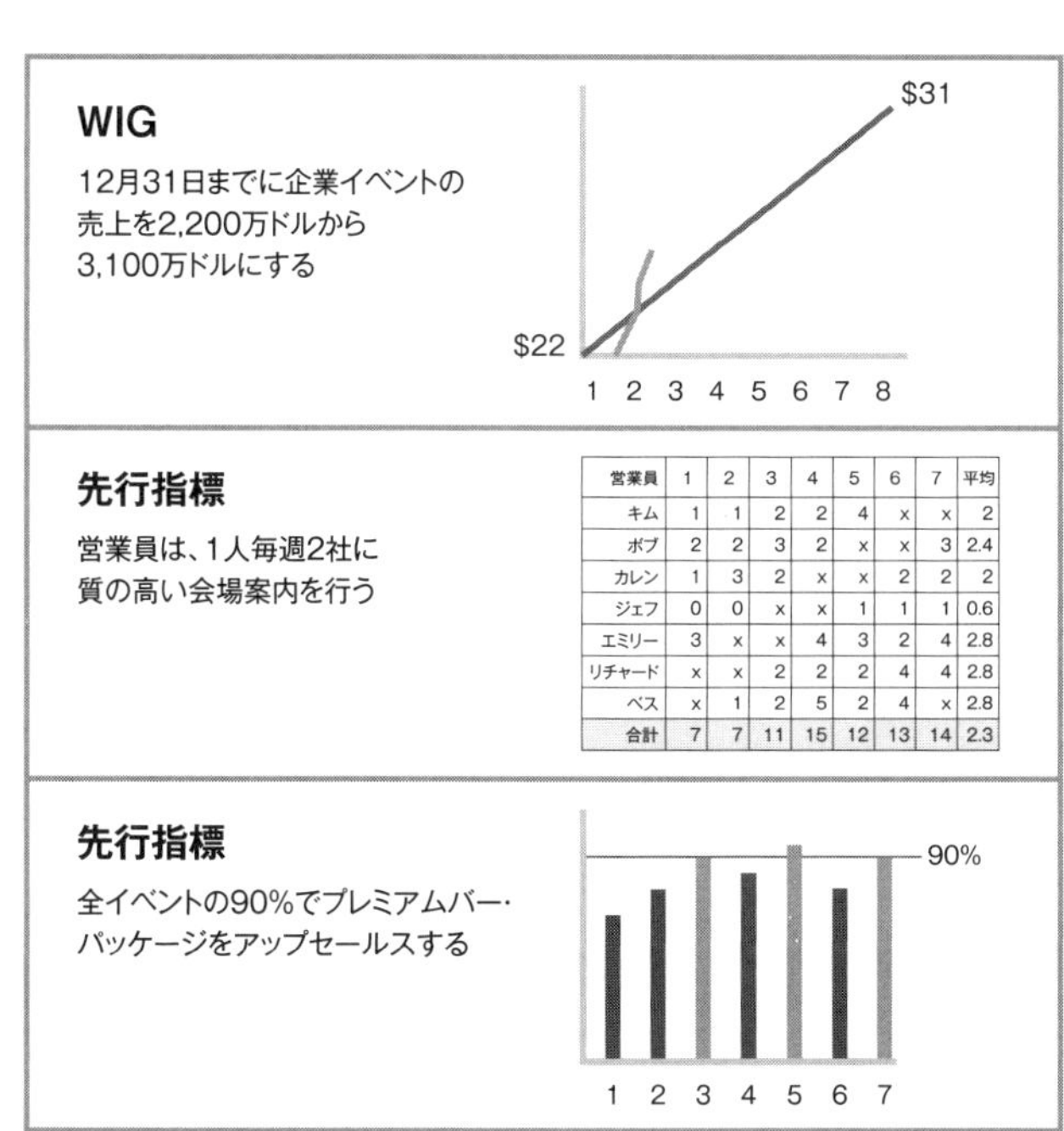

営業員	1	2	3	4	5	6	7	平均
キム	1	1	2	2	4	x	x	2
ボブ	2	2	3	2	x	x	3	2.4
カレン	1	3	2	x	x	2	2	2
ジェフ	0	0	x	x	1	1	1	0.6
エミリー	3	x	x	4	3	2	4	2.8
リチャード	x	x	2	2	2	4	4	2.8
ベス	x	1	2	5	2	4	x	2.8
合計	7	7	11	15	12	13	14	2.3

スーザンのチームは月曜日にＷＩＧセッションを開始し、三ヵ月経過したところで、スコアボードは前ページのようになっている。

スーザン「皆さん、おはようございます。八時一五分です。まずスコアボードを確認しましょうか」

［スコアボードのレビュー］

「今日はいいニュースがあります。スタートして三ヵ月ですが、企業イベントの売上を伸ばすチームＷＩＧの目標を超えました。先月の遅行指標のスコアは目標額一〇四万ドルに対して一四〇万ドルでした。頑張りましたね。

ご覧のとおり、先週、先行指標一の会場案内件数は合計で一四件、過去七週間で最高を記録しました。トップはエミリーとリチャードです。二人とも四社の会場下見を受けて実行しました。

さらに、先行指標二のアップセールスについても最高記録で、全イベントの九五％でプレミアムバー・パッケージをオファーできています。ただ、過去七週間で四週間は目標に達していません。先週のパーセンテージは満足のいく数字ですが、これを維持していく努力をしなければなりません」

［先週のコミットメントの報告］

「私の先週のコミットメントですが、一つめは、キムとカレンに対してパッケージの二〇分のセールス・トークを手直しし、一緒に練習し指導するとコミットメントしました。これは予定どおり行いました。

また、商工会議所の会議に出席し、うちのホテルを利用したことのない企業三社以上の代表者と面識を得るとコミットメントしました。五社とコンタクトをとることができました。お名前、連絡先は今日の午後にでも皆さんに配ります。

今週ですが、プレミアムバー・パッケージの新しいマーケティング資料の最終チェックを完了します。それと欠員補充の件で三名の応募者を面接し、条件を満たす一名を採用します」

キム「先週、市内にオフィスを開いた二社に営業をかけるとコミットメントしました。実行しました。いいニュースです。そのうちの二社が来週、見に来てくれます！

スコアボードでは、私は二社に会場案内をしていますが、アップセールスは一社にしかしていません。ですからスコアは五〇％です。今週はスコアを上げます。

今週ですが、昨年うちのホテルで年次総会をなさったお客様で、今年まだ契約をいただいていない二社に電話するか訪問して営業をかけます。新しいバンケットルームをご案内したいと思います。今年も契約をいただけるように頑張ります」

ボブ「先週コミットメントしたのは、会場を見に来られる予定の三社にプレミアムバー・パッケージのアップセールスの準備をすることでした。三社とも大規模なイベントを計画しています。料理長にワインテイスティングのディスプレイをしてもらい、軽いオードブルも用意しました。とてもうまくいき、三社ともイベントではプレミアムバー・パッケージにアップグレードしてくださいました！

スコアボードでは、私は三社に会場案内を行い、三社ともにアップセールスしたので、スコアは一〇〇%です。

今週は、現在のところ会場下見は一件しか予定が入っていないので、今日の夕方までに新しい見込み客五社以上にコンタクトをとります。週末までには、そのうち少なくとも一社から会場下見のコミットメントをとります」

カレン「私は先週、昨年イベントを開いたお客様のうち一〇社に、今年のパンフレットを送るとコミットメントしました。パンフレットには、それぞれの企業の昨年のイベントの写真、イベントで使用されたバンケットメニューを同封しました。今年も当ホテルでイベントを開催していただきたいとの手書きの手紙も入れました。パンフレットを送った一〇社のうち四社から写真をありがとうという電話をいただき、二社は新しいバンケットルームを見に来てくださるそうです。

スコアボードについては、二社に会場案内を行い、二社ともにプレミアムバー・パッケージを勧めたので、スコアは一〇〇%です。

今週は、昨年のお客様の中からさらに五社にパンフレットを送ります」

スーザンのWIGセッションは、メンバー全員が報告を終えるまでこのように進められる。コミットメントの実行とその結果について、上司のスーザンに対してだけでなく、メンバー同士で報告し、お互いに責任を果たしていることがわかるだろう。

今週の活動のコミットメント

ＷＩＧセッションの効果は一定のリズムを維持できるかどうかにかかっているが、スコアボードの結果を左右するのは、コミットメントする活動のインパクトである。リーダーは、メンバーがインパクトの高い活動をコミットメントできるように促す必要がある。

まず、次の質問に答える。「スコアボードのチームのパフォーマンスにインパクトを与えるために、私が今週できるもっとも重要なこと一つか二つは何か？」

この質問がＷＩＧにどのような意味を持つのか、センテンスを分解して考えてみよう。

- **「一つか二つ」**：第４の規律では、インパクトの高い活動を一つか二つに絞り込んだほうが、多くの活動をコミットメントするよりもはるかに重要である。たくさんの活動をほどほどに行うよりも、一つか二つの活動を完璧に実行したほうがずっとよい。コミットメントが多すぎたら、実行しきれない。五つの活動をコミットメントして果たせないよりも、インパクトの高い活動二つをコミットメントし確実に実行するほうが、ＷＩＧの達成に近づくことができる。
- **「もっとも重要」**：周辺的な活動に時間を無駄にしてはいけない。最大限の効果を生む活動をコミットメントし、それに最大限の集中と労力をかける。
- **「私が」**：ＷＩＧセッションで行うコミットメントは、個人の責任である。リーダーがメンバーに何かをさせるのではない。自分が行う活動をコミットメントするのである。メンバーと協力して行うにしても、個人的に責任を負える部分については、実行し報告することをコミットメントしなければならない。

- **「今週」**：第4の規律では、少なくとも週一回のアカウンタビリティのリズムが求められる。このリズムを維持できるように、次の週に終えられる活動だけをコミットメントする。四週間かかる活動をコミットメントしたら、そのうち三週間はアカウンタビリティのリズムを維持できない。数週間のイニシアチブなら、次週にできることだけをコミットメントする。毎週何かの活動をコミットメントすることが緊張感を生み、竜巻が吹き荒れる中でもWIGへのフォーカスを維持できる。
- **「スコアボードのパフォーマンス」**：この部分が一番重要だ。コミットメントする活動のすべては、スコアボードにある先行指標と遅行指標を動かすことに向けられなければならない。このフォーカスがなければ、竜巻に対応する活動のコミットメントをしたくなるだろう。竜巻の仕事も緊急を要するものだが、WIGの役にはたたない。

WIGセッションでメンバー全員がこの質問に正確に答えたら、チームは結果を生む実行のリズムを確立できる。

スーザンのWIGセッションでは、メンバーは次のような活動をコミットメントした。どれもスコアボードを前進させる活動である。

- キムとカレンに対してバーパッケージのアップセールスの二〇分のセールス・トークを手直し

し、一緒に練習し指導する。

- 商工会議所の集まりに出席し、当ホテルでイベントを開催したことのない新規企業三社の代表者と面談する。
- プレミアムバー・パッケージの新しいマーケティング資料の最終チェックを終える。
- チームの欠員補充について三人の応募者を面接し、条件を満たす一人を採用する。
- 市内にオフィスを開いた二社に営業をかける。
- 会場の下見に来る三社にプレミアムバー・パッケージを体験してもらい、アップセールスする。
- 昨年イベントを開催した顧客企業のうち一〇社に、手書きの手紙を入れてフォローアップのパンフレットを送る。

チームのメンバーは、自分で考えた活動のコミットメントは責任を持って実行するものである。しかしリーダーは、コミットメントする活動の内容が次の基準を満たしているか確認しなければならない。

- **具体的**

コミットメントの内容が具体的であるほど、責任感も強くなる。何をするのか、いつするのか、期待できる結果は何かを具体的にコミットメントする。

- **スコアボードを動かせるか**

コミットメントする活動はスコアボードを動かせるものでなければならない。そうでないと、竜巻に労力を奪われることになる。たとえば何かの年間目標の期限が迫る週には、その目標を終える活動のコミットメントをしたくなるかもしれない。もちろん、年間目標も大切だ。しかしその年間目標がＷＩＧの先行指標にほとんど関係がないなら、いくら緊急を要する仕事でも意味はない。

・タイムリー

インパクトの高い活動は、次の一週間で終えられ、なおかつチームのパフォーマンスに短期間でインパクトを与えるものでなければならない。コミットメントした活動が実際に効果を見せるのがあまりも先になると、勝利のリズムが狂ってしまう。

インパクトの低い活動のコミットメント	インパクトの高い活動のコミットメント
今週はトレーニングに力を入れます。	キムとカレンに対して、バーパッケージのアップセールスの20分のセールス・トークを手直しし、一緒に練習し指導します。
商工会議所の集まりに出席します。	商工会議所の集まりに出席し、うちのホテルでイベントを開催したことのない新規企業3社の代表者と面談します。
欠員補充の面接をします。	チームの欠員補充について3人の応募者を面接し、条件を満たす1人を採用します。
今週は新しい顧客に営業をかけます。	市内にオフィスを開いた2社に営業をかけます。
以前の顧客に電話します。	昨年イベントを開催した顧客企業のうち10社に、手書きの手紙を入れてフォローアップのパンフレットを送ります。

前のページの表で、インパクトの低いコミットメントと高いコミットメントの違いがわかる。先行指標を動かすことに向けられたコミットメントには、力強さが感じられるはずだ。

注意事項

アカウンタビリティのリズムを狂わす罠（わな）はいろいろある。これらに注意し、避けなければならない。

・竜巻との競争

第4の規律を実践し始めたとき、あなたとチームがぶつかる最大の難関である。竜巻の中にある緊急の仕事をＷＩＧの活動のコミットメントと取り違えてはいけない。「このコミットメントを果たすと、スコアボードにどのくらいのインパクトを与えられるか？」という問いにすぐに答えられなければ、それは竜巻の仕事にフォーカスしたコミットメントである可能性が高い。

・漫然としたＷＩＧセッション

アカウンタビリティのリズムは、ＷＩＧセッションの議題を厳守しなければ狂ってしまう。毎回のＷＩＧセッションで必ず、前週のコミットメントの結果を報告し、今週の具体的なコミットメントをする。

・二週以上連続で同じコミットメントをする

いくらインパクトの高い活動でも、毎週繰り返していたらルーティンになってしまう。先行指標を動かす新しい方法、より効果的な活動を常に探さなくてはならない。

・コミットメント不履行を許す

チームのメンバーは、日々の竜巻がいかに強くともコミットメントを果たさなければならない。コミットメントを果たさないと、４ＤＸをチームにインストールするためにしてきた苦労が水の泡になる。実行の規律が崩壊する重大局面にぶつかるのだ。

チームにアカウンタビリティの規律を定着させることができたら、竜巻を毎週追いやれる。しかしコミットメントを履行し結果を出すことを甘く考えていたら、最重要目標はたちまち竜巻に吹き飛ばされてしまうだろう。

スーザンはＷＩＧセッションでどのように対処しているだろうか。続きを見てみよう。

スーザン「ジェフ、次はあなたよ」

ジェフ「はい。あの、昨年イベントを開いたお客様に連絡し、会場の下見に来ていただけるよう伺いを立てるとコミットメントしました。ところが、ご存じのように先週は重要なイベントがありました。今年最大規模のイベントで、ぜひとも成功させたかったので、このイベントにほとんどかかりきりでした。おまけにメインのボールルームのプロジェクターが故障してしまい、代わりの機材の調達に追われました。イベントが台無しになったら大変ですから、この仕事にかなり時間をとり、プロジェクターは何とか調達できました。気づいたときには一週間が過ぎていて、もう時間がなかったんです」

ジェフは要するに、竜巻のせいでコミットメントを守れなかったと言っているのだ。なお悪いのは、自分の竜巻は重要だから、コミットメントを守れなくとも仕方がないと思っていることだ。実行の規律は、ここで崩壊してしまう。

人がするコミットメントのほとんどは条件付きである。たとえば、チームのメンバーが「火曜日の朝九時までにレポートを提出します」と言ったとしよう。そこには「何か急な用事ができなければ」という条件が潜んでいる。しかし竜巻はいつでも吹いている。急な用事というのは必ず起こるのだ。

竜巻がコミットメントを吹き飛ばしても仕方がないと思っていたら、目標を進捗（しんちょく）させるために必要な労力は絶対にかけられない。実行の規律の始まりも終わりも、ＷＩＧセッションでのコミットメントを守ることにある。

だからリーダーであるスーザンの仕事、特にＷＩＧセッションをスタートしたばかりの時期にすべきことは、「コミットメントは無条件」という新しい基準を立てることである。我々のあるクライアントは「チームにコミットメントをしたら必ず、何があっても果たす方法を見つけなければならない」と言っていた。

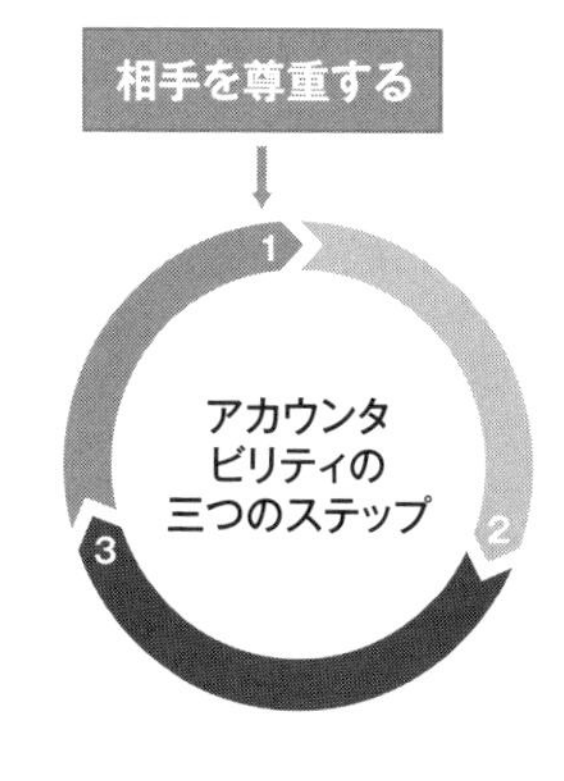

さて、スーザンはどう対応すべきだろう?

ステップ一：相手を尊重する

スーザン「ジェフ、先週のイベントは大成功だったわ。あなたがいなければ、イベントは大失敗になっていてもおかしくなかった。あなたの努力も、このお客様がうちのホテルにとってどれほど大切かも、チームの全員がわかっている。よく頑張ってくれたわ」

ステップ一は非常に重要だ。スーザンはジェフに、チームのメンバーとして彼を尊重している姿勢を示した。しかし同時に、竜巻の仕事も大事だというメッセージもチームに伝えた。このステップを飛ばしたら、ジェフは価値のないメンバーだ、竜巻は重要ではない、という二つの間違ったメッセージを送ってしまうことになる。

ステップ二：アカウンタビリティを強調する

スーザン「ジェフ、あなたはチームにとって重要な存在な

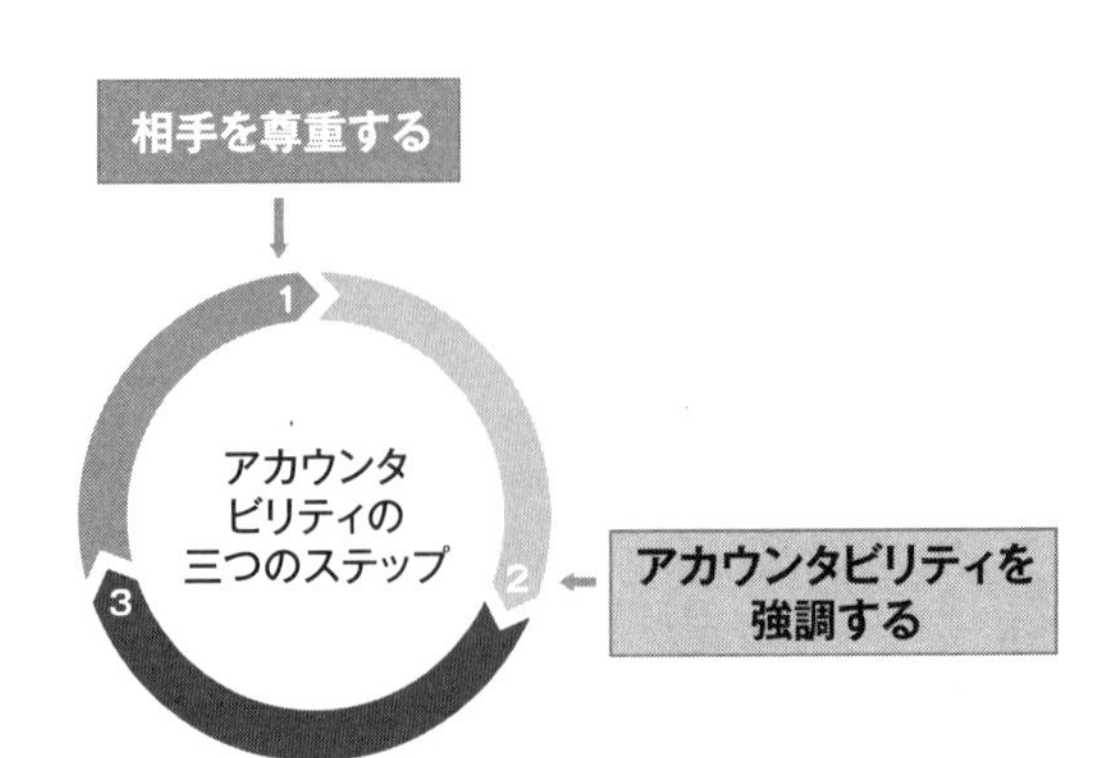

の。あなたがいなければ、チームは目標を達成できない。つまり、コミットメントをしたら、その週に何があっても果たす方法を見つけなければならないということよ」

ここはジェフにとってもスーザンにとっても難しい局面だ。しかしスーザンは、ジェフを尊重していること、竜巻の要求も大事であることをステップ一ではっきり示しているから、ジェフはチームのためにベストを尽くすことがいかに大切かわかるはずだ。

ステップ三：実行を励ます

スーザン「ジェフ、あなたがチームのために頑張っていることはわかっているわ。来週の活動のコミットメントをして、それに加えてできなかったコミットメントも終えられるかしら？」

スーザンはジェフに、すべてのコミットメントを実行してプライドを取り戻すチャンスを与えている。

三つめのステップによって、このやりとりを効果的に締めくくることができる。ジェフはチームに対してコミットメントを

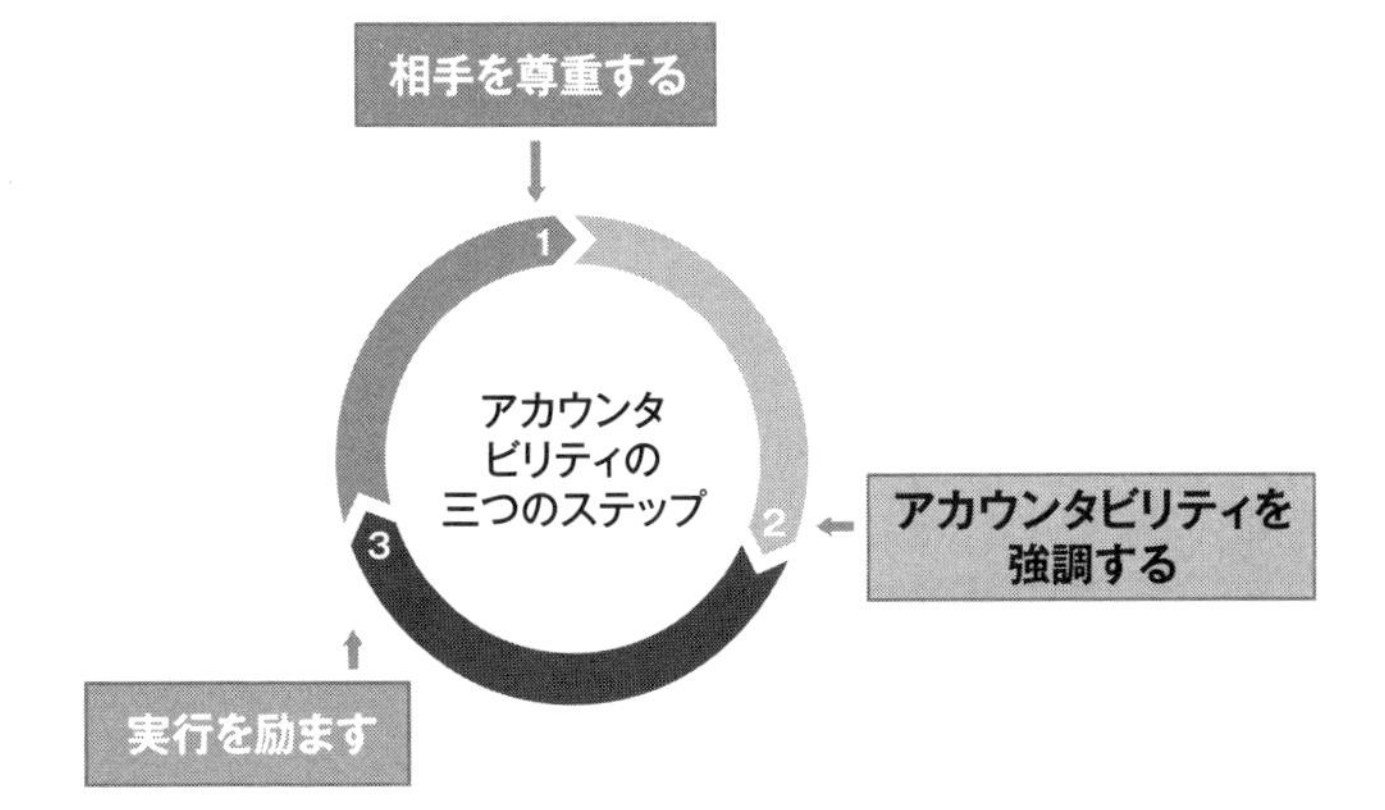

守ることができるのだから、彼にとって重要なステップであるのはもちろん、リーダーのスーザンにとっても、4DXの規律を重要視している姿勢をチームに示す意味で重要である。チームもまた、パフォーマンスの新しい基準を守ることが期待されているのだとわかる。

無条件でコミットメントをしない限り、一週間の予定表で黒をグレーのブロックに食い込ませることはできない。グレーの竜巻は、黒のブロック（コミットメント）をいとも簡単に浸食するのだ。そうなったらもう、実行の物語は終焉（しゅうえん）を迎えるしかない。

フランクリン・コヴィー社の創業者の一人、ハイラム・スミスはこう言っている。「この一つのコミットメントに給料の全額がかかっているとしたら、自動的に二つのことが起きる。まず、何をコミットメントするか慎重に考えるだろう。そして、そのコミットメントを絶対に果たすはずだ」これがWIGの目的だ。よく考えてコ

毎週のコミットメント

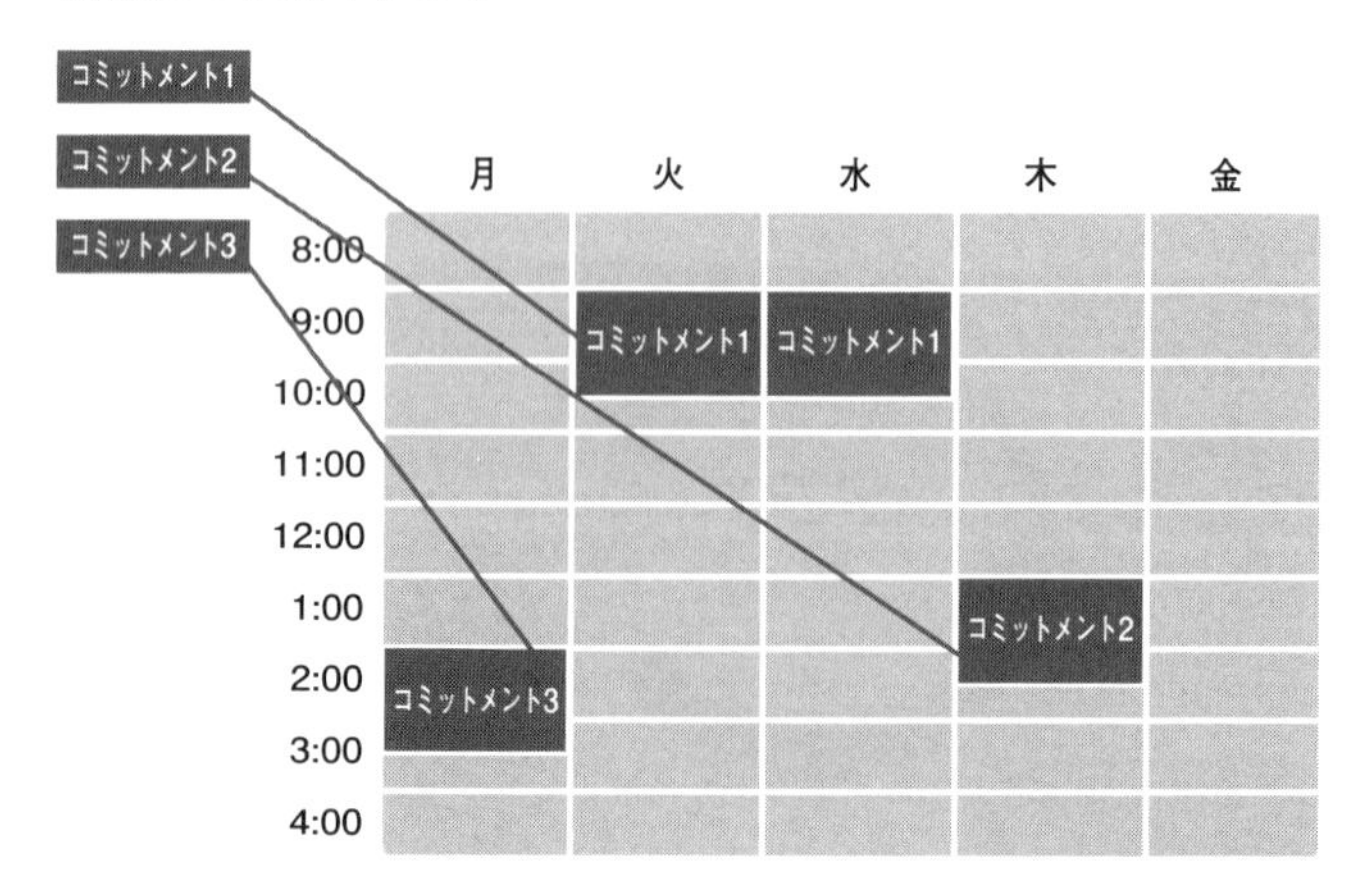

ミットメントをし、竜巻に吹き飛ばされずにそのコミットメントを果たす決意をするのである。

ＷＩＧセッションの成功の鍵

- **ＷＩＧセッションは予定どおりに開く**

ＷＩＧセッションは、竜巻がどんなに吹き荒れていても、毎週、同じ曜日の同じ時間に開く（電子的に行う場合も）。リーダーが不在の場合には、司会はチームの誰かに任せる。

- **ＷＩＧセッションは簡潔に行う**

てきぱきと進める。二〇分から三〇分以内に収めることが鉄則だ。長引くと、いつの間にか竜巻のミーティングになってしまう。

- **リーダーが先陣を切る**

毎回のＷＩＧセッションは、まずスコアボード上の結果をレビューし、次にリーダーから先週のコミットメントについて報告する。リーダーが最初に報告すれば、自分がやりたくないことをチームにやらせるわけではないことを示せる。

- **スコアボードを掲げる**

セッションの前にスコアボードを更新し、見える場所に置いておく。スコアボードなしでＷＩＧセッションを開いてはいけない。スコアボードによってチームを試合に結びつけ、うまくいっていること、停滞していることを示せる。スコアボードがなければ、ＷＩＧセッションはただのミーティングになってしまう。

・成功をたたえる

コミットメントを果たし、指標を動かすことができたら、チームと個々のメンバーをたたえ、チームのＷＩＧへのコミットメントを強める。

・学習事項を共有する

メンバーは、一週間を通して先行指標を動かすのに効果のあったこと、なかったことを学ぶ。また、ほかの指標よりも好調に推移している指標はどれかもわかる。この情報を全員で共有する。

・竜巻が吹き込むのを防ぐ

スコアボードを動かせる活動だけを話し合いの対象にする。竜巻の仕事、その日の天気や朝の交通渋滞、昨日のスポーツの結果などの話は別の席で！

・協力して道を切り開く

障害があれば、協力して取り除く。道を切り開くというのは、問題の解決を誰かに任せるのではなく、チームの強みを生かすことを意味する。ほかのメンバーの道を切り開くことに合意するなら、それは次週のコミットメントになり、ほかのコミットメントと同じように果たさなければならない。

・竜巻が吹いていても実行する

竜巻が吹いていても、コミットメントを実行することは無条件の義務である。コミットメントを実行できなかったら、次の週までには必ず実行し、責任を果たさなければならない。

結末

第2部の冒頭で、あるスーパーチェーンの話をした。4DXを導入したものの、頓挫しかけていたところで、話は中断したままだった。

4DXの導入はうまくいっていなかった。

たとえばある日のこと、ジムがベーカリー売り場を見にいくと、棚には昨日焼いたパンがあり、ディスプレイケースにはクッキーのくずが散らばっていた。

「ヨランダ！」彼はベーカリー売り場の主任を呼びつけた。小麦粉だらけの姿で現れたヨランダは、ジムがスコアボードを指差すと不満を爆発させた。

「やることが多すぎてスコアボードのことを気にしている暇なんかないんです！」と手の小麦粉を払いながら彼女は言った。「大量のケータリングの注文があって、一日がかりなんですから。それに忙しくて棚卸もまだなんですよ。とにかく時間がないんです。人手が足りません！」

シシュポスはまだ生きていたのだ。それも元気よく。あんなに努力してWIGと先行指標を決め、スコアボードまでつくったというのに、店は何も変わっていなかった。理由は一つだ。

第4の規律が完全に欠落していたのである。

アカウンタビリティのリズムがなかった

「私が先週やったことはこれです。あのスコアを動かすために今週はこれをします」とメンバー一人ひとりが報告しコミットメントする週一回のセッションを持っていなかった。そこで我々はジムに、スタッフとミーティングし、「スコアボードにもっともインパクトを与えられることで、今週できる一つのことは何か？」と一人ひとりに尋ねるよう強く勧めた。

ジムは翌日早速、店のスコアボードについて話し合うだけで数分ですむからとスタッフを説き伏せ、第一回WIGセッションを開いた。各売り場の主任が集まると、彼はまず、ベーカリー売り場の主任に聞いた。

「ヨランダ、店の状態のスコアボードに最大のインパクトを与えられることで、今週できる一つのことは何だろうか？」

ヨランダはジムの真剣な面持ちに驚き、「私が決めていいんですか？」と質問した。

ジムはうなずき……待った。

「バックルームをきれいにできると思います」

「わかった。それによって店の状態のスコアはどう動く？」

「整理整頓ですよね。売り場に余分なラックがたくさん置いてあります。バックルームを片付ければ、売り場に散らばっているラックをバックルームに置けますから、売り場がすっきりします」

「そうだね。今週はそれだけでいいよ、ヨランダ」次にジムは、魚介売場の主任に聞いた。「テッド、店の状態のスコアボードに最大のインパクトを与えられることで、今週できる一つのことは何だろうか?」
「今週は大きな売り出しがあります」とテッドは話し始めた。「用意しているお買い得のロブスターに力を入れます。私がすることはそれです」

「ありがとう、テッド。それは重要な仕事だ。頑張ってほしい。だが、それはスコアボードをどう動かす?」

「ああ、店長のおっしゃりたいことがわかりました」テッドはひらめいたようだった。売り出しは重要だが、最重要目標である店の状態のスコアを上げることには貢献しない。「そうですね、わかりました。ボビーは三週間前に入ったのですが、朝の商品陳列の仕方がまだわかっていません。彼を指導して、私をバックアップできるようにします」

「それだな!」ジムは答えた。

考えてみてほしい。誰がこれらのアイデアを出したのだろうか?店長のジムではない。それぞれの売り場の主任だ。これは大きな違いではないだろうか?

ジムはこのとき、何から何まで指示するマイクロ・マネージャーではなくなった。スコアを動かすためにできることをスタッフ自身が選んでいた。以前の彼がマイクロ・マネージャーだったのは、なにも高圧的な上司になりたかったからではない。ほかのやり方を知らなかっただけなのだ!

こうしてジムの部下たちは毎週、スコアボードを囲んでミーティングを開き、スコアを伸ばすためにできる一つのことをお互いにコミットメントした。チームにアカウンタビリティのリズムができ始めると、スタッフの態度が変化し、スコアも動いた。

一〇週後、店の状態の平均スコアは五〇点満点で一三点から三八点に上がった。さらに、戦略的投資も実を結んだ。店の状態のスコアが上がるにつれ、売上も伸びたのである。

二五〇店舗中最下位にくすぶっていた三三四号店は、売上前年比でダントツの一位に躍り出た。

数ヵ月後、我々は、三三四号店のある地域の統括責任者が開く報告ミーティングに招かれた。そのミーティングでジムが店の躍進について報告した。

「すべてスムーズに運んでいるので、今朝は私が店に行く必要さえありません」と彼は切り出した。

地域統括責任者が質問した。「この変化は君個人にも意味があったということだね?」

ジムは答えた。「以前は異動するまでの辛抱だと割り切って耐えていました。ええ、今ではいつまででもこの店にいたいですね」

ジム・ディクソンと彼のチームはいまや、最重要目標で勝利する味を知った。外部からモチベーションをもらう必要などなかったのだ。

胸の奥底では、誰もが勝ちたいと思っている。誰でも、本当に重要な目標に貢献したいと願っている。必死で頑張りながら、何か意味のあることをしているのだろうかと疑問に思う。そんな毎日はやりきれない。だから4DXが絶対に必要なのだ。三三四号店の社員たちは4DXを身につけた。ただただ岩を押し上げるだけの毎日が規律によって変わった。岩を頂上に到達させることができたのである。

成果物

第四の成果物は、先行指標を動かす定期的なＷＩＧセッションである。

だがそれより何より、第４の規律の最大の成果は、確実な結果を何度でも出せるアカウンタビリティのリズム、そしてハイパフォーマンス・チームである。

第４の規律は重要なコミットメントをして、それを守る規律である。それには相応のスキルと精度が要る。

第４の規律では、チームは毎週試合に出場し、メンバー一人ひとりが自分の貢献を組織のもっとも重要な優先事項に結びつける。これによって、重要な目標に向かって勝っている意識が生まれ、そして勝てるチームに育っていく。

そう、４ＤＸをインストールする努力に対する見返りは、勝利するチームなのである。

実践編

次ページのＷＩＧセッション・アジェンダ・ツールを使って、セッションの準備をしてみよう。

WIG セッション・アジェンダ・ツール

このアジェンダを印刷するか、または電子メールで、WIG セッションの開始時に配布する。セッションが終わったら、次ページのチェックリストに照らしてセッションを振り返る。

<table>
<tr><td colspan="4">WIG セッション・アジェンダ</td></tr>
<tr><td colspan="2">場所</td><td colspan="2">日時</td></tr>
<tr><td colspan="4">WIG</td></tr>
<tr><td rowspan="5">各自報告</td><td>チームメンバー</td><td>コミットメント</td><td>状況</td></tr>
<tr><td></td><td></td><td></td></tr>
<tr><td></td><td></td><td></td></tr>
<tr><td></td><td></td><td></td></tr>
<tr><td></td><td></td><td></td></tr>
<tr><td>スコアボード更新</td><td colspan="3"></td></tr>
</table>

チェックリスト

高いパフォーマンスを引き出せるWIGセッションかどうか、以下の項目をチェックして確かめる。

- [ ] WIGセッションは予定どおりにいっているか？
- [ ] WIGセッションをてきぱきと活発に進めているか（20～30分以内）？
- [ ] リーダーは報告と活動のコミットメントの手本になっているか？
- [ ] 更新されたスコアボードを確認しているか？
- [ ] 各指標について、勝っている／負けている理由を分析しているか？
- [ ] 成功をたたえているか？
- [ ] リーダーは自分のコミットメントについても無条件の報告責任を負っているか？
- [ ] 各メンバーは次週の具体的な活動をコミットメントしているか？
- [ ] コミットメントを実行する過程で障害にぶつかったメンバーのために、協力して障害を取り除き、道を切り開いているか？
- [ ] WIGセッションに竜巻が吹き込まないようにしているか？

４ＤＸを自動化する

４ＤＸをあなたのチームにインストールするプロセスを見てきたところで、次は４ＤＸの自動化がもたらすパワフルなサポートとインサイトを探っていくことにしよう。我々の経験から言えば、自動化のためのツールがあれば、４ＤＸの導入と定着に成功する確率は急上昇する。４ＤＸの原則を導入する方法と始動をサポートするツールについては、ウェブサイト team.my4DX.com を参考にしてほしい。

このウェブサイトでは、「私のチームまたは組織のメンバーの何％がスコアボードを更新しているか？　先行指標に対する毎週のコミットメントをしているか？　ＷＩＧセッションを開いているか？」という問いに答えも出せる。この章では、team.4DX.com のさまざまな機能を活用することによって、あなたのチームの実行力をどのようにサポートし、高めることができるのかを説明しよう。

試合の追跡

どんな自動システムでも、４ＤＸで準備した試合を完全に追跡できなければならない。この章では、４ＤＸの試合の構成要素のうち、システムで取得できる主要な五つの要素を紹介しよう。

一．チームの組織構造とチームメンバー
二．ＷＩＧと遅行指標「いつまでにＸからＹにする」、毎週のパフォーマンス目標

三．先行指標、毎日または毎週のパフォーマンス基準

四．前週のチームのコミットメント、実行状況、今週のコミットメント

五．ＷＩＧ、先行指標、ＷＩＧセッション、活動コミットメントの一覧表

ほとんどの組織はデータを豊富に持っているが、データを追跡しているかというとそうではない。

追跡しているとしても、多くのシステムに分散しているために、データは手作業で統合するしかない。

第3の規律では、メンバー一人ひとりのチームに対するアカウンタビリティとチーム全体の意欲を高める物理的なスコ

アボードを作成する。my4DX.com は、あなたがＷＩＧをスタートした瞬間からＷＩＧを達成するまで、チーム全体のパフォーマンスを追跡する電子スコアボードを提供する。さらに、スコアボードでは追跡できない各メンバーのコミットメントも記録できる。

このプログラムは実行のダッシュボードになり、ＷＩＧの活動を仔細にモニタリングできるのだ。

my4DX.com の実行ダッシュボードは次のようなものである。

これまでの章で取り上げたスーザンのイベント・マネジメント・チームの例を使って、実行ダッシュボードの主要な機能を見ていこう。

まず、このダッシュボードはスーザン

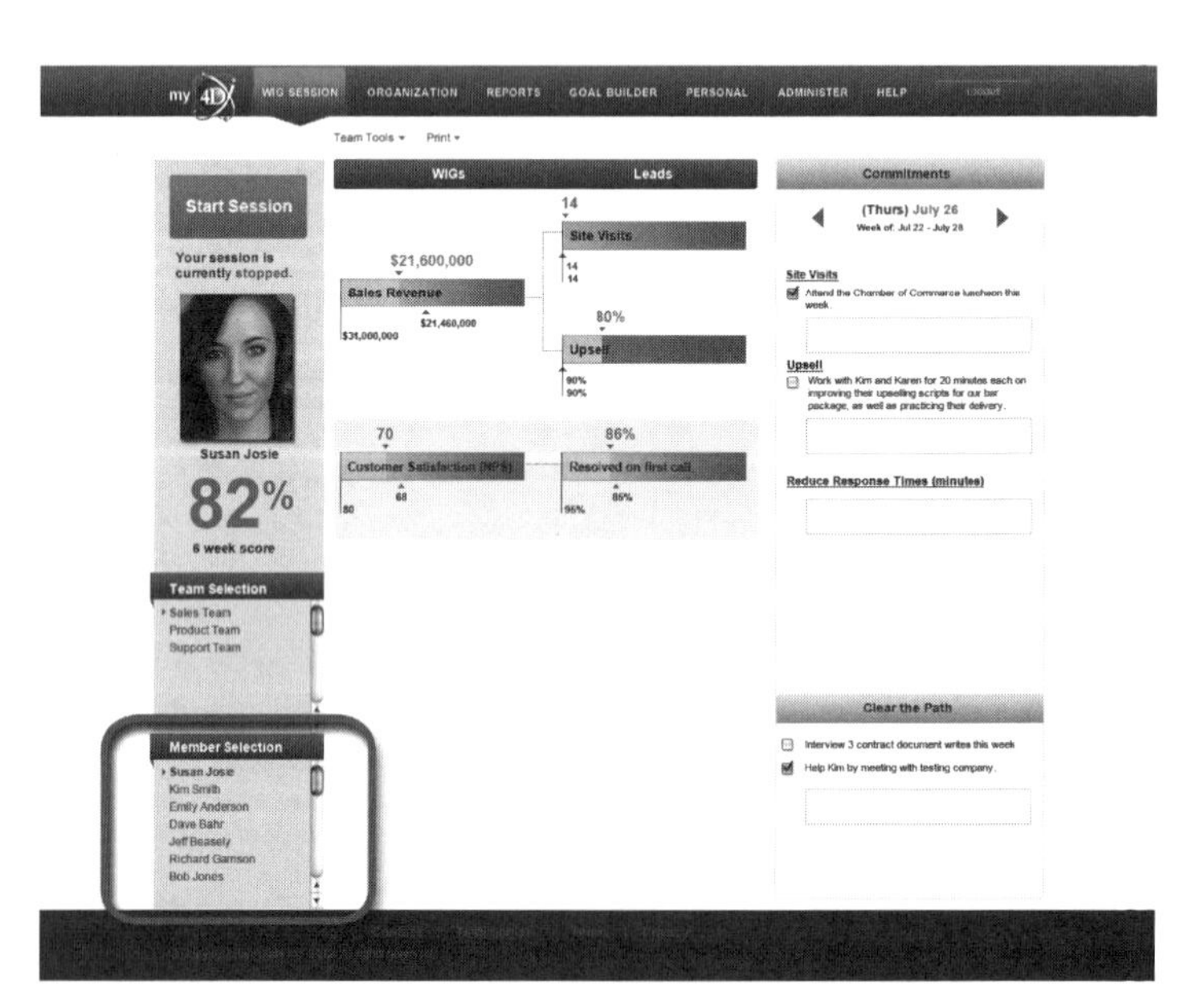

4DX コンポーネント 1：リーダーと各チームメンバー、それぞれの具体的な役割、写真のようなパーソナライゼーションの要素

と彼女のチームであることに留意してほしい。あなたの組織でも多くのチームがこのソフトウェアを使えるが、**チームそれぞれのダッシュボード**ができる。上部にスーザンの名前、その下にチームのメンバーの名前がある。

ダッシュボードの右に移ると、スーザンのチームのＷＩＧが表示されている。「一二月三一日までに企業イベントの売上を二二〇〇万ドルから三一〇〇万ドルにする」チームのＷＩＧで勝っているか負けているかを知る方法は、スコアしかない。my4DX.com では、金額、パーセンテージ、または明確なアカウンタビリティを果たした数でスコアを表示する。

毎週、チームは実績を記録し、さらにその週の目標値に対するパフォーマンスも記録できるから、「現在位置はどこか？　どこにいるべきか？」という問いに瞬時に答えられる。スーザンのチームの実行ダッシュボードでは、数字からも、また状態の色が緑であることからも、チームのＷＩＧで勝っていることがすぐにわかる。

先行指標と遅行指標については、知る必要のあることだけが表示される。すなわち、現在の位置、現在いるべき位置、最終的に到達しなければならない位置である。現在いるべき位置に対する現在位置に応じて、インジケーターは緑、黄または赤になる。右に移動すると、スーザンのチームがチームＷＩＧを達成するために取り組んでいる二つの先行指標が表示されている。

- 営業員一人につき毎週二社に質の高い会場案内を行う。
- 全イベントの九〇％でプレミアムバー・パッケージをアップセールスする。

先行指標の実績は毎週入力されるから、先行指標で勝っているのか負けているのかがわかる。さらに重要なこととして、先行指標が遅行指標を動かすことを予測できるかどうかもわかる。

スーザンのチームの実行ダッシュボードでは、会場下見の先行指標は順調に動いているが、アップセールスの先行指標は目標を下回っている。

これらのデータから、スーザンのチームは現在、両方の先行指標のスコアを動かし、最終的にチームＷＩＧの達成につながる活動のコミットメントをする計画である。

チームのメンバーは、前週にコミットメントした活動を振り返り、チームに結

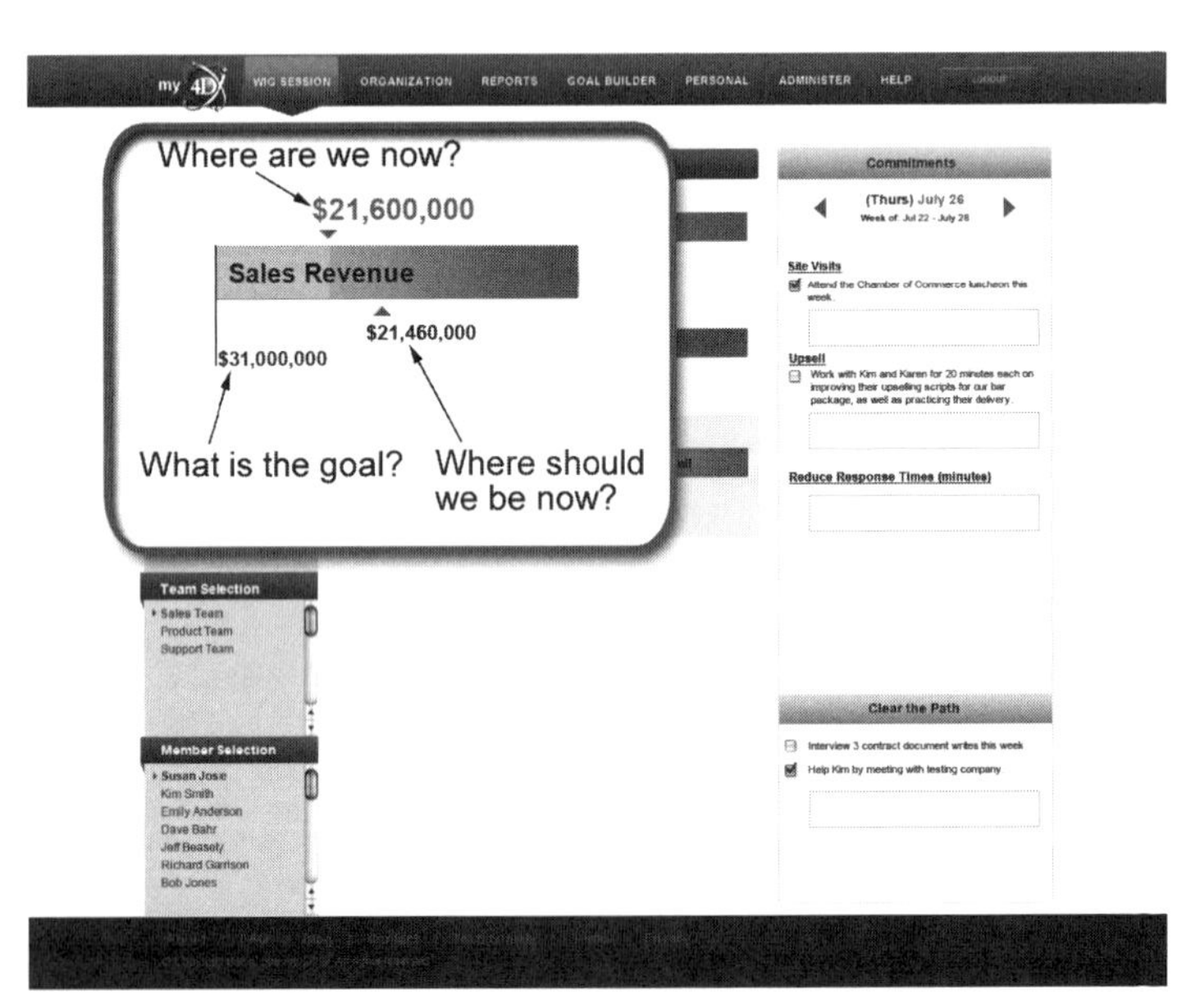

4DXコンポーネント2：WIG、遅行指標（いつまでにXからYにする）、毎週のパフォーマンスの目標

果を報告する。この例では、コミットメントを実行したことは、コミットメントの隣にあるチェックボックスで示される。

チームのメンバーはまた、スコアをさらに伸ばすために今週の活動をコミットメントする。前ページの画面の図では、スーザンの今週のコミットメントが拡大表示されている。

この画面には、スーザンの試合のすべてのコンポーネントが表示され、チームの全体的なパフォーマンスが一目でわかるようになっている。

4DXコンポーネント3：先行指標、毎週のパフォーマンス目標

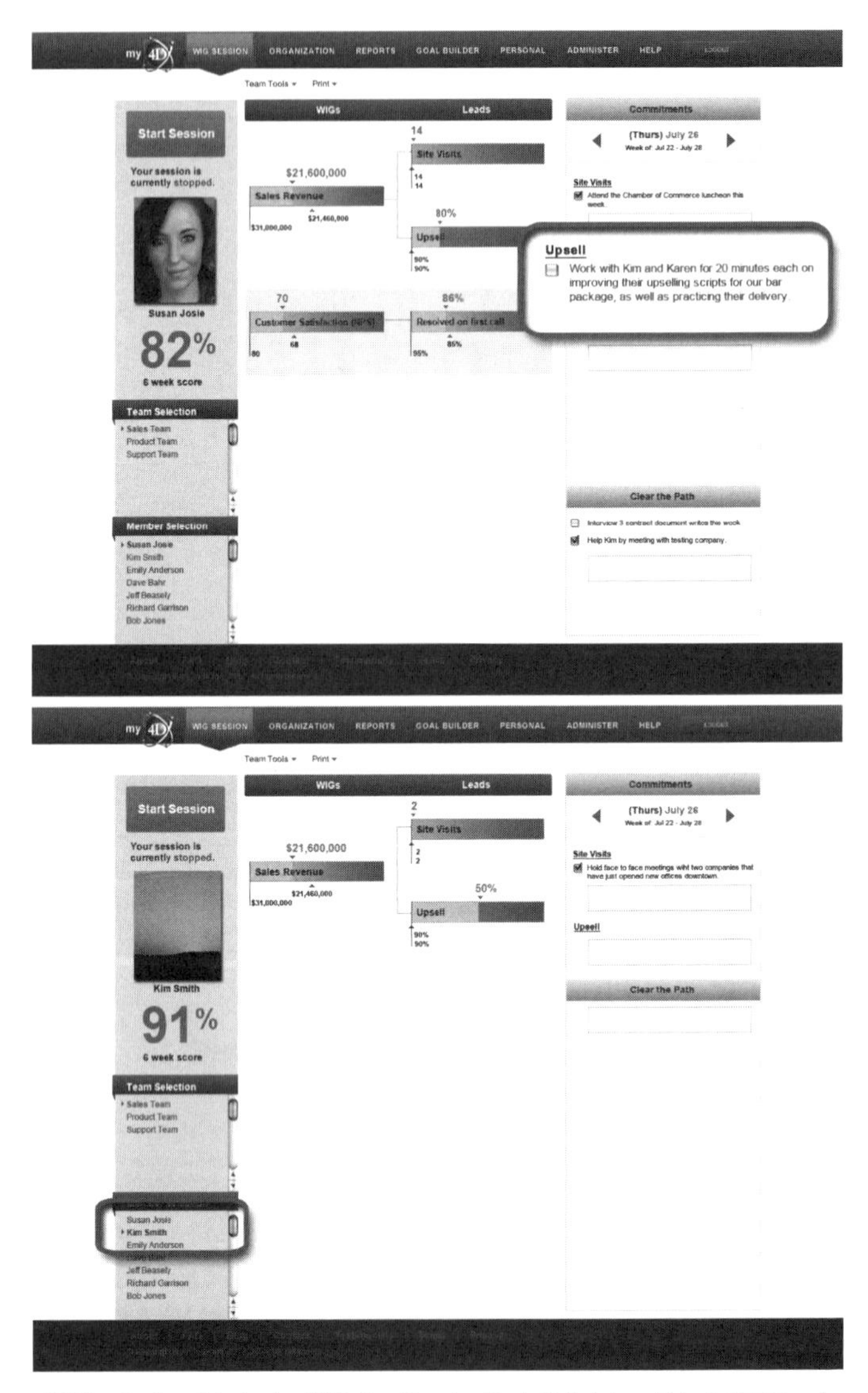

4DX コンポーネント 4：活動のコミットメントを入力し、それらのコミットメントが果たされたかどうかを表示する。

WIGセッション

スーザンのチームは、アカウンタビリティのリズムを守り、毎週三〇分のWIGセッションを行っている。

セッションの前に、チームの各メンバーは三つの重要な責任を果たさなければならない。

一．先行指標に対する自分のパフォーマンスを入力する

二．前週のコミットメントで実行したものにチェックマークを入れる

三．今週の活動のコミットメントを入力する

これら三つをセッションが始まる前に行っておけば、セッションでは各メンバーの結果を順番に表示し、個々人の重要なアカウンタビリティを果たしながらWIGセッションをスピーディに進めることができる。

1
報告
前週のコミットメントについて報告する

2
スコアボードを確認する
うまくいったこと、いかなかったことから学ぶ

前の章でキムの報告を紹介した。

キム「先週、市内にオフィスを開いた二社に営業をかけるとコミットメントしました。実行しました。いいニュースです。そのうちの一社が来週、見に来てくれます！

スコアボードでは、私は二社に会場案内をしていますが、アップセールスは一社にしかしていません。ですからスコアは五〇％です。来週はスコアを上げます。

来週ですが、昨年うちのホテルで年次総会をなさったお客様で、今年まだ契約をいただいていない二社に電話するか訪問して営業をかけます。新しいバンケットルームをご案内したいと思います。今年も契約をいただけるようにがんばります」

キムが報告するとき、スーザンは my4DX.com でキムの結果を表示する。

このようにして、スーザンのチームのメンバー全員が自分の結果を画面で見ながら口頭で報告する。セッションの最後に、スーザンはチーム全体の結果をもう一度表示し、助言をしたり、労をねぎらったりする。

スーザンのチームのメンバーが別々の地域で勤務していても、あるいはメンバーの誰かがセッションのときによその場所にいても、インターネットから my4DX.com に簡単にアクセスでき、チームと一緒に会議室にいるように同じ画面を見ることができる。特にメンバーが各地に散らばっているチームのアカウンタビリティを維持するのに効果的だ。その場合、ソフトウェアは物理的なスコアボードの代わりになる。

組織内で4DXを自動化する

ここでは、4DXへのテクノロジーの活用をチームとそのリーダーに不可欠な機能に意図的に限定して説明している。さらに詳しくはmy4DX.com.を見てほしい。

しかし自動化が本当に必要になるのは、組織内の多くのチームが4DXをスタートした場合である。複数のチームのプロセスと結果を一目で評価できる機能がなければ、効果的に実行し結果を出すのは不可能ではないまでも、難しくなるだろう。

このニーズを満たすためには、組織全体の実行ダッシュボードを瞬時に見られるグラフ化したサマリーレポートが必要である。このレポートは実行ダッシュボードを一チーム一行で表示する。レポートには次の情報が含まれる。

実施されたセッション：実施のパーセンテージ、参加したチームメンバーは何人か？
活動のコミットメント：何人のメンバーが毎週のコミットメントをしているか？
コミットメントの履行：活動のコミットメントはいくつ果たされているか？
先行指標：現在いるべき位置に対して先行指標はどこにあるか？

状態を表わす赤・緑・黄の色を見れば、組織全体が勝っているか負けているかがすぐにわかる。

組織の観点から言えば、リーダーの仕事は「赤をなくす」ことである。右端のWIGセッションから、左端のWIGそのものの達成まで、赤を一掃するのだ。このスコアボードの全体が緑になれば、組織の全チームが4DXのプロセスに参加し、あなたが立てた目標を達成していることになる。参加率が高くとも実行率が低ければ、従業員はスコアボードを動かす活動を真剣に選び、実行をコミットメントしてはいるものの、コミットメントを果たせていないことを意味する。その場合リーダーは、実行力の足りない分野をサポートする。

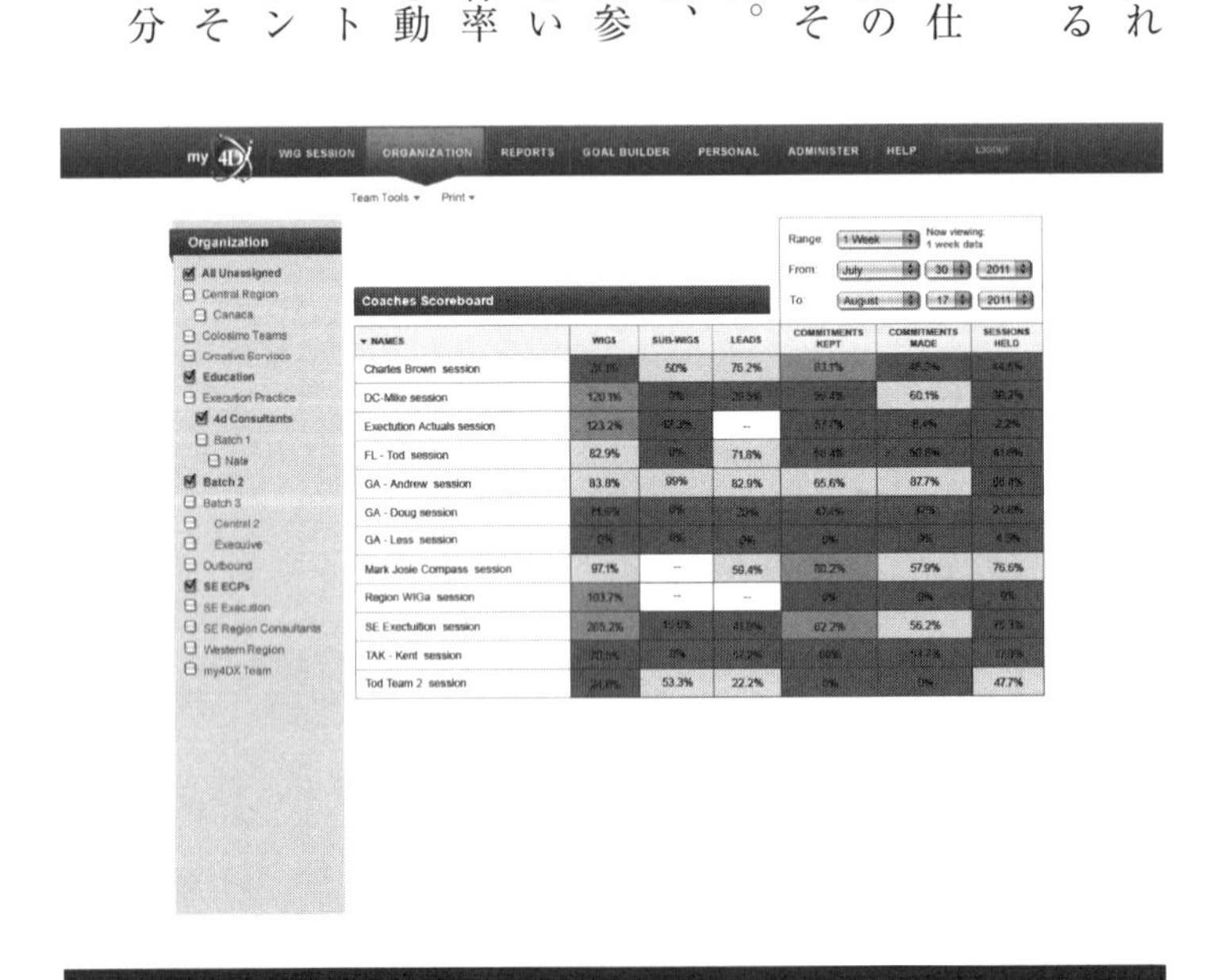

4DXコンポーネント5：WIG、先行指標、WIGセッション、活動のコミットメントの一覧表

我々は、４ＤＸを成功に導く最大の原動力はシンプルさと透明性だと確信している。適切なテクノロジーを使えば、二つの原動力のどちらも手に入れられる。つまり、組織全体を見渡し、すべてのチームの結果をリアルタイムで追跡できるのである。また、組織のトップから前線のチームまで、すべての先行指標と遅行指標を見ながらＷＩＧの状態を確認できる。何より重要なのは、どこで勝っているのか、どこで負けているのかが、瞬時にわかることだ。

コラム

4DX導入事例（日本）

日本オラクル株式会社

日本オラクル株式会社のカスタマーサービス統括アプリケーションサポート本部（顧客が製品を導入したあとに、さまざまな問題・課題や要望に対し、的確なサポートを施す部門）は、緊急かつ重要な問い合わせが毎日大量に押し寄せ、仕事は多忙をきわめている。そこで4DXを導入した、カスタマーサービス統括アプリケーションサポート本部、生産管理サポート部の島田秀彦氏と門脇巨人氏に、日々多忙な業務の中で、自ら立案した重要な戦略をどうすれば組織として適確に実行できるのかについてお話をうかがった。

―お客様との信頼関係を築くという点でもブランディングという点でも、非常に重要な仕事だと思いますが、現在のアプリケーションサポート本部では、どのようなビジョンを掲げていらっしゃいますか？

私たちはグローバルな組織の一員として次のようなビジョンを持っています。

- カスタマー・サービス・プロフェッショナルとして、顧客ビジネスを成功に導き、感謝と敬意を集めながらビジネス・パートナーとして選ばれ続ける。
- 自他共に優秀だと認め合う仲間と楽しく仕事をする。
- 創造性をもって変化へ挑戦し、ワーク・ライフ・バランスを保ちながら成長し続ける。

また、これらのビジョンと合わせて、私たちがオブジェクティブと呼んでいる次のような目標がグローバルの部門から落ちてきます。

第一は、「プロアクティブ」というもので、私たちはカスタマーサポートという仕事なので、どうしても「リアクティブ」な行動になりがちです。そうではなくて、逆にお客様が問い合わせしなくても済むようにしていこうというものです。予防保守ともいえるのですが、システムの改善やお客様へ訪問した際に、トラブルが起きないような活用の仕方を提供したり、こちらから電話をかけたりします。まさに、「7つの習慣」でいう「第Ⅱ領域」の活動といえるかもしれません。

第二は「お客様の成功に貢献すること」です。私たちがサポートすることで、お客様のビジネスが成功しなければなりません。これはお客様へのアンケートの結果で測定します。第三に「コラボレーション」ですが、これはお客様が成功するために、自分だけではなく、皆で協力してやっていこうというものです。

第四に、「個々人のスキルアップ」です。サービスクオリティを上げるために、上司と相談しながら製品知識はもちろんのこと、コミュニケーションやネゴシエーションなどのソフトスキルを身につけることを目標にしていきます。それから、「サービスエクセレント」と私たちは呼んでいますが、案件を長期化しない、バックログをためないといった点を注視しています。

—カスタマーサービス部門としてそうした目標や戦略を実行するにあたり、これまでどのような課題をお感じになられていましたか?

職務の特性上トラブル対応が多く、ストレスがたまりがちな仕事でもあります。これまでもずっとお客様の成功に協力するという思いでやってはいましたが、全員が完全に同じ思いで本当にできるかというと、難しい面も確かにありました。ポイントは、その点を皆が納得していけるかどうかだと思っています。自分自身がつらいと感じている状態で、お客様を助けることは難しいことですから。

現場で感じることは、お客様からの緊急な問い合わせは毎日のように来ますから、そればかりに対応していると、自分のスキルアップであったり、プロアクティブにお客様の予防保守を提案したりする時間がどんどんなくなっていきます。これが本当に難しいことでした。

―最近、戦略に対して「実行」という観点から論じられることが増えてきています。フランクリン・コヴィー社では、この場合の実行を、単なる行動ではなく重要な戦略を実行し結果を出すことだと考えているのですが、御社では、この「戦略」に対する「実行」という言葉をどのように考えていらっしゃいますか？

普通、実行というと、リアクティブ（受身的な）な行動ととらえられてしまうかもしれません。たとえば、戦略を立て、それに基づいた行動であったとしても、上司から指示されただけの行動は、どうしても受身になり、やらされ感を持たれてしまいます。さらにひどい場合は、一年経って評価の際に目標の存在に気づくといったことすら起きてしまいます。ですから、戦略自体が絵に書いた餅になってしまい、こちらから指示をしてもメンバーはその内容に対して腹に落ちていなかったり反発したりします。その状態で次年度の戦略を練ったところで、実態はまったく変わっていきません。

私たちは、「自走」できる組織を目指しています。メンバー自ら考え行動できる組織です。そういう観点で考えると、「実行」というのは非常に重要で、現在はまだまだギャップがあります。そのギャップを埋めるために、Execution（実行）にフォーカスすることで、反発することもなく、自ら喜んでやる状態になり、「自走」できる組織になることができるのではないかと考えました。

以前は、「やらされ感」と同時に、こちら側からの「やらせている感」も感じていました。「自走」という言葉にピンときたのは、こちら側から「やってください」と言って、それに対して「やりました」というのは、実行と言えば実行ですが、終わった後に何か残るのか、自分がいなくなっても実行できるかと考えると、そこには何もありません。

たとえば、何ヵ月かに一回は、こちらからお客様に連絡を取ろうと決めても、言われたときはやっても言われなくなるとやらなくなる。自らやりたくてやっているわけでもなく、自ら行っている実行ではない、ということだと思います。自走、つまり自分たちで考え、自分たちで加速していくというのが理想だと思いました。

——戦略や目標が海外部門からやってくるとなると、スタッフ自らそこに関与していくのは、かなり難しくなってきます。どのように共有されているのですか?

大きな目標は、グローバル部門からオブジェクティブというかたちで落ちてきます、あとはローカルで最適なかたちに考えなさいということなのですが、そこを真摯にとらえて、どのように実行すればいいのかを工夫したのが門脇です。彼は、「この目標を実現するために、我々は何ができるかを一緒に考えてみましょう」とメンバーに持ちかけました。

あえて何も考えずに、こういうものがきましたから一緒に考えましょうと問いかけました。ある程度考え、案を話してしまうと、その時点で、「やらされ感」になってしまうと感じたからです。あえて一緒に考えようとしました。最初のころは、「これはできません」といった反発に近い声がありましたが、話を続けていくと、自分たちが影響できないことよりも、影響できることは何だろうかという話をするようになり、そのうちに、「これならできる」と、メンバー自身が本気で取り組めるような案が出てくるようになってきました。

――どのようなアイデアが出てきましたか?

我々が思いつかなかったようなアイデアが出てきました。たとえば、お客様から問い合わせがくるＷｅｂサイトがあります。サイトは外部向けと内部向けで画面が異なります。ほかの部門の仕事だと思っていたものが、メンバーからテストアカウントでログインして体験してみてお客様の立場から見るのはどうかと、斬新な意見が出たりしています。また、お客様に電話をすべきだと考えていた件でも、メンバーから「一分、一秒を争っているお客様などへは、電話をしないほうが満足されるケースもある」と言われたりしました。新しい発見でした。

――その結果、目標に対する意識などに変化が表れてきたわけですね。

まず雰囲気が変わりました。門脇のグループメンバーのほうが、いきいきしています。目標に対する腹落ち感が変わると、普段の行動が変わるというのがよくわかりました。結果のサーベイを見ても、お客様の高い満足度という結果がついてきました。
最初から巻き込むことではないでしょうか。PDCAの「PLAN」から一緒に始めることだと思います。ありがちなのが、PLANだけをリーダーやマネジメントがやって、残りをメンバーがやるようになってしまうことです。そうすると「やらされ感」が出てきてしまいます。PLANでどう参加してもらうかがポイントです。目の前にある事実に対し、どのように感じどのように分析するかというディスカッションには相当時間を割きました。

――常に現場での素早い意思決定が必要だと思いますが、現場で的確な意思決定するためにどのような工夫をされていますか?

現場で何を決定すればいいかは、上司やほかのメンバーが普段からどう考えているかがわかれば、的確な意思決定は可能です。普段からディスカッションを重ねることで、上司や周りが何を考えているかを理解していれば、いちいち意見を聞きに行く必要はなくなります。
以前は判断を委ねられることが多かったですが、今では判断を求められることはなくなりました。現在は意思決定のスピードも上がり、クオリティも上がっており、まさに自走の組織に近づいてきたと感じています。

――フランクリン・コヴィー社が提供する「4DX実行のための4つの規律」の一部である「WI

Gセッション」と、通常の報告中心のミーティングはどのように違いますか。また活性化するためにどのような工夫をされていますか？

違いは主に二つあります。一つは時間です。以前は一人ずつとのミーティングを行っていて、一人三〇分以内にしても全員やると三時間近くかかってしまっていました。現在は全員分を三〇分でできています。

もう一つはチームワークです。以前だといいアイデアやケースがあっても、門脇を経由していましたが、その場に全員いると、すぐに意見を集めることができ、意思決定することができます。そして、以前だったら報告という意識だったと思いますが、現在はアクションプラン、あるいは共有という意識に変化してきたと思います。さらに言えば、「これをやります」と発表した内容は、メンバー全員とコミットメントするかたちになりますので、実行度も上がったと思います。メンバー自身も毎週、目標を確認できるので、WIGセッションを行うタイミングもいいと言っています。

工夫している点といえば、できるだけ多くの人を受身にしないように、一人ひとりに先行指標を割り振っています。英語が得意な人には英語学習の先行指標を担当させたりして、各先行指標にリーダーを任命しています。そうすることでリーダーは準備をしてきますし、きちんとやってきます。それから、これはわかりやすい例ですが、ある先行指標が悪いメンバーがいたので、その人を担当にしたら、急に成績がよくなったこともあります。

第3部 4DXをインストールする：組織編

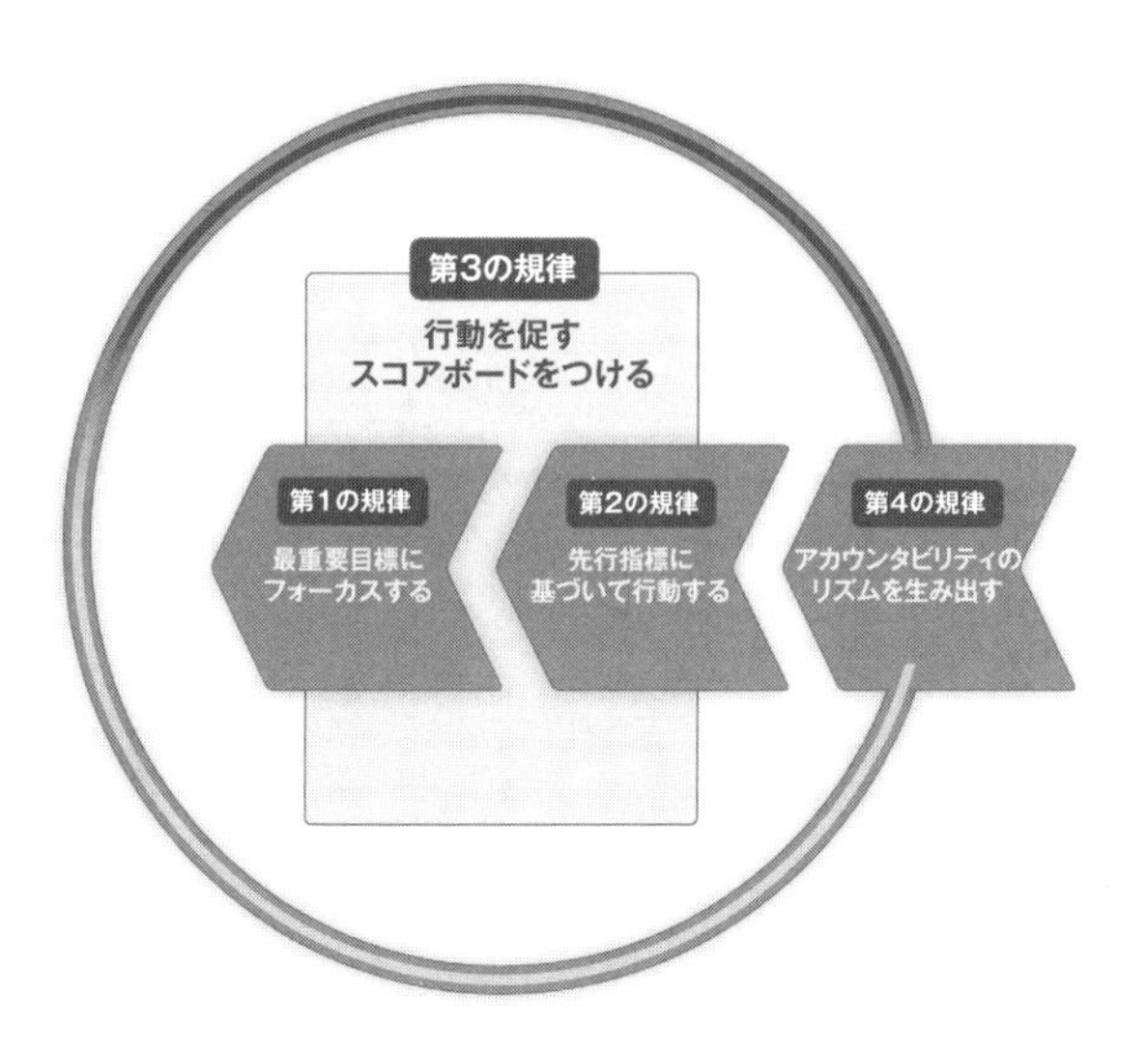

第3部は範囲を広げて、複数のチームで構成される組織に 4DX をインストールするプロセスを見ていこう。小規模な企業から多国籍企業まで、あらゆる組織に当てはまるプロセスだ。
まずは、優れたリーダーたちが 4DX で達成した成果を紹介したいと思う。4DX が個々のチームだけでなく組織全体をどのように変えたのか、企業や政府機関を効率的な組織にどのように変えたのか具体的に語ってもらった。彼らの経験からわかるのは、4DX が数あるプログラムの一つではなく、組織を根本から変化させるオペレーティング・システムであることだ。
その次に、従業員を WIG にフォーカスさせ、4DX を組織全体に展開する具体的なステップを説明する。FAQ のセクションには、我々に多く寄せられる質問とその答えをまとめてある。

４ＤＸのベストストーリー

ここまでは４ＤＸのコンセプトを紹介し、我々が何千人ものリーダーから学んだことを基にして、４ＤＸを導入する最善の手法を紹介した。しかし、これらのリーダーの生の声を聴き、実際の体験談を読む機会がなければ、本書の目的を達したとはいえない。

この章では四人のリーダーを紹介したい。彼らを選んだのは、スキルと経験において卓越しているのはもちろん、４つの規律を生かして目を見張る結果を出しているからである。まさに桁外れの結果だ。これらのストーリーは現実世界の課題を見せると同時に、あなたのチームが４ＤＸというパワフルな原則を実践すれば大きな見返りがあることも教えてくれるだろう。４ＤＸを実践した人々だけが伝えられる説得力のあるストーリーを読んでほしい。

ナッシュ・フィンチ／アレック・コビントン

米国の食品卸売業界で売上高二位のナッシュ・フィンチ社は、食料品店や米軍売店、そのほかさまざまな小売業態に製品を卸し、年間売上高は約五〇億ドルに達する。同社の会長兼最高経営責任者がアレック・コビントンである。

ナッシュ・フィンチ社は実行の４つの規律を導入し、わずか半年で目覚ましい成果を上げた。アレック・コビントンの４ＤＸ体験談を紹介しよう。

４つの規律を導入して半年余りが過ぎ、今の結果を見ると、驚きとしか言いようがありません。WーＧに対するチームのパフォーマンスは信じられないほどです。４ＤＸのプロセスを守り、開くべきミーティングは必ず開き、スコアを定期的に更新し、そしてスコアボードは見やすく、すぐに理解でき、見れば気持ちが奮い立たされる。当社のリーダーたちは４つの規律で変化を起こし、ナッシュ・フィンチの歴史に足跡を残しています。私たちは今、新たな物語を書いているのです。

＊＊＊

私はこの業界に入って長い年月が経ちますが、危機に直面しないと根本的な変化は不可能だと幾度となく言ってきました。仮にあなたが倒産の危機に瀕した企業のトップになったとしましょう。社員も、得意先も、仕入れ先も、あなたの一挙手一投足に注目するはずです。社員はこのまま勤めていられるか心配し、得意先は取引を続けようかどうか迷っています。仕入れ先は支払いを支払ってもらえるのかどうか疑心暗鬼です。

しかし社員は、本当の危機感を持つことができれば、何とかしようと、これまでとは違う行動をとろうとします。明日ではなく、今日すぐにもやるのです。危機によって全社員が切迫感を持ちますから、リーダーはすぐに焦点を絞ることができます。この危機を乗り切れば、たとえ山積みの問題でも解決できることを、リーダーは知っています。危機は変化の触媒になるのです。

しかし危機が去ったら、その後の長期的な道筋を計画しなければなりません。私が危惧するのは、実は危機が去った後のこの時期です。戦略計画を立てても竜巻が吹き飛ばしてしまい、不満とストレスがたまり、失望感を抱くからです。しかしこれはナッシュ・フィンチ社に限った現象ではありません。私の知る限り、すべての企業に当てはまります。

それでも私たちは戦略計画を前進させることができましたが、そのためには危機のない状況で行動を変える必要がありました。４ＤＸを導入したことで、全員が足並みを揃えて体系的なアプローチをとれるようになり、危機に直面しているときと同じように切迫感を持って行動できたのです。もっとも重要な目標に集中し、それらを前進させることができ、最高の結果を出せました。

現在もこのプロセスに取り組み、日々学んでいます。４ＤＸはナッシュ・フィンチのＤＮＡの一部となり、組織文化となっています。今では、４ＤＸとは関係のないミーティングに出ていても、例の「いつまでにＸからＹにする」を耳にすることがあります。ナッシュ・フィンチは４ＤＸというプログラムを十分に生かせていると思います。これから何年も当社の中に変化の道筋を示していくプログラムです。

現在、私たちはこれまでの進歩を実感し、そして今後進むべき道も見えています。ＷＩＧを達成するために、この飛行機を無事に着陸させるために、何をすればよいのかを私たち全員が知っています。私たちはまた、「来年の新しいＷＩＧは何か？」という問いについても考えています。４ＤＸは文字どおり、ビジネスを経営するプロセスの一部となっているのです。

４ＤＸによって多くの成果を上げ、そのたびに成功をたたえてきました。成功を皆で喜ぶのを後回しにしてはいけません。それは欠くことのできないステップです。４ＤＸは、成功をたたえ、皆で喜ぶ瞬間があってこそ、完璧に機能します。４ＤＸのプロセスで成し遂げられる会社の成功、個人の成功、チームの成功、すべての成功をたたえるのです。

これまでは会社の各地の施設に行き、達成したことをたたえるポスターを見つけられないと、必ず「なぜないんだ?」と聞いていました。答えはいつも同じです。竜巻に振り回されていたのです。しかし今、私たちには４ＤＸという新しいプログラムがあります。ＷＩＧとＷＩＧセッションもあります。目標を達成したら、すぐに成功を祝い、ポスターを掲げ、全員で喜ぶことができます。

私は、リーダーが一人で何もかも管理することはできないことを自覚しています。ですから、会社が実際にどうなっているのかを知るための指標を一つか二つ定めています。４つの規律で私が定めている先行指標の一つめは、ＷＩＧセッションの参加率と一貫性です。どのセッションも予定どおりに開かれ、すべての社員がセッションに参加していれば、私が何も言わなくとも一人ひとりが同僚に責任を果たし、プロセスは自然と進んでいきます。セッションに前向きに参加することが、４ＤＸのプロセスをスムーズに進めるのです。

二つめの指標は、社員が十分な準備をしてＷＩＧセッションに臨んでいるかどうかです。それを測定するのは、セッションの所要時間です。ＷＩＧセッションは短時間で行うミーティングです。簡潔なミーティングがチームを前進させるのです。セッションに時間がかかりすぎていたら、何かがうまくいっていない証拠です。

ほとんどの企業で行われるミーティングは、組織のトップが決めた目標に対してチームの進捗(しんちょく)をリーダーが報告するだけです。まるで雲の上にいる権力者が石板に何か書き、雲の下にいるチームに手渡し、チームのリーダーは年に一回か二回、状況を報告しに雲の上に行く、そんな感じでしょうか。それでやる気は起きるでしょうか?

私たちは、そのような方法で本当に結果を出してきたのかと自問しなければなりません。たいした結果は出ていないはずです。4つの規律は大きなパラダイムシフトをもたらします。経営幹部は、組織を成長し前進させるために「いつまでにXからYにする」というWIGを示すだけでいいのです。会社を構成するチームとそのリーダーたちは、組織全体のWIGに対してチームのWIGを決め、それを達成するための先行指標を決めます。彼ら自身が、目標を達成するプロセスの重要な要素を決めるのです。上から与えられた目標に責任をもたされるのと、自分で決めた目標に責任を持つのとでは、まるで違います。

4つの規律を取り入れたことによって、ナッシュ・フィンチの社員が話題にするのは、彼ら自身がすると決めた活動や期限を、彼ら自身がどのように進めているかです。米国企業はおおむね、誰かが決めた目標を社員に達成させようとします。しかし、自分で立てた目標を達成できるかできないかの瀬戸際に立ったときにこそ、創造力はあふれ出るものです。個人にとってみれば、会社の予算を達成するよりも自分が立てた目標を達成するほうがはるかに重要です。社員の行動の変化に思わず驚かされることでしょう。まさに劇的な変化です。

ナッシュ・フィンチに能力の劣る社員がいるとは思いません。有能な社員ばかりです。しかし、勤続二〇年、三〇年あるいはそれ以上の貴重な社員の中には、会社が変化しなければならない事実を受け入れられない者もいます。これまで続けてきた働き方を捨て、新しい方法、プロセスを取り入れなければなりません。会社は変化しなければならないことをなかなか理解できず、納得しない社員は必ずいるものですが、４ＤＸのプロセスでは、何を変える必要があるのかがはっきりします。全員が変化を受け入れ、変化に適応することに責任を持てるようになります。新しい働き方から学び、ビジネスのほかの部分に応用することもできるようになるのです。

私が二〇代のときに卸売業界に入って、初めて倉庫の運営を任されたときのことを今でも思い出します。それまでは小売店の店長をしていたので、倉庫の仕事についてはほとんど素人でした。ある日のことです。倉庫の中を見回っていると、昼休み時間にチェスをしている二人の従業員に目が留まりました。私はなんとなく気になり、二人のそばに座って「チェスか、いいなあ。でも、なぜ今やっているんだい？」と聞きました。すると二人は「昼休みだからですよ。毎日これを楽しみにしているんですから」というのです。つまり、仕事が面白くないから、昼休みにチェスをすることだけが楽しみなんだと言っているわけです。私はそのことが気になって仕方がありませんでした。

それから何年か後、私は別の施設に行きました。そこには大きなアップライトピアノが置いてありました。製造工場の真ん中にピアノがあるのはどういうわけかと尋ねると、少々お待ちください、その理由をお教えしましょう、と言われました。ほどなくしてベルが鳴り、全従業員がピアノのまわりに集まって故郷ロシアの歌を歌い始めたのです。そのとき、私は思いました。このエネルギーを仕事に発揮させたら大きな成果を生むのではないか、この溌剌と楽しそうな態度を仕事に向けられないものか、と。

4DXを導入してから会社の施設を見て回ると、社員にとって4DXはチェス盤やアップライトピアノに代わるものになっていることがわかります。楽しんでいるし、身を入れています。4DXは彼らのチェス盤です。毎日ただただケースを出し入れするためではなく、意味のあることをするために職場にやってくるのです。それよりも重要なのは、自分に理解できる目標に向かって仕事をしていることでしょう。それは営業利益(金利・税金・償却前利益)ではありません。収益でも、一株当たり利益でもありません。一時間に何個のケースを選べるか、という目標です。社員は自分の世界に結びついた目標にフォーカスできるから、仕事をしながら楽しみの要素もあり、達成感も味わえる。4つの規律は、会社のあり方そのものを力強くしてくれます。このような働き方ができたとき、会社全体に力がみなぎるのです。

4DXに取り組むときに、リーダーにはもう一つ考えてほしいことがあります。それはWIGセッションで将来のリーダーを探すことです。4DXのプロセスを通して社員は組織の中で成長し、やがてリーダーとなります。フォークリフトを動かしている社員、トラックから荷を下ろしている社員、あるいは在庫を管理している社員を、リーダーは4DXのプロセスによって間近で見ることができるのです。

将来のリーダーを見つけると同時に、その正反対の社員にも注意を向けなければなりません。WI

Ｇセッションは成績抜群の社員を見つけるだけの場ではないからです。セッションに出ない社員もいれば、責任を果たさない社員もいます。彼らはあなたの足を引っ張り、目標の達成を阻む社員です。

要するに、リーダーは実行の４つの規律によって、目標を達成できる社員を認め、彼らを育て、守り、会社にとどめることです。そして、目標を達成できない社員を見きわめることもできるのです。

ナッシュ・フィンチで最高の成績を上げているチームは、もっとも鮮やかで見やすいスコアボードをつくっているチームです。誰にでもすぐにわかるスコアボードです。社員が一〇〇人いたら、芸術家並みのスコアボードづくりをする社員が必ず一人はいるでしょう。当社では何度もそれが証明されています。思うようにスコアが上がっていなければ、スコアボードを見ながら、「見やすいだろうか？　スコアを見る必要のある社員にとって、本当に意味のあるスコアボードだろうか？　スコアボードを使う社員たち自身がつくったのか？　リーダーがつくったのではないだろうか？」と考えてみてください。

スコアボードは大きな力を秘めています。ひどく奇抜なものもあるかもしれませんが、スコアボードがなぜパワフルなのかといえば、スコアボードのデザインがどうあれ、それは毎日見る人たちに意味のあるものだからです。

私の最後のアドバイスは、チームの達成は組織のトップの功績ではなく、あくまでもメンバーの努力の結果であることを覚えておいてほしいということです。上の人間は何もしていません。私自身、一つのＷＩＧも達成していません。私はツールを見つけただけです。物事がうまく進んでいないことを認め、それをどうにかして改善するプロセスを見つけただけなのです。そのプロセスを受け入れ、学び、活用し、大きな結果を出したのは、社内のチームとそのリーダーたちです。経営者は感謝される必要などありません。むしろ経営者のほうが、最前線で頑張るチームとリーダーたちに感謝すべきなのです。

例えるなら、組織のトップはゴルフのキャディのような存在です。前線のリーダーたちが九番アイアンを必要だと言えば、最高の九番アイアンを渡す。新しいドライバーが欲しいと言えば、ボールを一番遠くまで飛ばせるドライバーを見つける。４つの規律で行われることは、まさにこれです。

私たちにとって、このプログラムはボールを投げる手段になったのだと思います。規律を中心にして組織が円陣を組み、ボールを投げると反対側にいる誰かが責任を持ってキャッチする。それは素晴らしいことです。さらに４ＤＸは、リーダーとチームがボールをキャッチして引き受け、責任を果たす手段にもなります。そしてやるべきことをやれば、認められる。これは非常にパワフルなプログラムです。

＊＊＊

マリオット・インターナショナル／デイブ・グリセン

マリオット・インターナショナルの南北アメリカ地域社長のデイブ・グリセンは、まずは八つのホテルで実行の４つの規律を試した。これらのパイロット・ホテルが予想をはるかに超える結果を出したので、より規模の大きい二つのホテルでも試し、その後二年間で最終的に七〇〇のマリオット・ホテルに4DXを導入した。マリオット・インターナショナルは現在、4DXを世界中でもっとも展開し、高い成果を上げている企業の一つである。

デイブ・グリセンの4DX体験談を読んでほしい。

＊＊＊

まずマリオットについて簡単に説明しましょう。マリオット・インターナショナルは世界中に約三七〇〇のホテルを展開しており、全従業員は約一二万七〇〇〇人を数えます。八五年前にマリオット一族が現在のマリオット・インターナショナルの礎と企業文化を築きました。J・ウィラード・マリオットは、会社が従業員を大切にすれば従業員は宿泊客を大切にする、そうすれば宿泊客はまた戻ってきてくれる、という信念の持ち主でした。この信念に反映される奉仕の精神こそが、当社の組織文化、高い従業員満足、継続的な成長の要となっています。マリオット・インターナショナルは、この文化をさらに鍛えながら、業務を革新し、改善する方法を常に探しています。

ですから、実行の4つの規律のことを聞いたとき、私はすぐに当社のビジネスにぴったりのプロセスだと思いました。誰かがマリオットの従業員の仕事ぶりを観察して、我々が求めていたものをそのとおりにカスタマイズしてくれたように思えてなりませんでした。その証拠に従業員はこのプロセスを避けようとせず、それどころか飛びついたのです。実際、私はマリオットのどのホテルに対しても、4DXに参加しなさいと指示したことはありません。従業員自身がぜひやりたいと言ってきたのです。

最初は八つのホテルに４ＤＸを導入しました。パイロット期間が終わるころには、八つのホテルすべてが顕著な結果を出していました。ニューヨークのマリオット・マーキスは自社運営ホテルの中でも最大規模です。このホテルを例にしてお話しましょう。４ＤＸを導入した初年度に、チームは開業三〇年で最高の顧客満足度を達成しました。さらに売上高と利益でも過去最高を記録しました。企業のリーダーならわかると思いますが、売上高、利益、顧客満足度のすべてで同じ年に過去最高を達成するのは、偉業以外の何ものでもありません。

この成功を受けて、会社は北米と南米で展開する七〇〇以上のホテルにも４ＤＸを導入する決定を下しました。最重要目標のＷＩＧは、南北アメリカで傑出したホテル企業となることです。我々はまず、マリオットの中で経験を積んできたリーダーのチームを結成しました。このチームが会社の制度とシステムの核となり、フランクリン・コヴィー社とパートナーシップを組んで従業員にガイダンスし、アカウンタビリティのベースを築きました。このような組織内チームを確立したことが重要な投資となりました。チームが動き出すと、主要市場にあるホテルに４ＤＸを体系的に導入することができたのです。想像していただけると思いますが、これは大規模なプロジェクトでした。あらゆるチームのリーダーが相当な努力を傾けなくてはなりません。しかしどの都市でもリーダーは進んで取り組み、最重要目標を達成へと導く４ＤＸの力にすっかり夢中になったのです。

二年間で約四〇〇〇人のリーダーを認定し、七〇〇余のホテル、さらには国内営業チームのほか、人事や情報技術など本社機能のチームにも４ＤＸを導入しました。この間、約一万人の従業員が４Ｄ

Xのプロセスを使い始め、最重要目標を達成するための活動のコミットメントは延べ一〇〇万件に達しました。この数字からもわかるように、４ＤＸは広い範囲で導入され、従業員は４ＤＸプロセスに意欲的に取り組んでいます。

４ＤＸを導入するホテルは今でも増えていますが、現時点でも４ＤＸが当社のオペレーティング・システムとして機能していることはよくわかります。多くの従業員を明確な目標にフォーカスさせ、目標が達成されるまでフォーカスを維持するためのシステムです。４ＤＸは実行のプラットフォームであり、各ホテルは会社のビジョンに合わせて目標を定めることができます。このように視野が明確になり、従業員は自分の日々の活動が会社の業績にどのように関係しているのかを理解でき、会社の目標に貢献できていると実感できるのです。その結果、特にホテル業界には高いレベルで求められる適応力、集中力、意欲、そして報告体制を備えることができたと感じています。

これまでの４ＤＸ体験を振り返りながら、この本を読んでいるリーダーの皆さんに私ができるアドバイスとして、いくつか重要な教訓を述べたいと思います。

第一に、それぞれの組織文化に合わせて導入のプロセスを計画することです。４つの規律はどんな組織文化でも機能しますが、導入する方法は、それぞれの組織と従業員の特性、価値観によって異なります。マリオット・インターナショナルの場合、すべてのホテルに４ＤＸを実施すると私が命じていたら、うまくいかなかったでしょう。それがもっとも効率の良い方法だったかもしれませんが、当社の場合、何よりも従業員一人ひとりが納得して取り組む必要がありました。そこで、各ホテルのリーダーが集まる地域会議に八つのパイロット・ホテルの総支配人を呼びました。勤続数十年のベテランである彼らは会議の席で、**4つの規律**はチームが目標にフォーカスし、結果を出すためのプロセスとして優れていると報告しました。「以前のあり方に戻ることはないでしょう」という一言で、4DXはほかのホテルにも広まっていきました。

リーダーは、自分が良いと思うアイデアは使いたくなるものです。しかし4DXが良いアイデアだからという理由だけでチームに取り入れたら、成功させるために必要なコミットメントは得られないでしょう。最初は意気込んで取り組んでも、いつのまにか静かに息絶えていた、などということはよくあります。それもこれも竜巻のせいで忙しく、やりたくてもできないからです。納得してできるようになるには時間がかかるものですが、そのほうが良い結果につながります。新しいプログラムを上から命じてスタートさせることはできるでしょう。しかし本当に重要なのは、スタッフがそのプログラムを実際に活用しているかどうかです。**4つの規律**の場合、導入期間を長めにとれば、その後の展開がスムーズに進み、より大きな結果が生まれます。

第二に、成功している組織に4DXを導入するのは簡単ではないことを覚悟しておいてください。たとえば業績が傾いているときなら、土台に火がついていることをチームに教え、変化が必要だと説得するのは簡単でしょう。しかし長年うまくいっている組織だと、新しいことに挑戦する理由をわからせるのは至難の業です。新しいアイデアに疑問の声も挙がるでしょう。チームがうまくいかず苦労しているリーダーは、役に立つなら何でも試してみようとします。しかし成功しているチームのリーダーには、アイデアをよく検討したうえで、取り入れる価値があるかテストする時間を十分に与える必要があります。私たちの場合、パイロット・ホテルの結果のほかに、マリオットの奉仕の精神、成功したらそれで終わりではないという信念があったから、リーダーシップ・チームの納得を得られたのだと思います。アイデアの展開に慎重に取り組めば、自組織の文化、リーダー、新しいアイデアを導入するプロセスへの理解も深まります。

第三に、経営幹部はすべてのリーダーのアカウンタビリティを注視しなければなりません。言い換えれば、組織内のチームリーダーは、いったん4ＤＸに参加したら、一貫して実践し続けなければなりません。そのためには、４つの規律とレポーティング・システムやアカウンタビリティ・システムなどのツールが必要になります。組織のトップがレポートを毎週確認していれば、各チームのリーダーたちは4ＤＸが実際に重要なプロセスなのだと認識し、真剣に取り組むでしょう。わたしはシステムを毎週チェックし、パフォーマンスを確認しています。会社の実行のあり方を示すには、リーダー全員に報告責任を持たせるのが一番です。このアカウンタビリティを緩めたらその瞬間、全員のフォーカスがぶれ始めます。これについてはシステムの透明性も重要です。当社では、わたしを含め経営幹部全員が各ホテルの状況を詳細に見ることができます。熱心に取り組むチームリーダーであっても、竜巻が吹き荒れる中でＷＩＧにフォーカスし続けるには、アカウンタビリティのプレッシャーを受けることが必要です。

第四に、導入をサポートする制度とシステムを整えてください。小規模な範囲での展開なら、4DXのコーチが一人か二人いれば十分でしょう。マリオットの場合、計画した展開の規模とスピードから、十分なインフラがなければ成功しないと判断しました。最前線にこれだけの投資をするのは容易なことではありません。それ相応の能力を持つ人材が必要です。我々が選んだベテラン社員は、マリオット・ホテルに長年勤続し、ほかの従業員の信頼も厚く、どんな仕事でも最後までやり抜くことのできるリーダーたちでした。今振り返ると、これがもっとも重要な決断の一つだったと思います。

有能なリーダーを選び4DXの導入を担当させるだけでなく、適切なツール、システム、トレーニングで導入プロセスをサポートする必要もありました。会社が4DXに力を入れていることを社員に示し、マリオットの組織文化の一つにするために、プログラムをいわばブランド化しました。また、社員の参加と結果を追跡するレポーティングツールを設計・構築し、オンライントレーニングも実施しました。4DXは一五の国で展開し、言語も複数なので、予定の期間内に導入して本格的に立ち上げるには、トレーニングもさまざまな方法で行う必要がありました。

第五に、4DXを導入するとチームの意欲が高まります。組織文化を理解することが重要だと最初に述べましたが、ここでも重ねて強調したいと思います。マリオットがそうであるように、4DXは組織文化をさらに高いレベルに引き上げ、強靭(きょうじん)にします。スコアボードを毎週見て、チームの一人ひとりが自分のパフォーマンスの効果を実感できるので、責任感が強くなり、本気になります。自分の毎日の行動が本当に重要なのだとはっきりわかるのです。マリオットの組織文化は以前から強いものでしたが、４ＤＸによってスタッフの意欲はさらに高まったと思います。先ほども述べたように、一人ひとりのスタッフが明確な目標を持ち、その個人目標は会社の基本的価値観と直接結びついています。現場のスタッフから経営チーム、最高執行責任者（ＣＯＯ）まで全員が、自分の行動が会社にどのようなインパクトを与えているのかわかるのです。そのことがスタッフの自信を深めています。自分は変化を起こせるのだと、全員が実感しています。マリオット・インターナショナルは根本のところで組織を革新しているのです。

４ＤＸは業績を上げる実行力にフォーカスしていますが、それ以外のメリットもあります。スタッフは職場以外の場面でも使えるスキルを身につけているのです。私生活で何かを改善したいとき、４ＤＸのコンセプトを使ったという話をよく聞きます。リーダーに４ＤＸをトレーニングし、投資することは、従業員の意欲をいっそう高める手段にもなっているのです。

マリオット・インターナショナルは現在も４ＤＸの展開を進めており、会社とスタッフへのかけがえのない投資となっています。これは日々の仕事の仕方を変えるための投資です。最重要目標がマーケットシェアや利益でも、顧客満足度でも、**４つの規律**に従えば達成できると確信しています。

卓越したビジネススキル、あるいは生きるスキルにしても、４ＤＸは、自分自身に責任を持ち、他者に対する責任を果たし、そして実行力を身につける総合的なプロセスです。

＊　＊　＊

コムキャスト／リアン・タルボット

リアン・タルボットは、フィラデルフィアにあるコムキャスト本社と周辺地域を含むフリーダム・リージョンを担当するバイスプレジデントである。この役職に就く以前は、グレーター・シカゴ・リージョン（ＧＣＲ）担当のバイスプレジデントとして、イリノイ州中央・北部、インディアナ州北西部、ミシガン州南西部のマーケティング、セールス、オペレーションを統括していた。ＧＣＲはコムキャストで最大の営業地域の一つだが、業績面でもっとも問題を抱える地域でもあった。

「潜在能力は高いものの、業績の軌道を変えられずにいた」とリアンは言っていた。コムキャスト社内の一〇地域の中で最下位に甘んじていたグレーター・シカゴ・リージョンは、リアンの就任から二年後、社内ランキング二位に躍進した。

以下はＧＣＲに４ＤＸを導入したリアンの体験談である。

＊＊＊

グレーター・シカゴ・リージョン（ＧＣＲ）のトップに就任する面接を受けたとき、コムキャスト・ケーブルの社長から命じられたのは、「これまで担当していたリージョンで達成したことをシカゴでも達成すること」でした。つまりシカゴを一位にすることです。ＧＣＲは、二つの意味で重要な地域です。規模において社内最大の地域であり、会社の一〇％を占めています。そして当時、業績不振の地域だったことです。

ＧＣＲはそれまで九年間、リーダーが次々と変わっても、コムキャストのパフォーマンス指標のほぼすべてで最下位でした。はっきり言って、ＧＣＲに異動するのはうれしい話ではありませんでした。仕事のできる人間はキャリアに傷がつくことを恐れ、ＧＣＲへの異動は避けていたのです。

舞台はできていました。やるべきことは明らかで、業績をすぐに伸ばし、この重要な地域を軌道に乗せなければなりません。なにしろ重要な地域なので「熱い期待」をかけられ、その分プレッシャーも大きかった。一言でいえば、規律ある計画を完璧に実行する必要がありました。それも、すぐに。

そこでまず、多様な考え方、相互の尊重、アカウンタビリティというコムキャストの組織文化を促進できるようなリーダーシップ・チームを編成しました。見るからに意欲的なリーダーシップ・チームにするために、それまでリーダーの立場にあった人の七〇％を入れ替えることになりました。

次に必要だったのは、リーダーシップ・チームが自分たちは勝てるのだと信じることです。そのために、どんなに些細（ささい）なことでも何かを達成したら必ずたたえる機会を持ちました。最初は小さな成功すら見つけるのに苦労したのですが、数ヵ月経つと、成功が成功を呼び、チームはだんだんと自信をつけていきました。熱心に取り組んでいた社員たちがコムキャスト社内にＧＣＲの成功を広める役割を果たしてくれ、チームの新しいマインドセットがさらに強くなりました。

こうして土台が固まると、次は、大幅な業績向上の触媒となるフォーカスを見つけなくてはなりません。しかし力を入れなければならない業務分野があまり多すぎて、なかなか焦点を絞りきれませんでした。

「機が熟す」とはよく言ったもので、私たちの場合もまさにそうでした。チームのリーダーの一人がたまたま、「実行の４つの規律」の説明会に出たのです。彼は説明会から戻るとまっすぐ私のオフィスにやってきて、「うちに必要なのはこれです」と言うのです。私はその晩、４ＤＸのオーディオＣＤを聞き、彼の言うとおりだと納得せざるを得ませんでした。それどころか、すぐにも始めたい気持ちでした。私のチームも竜巻に巻き込まれていました。４ＤＸはそこから抜け出る道だと確信したのです。

しかし一つだけ問題がありました。ＧＣＲはまだ目標を達成していなかったのです。新しいリーダーとなった私は、必要不可欠な経費以外はすべてカットする一方で、新しい「プログラム」に投資する厳しい決断を迫られました。それに、私の真意が誤解され、チームが自力でＧＣＲを上昇軌道に乗せられないから４ＤＸを導入するのだと思われるのではないか、そんな心配をしていました。

結局、リスクを負うことにしました。４ＤＸがＧＣＲの土台となり、私たちに必要なフォーカスを与えてくれると確信していたからです。導入期間を通して、４ＤＸをトレーニング・プログラムやマネジメント・プログラムと感じたことは一度もありません。４ＤＸは、必要な竜巻を維持しながら、最重要目標の針を動かすための「オペレーティング・システム」です。４ＤＸは基本的に、私たちが立てたプランを体系的に機能させ、日常の緊急な仕事に対応しながら確実に結果を出すための手段なのです。

私たちはシカゴ市で静かに４ＤＸをスタートさせました。シカゴは米国第三位の都市で、独特の環境です。ここでケーブルシステムを運営するのは非常に難しく、それがＧＣＲのパフォーマンス指標低迷の原因にもなっていました。努力はしているものの、前進している実感はありませんでした。

シカゴは４ＤＸを試す絶好の環境でした。ここでうまくいけば、地域全体で使えることがわかるからです。

４ＤＸを試すと業績が伸びたのはもちろん、何よりもチームの意欲が高まりました。そこで、４ＤＸを地域全体に導入することにしました。私たちのビジネスで重要な指標「リピート率」を約半分にすることができました（過去に少なくとも一回は対応した問題で再びお客様の自宅を訪問することを「リピート」と言います）。さらに、サービスの解約を申し出たお客様を引きとめることができた場合を「セイブド」というのですが、この指標も倍増し、そのほかにも多くのパフォーマンス指標がおおむね上向きました。４ＤＸへのわずかな投資が、たった五ヵ月で二〇〇万ドル以上のコスト削減をもたらしたのです。

業績は大きく変わりましたが、チームに与えた影響はそれ以上に大きいものでした。技術担当者はベテランの男性社員ばかりですが、ピンク色のウィッグをかぶってＷＩＧセッションに行く姿を見たことがあります。彼らはテディベアを抱いてミーティングに出て、楽しそうに、生き生きと話しています。現場の技術者たちは毎週スコアボードの周りに集まり、結果が掲示されるのを待っています。こうした前向きな態度がＷＩＧの針を大きく動かしているのです。

チームが抱えている竜巻の大切さも認めているので、社員の信頼を得られたのでしょう。日常業務はいつでもあります。竜巻が止むことはありません。しかし私たちは、４ＤＸが重要な指標を向上させ、それによって日々の竜巻を弱めることを証明したのです。

私はまた、チームに４ＤＸのコーチを置いたことも重要だったと感じています。組織内にそのようなリソースを確立すれば４ＤＸを確実に成功させられると同時に、社内のエキスパートを育てることもできます。私たちのコーチは、コムキャスト・グループとすでにチームを組んでいる人事部門のパートナーでした。このコーチのおかげでＷＩＧセッションを毎週欠かさず開き、スコアボードの更新も忘れずに行い、チームにリズムができましたし、活動のコミットメントを果たせるようメンバーをサポートしてくれました。

４ＤＸをすでに立ち上げているチームが、新たにスタートするチームを助け、「次につなげる」活動もしています。これも大きなメリットです。４ＤＸを立ち上げるチームは、すでに展開しているチームのＷＩＧセッションやサミット・ミーティングを見学します。４ＤＸプロセスのベテラン社員がほかのチームのコンサルタント役を務めることもあります。もちろん、４ＤＸを選んだのは財務目標と顧客サービス目標を達成するためですし、最高の結果を出すこともできました。しかし、４ＤＸが組織文化に与えたインパクトは予想外のメリットでした。

グレーター・シカゴ・リージョンを成功に導くことができた理由は、４ＤＸを導入したことだけではありません。しっかりとしたリーダーシップ・チームを結成し、組織に何が足りないのかをすぐに評価し、結果につながるアクションプランを策定したことも大きな要因です。しかし４ＤＸというオペレーティング・システムを見つけたときに、すべてが一つにまとまったのです。４ＤＸが勝利に続く道を案内してくれたのだと思います。

今、GCRは社内ランキングのトップに手が届く位置にあり、財務と顧客サービスのパフォーマンスは着々と向上しています。シカゴ・トリビューン誌の「二〇一一年度働きがいのある職場トップ一〇〇」にランクインするなど、選ばれる企業として表彰を受けるまでになりました。GCRのリーダーに就任したときは、これほど早く成果が出るとは思っていませんでした。

実行の4つの規律は家の枠組みのようなものともいえるでしょう。しかし私はいつも思うのです。有能な従業員がいなかったなら、この家は建たなかっただろうと。そして、推進力、正しいデータ、幹部のサポート、強いリーダーがいるからこそ、オペレーション全体が前に進んでいくのです。

＊＊＊

ジョージア州福祉局／B・J・ウォーカー

B・J・ウォーカーはこれまで、イリノイ州とジョージア州で二人の知事に仕え、さらにシカゴ市長の下でも働いた。二〇〇四年にジョージア州のソニー・パーデュー知事から、同州の福祉サービスのほぼすべてを統括する福祉局の局長に任命された。年間予算三二億ドル超、約二万人の職員を擁する巨大な組織である。

ウォーカーは二〇〇七年に「実行の4つの規律」を導入した。福祉局全体を改善することが目的であり、職員のミスが住民の死亡や重傷事故に至りかねない分野に特に力を入れる必要があった。彼女の指揮の下、児童福祉、児童支援、福祉から就労へプログラム、食品スタンプ受給資格などのサービスで主要な指標が定められ、大幅な改善を遂げている。
4DXに関するB・J・ウォーカーの洞察を紹介しよう。

＊＊＊

フランクリン・コヴィー社の4DXを使ってみてはどうかと、ソニー・パーデュー知事から打診を受けたのは二〇〇七年のことでした。私は当時、問題を抱え危機的状況にあった福祉局を少しずつではあっても着実に改善していました。とはいえ高いパフォーマンスを一貫して維持するのは難しく、巨大な役所で最優先事項の焦点を絞り切れずにいました。日常的なツールとしての指標を現場で使いこなせず、あるいはメディアや政治家の厳しい目に常にさらされ、嵐のような日々に苦労していました。時間も人もリソースも足りない中で多くの業務を変革する必要性に迫られ、自分だけが重荷を背負わされているように思える日も少なからずありました。

しかし実行の4つの規律を導入したことで、「試合」のやり方が一変したのです。まず、数人のスーパースターだけに頼るのではなく、チーム一丸となって試合をしてはじめて最高の結果が得られるのだと確信できました。

第二に、遅行指標で埋まったレポートが提出されるのを待って、勝ち負けを判断するのをやめました。遅行指標のデータはとうの昔のことであり、もはや打つ手はないのです。私は若いときソフトボールの選手でした。そこで学んだことの一つは、試合そのものに負けたときの悔しさよりも、毎回のイニングで負けるほうがよっぽど悔しいということです。遅行指標だけを使って仕事をしていたら、すべてのイニングが終わってからスコアだけが掲示されるようなものでしょう。負けたことはわかるけれども、もう試合の流れを変えることはできません。負けた事実だけがあるのです。

福祉局のような組織では特に、「一生懸命にやっています。住民に手を差し伸べています。本当に忙しいんです」というようなことを言えば、わかってもらえるかもしれません。しかしそれでは、ただ試合をして、最終のスコアを待っているのと同じです。負けても、その瞬間だけ悔しい思いをすればそれで終わりです。しかし毎日、毎週、先行指標のプレッシャーにさらされていれば、そうはいきません。

先行指標にフォーカスすれば、指標の動きがわかります。先行指標が動けば、遅行指標で勝ち始めていることなのです。しかし残念ながら、ほとんどの行政機関は、勝っているスコアを毎週見るなどという経験をしたことがありません。だから、自分たちが勝てるチームだとは露ほども思っていない。私はスコアを毎週見て、公表することを自分に課しました。その結果、私たちの組織はフォーカスを維持し、負けではなく勝つことに慣れたチームとなったのです。

第三に、これがもっとも重要だと思うのですが、４ＤＸでわたし自身が新しい行動を学ばなければならなかったことです。具体的に言えば、幹部の立場だけではなく、現場の視点にも立って組織を率いる必要がありました。頂に立って広く見渡すリーダーの視点、そして局長という役職の台座を降りて現場に入り、現場にいるチームの視点との間を機敏に、意図的に行き来するのです。４ＤＸを取り入れれば、このようにリーダーも変化します。リーダーならば誰でも勝ちたいのですから。

実行の4つの規律は、チームが最優先とする目標の針の動かし方を変えます。しかし、4DXをあなたの組織に組み込む必要があるかどうかを決めるのは、リーダーであるあなた自身です。

リーダーの使命、リーダーの目標をチームのメンバーに理解させ、身を入れて取り組ませようとしても、うまくいくはずはありません。なぜなら、それらの使命、目標はリーダーのものであって、メンバーのものではないからです。

しかし4DXなら、これとは違うアプローチをとることができます。メンバーを参加させることによって、彼らのコミットメントを得るのです。それにはまず、結果に直結する仕事を実際に行っている最前線のチームと具体的な関係を築かなくてはなりません。

営業チーム、顧客サービスチーム、生産部門、購買部門、どんなチームであっても、4DXの導入にあたってリーダーが最初にすべきことは、組織全体のWIGの成功をチームに渇望させることなのです。福祉局では、これが特に難しかったと思います。住民が重傷を負ったり死亡したりする事故が起きると、福祉局の使命をしっかりと果たそうという気持ちがどうしても萎えてしまい、事故について積極的に話せる雰囲気ではなかったからです。とはいえ、これは避けることのできない戦いでした。私たちは失敗の恐怖心、非難を受けるのではないかという不安を抱えて日々仕事をしていました。ですから4DXを導入したとき、その恐怖心の中心からWIGを引っ張り出してきたのです。

それは、福祉局の保護下にある人々の死亡・負傷に至る可能性のある事故件数を半分に減らす、というものでした。

この目標をひとたび声に出して言うと、チームのメンバー全員が、それこそ福祉局の使命だと認めました。興味深いことに、チームが取り組みたかったのはこの目標でした。多くの職員は、そのために毎日職場にやってくるのです。最重要目標を設定することで、弱い立場の子どもや大人に不幸が起きないようにするという福祉局の最大の使命を自分のものとしてとらえ、**当事者意識**を持てたのです。事故が起きてから対応するのではなく、事故を防ぐ手段を計画するようになりました。最終的に4DXのプロセスに従い、死亡・負傷事故の減少を目標にすると公表しました。こうして、成功するチームとして機能し始めたのです。

4DXのどの部分が福祉局にもっとも効果的だったのかとよく聞かれるのですが、私の答えはいつも同じです。それは毎週のWIGセッションです。これはとても効果的なミーティングです。スコアを伸ばすためにできることは何かとメンバー一人ひとりに毎週問いかけます。そのリズムこそ、リーダーと政府機関の日常業務の距離をなくすプロセスなのです。

このアカウンタビリティのリズムがなかったなら、業務や政策の問題点が幹部職員には見えないかもしれません。あるいは隠されてしまうことも考えられます。また、WIGセッションを通して現場の職員の知識と経験を組織全体で共有できるので、組織が最終的に責任を持つ使命と、それに実際に取り組む現場の活動とのギャップをなくすことができます。

連邦政府であれ、州政府、地方自治体であれ、政府機関において意味のある結果というのは、ほとんどが遅行指標です。しかも、達成したことが結果として出てくるのはかなり後になってからです。

これでは、どのような行動が成功に結びついたのか、あるいは逆に失敗の原因となったのかわかりません。リーダーはみな強い責任感を持ってはいるものの、針を進めるために何をすればよいのか確信が持てずにいるのです。

リーダーのビジョンと現場の仕事との間にはこのような溝があります。しかし全員が一堂に会するWIGセッションは、その溝を埋めます。毎週のWIGセッションで先行指標に関するデータを確認し、翌週に行う活動をコミットメントする。このリズムが定着すれば、セッションに出席するリーダーは現場の声をいやも応もなく毎週聞くことになるわけですし、現場のメンバーにとっても、リーダーの目と耳に毎週アクセスできるのです。

組織が巨大化し官僚主義的になるほど、4DXの効果は大きくなると断言できます。民間企業の多くのリーダーは政府機関の日常業務のことは知らないでしょうし、まして関わったことはないと思いますが、巨大な政府機関でも4DXを意外と簡単に展開できることに驚くはずです。4DXは、組織のトップさえも、現場のスタッフと現場の仕事に通じることを強いるからです。

4DXで二番目にインパクトの強い要素は、適切な仕事が適切な理由で、かつ適切な方法で実行できる環境をつくることです。私はこれを自分の二番目の仕事だと思っています。このような環境は、主に「第2の規律：先行指標に基づいて行動する」で整えることができるでしょう。この規律は、組織として達成したいWIGと各チームのリーダーを現場の活動に結びつける接着剤になりました。日常業務の重要性を最前線の職員にわからせるのは難しいことでも何でもありません。彼らはみな、日々の仕事がいかに大切かよく知っています。難しかったのはむしろ、リーダーもチームのメンバーと同じ視点を持ち、同じように理解しているのだとわかってもらうことでした。

福祉局のような組織では住民の死亡や重傷事故が発生する恐れが常にありますから、リーダーが現場の職員から距離を置いていては信頼を得られません。誰も口には出さないものの、職員はいつでも「何かまずいことが起きたら、誰が責任をとらされるのか？」と疑心暗鬼になっています。信頼関係の確立は、４ＤＸを成功させることによって得られる大きなメリットです。

そのような信頼を築く一番の方法は、リーダー自身が現場の仕事に入っていくことです。リーダーは毎週、チームの助けになる活動をコミットメントし、チームの努力の結果を幹部に報告し、チームの前進を阻む障害を取り除く。これが現場の仕事に入っていくとだと思います。

福祉局の各チームのリーダーは、次の三つの条件を満たさなければなりません。

- **４ＤＸのリーダーはＷＩＧに一貫して取り組まなければならない**

最前線のチームは、地に足のついたリーダーを信頼します。重要な試合であればなおさらでしょう。試合の途中でルールを変えるような真似をしたら、メンバーの信頼を大きく損ないます。

- **４ＤＸのリーダーは最前線のメンバーが必要とするものを用意しなければならない**

すでにフィールドに出て試合をしているチームを機能させることがリーダーの仕事です。私たちが

４ＤＸを導入してすぐに学んだことは、弱い部分に対処すればチームがうまく回っていくことです。パフォーマンスの低いメンバーや変化に抵抗するメンバーはチームの足を引っ張りますが、それも最初のうちだけです。４ＤＸでは結果に対する一人ひとりのアカウンタビリティがはっきりしているので、隠れる場所はどこにもありません。またリーダーは、現場の職員が仕事を遂行する妨げとなる官僚主義をなくす努力もしなければなりません。すなわち、政策変更を巡る政治的な駆け引きや垣根を排除し、問題を直視することです。場合によっては予算をとってこなければならないこともあるでしょう。チームは、障害を取り除いてくれないリーダーには敬意を払いません。

・４ＤＸのリーダーは自らのメッセージを発しなければならない

私たちの例で言えば、死亡事故や重傷事故について最初に話すのは私でなければなりません。チームのメンバーに行動を変えてほしければ、まず私が、「これまでのやり方を変えても心配はない。死亡や重傷に至りかねない事故件数を減らそうとするなら、むしろ今の官僚主義的やり方を脱却すべきだ」と切り出さなくてはなりません。

本書でも紹介されていますが、私たちは最重要目標を上回ることができました。児童虐待の再発件数を六〇％も減少させたのです。最後に、この経験から私が学んだもっとも重要な教訓をまとめたいと思います。実行の４つの規律を導入するリーダーの皆さんにきっと役に立つはずです。

・４ＤＸの言語を組織文化に根づかせる

チームのリーダーが、４ＤＸはいつもやっているようなことと同じだ、などと思ってしまったら、メンバーのアカウンタビリティはみるみる下がっていきます。

４ＤＸは具体的で明確なプロセスです。４つの規律のすべてを実施しなければ、実際の効果は得られません。それより何より、リーダーが４ＤＸを実践する手本になるのをやめたらその瞬間に、組織全体がリーダーの本気度を疑い始めます。

・リーダーは障害を取り除く

チームのリーダーが最前線の仕事を阻む障害を取り除くコミットメントをしなければ、目標達成は望めません。最前線で先行指標が動かなければ、組織のＷＩＧも動かないことを常に頭に入れておくことが重要です。

・最前線のメンバーとオープンかつ頻繁にコミュニケーションをとる

リーダーが手本となって４ＤＸを実践し、活動のコミットメントを果たす姿勢をチームのメンバー全員に見せる必要があります。私は毎週、必要であれば毎日、現場の職員に直接、チームリーダーを介さずに、メールを送っています。

・もっとも重要なのは最前線の仕事であることをメンバーにわからせる

ＷＩＧを達成しなければならないことは、どのチームもわかっています。そのためにリーダーシップをとることは重要ですが、それと同時に、最前線の仕事が最終利益を生むのだということをリーダー自身が認識し、チームにわからせることも必要です。４ＤＸをリーダーの目的と手段にしてはいけません。リーダーが不在の場合でも、４ＤＸはチームが勝つための手段であることを明確にする必要があります。

・平均レベルのリーダーをトップパフォーマーに育てる

そのためのもっとも効果的な方法は、スケジュールを守ってＷＩＧセッションを開くことです。ＷＩＧセッションを通して、４ＤＸがリーダーシップをどのようにして鍛え、それによってチームの成功がどのようにして生まれるのかを気づかせることができるでしょう。大規模な政府機関の場合は特に、平凡なリーダーのほとんどは勝利を目指すチームを率いることに慣れていないものです。多くの場合、ほかの人間が定めた政策を配布し、それらがきちんと実施されているかどうか監視し、指令系統の上から下りてきた業務を処理し下に渡すまでの間、チームを運営することが平凡なリーダーのやっていることです。彼らには４つの規律が必要なのです。

・リーダーシップの基準を高く保ち続ける

最初は、４ＤＸは単に数値目標の達成とメンバーの意欲向上を目的としているにすぎないと批判するチームリーダーもいるでしょう。そのようなリーダーに対しては、なぜ数字が重要かを説かなくてはなりません。私たち福祉局の場合は、どの数値目標も弱い人々が安全に暮らせるように提供する支援に関係しているのでなおさらですが、数値目標の重要性はどんな組織にも当てはまります。子どもたちを助けることであれ、ソフトウェアをつくることであれ、組織の仕事に４ＤＸがもたらすパフォーマンスにフォーカスし、それを積極的にサポートしなければなりません。

実行の４つの規律を紹介されとき、私はキャリア人生最大の壁にぶつかっていました。福祉局の二万人の職員はすっかり自信をなくしており、子どもの死亡や負傷事故が多発し、メディアの厳しい批判にさらされていました。私は五年間で六人目の局長でした。

４ＤＸというパワフルなプロセス、そして福祉局の使命に生涯をかけているスタッフ全員の献身的な働きのおかげで、ジョージア州の子どもたちの生活を守り、より安全な生活を実現できたのだと思います。これ以上に意味のある結果はないでしょう。

＊　＊　＊

組織を最重要目標にフォーカスさせる

前章の四つのストーリーを読むと、四人のリーダーは大勢のチームメンバーの頭と心を最重要目標にフォーカスさせるという難題に取り組んだことがわかる。

いずれの組織も、フォーカスを定めて、偉業と呼ぶにふさわしい結果を出している。

第1部で我々は、組織全体のフォーカスを絞り込むときの四つのルールを挙げていた。

どれも明確なルールだ。簡単にさえ思えるかもしれないが、これらのルールを守るには相当な努力と規律が要る。フォーカスを定めるのは、どんな組織にとっても生易しいことではない。達成して振り返れば、簡単だったと思えるだけだ。しかし、それによって得られる結果は努力に値するものである。4DXの導入を成功させるには、まずリーダーが組織のフォーカスを絞り込む難題に取り組まなければならない。

この章では、四つのルールを具体的に取り上げ、組織の複雑

第1の規律のルール

1 同時に取り組めるWIGは二つまで

2 総合的な戦い（War）に勝利をもたらす局地戦（Battle）であること

3 リーダーは拒否権は発動できるが命令はできない

4 WIGにはフィニッシュラインがあること（いつまでにXからYにする）

な戦略計画をＷＩＧに変えるプロセスをたどっていこう。フォーカスを絞り、明確なフィニッシュラインを定めたＷＩＧを最前線のチームまで落とし込み、展開するプロセスも具体例を挙げながら示す。このプロセスを踏むことで得られるのは、すべてのチームが明確な目標を持つ組織だ。そして必ず、劇的な結果を見ることができるはずだ。

組織の戦略をＷＩＧにする：オプリーランドのケース

オプリーランド・ホテルは、テネシー州ナッシュビルのラスベガス近郊にある米国最大級のコンベンション・ホテルである。このホテルには最優先課題がいくつもあった。

- 新しいマーケティング・広告プログラムを展開する。
- 二〇〇〇室のホテル建物を四〇万平方フィート拡張する。
- 客室稼働率向上のための取り組みを実施する。
- 利益増のために経費を節減する。
- 顧客満足度向上のために多くの新規プログラムを実施する。
- コンベンション・サービスを改善する。
- 敷地面積五六エーカーにも及ぶホテル内をわかりやすく案内する手段を特定する。

ほとんどのリーダーの例に漏れず、彼らも優先課題を山ほど抱えていた。長々とした「すべきことリスト」を端から片付けて短くしたいと思っても、リストを見るだけで圧倒され、やる気がしぼんでいく、そんな経験をしているのはあなただけではない。

オプリーランドの経営チームが４ＤＸプロセスを開始すると、その第一歩から、ホテル全体の最重要目標を絞り込む難問に直面した。組織が大きくなればとりわけ、フォーカスすべきＷＩＧがすんなりと決まることはない。まず「**ほかのすべての業務が現在の水準を維持するとして、変化することで最大のインパクトを与えられる一つの分野は何か？**」という問いに答えなければならない。「もっとも重要な優先課題は何か？」と問うてはならない。このような質問に議論を巡らせていたら、いつまでたっても終わらない。

経営チームの各メンバーがもっとも改善したい一つの分野を出し合い、検討する中で、顧客満足度がもっともインパクトのある分野として浮上した。その最大の理由は、宿泊客の体験そのものが、収益からマーケットシェアまでホテル事業のほかのあらゆる要素に影響を与えるからである。また、ホテルの全従業員が貢献できるフォーカスでもある。

ＷＩＧの選択肢が絞られてくると、総支配人のアーサー・キースは、オプリーランド・ホテルの最上位ＷＩＧを顧客満足度の向上にすることを提案した。フォーカスを定めるプロセスで、彼は総支配人として重要な役割を適時に果たしたと思う。リーダーはオープンに意見を述べ、他者の意見に本気で耳を傾け、代替案を探るべきである。しかしリーダーは、チームが結論を出せるようにタイミングを見計らって一歩踏み込む必要もある。議論に参加することはもちろん重要だが、組織のトップの立場を効果的に使うこともリーダーの役目なのである。

組織全体の最上位WIGを選ぶのは、一足の靴を買うときと似ていなくもない。履いて少し歩いてみなければ、自分の足にしっくりするかどうかはわからない。だから、WIGの決定をチームにせかしてはいけない。しっくりなじむWIGを選び、各チームのリーダーに少し試させてみる。そうしてはじめて、各チームは組織のWIGの達成に貢献できるチームWIGを検討できる。組織全体に試してみて、どこかぎくしゃくしていると感じたら、そのときは別のWIGを選べばよい。

最上位のWIGは組織として真剣に取り組む最重要目標であるから、経営陣としてもただ一つに決めることには少なからず躊躇するものである。多くの組織が本当のフォーカスを決められない理由はここにある。WIGを選んだ後でも再考できる自由があれば、チームは心おきなくこのステップに取り組めるだろう。

オプリーランドの次のステップに進む前に、組織の最上位WIGがどのような分野から出ているのか見てみよう。

組織WIGの三つのソース

業種や企業規模、所在地等々にかかわらず、ほとんどの企業の経営チームは、財務、オペレーション、顧客満足の三つの分野のどれかから組織WIGを選んでいる。

財務WIG

総売上高、純利益、あるいはその中間にある主要な指標など、どれも金額で測定されるWIGである。どんな企業においても財務成績は最優先課題の一つであるのに、意外にも、財務WIGを選ぶのはフランクリン・コヴィー社のクライアントの三〇％程度である。

オペレーションWIG

生産、品質、効率性、規模の経済性にフォーカスするWIGである。ほとんどの経営チームが最初にフォーカスするのがこの分野だ。これらのWIGのほとんどは、生産高、品質改善、マーケットシェアの拡大、新規市場への参入など、業務活動の主要な指標にフォーカスする。

顧客満足WIG

会社の得意先、病院の患者、あるいはホテルの宿泊客など、顧客に対する現在のパフォーマンスレベルと最高レベルとの差を縮めることにフォーカスするWIGである。財務WIGやオペレーションWIGとは異なり、顧客満足度は顧客の主観に左右される。

ミッションからWIGへ

組織の最上位のWIGは、経営者のミッション・ステートメントではない。経営者のビジョンでもないし、多くの場合は組織全体の戦略でもない。組織の最上位WIGは、レーザー・フォーカスの一点である。行動を変えるために、その一点に重点的に力をかける。

組織の中でＷＩＧを位置づけると、この図のようになる。

あなたの組織には、組織の存在理由を明確に述べたミッションステートメントがあるはずだ。ミッションが定められていれば、多くのリーダーは、五年後かもっと先の将来のどこかで達せられる成功がどのようなものかを明確に述べられる。それは組織のビジョンである。ミッションもビジョンも、組織が熱望する目標である。トップが描く組織の将来像を述べたものだ。組織のリーダーは次に、ビジョンを実現する方法を示す戦略を立てる。一般的に、効果的な戦略は三つの要素で構成されている。

一つめの要素は、リーダーであるあなたに資金と権限があれば、あなたが決断し、承認のサインさえすれば導入できる取り組みだ。

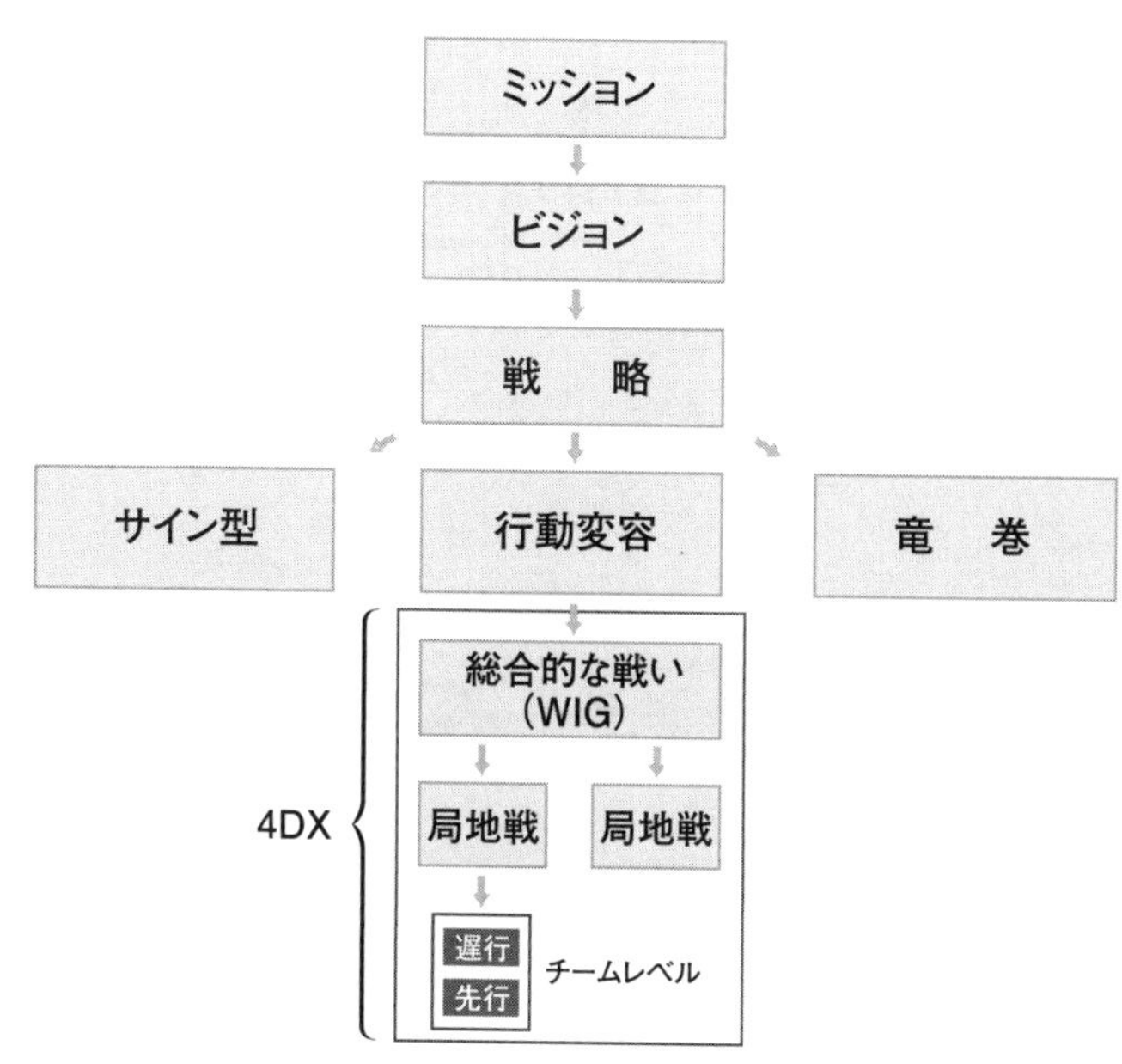

我々はこれを「サイン型」取り組みと名づけている。4DXプロセスをスタートしたときにオプリーランドで進められていたイニシアチブを見てもわかるように、サイン型の取り組みのほとんどは、組織にとって重要なものである。

二番目の要素は竜巻だ。日常業務が効果的に処理されていると自信を持って言えるように、組織の各チームのリーダーたちが管理しなければならないありとあらゆる事柄が竜巻には含まれている。4DXを用いて戦略的優先事項を実行している間も、各チームのリーダーは中核業務を運営し続けなくてはならない。ビジネスのこれらの要素は、ロバート・S・キャプラン、デビッド・ノートンのバランスト・スコアカードなどのツールで管理できる。

ここから戦略の三番目の要素につながっていく。戦略を成功させるために人の行動を変える必要のある取り組みである。この三番目の要素は、ほかの二つの要素とは比べものにならないほど難しい。4DXはまさにこの部分に照準を合わせている。

4DXは、WIG、主要な局地戦、遅行指標と先行指標に適用されるプロセスである。こうして戦略地図を俯瞰（ふかん）することが重要なのは、戦略

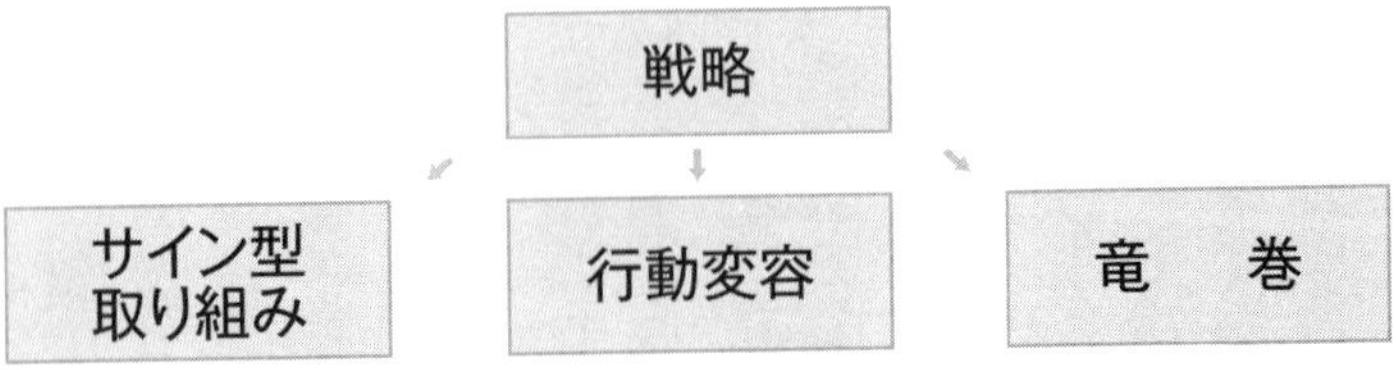

の必須要素がどこにあるべきか見渡せるからである。また、竜巻の重要性を改めて認識することもできる。もっとも重要なのは、この地図があれば、４ＤＸの領域を決める境界線がぼやけるのを防げることだ。４ＤＸで実際に結果が出てくると、４ＤＸの領域に含める取り組みを増やしたくなるが、それをしてしまうと４ＤＸの効果の鍵であるフォーカスがぼやけてしまうのだ。

広範な戦略に具体的なフィニッシュラインを設ける

オプリーランドのリーダーたちは、顧客満足度を最上位のＷＩＧに決めた。次に彼らは、成功を定義するフィニッシュラインを設定する必要があった。

オプリーランドの顧客満足度測定システムは五段階評価の満点だけを追跡し、満点を「トップボックス・スコア」と呼んでいた。これはきわめてハードルの高い基準であり、通常の顧客満足度をはるかに超えている。どうすればトップボックス・スコアを獲得できるのか、リーダーたちは試行錯誤を繰り返していた。前年度のトップボックス・スコアは四二％（すなわち五点をつけたのは宿泊客の四二％）、過去最高は四五％だった。議論に議論を重ねたすえ、遅行指標は五五％となった。

最上位のＷＩＧが決まると、オプリーランドのリーダーたちは、勝利をもたらす下位ＷＩＧに移る準備ができた。

総合的な戦いの対象が決まれば、次は局地戦を決めることがリーダーの重要な責任になる。総合的な戦いと局地戦に例えれば、いろいろと理解しやすい。第一に、総合的な戦いは一度に一つ、これが理想であること。第二に、下位ＷＩＧ（局地戦）は、何をおいても総合的な戦いに勝つことが目的でなければならない。局地戦の理由はただ一つ、総合的な戦いに勝つことしかない。そして第三に、成功に不可欠なＷＩＧを絞り込める。リーダーが考えるべきは、「この総合的な戦いに勝つために必要最低限の局地戦は何か？」である。この問いに考えを向けると、チームのエネルギーレベルが必ず一段高くなる。それはオプリーランドでも見られた。

オプリーランドの経営チームは、これまでこの質問と格闘したことはなかった。それというのも、ただ一つの総合的な戦いに戦力を集中させなければならないとは考えたこともなかったからである。ほとんどの経営チームと同じように、彼らもあまりに多くの総合的な戦いを繰り広げていた。だから必要最低限の局地戦を定められずにいたのだ。顧客満足度という総合的な戦いに勝利するために必要な局地戦を考え始めたら、候補は次々と出る。しかしそれらを全部やるとしたらどれだけの戦力が必要か、知れたものではない。どのリーダーも最初は数十個の局地戦候補をリストアップしたが、そのうち、求められているのは「どれだけ多くの局地戦候補を出せるか」ではなく、「成功するために必要な局地戦をどこまで少なくできるか」であることに気づいた。この質問に答えるには、現実に即した戦略的思考が求められるのである。

最終的に、オプリーランドの経営チームは三つの重要な局地戦を選んだ。顧客満足度をトップボックス五五％に引き上げるためには、到着時の体験、問題解決、レストランのクォリティ、これら三つの局地戦に勝たねばならない。

到着時の体験

この局地戦はどうしても外せない。オプリーランドのリサーチでは、宿泊客がホテルに到着して一五分から二〇分の間にマイナスの印象を抱くと、それ以降にプラスの印象に転じる可能性はほとんどないことがわかっている。到着時の体験がよければ、ホテルそのものに好印象を抱くのだ。

問題解決

リーダーたちは、問題が発生しないようにいくら努力しても、顧客満足度の向上につながるわけではないことを知っていた。問題が発生しなければよいというものではないのだ。顧客満足度を上げる鍵は、問題が発生したときにどうするかにある。問題への対応しだいで、宿泊客の体験はよくなりもすれば、台無しにもなる。経営チームが望んでいたのは、従業員がワールドクラスの問題解決能力を身につけることだった。

レストランのクォリティ

オプリーランドは大型ホテルなので、ホテル内のレストランで食事する宿泊客が多い。さらにオプリーランドのレストランのほとんどが一流とみなされ、価格もそれ相応である。したがって、料理に対する宿泊客の期待は非常に高い。その期待に応えられれば、顧客満足度を大幅に上げられる。

オプリーランドの経営チームは、従業員の労力をこれら三つの局地戦に投じれば、変化を起こせると確信した。三つの局地戦に勝てば、総合的な戦いに勝てると思い始めた。局地戦を可能な限り少なく絞り込むことのメリットはここにある。総合的な戦いに勝てる見通しがつくのだ。

しかし局地戦が決まっても、まだ道半ばである。次に、それぞれの局地戦のフィニッシュラインを設定しなければならない。「いつまでにXからYにする」を決めるのである。各局地戦の達成可能なトップスコアを見つけなければならず、なおかつ、総合的な戦いに勝利する確率を高めるスコアでなければならない。

総合的な戦いを勝利に導く局地戦でなかったなら、効果的な戦略、すなわち勝てる試合を用意したことにはならない。テコの原理を思い出してほしい。岩を少し動かすにもテコを大きく動かさなくてはならないのだ。

オプリーランドの経営チームは、丸一日かけて総合的な戦いと局地戦を定め、それぞれの局地戦のフィニッシュラインを設定した。一連の作業を終えると、品質・顧客満足責任者のダニー・ジョーンズは、「これでできました。実にシンプルですね。ランチのナプキンの裏にさっと書いたような感じです」と

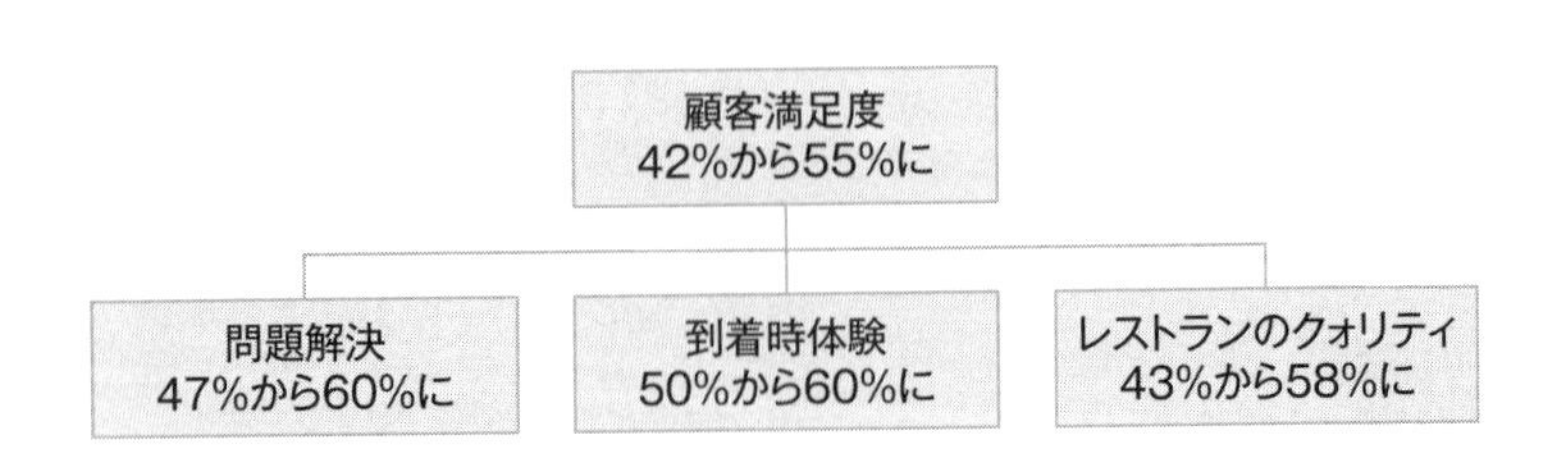

オプリーランドが顧客満足度向上という総合的な戦いに勝つための３つの局地戦

言った。そのとおりだ。しかし彼は、この簡潔明瞭さこそ、計画を遂行する鍵を握っていることもわかったのである。

総支配人のアーサー・キースもジョーンズと同じような感想を持った。「我々経営チームがこれ以上に有意義な一日を過ごしたことはありません。ホテルの方向性と戦略的投資をこれほど簡潔に示せたのは初めてのことです」

オプリーランドの経営チームの興奮ぶりは我々としてもうれしかったが、この作業の本当のインパクトは現場のチームに見ることができる。オプリーランドの場合、全部で七五のオペレーティングチームがあり、それぞれのチームが三つの局地戦のどれかで勝利するためのチームWIGを決め、経営チームが示した明確さと方向性にテコの作用を働かせることができたのだ。

たとえば到着時体験向上の局地戦の中心的戦力となるフロントデスク・チームは、チェックインのスピードアップをチームのWIGにした。しかし、この局地戦に勝つには客室チームの力も必要だ。客室チームのWIGは、早い時間にチェックインする宿泊客に使える部屋を増やす、となった。これでチェックインのスピードアップに貢献できる。

我々がもっとも注目したチームは、ベルスタンド・チームである。このチームは長年、宿泊客の荷物を少しでも早く客室に届けるという難題に悪戦苦闘していた。旧式のシステムと五六エーカーという広さのせいで、荷物を部屋まで届ける時間は宿泊客一人当たり平均一〇六分。そう、客は一時間四六分も待たされていたのだ。部屋が用意できていても、チェックインが早く済んでも、荷物を速やかに客室まで運べなければ、到着時体験のスコアは落ちてしまう。そのことをベルスタンド・チームは身をもって知っていた。そこでこのチームは、荷物の引渡し時間を一〇六分から二〇分まで短縮するWIGを定めた。このチームWIGに集中的に取り組み、わずか数ヵ月で引渡し時間は目標をゆうにクリアし、一二分まで短縮した。

ホテルの「顧客満足度向上」という総合的な戦いで「到着時体験」という局地戦に勝つための4DX構造を図示するとこのようになる。

忘れてはならないのは、どのチームもそれぞれのWIGに取り組みながら、就労中のほとんどの時間は竜巻の仕事に使っていることである。ホテルを日々運営し、宿泊客にサービスを提供し、次々と発生する予想外の問題に対処しているのだ。しかしもう、状況は変わった。各チームには、日常業務をこなしながら集中して取り組めるWIGがある。そしてこのチームWIGにはフィニッシュラインがあるから、それに対するアカウンタビリティを果たせる。そして勝ちたいという気持ちも湧いて

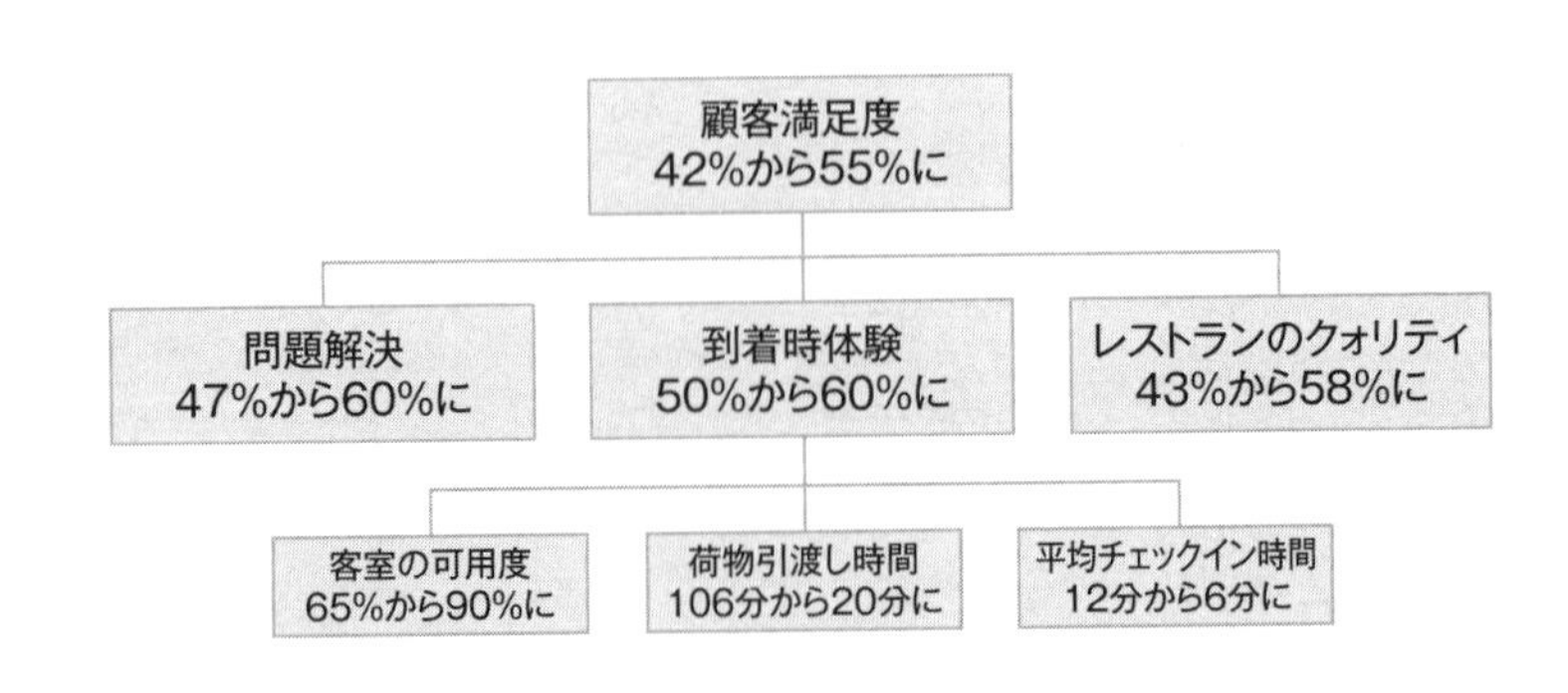

きた。

第2部で詳しく説明したように、各チームはＷＩＧの先行指標を定め、行動を促すスコアボードをつくり、毎週のＷＩＧセッションではスコアボードを動かせる活動のコミットメントをした。七五ものチームが同じ目標に向かって邁進するのだから、驚くような結果が出るのは当然である。

実際、オプリーランド・ホテルの結果には我々も驚かされた。九ヵ月後、トップボックス顧客満足度の目標五五％は軽くクリアし、六一％に達した。以前は四五％が最高だったことを思い出してほしい。わずか九ヵ月でスコアの伸び率は約五〇％である。ゲイロードでもっとも古いホテルが、いまや顧客満足度でゲイロードのすべてのホテルを制してトップに立っている。我々は当初から楽観的で、しかるべき結果は出ると思っていたが、それでもこれほどの結果をこれほど早く達成できるとは予想していなかった。

オプリーランドのサクセスストーリーは、経営状態の良い組織であっても、曖昧な戦略を具体的なフィニッシュライン

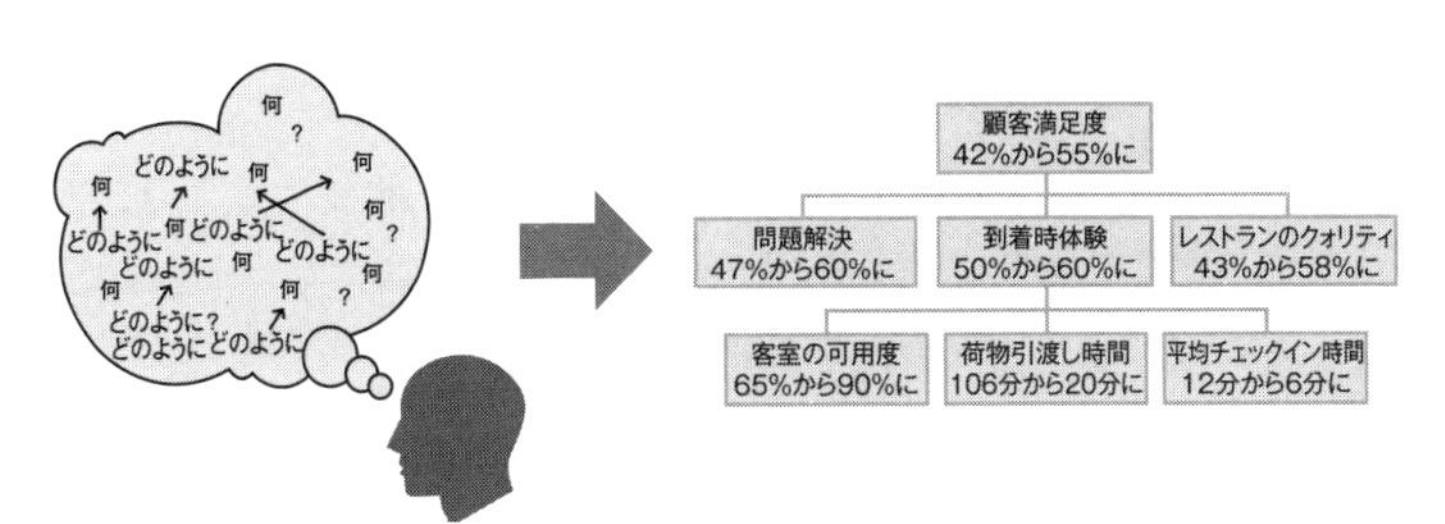

多くの組織目標が曖昧で不正確であるため、従業員は「何」をしたらよいのか、「どのように」したらよいのかわからずにいる。どうなれば成功なのかを組織の全員が正確にわかるように、明確で間違えようのないフィニッシュラインが必要である。

に変えれば、従業員の潜在能力がさらに引き出されることを教えている。

均質な組織にWIGを展開する

オプリーランドは、エンジニアや客室係、フロントデスク係、ベルボーイ、レストランなど宿泊客サービスの役割はもちろん、財務・会計、人事など後方支援部門もあり、多種多様な七五のチームで構成されていた。

小売チェーン、製造工場、営業部門などの組織は、業務内容が同様の多くのチームで構成されている。このような均質な組織にも4DXを適用することはできるが、最前線のチームにWIGを展開するプロセスは大きく異なる。具体的に説明しよう。

我々は数百もの店舗を展開する大手小売企業に4DXを導入したことがある。オプリーランドと同じように、この企業も組織全体のWIGは顧客満足度の向上にフォーカスした。目標はネット・プロモーター・スコア（NPS：推奨者の割合から批判者の割合を差し引いたもの）である。NPSはビジネス・ストラテジストのフレッド・ライクヘルドが考案したカスタマー・ロイヤリティ指標だが、この小売企業のリサーチでは、買い物客が店を友人に薦める確率と店の売上高の間には高い相関関係が認められている。経営チームはこのWIGを定めると、この総合的な戦いに勝つための必要最低限の局地戦を丸一日かけて集中的に検討した。最終的に次の三つの局地戦が選ばれた。

顧客エンゲージメントの改善

店の口コミを増やすには、顧客とのつながりを強くすることが不可欠であるのは言うまでもない。この局地戦では主に、客が店に入ってきたら店員が積極的に接客し、欲しいものを探す手助けができるかどうかに焦点を絞った。

品切れ件数の減少

これも外せない局地戦だ。客の買いたいものが売り場になかったら、売上を逃すだけではすまない。その客が知人に店を薦めることはまずないだろう。

レジのスピードアップ

この局地戦は大きな変化をもたらす。スピード勝負の小売業界では、レジの処理スピードはかなりの影響を及ぼす。店での最後の体験がレジの長い列に並ぶことだったら、買い物体験全体がマイナスのイメージになる。

彼らが選んだ局地戦はどれも目新しいものには見えないかもしれない。しかし小売業界で数十年の経験を積んでいる経営チームのメンバーは、オプリーランドの場合と同じように、数十個の局地戦候補を検討したうえでこの三つを選んだ。複雑に絡み合った状態をシンプルにしたのだ。それには時間と労力がかかったし、必要最低限の局地戦に落ち着くまでに多少の意見衝突もあったが、最後には力強い計画ができた。（あなたの立場が現場に近いほど業務環境は複雑で、フォーカスを絞りにくいこ

とを念頭において、このプロセスを進めてほしい）

この総合的な戦い・局地戦構造は見るからにシンプルである。このシンプルさが、４ＤＸの導入を成功させる鍵の一つなのだ。最大の難関は計画を策定することではない。竜巻の絶え間ない要求に対応しながら、計画を実行しなければならない最前線のチームの行動を変えることである。

では、この小売企業はＷＩＧを最前線のチームにどのように展開したのだろうか。わかりやすく説明するために、同社の一つの地域を例にして、地域内の各地区にＷＩＧをどう展開し、各地区がそれを各店舗にどう展開したか見ていこう。

多様な役割のチームで構成されているオプリーランドとは対照的に、この小売企業を構成する各店舗の業務はどこも同じである。したがってどの地域にも同じＷＩＧと局地戦を採用した。それでも、フィニッシュラインの設定は各地域の自由裁量に任せられた。

そこでこの地域は、「いつまでにXからYにする」のフォーマットを用い、地域に固有の事情を考慮してフィニッシュライ

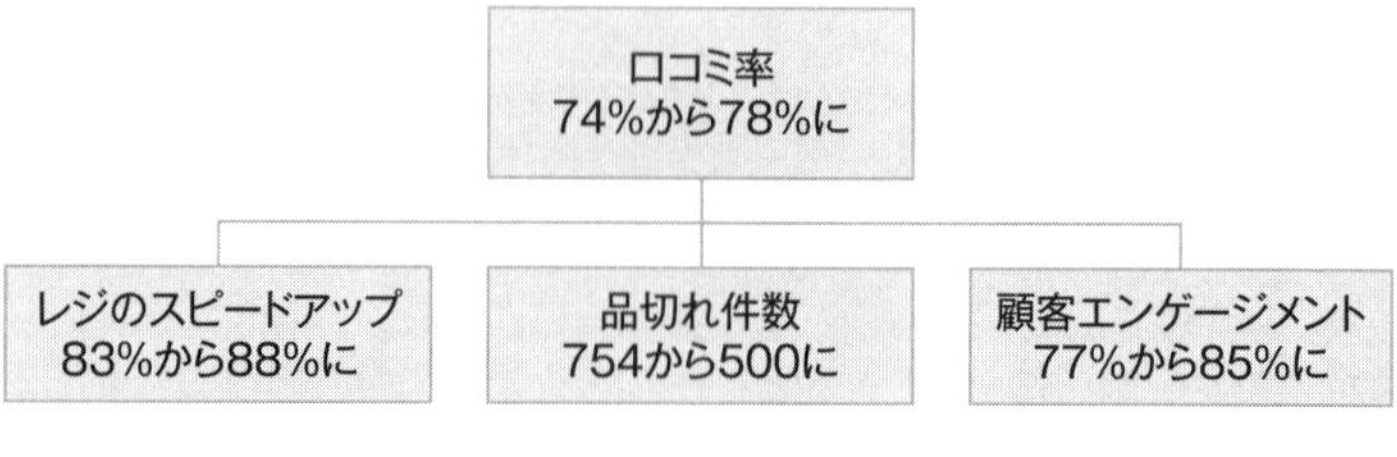

買い物客が店を知人に薦める口コミ率を上げるために選んだ局地戦

ンを定めた。次に、総合的な戦い・局地戦構造の策定に関わった各地区のリーダーが、担当地区に適した業績目標として「いつまでにXからYにする」を定めた。

このフィニッシュラインは地域統括責任者が各地区に命じたのではない。各地区のリーダーが責任を持って決めたのである。地域統括責任者は、各地区のフィニッシュラインに納得できなければ、修正を求めることができる。最終的に、それぞれの地区が勝てる試合を決めることができた。

各店舗のＷＩＧは地区ＷＩＧと同じだったが、「いつまでにXからYにする」の指標は店舗ごとに調整されている。各店舗は地区リーダーの監督の下で、効果的な局地戦を選ぶことができたのである。品切れ件数や顧客エンゲージメントがすでに満足のいくレベルにある店な

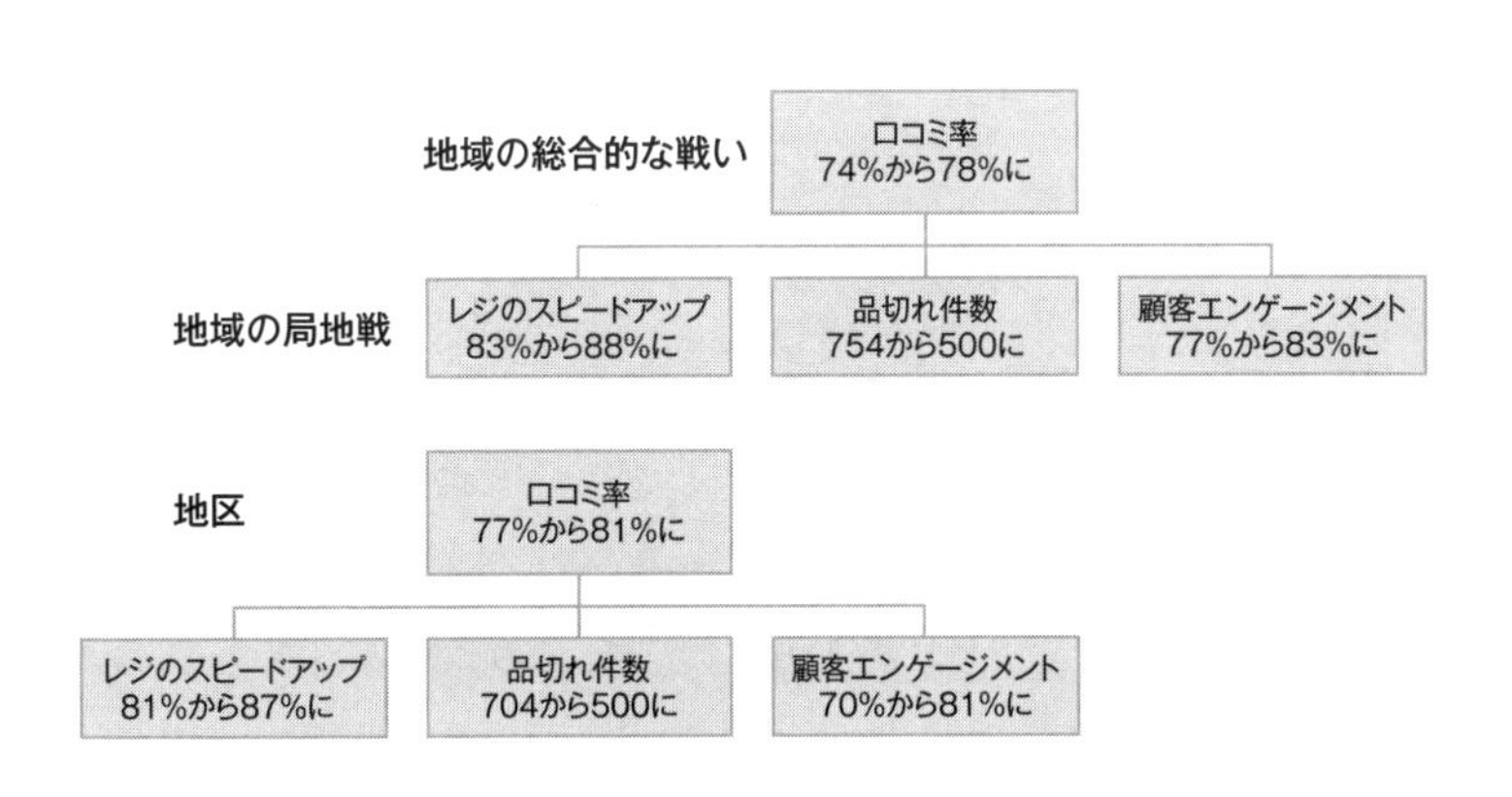

ら、別の局地戦を選べるのだ。このプロセスは二つの効果を生んでいる。各店舗のリーダーは自分の店が行う局地戦を選べたのだから、自然と身が入る。そして、店にとってもっとも重要な局地戦にフォーカスできたのである。

明確で実行可能な戦略

この章では、シンプルだが充実した計画を策定するプロセスを手短に説明した。多様なチームで構成されるオプリーランドの場合、最上位WIGは一日で決まり、明確でシンプルな戦略ができたが、それよりも重要なのは、それが**実行可能な戦略**だったことだ。

どんな組織にとっても4DXはサイン型の取り組みではないことを忘れないでほしい。リーダーがサインして承認すればそれで終わりとはいかない。4DXはまた、日常業務という竜巻

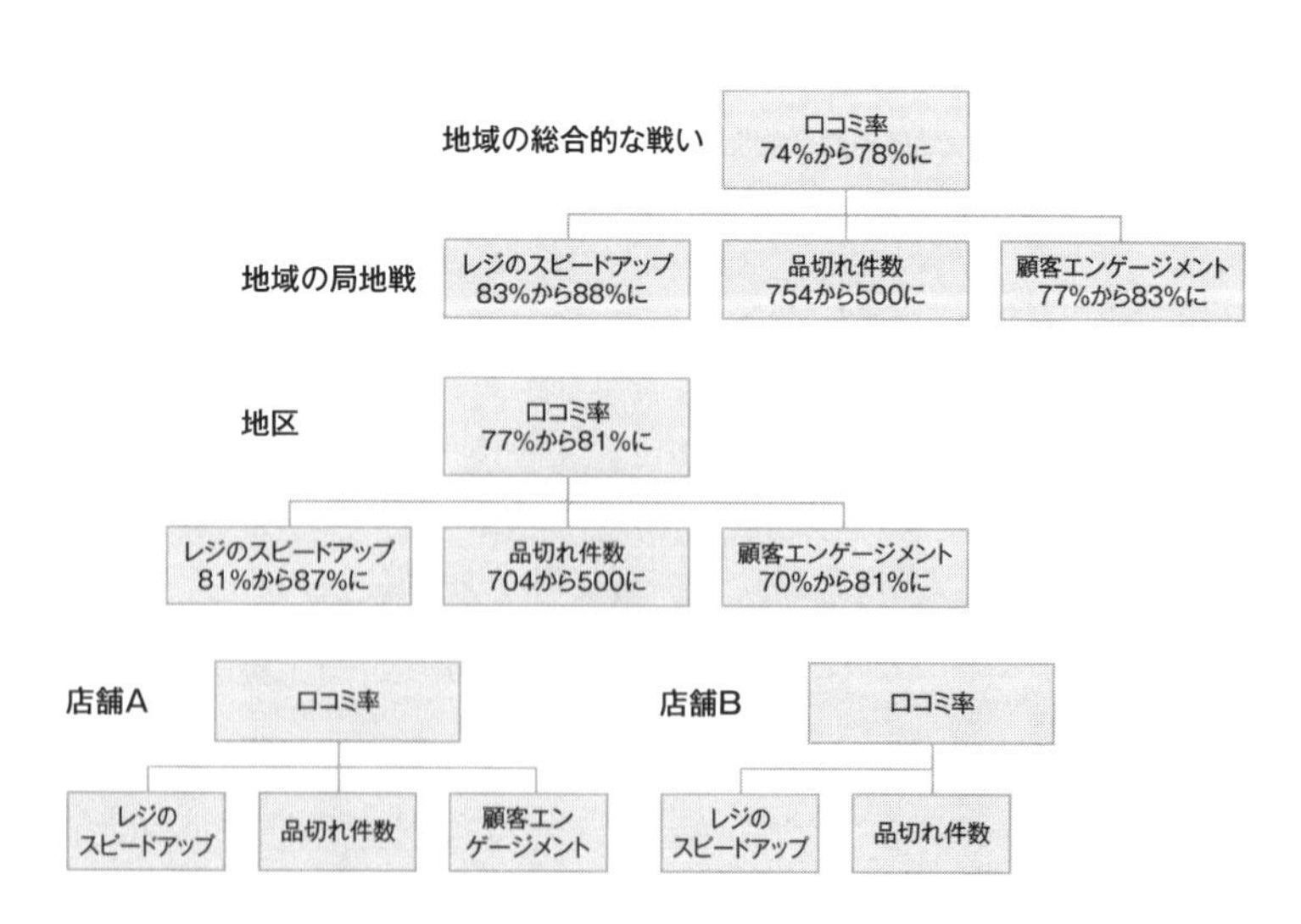

を監視する指標を決めるプロセスでもない。４ＤＸは、必要とされる行動の変化を実現するプロセスである。このような原則を実践しているリーダーや組織はごく限られている。だから組織全体を最重要目標にフォーカスさせることができれば、あなたの組織にとってきわめて大きな競争優位性になるのは間違いない。

4DXを組織全体に展開する

これから読んでいただく章は、我々としても一番力を入れて書いた章である。一つのチームだけでなく、複数のチームで構成される組織全体に4DXを確実にインストールする方法をわかりやすく説明するつもりだ。フランクリン・コヴィー社は、何年もかけてこの方法を開発した。

4DXをクライアントに導入し始めて三年間で、4つの規律に磨きをかけ、その原則においても、並外れた結果を出すための行動においても、これだと思えるポイントまで精緻(せいち)なものにすることができた。しかし我々を悩ませたのは、4DXを組織全体に展開するプロセスだった。

フランクリン・コヴィー社のクライアントは当初から4DXのコンセプトをすぐに受け入れ、ほぼすべての導入事例で成功しているが、あくまでも限られた規模の組織での成功であり、我々はこれらの成功を「キャンプ・ファイヤー」と呼んでいた。たとえば航空宇宙技術者のグループ、ごく一般的な個人商店、ソフトウェア開発チーム、製造工場などでの成功である。これらの成功事例のほとんどで、どのリーダーもチームと自分自身にとっての4DXの意味をつかんでいた。こうした深い理解が大きな結果につながったのだと思う。だが、この成功をより大きな組織で再現するとなると、キャンプ・ファイヤーではだめだ。野火のように広がらなければならない。我々は壁にぶつかった。

4つの規律そのものと同じように、インストールのプロセスも緻密(ちみつ)に組み上げなければならないことはわかった。しかしまず、組織全体にうまくインストールできない理由を解明する必要があった。

間違っていたこと

フランクリン・コヴィー社は三〇年以上前から、世界屈指のトレーニング企業として大きな成功を収めている。これほどの財産があるのだから、我々が４ＤＸをまずはトレーニング・ソリューションとして提供したのは必然的なことだった。しかしこれが間違いだった。

バーナード・バルークは、「ハンマーしか持っていない人には、何もかもが釘に見える」と言っている。それと同じで我々も、インストラクターが行うトレーニングというハンマーを持っていた。使い方にも自信があった。トレーニングとして提供し始めた当初、大勢のリーダーを竜巻から引っ張りだし、数日間のセッションで４ＤＸのコンセプトを教えた。彼らはトレーニングを高く評価し、前向きに学んだ。どのリーダーも興奮してセッションを後にした。しかし我々は、そして彼らも、厳しい教訓を学ぶこととなった。コンセプトを理解しても、それを実践するのはまた別の話なのである。

問題は、トレーニングセッションが終わった瞬間、竜巻が待ち受けていることだ。トレーニングに参加していた間にたまっていた諸々の問題を前にすると、新しいコンセプトを学んだ興奮も勢いもみるみるしぼんでいく。

それに、新しいコンセプトを職場の同僚も理解しなければ、実践しようとしても思うようにはいかない。４ＤＸのように直観に反するコンセプトとなればなおさらである。あなたが規律をチームにインストールしようといくら頑張っても、それはチームの自然な流れに逆らっているのだから、メンバーは乗ってこないのだ。

さらにまた、4DXがいかに理解しやすいコンセプトだとはいっても、規律であることに変わりはない。組織の活動と文化に根づかせるには相当な努力が要る。

医師であり作家のアトゥール ガワンデ博士は、規律を身につける難しさをこのように言い表している。

「規律を身につけるのは、信頼性やスキルを身につけるよりも、おそらく無私無欲になることよりも難しい。人間は本質的に欠点のある気まぐれな生き物である。間食すらやめられないのである。規律ある生活を送れるようにはできていない。規律は努力して身につけなければならない」[29]

もちろん、このような難しさを乗り越えて4DXを採用し、驚異的な結果を出したリーダーも少なからずいた。しかしそれは、我々のセッションに参加したリーダーのごく一部にすぎない。組織全体が大きな結果を出せるようになるためには、成功が野火のように組織全体に広まっていく導入システムが必要だった。

成功の鍵

我々は4DXの導入に成功した組織のリーダーやチームを調べ、それまでとはまったく異なる導入システムを開発し始めた。我々のアプローチの主要素は次のとおりである。

４ＤＸはイベントではなくプロセスとして導入しなければならない。

この章では４ＤＸを組織全体で立ち上げる六つのステップを紹介するが、これらのステップは、４ＤＸを導入するのがチームでも、組織の大きなセグメントの場合でも適用できる。

４ＤＸはすべてのチームに導入しなければならない。

組織のさまざまな部署から任意に集まってきたリーダーたちに教えるよりも、組織の最重要目標を達成する必要のあるチームのリーダー全員に教えるほうが効果的である。組織全体のＷＩＧを達成するには、たいていは多くのチームのリーダーの努力を結集しなければならないからだ。とはいえ、４ＤＸを組織全体に一度に導入すべきだと言っているわけではない。大規模な組織の場合、一度に導入するのは一〇チーム、多くても二〇チームぐらいがもっとも効果的なようである。たとえば組織全体のＷＩＧが売上増加であるなら、セールス・マネージャー一〇人とそのチーム、あるいは一〇店舗、大規模な製造企業なら一〇の部門で始めることができる。最初に４ＤＸを導入したチームに結果が出始めたら、ほかの部署も関心を持つから、広げていきやすくなる。

４ＤＸはリーダーが導入しなければならない。

我々が壁を突破したのは、最前線に一番近いリーダーが中心となって導入すればもっとも効果的であることに気づいたときだった。フランクリン・コヴィー社のコンサルタントが４ＤＸを教えながら組織全体で立ち上げる方法はとらず、リーダーが自分のチームに4DXを導入できるようにコンセプトを教え、認定するプロセスに重点を置くことにした。ここでは、このプロセスをリーダー認定と呼ぶことにする。

この軌道修正は大きな成果に結びついた。

- あとで自分が教えなければならないことを学ぶとなると、誰でも真剣に学ぶものである。実際、何かを学ぶのにもっとも効果的な方法は他人に教えることだ。これは原則である。我々は何千もの組織に4DXを導入し、この原則をじかに目にしている。
- 誰でも何かを教えるときは、自然とそれを推奨している。フランクリン・コヴィー社のコンサルタントが4DXプロセスをリーダーに教えているときは、リーダーはそれを黙って聞いているだけだが、自分がチームに教えるときは、4DXの推奨者になっている。4DXの推奨者になれば、完璧にやろうとする。そうしなければ4DXが機能しないことをわかっているからだ。
- 4DXの推奨者となったリーダーは、自分自身がその手本になろうとする。4DXを信じていないリーダーは、たとえ4DXを導入しても、4DXに反する行動をとり、実行に一貫性を欠くことになる。
- リーダーはチームのメンバーから信頼されているから、チームは本気で4DXに取り組む。4DXをコンサルタントや社内のトレーナーから学んでも、あるいは組織のトップから命じられても、ほとんどのチームはしばらく様子を見る傾向がある。4DXが本物のプロセスなのかどうかを判断するとき、チームのメンバーはまず、リーダーを注視する。リーダーが4DXを教え、推奨し、立ち上げるのであれば、メンバーは4DXを信じるのだ。

この導入方法を説明すると、ほとんどのリーダーはすぐにメリットを理解するが、中にはメンバーにうまく説明できるか、これほど大きな変化を起こせるかと不安を持つリーダーもいる。たしかにスムーズに立ち上げるには入念に準備しなければならない。しかし、我々はこれまで何千人ものリーダーを見てきたが、スキルや経験の程度にかかわらず、全員がスムーズに4DXを立ち上げているから、心配は不要だ。

4DXのインストール・プロセス

次の六つのステップのインストールプロセスが結果に結びつくのはもちろんだが、それよりも重要なこととして、これらのステップを踏めば、最重要の組織目標を何度も達成するための「オペレーティング・システム」をインストールできる。

フランクリン・コヴィー社のクライアントのほとんどは、複数のチームが同時に、スピーディかつ効率的に立ち上げることを望んでいるため、ここでも一〇チーム以上に一度に導入するプロセスの概要を説明する。フランクリン・コヴィー社はこのプロセスを4DXリーダー認定に使っている。チームリーダーは数日間のセッションでチームWIGと先行指標のドラフトを作成し、それをチームに持ち帰って確認し、賛同を得る。

ステップ一：組織全体のＷＩＧを明確にする

あなたが複数のチームからなる組織を率いる立場にあるとすれば、まず組織全体の最重要目標を決めなければならない。

ステップ二：チームのＷＩＧと先行指標を設計する

このステップには一般的に二日かかる。リーダーは４ＤＸのコンセプトを深く掘り下げ、ケーススタディ・ビデオを見て実例から学ぶ。これらを通して、すべてのリーダーが４ＤＸとその実践方法をしっかりと把握する。

次に各リーダーは、組織全体のＷＩＧにチームがもっとも貢献できることとしてチームＷＩＧを決める。組織の幹部はここで重要な役割を果たす。すべてのチームＷＩＧがまとまったときに、組織全体のＷＩＧを達成できるかどう

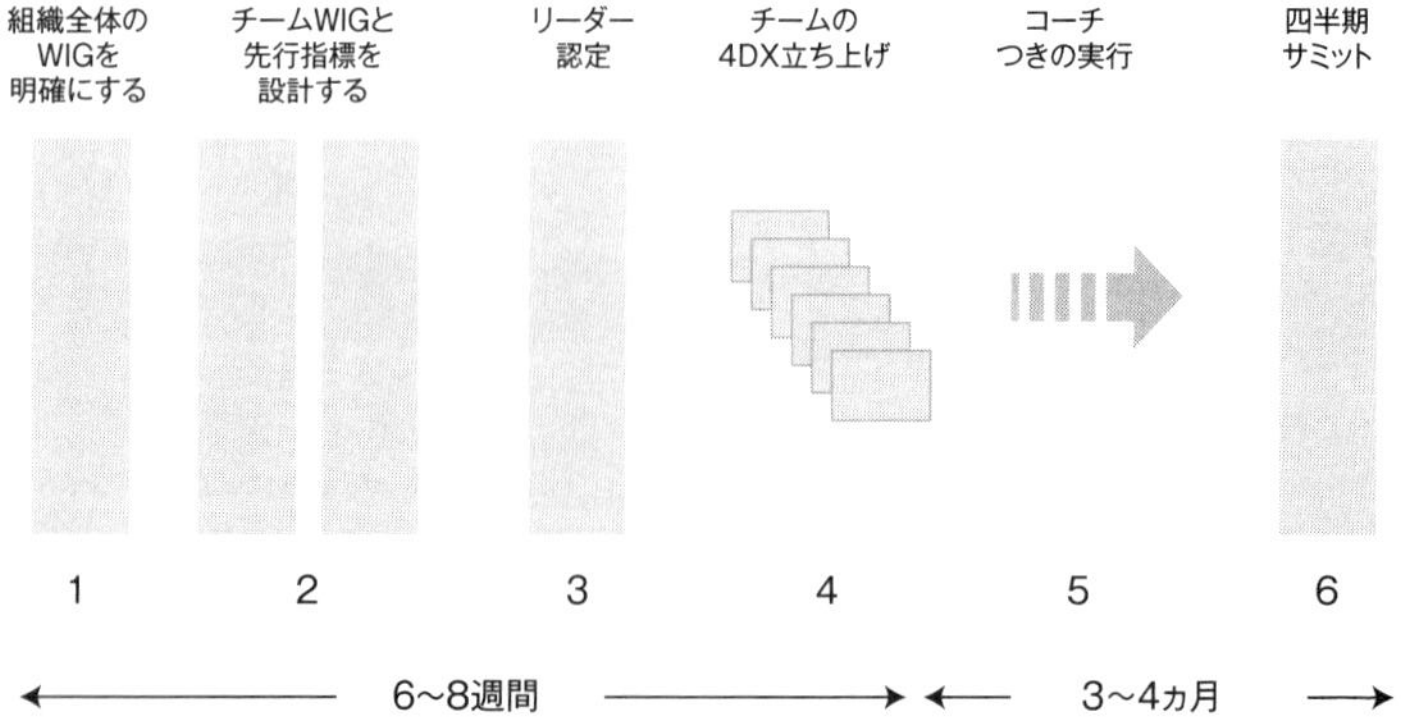

4DX のインストール・プロセスの 6 ステップとプロセスの推奨タイムライン

かを判断しなければならないからだ。幹部はチームWIGに意見を述べ、あるいは拒否権を発動することもできるが、チームWIGをこうしろと命じることはできない。チームWIGを決めるのはあくまでもチームのリーダーである。

チームWIGが決まったら、リーダーはWIGの先行指標の定義に取り組む。ここが4DX導入プロセス最大の関門だ。WIG達成を予測でき、メンバーが影響を及ぼせる先行指標を設定するのは、簡単なことではない。試行錯誤を繰り返す必要がある。

すべてのチームWIGと先行指標が決まったら、リーダーは組織全体のWIGからチームの貢献までを一直線で見渡せる。おそらくこれほど明確な視野を得るのは初めてのことだろう。チームWIGと先行指標は、チーム立ち上げのセッションでメンバーの賛同を得てはじめて正式なものになることを覚えておいてほしい。

このセッションはステップ四で説明するが、意見を述べる機会がなければ、メンバーは誰も4DXに本気で取り組む決意はしない。「参加なくして決意なし」この言葉を忘れずに。

ステップ三：リーダー認定

この重要なステップでは、リーダーは一日かけて4DXを立ち上げるプロセスを学ぶ。

・スコアボードのデザイン

効果的なスコアボードのデザインだけでなく、スコアボードによってチームの参加を促す方法も学ぶ。

・ＷＩＧセッション・スキル

第一回のＷＩＧセッションを開く前に、セッションに必要なスキルを身につける。特に、毎週のセッションを通してアカウンタビリティのリズムを定着させ、メンバー一人ひとりがチームに責任を果たすうえでのリーダーの役割を学ぶ。

・キックオフ・ミーティングの準備

この段階がリーダー認定でもっとも重要である。ＷＩＧを達成するには、キックオフ・ミーティングを成功させることが不可欠だ。

リーダーはまず４ＤＸを深く理解し、チームに教えられるようにしておかなければならない。リーダー認定のセッションでは、ビデオ、ガイドブック、プレゼンテーションスライドを見ながらリーダー同士で練習する。さらに、組織全体のＷＩＧ、チームＷＩＧと先行指標のドラフトをわかりやすく伝えるスキルを身につけ、チームのメンバーが有意義なフィードバックをできるよう促し、必要に応じて修正することも学ぶ。

ステップ三を終えると、リーダーは４ＤＸをチームで立ち上げる認定を取得する。ほかのリーダーと一緒に行うセッションはここまでである。

ステップ四：チームの４ＤＸ立ち上げ

キックオフ・ミーティングの所要時間は一般的に約二時間である。リーダーがミーティングのスケジュールを組み、実施する。４ＤＸの概要を約四五分で説明し、次に組織全体のＷＩＧを述べ、チームＷＩＧと先行指標のドラフトを検討する。チームのメンバーがフィードバックし、チームＷＩＧと先行指標を決定する。

このセッションでは、チームのスコアボードもデザインし、スコアボード作成の責任者を決める。ミーティングの最後に、翌週から始まるＷＩＧセッションの準備として、セッションの流れを一通り練習してみる。この練習のときにリーダーは、チームのＷＩＧに実際に取り組むにあたって、正式な基本ルールを話し合い、決めることができる。特に経験が浅いチームやいま一つ活気のないチームの場合は特に、コムキャストのリーアン・タルボットがアドバイスしていたように、ベテラン・チームのＷＩＧセッションやサミット・ミーティングを見学するとよいだろう。セッションのプロセスについて４ＤＸのベテランに質問することもできる。

ステップ五：コーチつきの実行

ステップ一から四までは、４ＤＸ導入の立ち上げ段階である。どのステップも重要だが、あくまでも試合の計画であり、試合そのものはまだ始まっていない。ステップ五でいよいよ試合がスタートするのだ。

リーダーとチームはここから、チームＷＩＧの達成に向けて先行指標を動かす週単位のプロセスに入る。これは規律とアカウンタビリティを必要とするプロセスだ。週を追うごとにチームは進化し、成熟していき、ＷＩＧセッションでインパクトの高い活動をコミットメントし、コミットメントを果たせるようになる。先行指標が動き出すと、チームの集中的な努力で遅行指標も実際に動いていることがわかる。指標が動くたびに、勝っていることを実感できるのだ。

我々の経験では、リーダーが新しい行動をメンバーに促し、予想外の問題が発生したときにうまく対処できるようになるまで、三ヵ月間程度は経験豊富なコーチを必要とする例が多い。４ＤＸのコーチは、４ＤＸプロセスの遵守、先行指標での成功、四半期サミットの準備などでリーダーをサポートする。フランクリン・コヴィー社のベテラン・コンサルタントは、リーダーを指導しながら、組織内のコーチを育成する。組織内のコーチについては、以降のセクションで詳しく取り上げる。

ステップ六：四半期サミット

各チームのリーダーが集まり、組織のトップに進捗と結果を報告するミーティングである。三ヵ月もあれば先行指標が動いているはずだし、先行指標が遅行指標に与えているインパクトも確認できる。第一回のサミットに出席する幹部の人数が多いほど、結果を出すことへの真剣みの現われとなり、メンバーもチームＷＩＧと先行指標を重要な試合ととらえるようになる。

多くのチームリーダーにとっては、組織の幹部に報告するミーティングに出るのは初めての経験になる。自分のアイデアが会社の目標にどのように貢献しているのかを説明するのも初めてなら、その貢献が認められるのも初めてのはずだ。ナッシュ・フィンチ社のアレック・コビントンが話していたように、「石板」に書かれた命令を受け、自分には理解できない目標に責任を持たされるのとはまるで異なる体験だろう。

ジョージア州の五つの政府機関が集まる第一回四半期サミットに出席したソニー・パーデュー知事は、チームＷＩＧと先行指標、結果を説明するリーダーたちを注意深く観察した。会議室は驚くほどの活気に満ちていた。知事が出席していたこともあるが、それよりも報告するリーダーたち自身が変化を実感できていたからである。

パーデュー知事はミーティングの最後に思わず立ちあがり、「自分の名前を冠した建物や銅像を立ててほしいから知事になったのではない。この州の職員たちに私の貢献を残したいからだ」とメッセージを述べた。会議室を去るとき、知事は「この州のすべてのリーダーがこのプロセスを実践してほしい」と言い、明確な方向性を大勢のスタッフに示した。

四半期サミットは、アカウンタビリティの力とチームの貢献を認める機会を一つにする場となり、４ＤＸを組織に定着させるスピードが増す。サミットは、気がつけばいつも数週間先に控えているのだ。

組織内コーチの重要な役割

組織内４ＤＸコーチを置くとインストール・プロセスの成功率は格段に上がる。これは我々の経験からも断言できる。最重要目標の達成をＦ１レースに例えるなら、４ＤＸコーチはヘッド・メカニックである。

４ＤＸコーチは、メカニックとして二つのことをする。まず、４ＤＸが故障したら修理を手助けする。抵抗メンバーに対峙するリーダー、先行指標が妥当かどうかアドバイスを求めているリーダー、あるいはアカウンタビリティのリズムを思うようにつくれないリーダーをサポートする。さらにコーチは、予防的メンテナンスも行う。チームがプロセスを守っているか注視し、チームが竜巻に巻き込まれそうな兆候を早期に発見するのだ。

従業員二人をこの役割に充てれば、お互いのスケジュールをやりくりできるし、一方が退職した場合にも備えられる。組織内コーチは次のようなメリットを組織にもたらす。

・即応性

組織内コーチを育成し、任命することで、組織は重要な知識リソースを確立でき、４ＤＸリーダーに現場で直接サポートする体制を整えられる。外部からリソースを調達する必要がなくなる。

・独立性

組織内コーチが経験を積み、能力を高めていくにつれ、外部からの継続的なサポートが減っていく。

・継続性

新しいチームリーダーを雇用するか、または組織の中から登用したときでも、組織内コーチが４ＤＸプロセスを速やかに指導できる。

組織内コーチは専従ではないが、コーチに適した者を選ぶことが重要である。組織の事業内容を十分に把握し、コミュニケーション・スキルが高く、良好な人間関係を築き、維持できる者が４ＤＸコーチとして優れている。コーチの能力は、立場上の権威よりも周囲への影響力で測れる。

我々はこれまでに、オペレーション・マネジメント、ファストトラック・リーダーシップ・プログラム、品質保証、シックス・シグマ、リーンマニュファクチャリング・ベルトなど、さまざまな分野の優れたコーチを大勢知っている。

有能なコーチの特徴はいろいろあるが、共通して見られるのは、コーチという役割に対する熱意と仕事の処理能力だろう。４ＤＸにいくら熱意を持っていても、竜巻の仕事以外の役割を引き受ける処理能力がなければ、４ＤＸプロセスをスムーズに進めるために必要な時間と労力を注げない。逆に仕事の処理能力はあっても熱意がなければ、プロセスは遅々として進まず、結果も出ない。我々のクライアントが先だって、「いつでも手のすいている人は、それほど貴重な存在ではないのだろう」と言っていたが、まったくそのとおりだ。熱意と仕事の処理能力に優れるコーチを選べば、プロセスは着々と進む。

これまでの経験から言えば、４ＤＸの導入で高い成功を収めている例はすべて、有能なコーチがサポートしている。最重要目標の達成には、リーダーとそのチームの努力が不可欠だが、導入を成功させ、並外れた結果を維持するためには、４ＤＸコーチは不可欠な存在である。

注意事項

最後に、注意しなければならない三つの落とし穴を指摘しておこう。このうちのどれかに当てはまるなら、４ＤＸの導入はとりあえず見送り、それを解決することが先決だ。

・本当に重要な目標が見つからない

４ＤＸは最重要目標を確実に達成に導くプロセスである。目的に到達するための手段であって、目的そのものではない。組織のＷＩＧが重要であるほど、組織もそのリーダーたちも達成しようとする決意が固くなる。その結果として、４つの規律は組織に定着しやすくなる。このフォーカスがなければ、４ＤＸの効果は生かせない。

・幹部のコミットメントが不十分

組織の幹部が４ＤＸに乗り気でないなら、組織全体として十分に取り組むことはできない。たとえＣＥＯが前向きでも、イニシアチブに責任を持つ幹部が本気にならなければ、うまくいかない。組織のどの部署が関わるにしても、４つの規律を実践するには、組織としての決意が必要だ。組織の幹部が４ＤＸを単なる選択肢の一つとみていたら、導入する前に失敗することは目に見えている。

・不適格なリーダーの認定

４ＤＸプロセスを実際に教え、推進するリーダーを認定することが必須である。このようなリーダーがいなければ勝つことはできない。職位の高すぎる者を４ＤＸリーダーに認定したら、先行指標の結果を出す最前線のチームまでゲームプランを到達させることはできない。逆に職位が低すぎると、経験が浅いために最適なチームＷＩＧと先行指標を設定できず、あるいは権利が足りないために、チームのメンバーにアカウンタビリティを果たさせることができない。

目安としては、最前線のスタッフのすぐ上のレベルのリーダーが理想的だろう。たとえばスーパーマーケットなら、ベーカリー売り場の主任だと立場が低すぎる。一般的に、この立場のスタッフは業績に貢献する活動を個人として遂行しているのであって、リーダーとはみなされていない。したがって、売り場主任の一つ上のレベルの店長が適切である。しかし工場の場合だと、工場長では地位が高すぎる。シフトを管理するレベルの担当者が適任だろう。

また、リーダーが４ＤＸに使える時間も考慮すべきである。スケジュールを自己裁量でコントロールできるリーダーなら、ＷＩＧチームを率いることができる。チームのメンバーが毎週の活動のコミットメントをスケジュールに組み込み、実行できる時間をつくれることも重要である。

この章では、我々が実際に行ったプロセス、４ＤＸのインストールに際して何百回も経験した問題点を一般化して説明した。試行錯誤して得ることのできた教訓を伝えたつもりだ。

フランクリン・コヴィー社はほぼ毎日、世界のどこかで4つの規律を一〇以上のチームに同時に導入しているが、これをするには多くの事項を慎重に検討しなければならない。しかし何より、最重要目標に向かって動く先行指標に複数のチームをフォーカスさせられるかどうか、それが肝心だ。最高の結果を出し、組織全体のパフォーマンスと効果性を高めるには、組織としてのフォーカスが鍵を握っている。

４DXのよくある質問

この章には、４DXの導入に関して我々がよく聞かれる質問とその答えをまとめた。質問は次の三つのカテゴリーに分類した。

- ４DXへの賛同とコミットメントを得るには
- ４DXを維持するには
- ４DXのコツと落とし穴

チームのタイプを特定し、４DXを導入する際の質問にも答えている（あなたのチームとは違っていても、質問の内容には関心をもてるだろう）。

- 製造チーム
- ハイテク・科学技術チーム
- セールス・チーム
- 公共機関

4DXへの賛同とコミットメントを得るには

❖4DXを導入するときにリーダーが犯す典型的なミスは何ですか?

導入プロセスでリーダーがよく犯すミスは、メンバーを十分に参加させないことと、辛抱強さに欠けること、この二つです。

まず、組織のトップは往々にして、マネージャー認定を受けた者でなければ4DXを成功させられないと無意識に決めつけています。もちろん、先行指標を動かしWIGを達成するには、認定を受けたマネージャーの果たす役割は重要です。しかし、その部下にあたるチームリーダーの参加が絶対条件です。チームリーダーがチームのメンバーとWIGセッションを開き、4DXプロセスにおけるマネージャーとメンバーの貢献を認め、4DXの原則を強化し、先行指標のパフォーマンスとWIGの達成を阻む障害を取り除きます。

第二に、リーダーは概して結果志向であり、少しでも早く結果を出そうとすることです。しかしWIGは、先行指標に対して継続的に、一貫した行動をとってはじめて達成できるものです。適切な先行指標を設定できていて、チームがその先行指標に従って行動していれば、外部の何らかの事情でWIGの達成が不可能にならない限り、WIGの遅行指標は必ず動きます。それには時間がかかります。リーダーは、途中で音を上げずに、辛抱強く先行指標を動かしていかなければなりません。

❖チームのレジスト・メンバーにどのように対処したらよいでしょうか?

何よりもまず、抵抗する理由を理解することです。理由がわかれば、解決策を考えることができるでしょう。

中には4DX以外のことで心配事を抱え、言えずにいるメンバーもいます。その場合は話を聞けば解決するでしょう。

しかし多くの場合は、話を聞くだけではレジスト・メンバーの態度を変えることはできません。ほとんどのレジスト・メンバーはどんな変化にも懐疑的です。新しいアイデアに皮肉な目を向ける人もいれば、極端に独立独歩な人もいます。あるいは4DXを結果志向のオペレーティング・システムではなく無駄な経費だと主張する人もいるかもしれません。

レジスト・メンバーの抵抗が続くようなら、チームから外し、外部のメンバーとしてサポートさせるかたちをとるとよいでしょう。元のチームのメンバーが結果を出しているのを見れば、チームに足並みを揃えるようになります。たとえ本人にとっては不本意でも、文句を言わずにやるようになるでしょう。

❖4DXを毎週運営していくうえで難しいことは何ですか? それらの問題にどう対処すればよいのですか?

チームは基本的に三つの問題にぶつかります。全員が先行指標に従って一貫して行動すること、スコアボードを更新すること、そしてＷＩＧセッションを定期的に行うことです。

第一に、チームのメンバーはＷＩＧと先行指標を切り離して考えなければなりません。先行指標に基づいて行動することにフォーカスし、それを一貫して続けなければ、遅行指標は動かないということです。毎日ジムに通うようなものです。我慢強くエクササイズを続けなければ、エクササイズの効果は現れません。先行指標を動かす活動を散発的にしか行わなかったら、遅行指標に影響を与えることはできません。

第二に、メンバーはスコアボードの更新を余計な作業だと感じるかもしれません。しかしスコアボードが更新されなければ、スコアは誰もわかりません。先行指標が遅行指標に影響を与えているのかどうか知りようがないのです。さらに、チームワークの成果が目に見えなければ、ＷＩＧセッションの効果も半減します。

第三に、ＷＩＧセッションを延期したり、中止したりすると、ＷＩＧに対するチームの関心は薄れ始めます。定期的にＷＩＧセッションを開かないと、チームは焦点を失い、活動のコミットメントを果たそうという気持ちもなくなります。ＷＩＧセッションは侵すことのできない神聖なものです。先行指標を動かしＷＩＧの達成につながる活動をコミットメントすることで、メンバー一人ひとりがＷＩＧセッションの効果に貢献しなければなりません。

❖これまでにも、「最新」と銘打つプログラムはたくさんありました。４ＤＸはその類いのものではないのだとチームを納得させるにはどうしたらよいですか？

新しいプログラムにスポットを当てたかと思うと、次の日にはもう忘れている。多くの組織がそんな経験を繰り返しています。リーダーが新しい魔法の手段ばかりを探していると、従業員はどんなプログラムにも冷ややかな目を向けるものです。コヴィー博士も「行動でつくった問題を言葉でごまかすことはできない」と言っています。ですから、プログラムと名のつくものに懐疑的な職場に４ＤＸをインストールするときには、まずは一つの目標から始めるとよいでしょう。それを達成すれば、従業員の日々の働き方が根本的に変わり、職場環境を改善するような目標です。

次はそれよりも高い目標、チームにとって重要な目標を設定します。スコアボードを作成し、定期的に更新し、ＷＩＧセッションを毎週行えば、それまでに経験したことのない成功を達成できることをチームに証明できます。

このプロセスに一貫して取り組めば、結果は必ず出ます。これまで試したどんなプログラムをも大きく上回る結果を出せると確信できれば、さらに野心的な目標を設定しても成功するはずです。

❖４ＤＸは組織のトップが命じるべきですか？

いいえ。それではうまくいきません。ほとんどの場合、４ＤＸは組織の中間層で立ち上げます。もちろん、ＣＥＯが最初から関わることのメリットもありますが、シニアリーダーなら、あるいは小さなチームのリーダーでもプロセスをスムーズに立ち上げられます。

組織全体に4DXを展開できればそれに越したことはありませんが、組織内の一部のチームだけで立ち上げる場合、リーダーは組織にとって有意義な遅行指標を設定しなければなりません。4DXを組織全体に展開するのであれば、シニアリーダーが責任を持って当初の結果を出す必要があります。

❖上司はいつも新しい目標をいくつも設定するですが、どうすればよいでしょう?

この質問は本当によく受けます。状況はそれぞれ異なりますが、肝心なのは、ほとんどの人間は多くの目標を一度には達成できないということです。しかし、その中から最重要と思う目標を選び、4DXで取り組めば、必ず達成できます。

❖マトリックス組織に4DXを導入するにはどうすればよいのでしょうか?

マトリックス組織であれ、そのほかのタイプの組織であれ、4DXを導入するときに組織構造を変える必要はありません。必要なのは、協力体制とアカウンタビリティの一貫性です。

たとえば、マトリックス組織の企業がマーケットシェア拡大をWIGとした場合、米国・カナダ・中南米・欧州・中東・アフリカ、アジアパシフィック等々、世界中で活動する営業組織の協力が必要になります。地理的に分散しているこれらの営業組織の協力体制がなければ、WIGの成功はありません。マネージャーを中心に4DXの部門横断的チームのようなものを設置すれば、4DXに参加する全員がWIGへのフォーカスを維持できるでしょう。

どんなWIGでも、それをサポートする適切なチームがあれば、たいていは組織構造のタイプは関係ありません。4DXは、組織のさまざまな部署から、それぞれに異なるスキルを持つ人々を集め、一つにまとめることができます。

❖人事、財務、ITなど組織の後方支援部門の場合、WIGはどのように選べばよいのでしょうか?

営業や生産、オペレーションなど前線部門よりも、後方支援部門のほうがむしろWIGを選びやすいと思います。前線部門が最重要目標を明確にすれば、後方支援部門はそのWIGの達成に貢献するチームWIGを選べます。

たとえば、営業チームのWIGがコンサルティング・セールスを伸ばすことであれば、人事部門は、すべての営業員に新しい効果的なトレーニングを受けさせることをWIGにできるでしょう。あるいはソーシャルメディアへの果敢な参入が会社のWIGなら、IT部門は当然、専門知識を生かして、ソーシャルメディアで成功するためのインフラストラクチャーを整えることをWIGにできます。

❖私のチームは複数のシフトで仕事をしているため、全員が揃うことがありません。アカウンタビリティのリズムを生み出す毎週のWIGセッションはどうしたらよいでしょう?

この質問のキーワードはアカウンタビリティです。毎週のWIGセッションの目的は、チームのプレーヤー全員のアカウンタビリティのリズムを維持することです。

アカウンタビリティは二つの部分で構成されています。一つは、メンバー一人ひとりが自分のコミットメント（毎週一つか二つ）を果たし、お互いに責任を遂行することです。二つめは、一つめほどではありませんが同じように重要です。メンバー一人ひとりが前週にコミットメントしたことを実行し、セッションでその報告をし、小さな勝利を味わって自信を持つことです。各メンバーがコミットメントの遂行を報告し、それを認めてもらうこともアカウンタビリティの重要な部分です。

したがって、メンバー全員がＷＩＧセッションに出るようにするか、それが無理であれば、何らかの方法でアカウンタビリティを果たす場を設ける必要があります。

シフトに分かれているチームの場合、リーダーはシフトごとにＷＩＧセッションを行うことも考えられます。深夜シフトのメンバーと会う機会がほとんどないのであれば、毎週電話でフォローすれば、アカウンタビリティのリズムを維持でき、チームの動向をフィードバックすることもできます。

❖ＷＩＧのメッセージが最前線のチームまで組織全体に伝わるようにするにはどうしたらよいでしょうか？

目標を組織の全員に認識させるもっとも効果的な方法は、繰り返すことです。リーダーと４ＤＸの組織内コーチがメンバーに「私たちのＷＩＧは？」や「あなたがフォーカスしている先行指標は？」と日頃から尋ねる習慣をつければ、そうした問いかけが組織に広まり、答えられるメンバーが増えていきます。

❖チームのメンバーが同じ時間に同じ場所にいることがほとんどなく、全員が巨大な竜巻に対応しなければなりません。毎週のWIGセッションはどのように行ったらよいでしょうか？

WIGセッションは週一回、二〇～三〇分程度です。WIGハドルなら五分～七分ほどですみます。メンバーが割く時間はこれだけです。

WIGセッションは通常のミーティングの直前か直後に行うこともできますし、あるいはメンバーが一番集まれる時間帯に行ってもよいでしょう。参加できなかったメンバーにはあなたが後でフォローすれば問題ありません。

WIGセッションは、WIGに対するフォーカスとアカウンタビリティを維持する重要な規律です。毎週、チームのメンバー全員がスコアボードを囲んでセッションを持たなくてはなりません。

❖4DXに懐疑的なマネージャーがいます。きちんと実践させるにはどうしたらよいでしょうか？

この問題がコーチから上がってきたら、組織のリーダーが対処するのが一番効果的です。ほとんどのケースでは、本人と話し合えば問題は解決します。

4DXプロセスに関して、次の項目をすべてのマネージャーに報告させるとよいでしょう。

- チームの遅行指標の一週間の結果

- チームの先行指標の一週間の結果
- WIGセッションの出席率
- 活動のコミットメントの実行率
- マネージャー本人の前週のコミットメントとその結果
- マネージャー本人の今週のコミットメント

乗り気でないマネージャーでも、これらの結果を同僚の前で報告し、同僚のマネージャーたちが4DXでの成功を報告するのを見れば、ほぼ間違いなく態度を変えるでしょう。

❖4DXを継続するにはチームの意欲を維持したいと思うのですが、チームの努力を認める方法にはどのようなものがあるでしょうか?

さまざまな方法で個人やチームの成果を表彰することができ、強いインパクトが期待できます。

・個人のパフォーマンスを正式に表彰する

誰でも自分の貢献は認められたいものであるし、特に同僚の前で褒められればうれしいものです。「今週の実行リーダー」や「今週のトップパフォーマー」といった賞は非常に効果的です。

公正な受賞基準を設定し、一貫性を持って適用することが重要です。

・チームのパフォーマンスを正式に表彰する

毎週または毎月、先行指標の成績一位のチームに「先行指標リーダー」などの賞を授与するのも、行動変容を加速させます。

・4DXの立ち上げを正式に表彰する

4DX最速立ち上げ、ベスト・スコアボード、ベストWIGセッションなどの賞は、結果を出すための行動変容の定着につながるでしょう。

・お祝いの会

本書でも述べているように、チームの勝利を皆で祝う時間をとることには大きな意味があります。ささやかなお祝いでも、リーダーの強いメッセージになります。それによって得られる効果の大きさからすれば、ピザやアイスクリームの値段はちっぽけなものでしょう。

❖毎週、意味のある新しい活動のコミットメントを考えるのは大変だと思うのですが……

簡単なことではありませんが、リーダーは毎週、何か新しい活動のコミットメントをしなければなりません。そうすれば、チームの実行の規律を着実に向上させられるからです。4DXに従って行動することは、結局はリーダーがリーダーとして成長する規律です。最初は難しく思えるかもしれませんが、そのうち自分がチームに影響を与えていることを実感でき、毎週のコミットメントがリーダーの役割に欠かせないものになります。

チームの各メンバーは、先行指標を動かす活動のコミットメントをしますが、リーダーができるもっとも効果的なコミットメントは、チームにテコ入れし、チームの能力を高める活動です。ですからリーダーは、先行指標を直接動かす活動ではなく、チーム全体で先行指標を動かせる活動を選ぶとよいでしょう。

クライアントの言葉を借りれば、「リーダーの力量は先行指標の動きで測られるのではない。チームのメンバーに何をさせたか」なのです。

リーダーが何をコミットメントすればよいか困ったら、次のようなアイデアをヒントにして考えてみてください。

・トレーニング

トレーニングを必要とするメンバー、あるいはチームのベストプラクティスを身につける必要のあるメンバーは必ずいるものです。そのようなメンバーに対して、次週に具体的なスキルのトレーニングやコーチングを行います。このコミットメントは、チームの試合の流れを把握するのにも役立ちます。

・より高いパフォーマンスをチームに促す

実行力のあるリーダーのもっとも効果的な行動の一つは、チームのパフォーマンスについてメンバーと対話し、パフォーマンスを高めるアイデアを出し合うことです。メンバーの考えに耳を傾け、彼らのアイデアを取り入れれば、パフォーマンスだけでなくチームの意欲も向上します。チームはより効果的な行動をとるようになり、しかも個々のメンバーは自分の意見が尊重されていると感じますから、パフォーマンスをさらに伸ばそうという気持ちになります。

・ロールモデルをつくる

トップパフォーマーを特定し、チームの前で表彰します。ほかのメンバーはそのようなパフォーマーになりたいと思うはずです。優れたパフォーマンスを認めるのは、リーダーが高く評価する行動と適切なパフォーマンスのレベルをチームに示すことになります。トップパフォーマーをコーチにするのもよいでしょう。

❖私は経営幹部なのですが、4DXを維持するために私にできることは何でしょうか?

組織のトップができる最大の貢献は、ほかのアイデアに目移りせず、最重要目標へのフォーカスを維持し続けることです。良いアイデアというのは常に、実行力のキャパシティを超えるほどたくさんあります。組織のトップがフォーカスしていることが、そのまま組織のフォーカスになることを忘れないでください。

第二に、組織のトップはプロセスを実行する手本になることです。あなたの言葉と行動は、組織のチームにもっとも大きな影響を与えます。

第三に、本書を通してアドバイスしているように、個人とチームの秀でたパフォーマンスを認め、表彰することも重要です。

❖当社は昨年、すべきことはすべてやりました。WIGと指標を設定し、毎週必ず実行しました。それなのに結果は出ません。どうすればいいのでしょう?

WIGは戦略的投資です。WIGを設定するというのは、新しい製品やサービス、あるいは問題点に対処する新しいアプローチに投資することです。そして次に、実行します。重要な活動と先行指標を定め、戦略的投資に勝てると信じて、それらの活動を辛抱強く実行するのです。

しかし、投資が失敗することもあります。実際に機能してからでなければ、最善の戦略であるかどうかはわからないものです。新車であれば、市場で飛ぶように売れて初めて、優れた新車だったといえるわけですし、生徒の学力を伸ばす新しい方法は、学校がそれまでの学業到達度を超えれば卓越した方法として確立されるのです。これらはすべて投資です。もちろん、経験に基づいた投資もあります。しかしそれも投資であることに変わりはありません。

ある保険会社が、新規市場に新しいタイプの保険商品を投入し、戦略的投資を行いました。緻密(ちみつ)なアプローチを計画し、目標を達成するために、この重要な営業活動に専従するチームを編成しました。チームはひたすら集中して取り組み、スコアボードの先行指標は計画どおりに毎週着々と前進しました。しかし半年経っても、遅行指標はうんともすんとも言いません。実はこの間に、強力なライバル会社がより低コストの保険商品を開発し、インターネットで販売し始めたのです。ライバル会社の投資のほうが勝ったわけです。

WIGを設定するときは、自信と熱意を持ちながらも、謙虚で客観的な姿勢が必要です。可能な限り最善の戦略的投資をするのはもちろんですが、右目でスコアボードを見て、左目は自分の背後に光らせておかなければなりません。

❖ＷＩＧに取り組んですぐに結果が出始めました。チームはもうすぐＷＩＧを超えそうです。目標を上げるべきですか?

まずは、お祝いを申し上げます。チームがＷＩＧを達成し、上回るのは素晴らしいことです。おめでとうございます。

目標を達成すると、リーダーが真っ先にするのはたいてい目標を上げることです。そのような決断を下すのは、チームのパフォーマンスをさらに高めようという善意からであるとはいえ、チームの士気をくじく恐れもあります。行動の変化は注意深く進めなければなりません。すぐに新しい目標を設定してしまっては、チームは達成感を味わう間もなく、意欲を失ってしまいます。チームの意欲を取り戻すのは、４ＤＸをスタートしたときよりも難しくなるでしょう。

次のような三つのシナリオが考えられます。対処方法とあわせて参考にしてください。

• 目標が低すぎたために、チームはすぐに目標を超えた（あるいはもうすぐ超える）

このような場合には、まずチームのパフォーマンスをたたえてから、リーダーとして目標設定の誤りを正します。可能であれば、新しいＷＩＧを設定するプロセスにチームを参加させ、挑戦しがいがあり、かつ現実的な目標を決めるようにします。

・目標は適切だったが、チームはリーダーの予想を超えて早々と達成した

この場合には、チームの頑張りをたたえ、最初のＷＩＧ目標を見事に達成できたと宣言しましょう。次に予定期間の残りについても、「いつまでにＸからＹにする」のフォーマットで新しいＷＩＧを設定します。最初に成功をたたえないと、チームのメンバーは、いくら走ってもフィニッシュラインが遠くなるだけの終わりのないレースだと結論づけ、４ＤＸへの関心をなくしてしまいます。まずは成功をたたえ、次にメンバーと一緒に新しい目標を設定します。

・目標は適切だったが、思わぬ幸運のおかげで達成した

この場合は、ＷＩＧの達成を宣言したら、すぐに新しいＷＩＧに移ることです。そうしないとチームは４ＤＸを甘く見てしまい、４ＤＸの定着は望めません。４ＤＸの目的はＷＩＧを達成することだけではありません。ハイパフォーマンス・チームを育てることも重要な目的です。

４ＤＸのコツと落とし穴

❖先行指標を変更するタイミングはどのようにわかりますか？

先行指標をあまり早く変更するのは危険です。スコアボードの動きが横ばいになると、ほとんどのチームは先行指標を変えようとします。しかしリーダーがせっかちに対応していたら、先行指標の勢いが削がれます。先行指標を変えると、またゼロから始めなくてはなりません。元の指標にもっと時間をかけたほうが大きな変化につながることもあります。

先行指標を変える前に、次の点を振り返ってください。

•先行指標は遅行指標を動かしているか？ 動かしているなら、うまくいっているものを変えるので慎重に判断してください。

•遅行指標は十分に動いているか？ そうは言えないなら、その先行指標のままでパフォーマンスの基準を上げることを検討したほうがよいでしょう。岩を少し動かすにはテコを大きく動かさなくてはならないことを思い出してください。

•先行指標のスコアは正確につけているか？ 正確につけていないなら、チームは先行指標の価値をきちんと理解していない可能性があります。

•チームは少なくとも一二週連続で先行指標を達成しているか？ 我々の経験から判断して、チームが習慣を身につけるには最低でも一二週間必要です。これよりも少なければ、新しい行動が定着しているかどうかわかりません。

•スコアボードから先行指標を消しても、チームのパフォーマンスは落ちないか？ 確信が持てないなら、先行指標がＷＩＧを動かしている間は、新しい行動が習慣化するまで先行指標を変えないほうがよいでしょう。


４ＤＸを大局的に見て、チームのオペレーションの特定の分野に一貫性と卓越性の新しい基準を確立し、その基準が習慣化するまで維持することを忘れないでください。

❖先行指標は動いているのですが、遅行指標は動きません。どうしたらよいですか?

これは珍しいことではありません。初めて4DXを導入するケースではよく見られます。これには三つの理由が考えられます。

- ほとんどの場合、遅行指標が動き出すまで時間がかかります。先行指標が動いてから遅行指標が動き出すまでどのくらいの時間がかかるのかは、一概には予測できません。
- チームの一貫した行動が先行指標を動かしているわけではないかもしれません。新しい先行指標に全力を投じていても、人はどこかで少し手を抜きたくなるものです(無意識にでも)。メンバーはリーダーが期待する結果だけを見せようとする傾向もあります。先行指標の達成に報奨の類いを設けない理由はここにあります。測定が正確に行われているかどうか確認してください。
- WIGの達成を予測できない先行指標であることも考えられます。しかしこの理由は最後に検討してください。ほとんどのリーダーがこの結論に真っ先に飛びついてしまうからです。もちろん先行指標が本当に遅行指標を動かしていないなら、その先行指標が正しかったのかどうか見直す必要があります。この先行指標で間違いないと無条件に信じ、疑問をもたずに押し通している場合も少なくありません。また、外部の状況が大きく変化し、先行指標が通用しなくなった可能性も考えられます。

❖適切な先行指標かどうか、どうしたらわかるのですか？

まず、ＷＩＧの達成を予測できる指標でなくてはなりません。すなわち、「いつまでにＸからＹにする」という遅行指標と相関関係にあるだけでなく、遅行指標を動かす原因にもなり、遅行指標の達成に必要であると同時に、遅行指標を動かせるだけの作用が必要です。

売上を伸ばすというＷＩＧに対する二つの対照的な先行指標を見てみましょう。

Ａ．営業員は週Ｘ回の得意先訪問を行う。

Ｂ．営業員は、セールス・パフォーマンス・モデルに定義されるセールス・サイクルでターゲットとする顧客を一段階以上進めるために、週Ｘ回の得意先訪問を行う。

選択肢ＡはＷＩＧと相関関係があり、達成に必要ですが、選択肢Ｂと比べると、売上増の原因となるには具体性に欠けます。

第二に、頻度も適切でなければなりません。先行指標に従った活動を頻繁に行っているか？　正しい活動をしていても、回数をもっと増やす必要はないか？　逆にもっと減らすべきではないか？　週三回の得意先訪問は適切な回数か？　四回ではどうか？　適切なポイントを見きわめるには、このように試行錯誤するしかありません。

一例を挙げましょう。大手の製薬会社はどこも、以前は大勢の営業員に病院をまわらせていました。医師を訪問すればするほど、自社の医薬品を処方してもらえると信じていたからです。しかし医師は営業員の訪問攻撃に困り果て、製薬会社の営業員を出入禁止にしました。これは先行指標の頻度が間違っていた例です。

第三に、先行指標は質の高い行動を促すものでなければなりません。「ベストを尽くし、最善の努力を先行指標に注いでいるか?」「(営業員なら)得意先を訪問するだけでなく、チームが定めたセールスのステップをきちんと踏んでいるか?」と問いかけてみることが大切です。

先ほど挙げた製薬会社の例ですが、一部の大手製薬会社は、どうすれば役に立てるかと医師に聞いたそうです。医師の答えは「おたくの医薬品の科学的情報を知りたい」というものでした。その結果、新しいセールス・モデルが開発されました。製薬会社の多くの営業員がいまやリサーチの専門家であり、製品を売りつけるのではなく医師に情報を提供する使命を帯びています。製薬業界における売上を伸ばす目標の先行指標は、根本的に変化したのです。

目標達成を予測でき、正しい頻度で行われ、質の高い行動を促す先行指標であれば文句なしです。必ず遅行指標は動きます。

❖ 4DXの取り組みと報酬体系をどのようにリンクしたらよいでしょうか?

この質問にはいろいろな答えがあると思います。

すべての職階で明確に定められた目標の達成度に応じて報酬が支払われる成果主義の組織文化が定着しているなら、WIGの達成を報酬にリンクさせるのは適切であるし、従業員もそれを期待しているでしょう。結果を出すためのオペレーティング・システムとして、４ＤＸの重要性をさらに強める効果もあります。

業績に応じた給与体系になっていなくとも、ＷＩＧの達成と報酬を結びつけることに問題はありません。ただし、パフォーマンスの低いメンバーの行動を変えることを報酬の目的にしてはなりません。あくまでも、まずパフォーマンスの高いメンバーに報い、彼らを組織に留めることを目的とした制度でなくてはなりません。これはジム・コリンズが『ビジョナリーカンパニー２ 飛躍の法則』（日経ＢＰ社）を書くために行ったリサーチで得た教訓です。報酬を受けるに値するメンバーがチームにいてはじめて、ＷＩＧの能力給はうまく機能します。

❖ 4DXはパフォーマンス・マネジメント・システムにも使えますか？

それはシステムによりけりです。

４ＤＸは、特定の目標と指標を所定の期間で達成するパフォーマンスに重点を置くシステムをサポートします。たとえば個人が新しいスキルを身につけることをＷＩＧにするなら、個人能力開発プランとＷＩＧの達成はリンクします。

４ＤＸを導入した組織の中には、年間勤務評定面談をＷＩＧセッションに置き換えている組織もあります。ＷＩＧセッションならチームのメンバーのパフォーマンスを直近の結果で評価できるので、そのほうが有効だと判断しているようです。あるいは、勤務評定の目的を見直し、ＷＩＧへの貢献を評価しているクライアントもいます。もちろん、４ＤＸのアカウンタビリティ・システムに加えて従来の勤務評定を続けている組織もあります。

❖毎週、質の高い活動のコミットメントをできているのかどうか判断に苦しみます。適切なコミットメントの基準を教えてください。

質の高い活動のコミットメントは次の三つの基準を満たしています。

・具体的

「アップセールスにフォーカスします」ではだめです。もっと具体的に、たとえば「高級ワインを適切にアップセールスする方法をメンバー三人に指導します」としなければなりません。

・関係性

すべてのコミットメントがＷＩＧに関係していなければなりません。竜巻の仕事のコミットメントはだめです。毎週のＷＩＧセッションでは、メンバー一人ひとりが「ＷＩＧの達成に最大のインパクトを与えられる活動で、今週できることは何か？」という質問に答えます。この質問への答えが、チームの優先課題の変化に対応する正しい流れを生み出します。

・タイムリー

コミットメントは一週間で果たせるものでなければなりません。数週間にわたる活動のコミットメントには注意してください。「はかどっています」という報告は要注意です。

❖先行指標を変えずにパフォーマンスを上げることはできますか？

あります。まず、当初の結果を出した行動がいつまでも同じレベルのまま続くわけがないと思うのは正しい感覚です。ここでの鍵は、行動を継続させるための微調整を注意深く行うことです。次のアイデアを参考にして、先行指標を調整してください。

・基準を上げる

チームの先行指標が九〇％のパフォーマンスを求めているなら、九五％に引き上げます。ほとんどの場合、基準の引き上げ幅がわずかでも結果の伸びは大幅になり、チームはより高いレベルに達します。

・質を上げる

たとえば「営業員一人につき一〇件のアップセールスをオファーする」という選考基準をチームが達成しているなら、次はオファーのセールス・トークの質を上げることにフォーカスします。ベストプラクティスの台本を作成し、ロールプレーイングで練習させるか、セールス・トークに秀でているメンバーを選び、ほかのメンバーを指導させるなどして、質的向上を図ります。

・行動を加える

チームが先行指標の行動を十分に身につけたと判断できるなら、それに密接に関連する行動を加えれば、結果はさらに向上します。たとえば小売業なら、「客が店に入って一〇秒以内に挨拶する」という先行指標の行動に、「客が買いたい商品のところまで案内する」を加えます。先行指標の行動を少し広げるだけで、大きな結果につながります。新しい先行指標を設定するよりも連続性があり、はるかに効果的です。

❖リーダーが休暇中のときはどうしたらよいでしょう? WIGセッションは中断すべきでしょうか?

リーダーが休暇のときもWIGセッションは続けてください。一貫性とアカウンタビリティが高いパフォーマンスを生む最大の原動力です。WIGセッションのリズムが一度途絶えると、チームの勢いが失速します。リーダーが不在のときでも、チームのパフォーマンスを継続しなければなりません。

一.**代理のリーダーを選ぶ**――リーダーの次のポストにあるメンバーや年輩のメンバーをセッションの司会役に指名します。司会は交代制にするのもよいでしょう。

二.**代理のリーダーと準備をしておく**――リーダーの代理を務めることの重要性をよく説明し、セッションの議題を一緒に確認しておきます。

三.**休暇から戻ったら報告を受ける**――職場に戻ったらすぐに、リーダーの代理にセッションの報告をさせます。労をねぎらい、重要な責任を果たしてくれたことに感謝します。

❖組織内コーチは複数名いたほうがよいですか?

もちろんです。二人以上なら、リーダーに4DXを指導する作業量を分担し、バックアップもできますし、一人が別の部署に異動になった場合でも安心です。

二人目のコーチを置いたら、一人目のコーチも留めておき、アドバイスやコーチングの一貫性を保つようにしてください。

製造チーム

❖4DXはリーンマニュファクチャリングやシックス・シグマなどの促進にも使えますか?

もちろんです。世界有数のカーペット・メーカーは4DXをカスタマイズし、シックス・シグマの資格を持つグリーンベルト、ブラックベルト・チームに適用しています。この4DXチームはプロジェクト完了の所要時間を五〇%も短縮しました。

チームの分析では、プロジェクトの遅れの原因はメンバーが竜巻に巻き込まれ、十分な時間を割けないことにありました。ブラックベルトの社員はシックス・シグマの仕事を先延ばしにし、プロジェクトが遅々として進まない状況が続いていました。そこでシックス・シグマのプロジェクトに4DXを導入し、スコアボードを作成して毎週WIGセッションを開き、「一度に一つずつ」進めた結果、プロジェクト完了までの時間がほぼ半減したばかりか、チームのメンバーは試合に勝つ楽しさも味わえたのです。

４ＤＸは、シックス・シグマ活動によるプロセス変更の導入にも使えます。この場合は、４ＤＸ本来の目的である行動変容を促進するシステムとして用いることができます。

ハイテク／科学チーム

❖ハイテクチームに４ＤＸを使う場合の注意事項、または教訓を教えてください。メンバーはみな技術系の人間なので、このようなプログラムには懐疑的です。


ほとんどの技術者は、リスクを評価し、ギャップを明確にしたうえで、実現性の高い解決策を考え出す傾向が強くみられます。彼らは予算内で期限までに結果を出すプレッシャーにさらされています。ころころ変わる顧客の期待と要求事項を満たし、上回らなければならず、将来のニーズも予測しなければなりません。自分たちの仕事が外部委託される不安も常につきまとっています。そのような環境で彼らはチャレンジを楽しみ、問題の分析と独創的な解決でキャリアを築いています。

彼らなら大丈夫だと思って４ＤＸを押しつけたら、跳ね返されるのが落ちです。ほとんどのグループとは違って、技術者のチームは第１の規律で悪戦苦闘し、時間がかかります。ＷＩＧと指標を設定するのは、いわば砂に一本の線を引くようなもので、どんなものにも問題点が見えてしまう彼らにとっては、イライラが募るばかりです。この段階で時間を十分にとり、彼らが納得するまで検討させれば、適切なＷＩＧと指標に到達します。この間、大局的な視点を忘れさせないようにすることがポイントです。

第１の規律さえ乗り越えれば、第２、第３の規律はとんとん拍子に進みます。彼らにとってはパズルのようなものであり、もっとも得意とする分野です。

❖R&Dのようなクリエイティブで直感的なプロセスに4DXを使う場合はどうしたらよいのでしょうか？

製薬会社のＲ＆Ｄ部門からジャーナリスト・チームまで、多くの創造的な組織も４ＤＸを導入しています。このようなチームだと最初は必ず「我々の仕事を先行指標のようなもので管理できるわけがない」と抵抗すると思うかもしれませんが、これまでの経験では、そのようなケースは一つもありません。４ＤＸのプロセスは、彼らの独創性を刺激します。自分たちの仕事のどの部分が組織のＷＩＧに影響力があり、ＷＩＧの達成を予測できるか、必ず見つけ出します。クリエイティブなチームに先行指標はこういうものだとアドバイスする必要はありません。彼らが自力で見つける答えに驚くはずです。

❖このようなタイプのチームにもっとも効果的な先行指標はどのようなものですか？

技術系やクリエイティブなチームの場合、組織の業務との接点、境界部分に関係した先行指標を設定すると非常に効果的です。たとえば次のような活動が先行指標となる傾向が見られます。

- 開発プロセスの初期段階で意見交換とコミュニケーションを増やす
- 知識共有
- 中間段階でのチェック
- 開発案件の要件の変化を評価するための主要なステークホルダーとの協議

セールス・チーム

❖4DXは新しいセールス・プロセスの実行にどのように役立ちますか?

新しいセールス・プロセスを身につけさせるなら、4DXは非常に効果的です。プロセスの中でテコの作用の高い部分にフォーカスしながら、営業員は一つずつ確実に身につけてから、次の段階に進むことができます。

ほとんどの営業員はセールスを直感的に行っています。そこに新しいプロセスを導入するのですから、抵抗感があるはずです。最初はうまくいかず、新しいプロセスを投げ出し、自分がなじんでいる従来のセールス・プロセスに戻ってしまうことも少なくありません。問題は、プロセスを一気に全部やってしまおうとすることです。4DXは、コーチングとアカウンタビリティの手段になるだけでなく、一度に少しずつセールス・プロセスを身につけていくことができます。

❖セールス・チームの場合、WIGセッションを毎週欠かさず開くのは難しいと思うのですが、どうしたらよいでしょう?

セールス・チームのメンバー全員にアカウンタビリティを持たせないと、平均的なパフォーマーは自分の試合の報告をしません。営業員には特に4DXプロセスが必要です。営業員は自分のやり方に間違いはないと信じているものです。そのようなチームであればこそ、うまくいったアプローチを全員で共有することが重要です。

❖セールス・チームにも先行指標のようなものは必要なのですか?

我々の経験では、ほとんどのセールス・チームはセールス・プロセスのさまざまな要素を測定していますが、現在用いられているような指標は、チームが直接的に影響を及ぼせないので、先行指標としては機能していません。

ほとんどのセールス・チームのリーダーは売上の見通しとなる指標(予測可能)を重視していますが、これらの指標は概して、営業員の力ではどうにもなりません。予測可能ではあっても影響を及ぼせない指標は、チームに必要なテコの働きをしません。

セールス・チームの中でリーダーが一番、遅行指標にこだわっています。四半期売上、週の予約件数、年間売上、等々の指標です。メンバーを電話口に呼び出し、これらの数字を達成するよう発破をかけることがマネジメントだと思っています。したがって、セールス・チームのリーダーにこそ、効果的な先行指標が必要です。先行指標を設定すれば、セールス・チームは大きく変化します。リーダーは、結果を出せる行動をメンバーに教え、トレーニングできるのです。

公共機関

❖公共機関の場合、外部の多くのステークホルダーがそれぞれに異なる利害を持っています。WIGはどのように設定したらよいでしょうか?

公共機関の業務は、必ずしも最大限の結果を出すために行われているようには見えません。あらゆる部署がリスクを避けようとしています。我々のクライアントが最近、「公共機関というのは気楽なものだ。変化に対応できなくとも、国のやることにしては上出来だと褒められるのだから」と言っていましたが、的を射ています。公的な組織にはあまりにも多様なチェック&バランスがあり、WIGを設定するのは不可能に思えてきます。熱血リーダーなら将来性のある戦略計画を立て、市庁舎で発表することもあるでしょう。しかし行動を変えるとなると、これは信じがたいほどに難しいものです。職員は日常の業務に戻るなり、竜巻に巻き込まれてしまうからです。

公共サービスのリーダーは、ほかの組織よりもはるかに多くの時間をかけ、職員はもちろん、すべてのステークホルダーと協力してＷＩＧに取り組まなくてはなりません。ステークホルダーをＷＩＧの設定に参加させ、合意に達すれば、全員がＷＩＧに身を入れて取り組みます。職員をＷＩＧの設定に関わらせ、リーダーの意図の妥当性を検証して研ぎ澄ます機会を与えたら、次はサービスを受ける住民にＷＩＧを知らせる必要があります。これには大きなリスクが伴いますが、ジョージア州福祉局の例で見たように、劇的な結果を実現する手段なのです。

❖４ＤＸを導入すると、従業員の意欲が高まるのはなぜですか？

４ＤＸは大きな目標を達成するためのシステムであるだけでなく、仕事に対する従業員の意欲と満足度も高めます。

一般的に、従業員の意欲は、職場、リーダーシップ、組織文化に関する調査で測られます。次の表は、従業員の意欲を測る典型的な指標に４ＤＸの原則がどのように関係しているのかをまとめたものです。

4DXを家庭で

人は簡単には変われない。

減量する、夫婦関係を改善する、禁煙・禁酒する、新しい関係を築く、何か趣味を始める、八年間も取り組んでいる学位を今年こそ取る……何かに挑戦し、成し遂げるのは生易しいことではない。

この章では、チームの実行力の原則が個人のライフスタイルの変革、個人的な目標や家族の目標の達成にも使えることを簡単に紹介したい。

4DXのワークセッションが終わると、受講者が我々のところにやってきて、あたりに聞き耳をたてている人がいないことを確認してから、「4DXは私生活にも使えますかね」と囁くように聞いてくる。そんなことがたびたびある。

むろん、こちらの答えは決まっている。「使えますよ！」個人的な目標の達成に適用する最善の方法を見つけようとしたことはないが、4DXがどんな目標も達成に導く深い方法論であることはわかっている。それは職場に限らず、家庭でも効果を発揮するはずだ。四つの原則のそれぞれを補強するフォーカス、レバレッジ、エンゲージメント、アカウンタビリティの原則が組織やチームに効果があるなら、個人に効き目があっても不思議ではない。

我々の同僚であるジェフリー・ダウンズのケースを例にとろう。多くの組織で4DXの導入を指導したジェフリーは、その体験から学び、考えたことを妻のジャミにどうしても話したくなった。ジャミは話を聞いて、4DXを自分の問題に使ってみることにした。

＊　＊　＊

夫のジェフが実行の4つの規律を話してくれたとき、自分の生活にも使えると思いました。私の毎日には竜巻が吹き荒れていました。しかし七人目の子を妊娠し、規則正しい生活を心がけなければなりませんでした。生活のペースを整え、健康的に過ごせるように、ライフスタイルを変える必要があったのです。

最重要目標を決めるときはずいぶん考えましたが、今見るととてもシンプルです。私のWIGは、「一〇月九日までに一五kg以上太らない」でした。

この目標を達成する方法が食事と運動であることは言うまでもありません。我が家の食事は健康的なので、食事面の心配をする必要はありません。そこで私は運動にフォーカスし、先行指標を「一日一万歩」としました。もちろん、ほかにもフォーカスできることはいろいろありました。しかし子どもが六人いて、夫は週に三日は出張しています。そんな竜巻の日々ですから、この先行指標だけでも私にはチャレンジでした。でも、これならWIGを達成できると思ったのです。

それから九ヵ月間の体験は、本当に驚きでした。体重を気にするのではなく、ただ歩くことだけに集中したのです。スーパーマーケットの駐車場では一番奥に車を停めたり、子どもたちの学校には車を使わずに歩いていったり、朝早く起きて友人たちや夫と歩いたり。ちょっとした機会を見つけては歩いていたのです。

シンプルなスコアボードをつくるのは、思いのほか大変でした。最初はグラフにしてみたのですが、うまくいきません。コンピューターのスプレッドシートも試してみたのですが、入力する時間をなかなかとれません。試行錯誤して最終的にできたのは、四つの欄の表です。日付、その日に歩かなければならない歩数、実際に歩いた歩数、それまでの累積歩数を書き込めるようになっていて、これを浴室の鏡の脇に吊り下げました。一目見るだけで、自分がどこにいるか、どこにいるべきか、勝っているのか負けているのかがわかります。

私のスコアボードのポイント、それまでに使ったことのあるスコアボードと決定的に違うのは、自分の現在位置ではなく、現在いるべき位置がわかることです。以前は進捗状況を追跡していただけでしたが、このスコアボードでは、現在いるべき位置と実際にいる位置を比較できます。これならしっかりと試合を戦えます。

家族全員が私の試合に参加してくれました。子どもたちは、「今日は一万歩クリアした?」などと聞いてきます。長女は、私が疲れていると一緒に歩いてくれます。夫は私のアカウンタビリティ・パートナーです。ウォーキングを続けるために翌週にすることを夫の前でコミットメントするのです。

このWIGに取り組んでいて、思ってもいなかったことも起こりました。七人目の子どもを授かったとわかったとき、ほかの子どもたちと過ごす時間が減るのではないかと心配でした。どうすればよいか考えに考えましたが、どうしても答えは見つかりませんでした。ところが、歩くというシンプルな目標にフォーカスすると、家族全員が私の活動に気づき、参加してくれ、家族の絆が強くなったのです。まだ小さな末っ子からティーンエージャーの長女まで、みんなが私と一緒に歩いてくれました。そのおかげで、どの子とも緊密に過ごせるようになったのです。

長女とは歩きながらいろいろな話をしました。友人たちとのもめごと、進学したい大学、ボーイフレンドのこと。ほかの子たちについても、いろいろなことがわかりました。好きなこと、苦手なこと、うちのような大家族をどう思っているのか、生まれてくる赤ん坊にどんな感情を抱いているのか。末っ子とは強い絆を結び、その絆を今も大切にしています。

夫と４ＤＸの話をしていると、彼はよく、４つの規律を守ると副次的利益がいろいろある、と言うのですが、４ＤＸが私の人生にこれほど大きな意味を持つとは思っていませんでした。結局、私は最重要目標を達成し、一五kg以上は太りませんでした。その間の累積歩数は一七五万一二五〇歩です。それより何より家族の絆が強まったことがうれしい。そして一〇月四日、元気な赤ちゃんが誕生しました。

＊＊＊

この素晴らしいストーリーを読んで、あなたも我々と同じことに気づいたと思う。

第一に、ただ一つの先行指標に焦点を絞ったのは賢明な選択だった。一五kg以上太らないというＷＩＧを達成するためには、食事と運動が重要であることはジャミも知っていた。しかし日頃から食生活は健康的だったから、食事を気にする必要はなかった。摂取したカロリーまで追跡していたら、複雑になるだけだ。そこで彼女は、それまでにやったことのない行動、自分を変えられると思うただ一つの行動にフォーカスすることにした。一日一万歩、歩くのだ。ここには注目すべき教訓がある。場合によっては、ただ一つの行動変容（先行指標）にフォーカスするだけで、大きな変化につながることである。決して多くをする必要はない。

次はスコアボードである。ジャミのスコアボードの最大のポイントは、「現在いるべき位置」がわかることだった。今日到達しているべき位置がわからなければ、勝っているのか負けているのか知りようがない。いるべき位置と実際にいる位置を比較できることが、行動を促すスコアボードになくてはならない要素である。ジャミも言っているように、モチベーションを維持し、シンプルで更新しやすい適切なスコアボードは、そう簡単には見つからない。我々がこれまで見てきた多くの例では、ほとんどの人はここで手を抜く。正しいＷＩＧを設定し、先行指標を一つか二つ定めても、スコアボードづくりに労力を惜しんだら、すべて水の泡になってしまう。そんなことにならないようにしてほしい。

そして最後に、他者に対するアカウンタビリティの力だ。ジャミのアカウンタビリティの正式なパートナーは夫だったが、子どもたちも少しずつ関わっていた。個人目標を立てたら必ず、他者を巻き込むことが重要だ。他者に対してアカウンタビリティを果たすことで、目標達成の確率がぐんと跳ね上がる。

フランクリン・コヴィー社のあるクライアントが、どうしてもおねしょが直らなかった五歳の息子さんの素敵な話をしてくれた。家族はいろいろな方法を試したが、どれもうまくいかなかった。「息子は夜中に起きてトイレに行くことができなかったんですよ」と父親は言う。

「私は4DXのトレーニングを受けて、これだ、と思いました。その日の夕食のときに、おねしょを克服するためにどうしたらよいか息子と話し合いました。そうして一ヵ月のカレンダーをつくり、一週間ずつに区切りました。カレンダーを冷蔵庫に貼り、母親と兄たちが結果を見られるようにしたのです」

「それから毎朝、息子は朝ごはんに降りてきて、おねしょをしたかどうか報告します。緑のクレヨンと赤のクレヨンを用意してあり、おねしょをしなかったら緑の笑顔、していたら赤の泣き顔をカレンダーに描きます。もちろん、初めて緑の笑顔マークが入った朝は、家族全員が大騒ぎでした。みんなが彼とハイタッチしましてね。緑が一週間続いたら、これはもうお祝いです。アイスクリームを買いに行きましたよ。一ヵ月後には、息子はもうおねしょしなくなりました」

「とても簡単なことに思えますが、息子がスコアボードを冷蔵庫に貼り、家族に毎朝報告すること、このアカウンタビリティのリズムが息子にとっては重要でした。だから真剣に取り組んだんです」

次に、別のクライアントがつくったユニークなスコアボードを紹介しよう。彼のWIGは、息子が高校を卒業するまでの半年間で八〇ポンド減量することだった。先行指標は、三つだ。

- 一日五マイル歩く
- 夜八時以降は何も食べない
- 一日の摂取カロリーは二五〇〇カロリーまで

彼はこの目標を達成すると、新しいＷＩＧを設定した。今度は、大好きなホッケーのシーズンになったら、子どもたちと外でプレーできるように、さらに一五ポンド減量することだった。

４ＤＸは厳しい状況を好転させるだけでなく、あなたの人生最大の目標、最大の望みを達成に導くこともできる。

我々の同僚の一人は、年初に必ず三つのＷＩＧを立てる。仕事の目標、家族の目標、そして個人的な目標だ。彼は先行指標を吟味し、スコアボードを欠かさずつけ、毎週三〇分かけて、前の週にしたコミットメントの進捗（しんちょく）を評価し、今週のコミットメントをする。この習慣によって生活のバランスを維持し、重要な目標を達成できている。

我々の知っている人たちは、４ＤＸを使って私生活のありとあらゆる目標を達成している。マラソン大会に出る。学位を取得する。新しいスポー

• 流行の服を着るために一日5マイル歩くぞ

13週目	14週目	15週目	16週目	17週目	18週目	19週目	20週目	21週目	22週目	23週目	24週目
42.0	37.5	45.5	44.2	39.5	35.2	40.0	36.5	37.5	45.5	49.5	52.3

• もう太りたくないから夜8時すぎは何も食べないぞ

13週目	14週目	15週目	16週目	17週目	18週目	19週目	20週目	21週目	22週目	23週目	24週目
✔	✔	✔	✔	✔	✔	✔	✔	✔	✔	✔	✔

• 一日2500カロリーを守って体重をそぎ落とすぞ

13週目	14週目	15週目	16週目	17週目	18週目	19週目	20週目	21週目	22週目	23週目	24週目
✔	✔	✔	✔	✔	✔	✔	✔	✔	✔	✔	✔

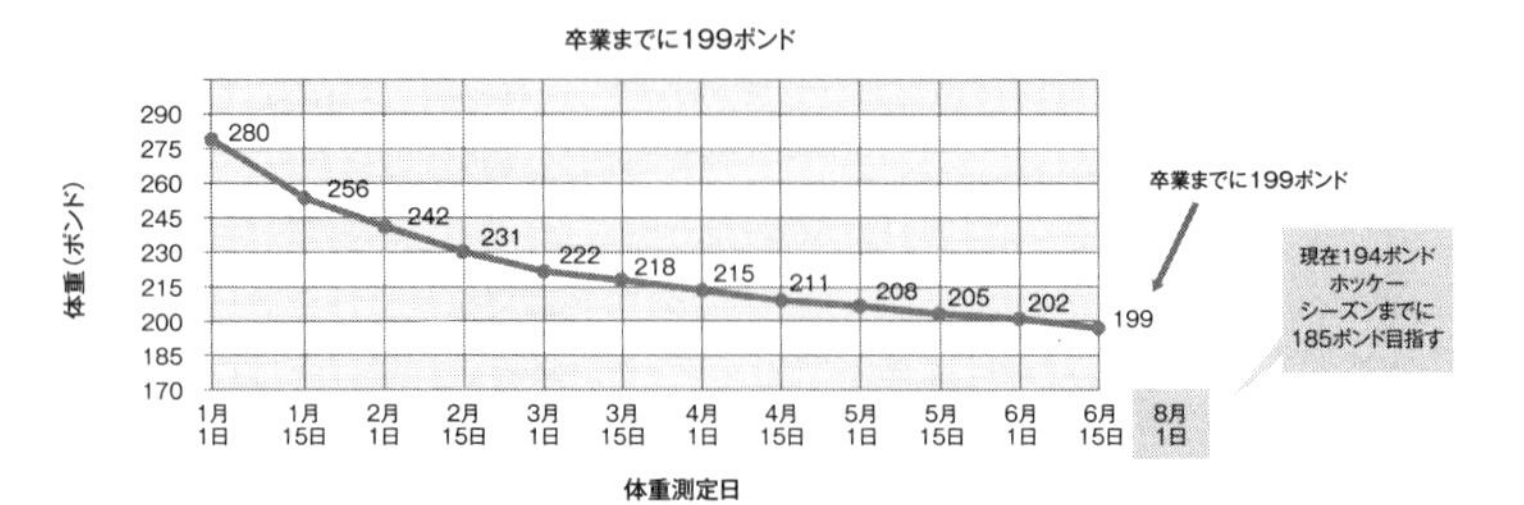

ツを覚える。二つの家族が一つになる、というような目標もある。中には個人の内面をWIGにしている例もある。

もう一人別の同僚の話をしよう。彼には孫が何人かいるのだが、自分が孫たちをどれほど愛しているかわかってもらい、悩みごとでも何でも話せるおじいちゃんになることをWIGにしていた。この場合の遅行指標は何だろう?

「孫たちが私の姿を見たら走ってきてハグしたら、勝っているのさ。走って逃げていったら負け」と彼は笑いながら言った。

しかし先行指標ははっきりしている。「毎週、一人ひとりの孫と過ごす時間をつくることを自分に厳しく課しているんだよ」と彼は言う。週末には一緒に恐竜博物館に行ったり、孫たちのサッカーの試合を応援に行ったりする。ハロウィンには必ず、皆で連れだってパンプキンを買いに行く。夏休みにはアミューズメントパークやルネサンス展に連れていく。もちろん、孫たちの誕生パーティに欠席したことはただの一度もない。ときには夜遅くにひょっこり現れて、枕元で物語を読んで聞かせることもある。

彼の戦略的投資は、この先行指標を丹念に実行すれば、いつまでも配当がある、というものだ。「遅行指標はいつも動いている。動きを追わなければいけないよ。孫たちは私を見ると必ず、おじいちゃーんと叫んで、笑いながら抱きついてくるんだ。私にしてみれば、この世の中にこれ以上大事なことはないね」

別の友人は結婚して子どもがいるのだが、一年かけて家庭環境を良くするという個人的なＷＩＧに取り組んだが、ほとんど進歩は感じられなかったという。いくつかの先行指標を定めたものの、どれ一つとしてうまくいったとは思えなかった。あるとき彼は、はたと気づいた。家庭の雰囲気を良くする一番の方法は「子どもたちがお母さんを愛する」ことだ、と。言い換えれば、彼自身が妻を（子どもたちの母親を）どんなに大切しているのか、子どもたちに見せる必要があったのだ。優しい言葉をかけたり、家事を手伝ったりして、態度で示す。彼は、このただ一つの指標にフォーカスした。するとまたたくまに状況は一変した。「父親、母親としてお互いの愛情を態度で示すと、温かな雰囲気が子どもたちにも降り注ぎ、家の中がぬくもりに満ちる。我が家が日々直面していたいろいろな問題がいっぺんに解消したよ」

このように、生活の中にも多くのＷＩＧがある。しかしそれらは緊急の用事ではないから、誰も注意を向けようとしない。健康に気をつける、子どもたちに手をさしのべる、もっと勉強する、夫婦の絆を強める――どれも竜巻の中では二番手に置かれている。誰もが竜巻の用事に真っ先に目を向けるのだ。

グローバル・メディカル・フォーラムの創設者、レイ・リービー博士によれば、米国の医療費の八〇％は、喫煙、飲酒、過食、ストレス、運動不足という五大生活習慣に起因する病気に使われている。ほとんどの病気の原因は生活習慣だという。これらの生活習慣を改めるだけで、米国の医療危機は解消されるのだ。

心臓発作で九死に一生を得ても、生活習慣を変えられない人は少なくない。「生活習慣病は研究され尽くしている。それでもなくならないのは、何かが欠けているからだろう。これらの生活習慣は身体に悪いのだから、ライフスタイルを変えなければならないと頭ではわかっていても、どうしても変えられないのである」(30)

欠けているものは、4DXのような人間の行動を変えるオペレーティング・システムではないだろうか？

4DXはあなたの生活にも使える。我々はそう確信している。この本に書いてある原則は、あなたが胸に秘めている大きな目的を達成に導くのである。

次のアクション

本書を読み終えた今、あなたの頭の中はぐるぐるとまわっているかもしれない。あなたがほとんどの人と同じなら、4DXというオペレーティング・システムはあなたのDNAには含まれていない。ほとんどの人にとって、このように物事を進めるのは直観に反している。簡単すぎると思う人もいれば、複雑すぎると感じる人もいる。

それと同時に我々は、あなたが4DXを試したら、劇的な効果を体験できると確信している。それどころか、実行の4つの規律を理解した今、もはや元のリーダーシップのアプローチには戻れないはずだ。何年も試行錯誤を重ねてきた我々は、実行力というのは、この本に書いたいくつかの原則と行動に帰結すると確信している。

あなたの頭の中をぐるぐるとまわっているのは、きっと数えきれないほどの可能性だろう。問題は、次のアクションである。

ここで少し思考実験をしてみてほしい。たいして時間はかからない。

第1の規律：最重要目標にフォーカスする

まだやっていないなら、あなたのチームの最重要目標と遅行指標を書いてみる。「そのWIGを達成できたら、チームにとって、組織にとって、私自身にとってどんな意味があるだろう?」と自問して、考えをまとめる。

第2の規律：先行指標に基づいて行動する

WIGを達成に導く先行指標を書いてみる。「先行指標という考え方を取り入れることで、チームのオペレーションはどのように変化するだろうか？」と自問して、先行指標を決める。

第3の規律：行動を促すスコアボードをつける

WIG、遅行指標、先行指標を組み込んだスコアボードをスケッチしてみる。「このスコアボードの数字を動かすことにチームの努力を結集させたら、どのような変化が生まれるだろう？　チームに、会社の業績に、どんなインパクトがあるだろう？」と自問して、適切なスコアボードをつくる。

第4の規律：アカウンタビリティのリズムを生み出す

チームがスコアボードを囲んでWIGセッションを開いている様子を想像してみよう。「定期的かつ頻繁にWIGセッションを開いたら、チームのオペレーションはどう変化するだろう？　チームのフォーカスと意欲はどのように変わるだろうか？」と考えながら想像を巡らす。

最後に……

チームの最重要目標の達成をあなたの上司に報告する場面を思い描いてみてほしい。チームにとって、そしてあなた自身にとって、その日はどんな一日になるだろう？

次に、そんな日は絶対に来ないと思ってみてほしい。この本で読んだことをきれいさっぱり忘れてしまったと想像してみる。止むことのない竜巻の只中で過ごすこれからの日々を思い描いてみる。何もかも緊急の仕事ばかりで、もっとも重要な優先課題は永遠に先送り……

偉大な経営学者ピーター・ドラッカーは、こんな言葉を残している。

「たいして重要ではないことに手腕を発揮する人を大勢見てきた。彼らはつまらないことの達成に大記録をつくっているのだ」[31]

あなたには、つまらないことを達成する大家にはなってほしくない。本当の変化を起こしてほしい。価値の高い、真にインパクトのある貢献をしてほしい。実行の４つの規律は、あなたをそこへ導いていく。

どんな道でも、あなたが前進しようとするなら、我々はいつでも力になれる。

しかし忘れないでほしい。最重要目標を達成することだけが４ＤＸの目的ではない。長期的にみれば、もっとずっと重要なことを実行する知識とスキルを身につけられる。チームの情熱に再び火をつけ、チームの努力にフォーカスと規律をもたらし、そして勝利を実現できるチームに育てるための知識とスキルである。

あなたが自らのキャリアを通して残すことのできる貢献で、これ以上のものがあるだろうか？ チームのメンバーに勝利を実感させれば、組織のパフォーマンスが新たな高みに達する。

それだけでなく、職業人として、父親・母親として、あるいは地域のリーダーとして、彼らの生活のあらゆる場面で勝者となるためのスキルと自信も身につけさせられる。それは測ることのできない貢献なのだから。

出典

はじめに：戦略と実行

1 Patrick Litre, Alan Bird, Gib Carey, Paul Meehan, "Results Delivery: Busting Three Common Myths of Change Management," Insights, Bain & Company, Jan, 12, 2011. http://www.bain.com/publications/articles/results-delivery-busting-3-common-change-management-myths.aspx

2 参照：Rafael Aguayo, Dr. Deming: The American Who Taught the Japanese About Quality (New York：Simon & Schuster, 1991), 57-63.

3 Tim Harford, "Trial, Error, and the God Complex," TED.com, July 20, 2011, http://www.ted.com/talks/tim_harford.html.

4 参照：Who Says We Can't? FranklynCovey video, 2005

第 1 の規律：最重要目標にフォーカスする

5 引用出典：John Naish, "Is Multitasking Bad for Your Brain?" Mail Online, Aug, 11, 2009, http://www.dailymail.co.uk/health/article-1205669/Is-multi-tasking-bad-brain-Experts-reveal-hidden-perils-juggling-jobs.html.

6 引用出典：Don Tapscott, Grown Up Digital (New York: McGraw-Hill, 2009), 108-9

7 "Brand of the Decade: Apple," AdWeek Media, 2010, http://www.bestofthe2000s.com/brand-of-the-decade.html; "Marketer of the Decade: Apple," Advertising Age, October 18, 2010; Adam Lashinsky, "The Decade of Steve," Fortune, November 23, 2009, http://money .cnn.com/magazines/fortune/fortune_archive/2009/11/23/toc.html.

8 Dan Frommer, "Apple COO Tim Cook," Business Insider, February 23, 2010, http://www.businessinsider.com/live-apple-coo-tim-cook-at-the-goldman-tech-conference-2010-2.

9 引用出典：Steven J. Dick, "Why We Explore," http://www.nasa.gov/exploration/whyweexplore/Why_We_29.html.

10 "Text of President John F. Kennedy' s Rice Moon Speech," September 12, 1962. http://er.jsc.nasa.gov/seh/ricetalk.htm.

11 引用出典："Steve Jobs' Magic Kingdom," Bloomberg Businessweek, February 6, 2006. http://www.businessweek.com/magazine/content/06_06/b3970001.htm.

第２の規律：先行指標に基づいて行動する

12 引用出典：Aguayo, Dr. Deming. 18
13 Rochard Koch, The 80/20 Principle: The Secret to Achieving More with Less (New York: Crown Business, 1999) , 94 リチャード・コッチ著『80対20の法則』（仁平和夫訳。TBSブリタニカ）
14 Keith H. Hammonds, "How to Play Beane Ball," Fast Company, December 19, 2007, http://www.fastcompany.com/magazine/70/beane.html；Michael Lewis, Moneyball: The Art of Winning an Unfair Game（New York: W.W. Norton, 2004）, 62-63, 119-137 マイケル・ルイス著『マネー・ボール』
15 John Schamel, "How the Pilot' s Checklist Came About," January 31, 2011, http://www.atchistory.org/History/checklist.htm.

第３の規律：行動を促すスコアボードをつける

16 Teresa M. Amabile, Steven J. Kramer, "The Power of Small Wins," Harvard Business Review, May 2011.

第４の規律：アカウンタビリティのリズムを生み出す

17 参 照：Jon Krakauer, Into Thin Air: A Personal Account of the Mt. Everest Disaster (New York: Anchor Books, 1998), 333-344. ジョン・クラカワー著『空へ―エヴェレストの悲劇はなぜ起きたか』（海津正彦訳。文藝春秋）
18 参照："Everest," FranklinCovey video, 2008.
19 Jack Welch, Suzy Welch, Winning（New York: Harper Collins, 2005）,67 ジャック・ウェルチ／スージー・ウェルチ著『ウィニング　勝利の経営』（斎藤聖美訳。日本経済新聞社）
20 Atul Gawande, Better. A Surgeon' s Notes on Performance（New York: Metropolitan Books, 2007）
21 Patrick Lencioni, The Three Signs of a Miserable Job（San Francisco: Jossey-Bass, 2007）, 136-7.
22 Edward M. Hallowell, Crazy Busy（New York: Random House Digital, 2007）, 183.
23 Suzanne Robins, "Effectiveness of Weight Watchers Diet," Livestrong.com, December 23, 2010. http://www.livestrong.com/article/341703-effectiveness-of-weight-watchers-diet/

4DX に期待できることは何か

24　M.C.Vos, et al., "5 years of experience implementing a methicillin-resistant Staphylococcus aureus search and destroy policy at the largest university medical center in the Netherlands," Infection Control and Hospital Epidemiology, October 30, 2009. http://www.ncbi.nlm.nih.gov/pubmed/19712031.

第１の規律をインストールする：最重要目標にフォーカスする

25　引用出典：Clayton M. Christensen, "What Customers Want from Your Products," Working Knowledge, Harvard Business School, January 16, 2006. http://hbswk.hbs.edu/item/5170.html

第２の規律をインストールする：先行指標に基づいて行動する

26　Jim Collins, "Turning Goals into Results: The Power of Catalytic Mechanisms," Harvard Business Review, July-August 1999, 73.

第３の規律をインストールする：行動を促すスコアボードをつける

27　John Case, "Keeping Score," Inc. Magazine, June 1 1998. http://www.inc.com/magazine/19980601/945.html

28　Eric Matson, "The Discipline of High-Tech Leaders," Fast Company, 1997

4DX を組織全体に展開する

29　Atul Gawande, The Checklist Manifesto: How to Get Things Right（New York: Metropolitan Books, 2009）, 183.

4DX を家庭で

30　引用出典：Alan Deutschman, "Change or Die," Fast Company. May 2005, 53.

次のアクション

31　引用出典：Rich Karlgaard, "Peter Drucker on Leadership," Forbes, November 19, 2004. http://www.forbes.com/2004/11/19/cz_rk_1119drucker.html

フランクリン・コヴィー社について

フランクリン・コヴィー社は、戦略実行、顧客ロイヤリティ、リーダーシップ、個人の効果性の分野において、コンサルティングおよびトレーニング・サービスを提供するグローバル・カンパニーです。顧客には、米国の『フォーチュン』誌が指定する最優良企業上位一〇〇社のうち九〇社、同じく五〇〇社の四分の三以上が名を連ねるほか、多数の中小企業や政府機関、教育機関も含まれています。フランクリン・コヴィー社は、世界四六都市に展開するオフィスを通して、一四七カ国でプロフェッショナル・サービスを提供しております。

トレーニング提供分野：

- リーダーシップ
- 戦略実行
- 知的生産性
- 信頼
- 営業パフォーマンス
- 顧客ロイヤリティ
- 教育

詳しくは、弊社Ｗｅｂサイト（www.franklincovey.co.jp）をご覧ください。

実行の4つの規律
行動を変容し、継続性を徹底する

2016年9月8日　初版第一刷発行

著　者　　クリス・マチェズニー
　　　　　ショーン・コヴィー
　　　　　ジム・ヒューリング
　　　　　竹村富士徳

発行者　　正木 晃
発行所　　キングベアー出版
　　　　　〒102-0075
　　　　　東京都千代田区三番町5-7　精糖会館7階
　　　　　Tel : 03-3264-7403（代表）
　　　　　Url : http://www.franklincovey.co.jp/

印刷・製本　大日本印刷株式会社
ISBN 978-4-86394-064-2